大融合

北朝一百四十年

张玮杰 —— 著

中国出版集团　现代出版社

图书在版编目（CIP）数据

大融合：北朝一百四十年 / 张玮杰著 . -- 北京：
现代出版社，2023.9
ISBN 978-7-5231-0364-7

I . ①大… II . ①张… III . ①中国历史－北朝时代－
通俗读物　IV . ① K239.209

中国国家版本馆 CIP 数据核字（2023）第 103787 号

大融合：北朝一百四十年

作　　者：张玮杰
责任编辑：姚冬霞
出版发行：现代出版社
通信地址：北京市安定门外安华里 504 号
邮政编码：100011
电　　话：010-64267325　64245264（传真）
网　　址：www.1980xd.com
印　　刷：北京飞帆印刷有限公司

开　　本：710mm×1000mm　1/16
印　　张：29.5　　　　　　　字　　数：446 千
版　　次：2023 年 9 月第 1 版　　印　　次：2024 年 6 月第 2 次印刷
书　　号：ISBN 978-7-5231-0364-7
定　　价：69.80 元

序

最早可以追溯到商代，在我国今河北省北部、内蒙古东部，生活着一些游牧族群，史称东胡。东胡和匈奴一样，同时兴起于战国末期，当时东胡更强盛，匈奴每年需要向东胡进贡。东胡对中原政权的进犯也令地处北部的燕国很是苦恼。战国时期，燕国名将秦开卧底东胡，摸清了东胡的底细后逃回燕国，于公元前300年带兵攻打东胡。东胡一直退却到一千多里外的今西辽河上游（今内蒙古自治区通辽市西南部奈曼旗一带）。秦开效法赵国，动员军民修建成西起造阳（今河北省张家口市）、东到襄平（今辽宁省辽阳市），长达两千多公里的燕国北长城，防其侵扰。

匈奴第二任单于挛鞮冒顿，鸣镝弑父自立，在他的领导下，匈奴强大起来，在汉初击垮了东胡。东胡开始分裂，退居乌桓山（今大兴安岭南端）的称为乌桓，退居鲜卑山（不可考，大致在今大兴安岭北部）的为鲜卑，此外还有柔然、库莫奚、契丹、室韦、蒙古等。鲜卑又分化出慕容、宇文、段部、拓跋、乞伏、秃发、吐谷浑各部。

东晋十六国时期，慕容鲜卑先后建立了前燕、后燕、西燕（非十六国之一）、南燕、北燕（鲜卑化的汉人冯跋所建），乞伏鲜卑建立了西秦，秃发鲜卑建立了南凉。在前燕建立的第二年（338年），拓跋鲜卑的拓跋什翼犍即代王位，改元建国，建立了代国（北魏前身）。

"拓跋"这个姓氏的来源，有两种说法。一是拓跋族自己的说法，拓跋族是黄帝的后裔，黄帝以土德王，他们的习俗称土为托，把首领叫作跋，所以以"托跋"作为姓氏，后来称"拓跋"。二是有史学家认为"鲜卑父、匈奴母"的后裔称为"拓跋"。1980年，考古学家在今大兴安岭北段、内蒙古自治区呼伦贝尔市鄂伦春自治旗阿里河镇发现了嘎仙洞，里面的刻石祝文与史书记载一致，证实了大鲜卑山的存在。

代国为前秦所灭。拓跋什翼犍之孙拓跋珪复兴代国，都城定到定襄郡（今内蒙古自治区和林格尔县）的盛乐城，拓跋珪又改称魏王，他的国家改称魏国，史称北魏。拓跋珪就是道武帝。之后拓跋珪又把都城迁到了平城（今山西省大同市）。拓跋珪性格坚强刚毅，他励精图治，进行了一系列改革，推动北魏进入了封建社会。北魏击败了草原诸多部落，其崛起已经势不可当。北魏觊觎中原，当时占据中原地区的是后燕，北魏在参合陂伏击后燕，后燕大败，损失近七万名将士，元气大伤，从此一蹶不振。北魏逐渐入主中原。

拓跋珪之后，拓跋嗣继位，拓跋嗣之后，拓跋焘（太武帝）继位。拓跋焘先后灭了胡夏、北燕和北凉，历时一百三十六年的十六国时代正式画上了句号。北魏继前秦之后，再次统一了北方，和南方的南朝宋对立，历史进入了南北朝时期。

北魏孝文帝拓跋宏进行了彻底的汉化改革，迁都洛阳，说汉话，穿汉服，改汉姓，北魏贵族和中原的汉人世家大族联姻，强化政权认同感和对中原地区的控制。

北魏首府南迁后，在边疆地带设置诸镇，由于地广人稀，或征调中原豪门大族的子弟，或选用皇室、贵戚子弟，把他们作为镇抚边疆的得力助手。因为远离首府，多年之后，有关部门称他们为"府户"，把他们当作干粗活的下等人看待，不能和当朝高门婚配和同殿称臣。他们失去了本来的高贵门第，之前与他们处在同一水平线上的人，现在各居显要位置，他们因此充满怨恨和愤怒，终于在北魏孝明帝正光四年（523）爆发了北方六镇（怀荒镇、御夷镇、柔玄镇、武川镇、扶冥镇、怀朔镇）大起义，关陇等地纷纷响应。枭雄尔朱荣、高欢、贺拔岳、宇文泰、侯景、破六韩拔陵、杜洛周、葛荣、莫折念生、万俟丑奴等纷纷登场。

尔朱荣军事才能突出，做事果断，他镇压了六镇起义，荡平了关陇之乱。尔朱荣嗜杀，在河阴之变中，他命人把胡太后和小皇帝元钊丢进黄河之中，同时杀死了两千多名王公及百官。尔朱荣安插亲信担任朝廷要职，控制了北魏朝政，有篡位野心。孝庄帝元子攸不甘心坐以待毙，在亲信的支持下，设计诱杀了尔朱荣。但之后，元子攸也被尔朱荣的同族杀死。

高欢和尔朱氏决裂，收纳六镇降民后实力大增，攻占了洛阳，攻入了尔朱氏的大本营晋阳，铲除了尔朱氏。高欢掌控了北魏朝政。这时，宇文泰也平定了秦陇地区，高欢和宇文泰不睦，两大枭雄东西对峙。

孝武帝元脩不满高欢专权，与高欢反目，前去投靠宇文泰。高欢拥立元善见为帝，建立东魏，迁都邺城。宇文泰毒杀了元脩，拥立元宝炬为帝，建立西魏。

东强西弱，但高欢几次西征都功败垂成。高欢举全国之力最后一次西征，却被名将韦孝宽防守的玉壁城阻挡，用尽了攻城办法，却无法攻破玉壁城，反而损失了七万多人。高欢悲愤不已，旧病复发，一病不起。高欢命大将斛律金高声吟唱《敕勒歌》，歌中说："敕勒川，阴山下，天似穹庐，笼盖四野。天苍苍，野茫茫，风吹草低见牛羊。"高欢也跟着合唱，他回想起了自己儿时牵着父母的手在一望无际的大草原放马牧羊的日子，回想起了儿时的伙伴，唱着唱着，痛哭流涕。不久，高欢病逝。

高欢之子高洋逼迫东魏孝静帝元善见禅让，东魏灭亡，北齐建国。宇文泰去世后，摄政的宇文护逼迫西魏皇帝把皇位禅让给了宇文觉，西魏灭亡，北周建国。北齐高氏内耗不已，自相残杀，国力由强变弱，被北周反超。大将兰陵王高长恭和斛律光被冤杀后，北齐已无大将可用，灭亡成为必然。北周宇文氏励精图治，建立了府兵制，组建了战斗力强悍的关陇军事集团，军事实力超越了北齐，继而对北齐发动了攻击。"小怜玉体横陈夜，已报周师入晋阳"，北齐军事重镇晋阳被北周攻陷，紧接着首府邺城也被北周夺取，立国二十八年的北齐灭亡，北周统一了北方。

北周宣帝宇文赟去世后，周静帝宇文衍年幼，外戚杨坚专权，他扫除政敌，篡夺了北周政权，建立了隋朝，终结了北朝时代。

目 录

第一章　太武时代 ·····················001

　　○ 第一节　统一北方 ·····················002

　　○ 第二节　凉州士人 ·····················007

　　○ 第三节　酒泉之战 ·····················009

　　○ 第四节　太平真君 ·····················012

　　○ 第五节　祭拜石庙 ·····················015

　　○ 第六节　征伐柔然 ·····················017

　　○ 第七节　忠直古弼 ·····················019

　　○ 第八节　平灭盖吴 ·····················021

　　○ 第九节　太武灭佛 ·····················024

　　○ 第十节　柔然衰落 ·····················026

　　○ 第十一节　悬瓠之战 ·····················028

　　○ 第十二节　崔浩之死 ·····················031

　　○ 第十三节　饮马长江 ·····················034

　　○ 第十四节　拓跋焘遇刺 ·····················039

第二章　冯太后听政 ·····················041

　　○ 第十五节　拓跋濬登基 ·····················042

　　○ 第十六节　冯皇后 ·····················045

　　○ 第十七节　拓跋弘登基 ·····················048

　　○ 第十八节　淮河为界 ·····················051

○ 第十九节　冯太后还政 054

○ 第二十节　太上皇帝 057

○ 第二十一节　拓跋弘之死 061

○ 第二十二节　法秀叛乱 064

○ 第二十三节　始发俸禄 066

○ 第二十四节　冯太后去世 069

第三章　全面汉化 071

○ 第二十五节　迁都之议 072

○ 第二十六节　迁都洛阳 075

○ 第二十七节　迁都利弊 079

○ 第二十八节　讨伐萧鸾 082

○ 第二十九节　说汉话 086

○ 第三十节　改汉姓 089

○ 第三十一节　元宏废太子 092

○ 第三十二节　元宏遇险 095

○ 第三十三节　二李反目 098

○ 第三十四节　冯皇后出轨 101

○ 第三十五节　元宏去世 104

第四章　胡太后乱政 107

○ 第三十六节　元禧叛乱 108

○ 第三十七节　赵脩之死 112

○ 第三十八节　元详之死 116

○ 第三十九节　北魏大败 119

○ 第四十节　元愉之死 123

○ 第四十一节　永明寺 126

○ 第四十二节　废"立子杀母" 129

○ 第四十三节　元诩登基..................131

○ 第四十四节　胡太后听政..................134

○ 第四十五节　淮河大坝决堤..................136

○ 第四十六节　柔然复兴..................138

○ 第四十七节　羽林虎贲暴动..................140

第五章　六镇大起义..................**143**

○ 第四十八节　高欢登场..................144

○ 第四十九节　软禁胡太后..................147

○ 第五十节　柔然内乱..................150

○ 第五十一节　破六韩拔陵起义..................153

○ 第五十二节　六镇大起义..................155

○ 第五十三节　尔朱荣登场..................159

○ 第五十四节　源子雍保夏州..................162

○ 第五十五节　宇文氏..................165

○ 第五十六节　黑水之战..................168

○ 第五十七节　赐死元义..................171

○ 第五十八节　"徐郑"..................174

○ 第五十九节　崔延伯战死..................178

第六章　尔朱荣平六镇..................**181**

○ 第六十节　杜洛周起义..................182

○ 第六十一节　平城失陷..................185

○ 第六十二节　葛荣称帝..................187

○ 第六十三节　莫折念生毙命..................190

○ 第六十四节　涡阳之战..................193

○ 第六十五节　萧宝夤叛魏..................195

○ 第六十六节　胡太后杀子..................198

○ 第六十七节　河阴之变..................201

○ 第六十八节　尔朱荣入洛阳......................205

○ 第六十九节　尔朱荣擒葛荣..................208

○ 第七十节　尔朱荣战陈庆之..................211

○ 第七十一节　平灭万俟丑奴..................214

第七章　高欢平尔朱氏..................217

○ 第七十二节　诛杀尔朱荣（上）..................218

○ 第七十三节　诛杀尔朱荣（下）..................221

○ 第七十四节　元子攸之死..................225

○ 第七十五节　高欢收六镇降民..................229

○ 第七十六节　元恭登基..................232

○ 第七十七节　高欢立元朗..................235

○ 第七十八节　韩陵之战..................238

○ 第七十九节　高欢占洛阳..................241

○ 第八十节　高欢平晋阳..................244

第八章　东魏和西魏..................247

○ 第八十一节　双雄会..................248

○ 第八十二节　贺拔岳之死..................251

○ 第八十三节　宇文泰定秦陇..................254

○ 第八十四节　元脩高欢反目..................258

○ 第八十五节　元脩投宇文泰..................261

○ 第八十六节　东魏建国..................264

○ 第八十七节　西魏建国..................267

○ 第八十八节　高欢家事..................269

○ 第八十九节　"陈赵"..................271

第九章　高欢大战宇文泰...................273

○ 第九十节　小关之战...................274

○ 第九十一节　沙苑之战...................277

○ 第九十二节　西魏夺河南...................282

○ 第九十三节　邙山之战...................285

○ 第九十四节　府兵制...................289

○ 第九十五节　东魏夺洛阳...................291

○ 第九十六节　东魏四贵...................295

○ 第九十七节　突厥可汗...................297

○ 第九十八节　玉壁之战...................299

○ 第九十九节　高欢去世...................302

第十章　北齐、北周建国...................305

○ 第一百节　侯景叛东魏...................306

○ 第一百零一节　高澄当权...................309

○ 第一百零二节　寒山之战...................312

○ 第一百零三节　长社之战...................314

○ 第一百零四节　高澄遇刺...................317

○ 第一百零五节　高洋建北齐...................319

○ 第一百零六节　百保鲜卑...................323

○ 第一百零七节　高洋破契丹...................325

○ 第一百零八节　九命...................328

○ 第一百零九节　魏收撰《魏书》...................330

○ 第一百一十节　斗法...................332

○ 第一百一十一节　佳人难再得...................334

○ 第一百一十二节　突厥灭柔然...................337

○ 第一百一十三节　残暴高洋...................339

○ 第一百一十四节　北周建国.......................345

第十一章　内乱...349

○ 第一百一十五节　宇文护弑宇文觉...........350

○ 第一百一十六节　高洋杀二王...................354

○ 第一百一十七节　高殷登基.......................357

○ 第一百一十八节　大丞相高演...................360

○ 第一百一十九节　宇文护弑宇文毓...........362

○ 第一百二十节　高演登基...........................365

○ 第一百二十一节　高湛登基.......................368

○ 第一百二十二节　高归彦反北齐...............371

○ 第一百二十三节　宇文邕视学...................374

○ 第一百二十四节　和士开得宠...................377

第十二章　名将凋谢.................................379

○ 第一百二十五节　周突联军攻齐...............380

○ 第一百二十六节　《兰陵王入阵曲》...........383

○ 第一百二十七节　怪人祖珽.......................386

○ 第一百二十八节　斛律金去世...................389

○ 第一百二十九节　于谨、杨忠去世...........392

○ 第一百三十节　高湛去世...........................394

○ 第一百三十一节　"八贵"内斗...................398

○ 第一百三十二节　宜阳汾北之战...............402

○ 第一百三十三节　高俨、和士开之争.......405

○ 第一百三十四节　宇文邕铲除宇文护.......408

○ 第一百三十五节　斛律光被杀...................411

○ 第一百三十六节　太姬陆令萱...................414

○ 第一百三十七节　兰陵王之死...................417

第十三章　北周灭北齐 421

○ 第一百三十八节　宇文邕禁佛道 422

○ 第一百三十九节　大美女冯小怜 424

○ 第一百四十节　北周攻洛阳 427

○ 第一百四十一节　北周占平阳 430

○ 第一百四十二节　平阳争夺战 432

○ 第一百四十三节　北周占晋阳 435

○ 第一百四十四节　北周占邺城 438

○ 第一百四十五节　北周灭北齐 441

第十四章　杨坚建隋朝 445

○ 第一百四十六节　宇文邕去世 446

○ 第一百四十七节　宇文赟去世 448

○ 第一百四十八节　尉迟迥兵败 451

○ 第一百四十九节　隋朝灭北周 454

参考书目 457

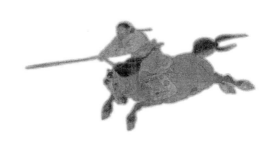

第一章

太武时代

第一节 统一北方

晋孝武帝太元元年（376），前秦皇帝苻坚发兵攻打鲜卑拓跋部建立的代国，代国灭亡。太元十一年（386）元月六日，十六岁的拓跋珪在牛川（今内蒙古自治区兴和县西北东洋河南）召开部落大会，宣布继代王位，宣告代国正式复兴。四月，拓跋珪改称魏王，国家改称魏国。史称拓跋珪建立的魏国为北魏。后来，拓跋珪将都城迁到盛乐（今内蒙古自治区和林格尔县之北的和林格尔土城子遗址），之后又迁到平城（今山西省大同市）。

太元二十年（395）十一月，拓跋珪亲率大军，在参合陂（今内蒙古自治区凉城县东北，一说在今山西省阳高县）突袭慕容鲜卑的后燕大军，取得了决定性的胜利。从此，后燕一蹶不振，北魏逐渐入主中原。拓跋珪之后，拓跋嗣继位，拓跋嗣之后，拓跋焘继位。

北魏始光四年（427），拓跋焘亲率大军，攻占了十六国之一胡夏国的都城统万城（今陕西省榆林市靖边县城北，因其城墙为白色，当地人称白城子）。

北魏太延二年（436）五月，拓跋焘派大军灭了十六国之一北燕。到太延三年（437）的时候，中原大地上仅剩北魏、南朝宋和北凉三个主要政权并立。雄心勃勃的拓跋焘把目光瞄准了北凉（首府为姑臧，今甘肃省武威市凉州区）。

这时，北凉首领为河西王沮渠牧犍，拓跋焘和沮渠牧犍还是亲戚关系，互为妹夫：沮渠牧犍的妹妹兴平公主嫁给了拓跋焘，拓跋焘的妹妹武威公主嫁给了沮渠牧犍。在古代，互为岳父的情况都有，互为妹夫更是见怪不怪。

沮渠牧犍废掉了王后李敬爱（原西凉王李暠之女。李暠是李渊的先辈。421年，北凉灭西凉），立武威公主为王后。北魏强大，沮渠牧犍向拓跋焘称臣进贡，并把世子沮渠封坛送到平城作为人质。

沮渠牧犍的嫂子李氏非常美艳，沮渠牧犍和她有了奸情。李氏同时周旋于沮渠牧犍兄弟三人之间。李氏嫌武威公主碍手碍脚，和沮渠牧犍的姐姐商议之后，于太延五年（439）四月的一天，在武威公主的饮食里下毒。武威公主中毒后，病情加重。这事传到了拓跋焘的耳朵里，他急忙派最好的御医，骑快马星夜赶往姑臧，把武威公主从死神手中抢了回来。

拓跋焘得知原因后，命沮渠牧犍把李氏送到平城。沮渠牧犍知道李氏这一去肯定不得好死，拒绝交出李氏。沮渠牧犍给了李氏足够用的金银财宝，派人将她护送到酒泉（今甘肃省酒泉市），隐藏了起来。

拓跋焘大怒，准备趁此机会踏平北凉，统一北方。他首先征求首席谋士、司徒崔浩的意见。

崔浩建议道："沮渠牧犍不臣之心已经显现，不能不除掉他。前几年我国北伐蠕蠕（柔然），虽然收获不大，但折损也不多。当时出动的军马共有三十万匹，加上来回路上死亡的，还不满八千匹，而每年因病等自然死亡的，都不少于一万匹。沮渠牧犍不了解实情，认为我们实力大损，短时间难以恢复，不会现在发动攻势。如今我们要出其不意，攻其不备，大军突然抵达其境内，他们一定会惊慌失措，自乱阵脚，必会被擒住。且沮渠牧犍本人生性懦弱，品行低劣，他的弟弟们又非常骄横，他们弟兄争权夺利，已经造成人心离散。近几年，天灾地震都发生在秦、凉地区，上天也有意使他们灭亡，请陛下速速发兵。"

崔浩的话正合拓跋焘的心意，他点头道："爱卿好主意，与我不谋而合。"于是拓跋焘命令召集文武大臣到太极殿的西堂（太极殿有东、西二堂）议事。

弘农王奚斤等三十多人议论说："沮渠牧犍领导的是西部边陲的小国，虽然内心并不是对我们真正臣服，但历年来的进贡也是连续不断。陛下把他当作藩属国，还把公主嫁给了他，陛下应该宽恕他的小罪过。我军去年才征伐蠕蠕，人困马乏，元气还没有恢复，不宜再大规模用兵。且听说那里土地贫瘠，大多是盐碱地，难以找到水草，我军到达后，不能长时间逗留。一旦我们出动大军，他们坚壁清野，固守城池，我军将陷入危险境地。"

之前，崔浩与尚书李顺有嫌隙。李顺曾经出使北凉十二次之多，收受了北凉不少好处，在拓跋焘面前说了北凉不少好话，替北凉消灾免祸。崔浩得到消息后，报告给了拓跋焘。但拓跋焘认为李顺能力强，并不理会这些传言。

这次讨论西征北凉，李顺又帮北凉说话，他和另一尚书古弼都说："自温圉（yǔ）河（今甘肃省皋兰县附近黄河河段）以西至姑臧，地上全是开裂的枯石，根本不可能有水草。据凉人说，姑臧城南的天梯山（今甘肃省武威市西南）上，冬天积雪达一丈多深，春夏的时候积雪融化，汇流成河，凉人储存后用来灌溉农田。他们听说我军到达，必定会掘开沟渠，让水流尽，断绝我们的水源。环姑臧百里之内，不长草木，军队不能久停。我们同意弘农王等人的意见。"

拓跋焘一看这么多人反对，就让崔浩与他们辩论。奚斤等人自然辩论不过崔浩，到最后理屈词穷，只是说："那里没有水草。"

崔浩是大才子，博览群书，他引用古书道："《汉书·地理志》上说：'凉州之畜，为天下饶。'如果凉州没有水草，又如何饲养牲畜？再说汉人总不会在没有水草的地方筑城郭，建立郡县居住生活吧？天梯山的雪融化后，不过是被干枯的沙石吸收，又怎么能够灌溉得了数百万顷农田？这是骗人的鬼话。"

李顺搭话道："耳闻不如目见，我亲眼所见，你不过是纸上谈兵，你有什么资格同我们进行辩论？"

从职务上说，李顺是下级，崔浩对李顺敢如此顶撞自己非常恼怒，说道："你们收受了钱财，所以才会替沮渠牧犍说话，我没有亲眼所见，就能被欺骗得了吗？"崔浩此话一出，注定和他们结下死仇。

拓跋焘听到崔浩的话，从屏风后面走了出来，面带怒容，严厉斥责了奚斤等人。拓跋焘这样做有两个目的：一是对他们可能收受沮渠牧犍的贿赂而怒；二是让他们闭嘴，不要对出兵再提反对意见。

果然，奚斤等人不敢再多说话。于是拓跋焘命令出兵讨伐沮渠牧犍。

太延五年（439）五月十四日，拓跋焘亲自在平城西郊检阅军队。

六月十一日，是个黄道吉日，拓跋焘命侍中、宜都王穆寿辅佐太子拓跋晃监国，处理留守朝廷事宜，又命大将军、长乐王嵇敬和辅国大将军、建宁王拓跋崇率领两万大军，驻守漠南（戈壁沙漠以南、阴山以北地区），防止柔然进攻。拓跋焘亲率大军，出兵凉州。

拓跋焘从云中郡（今内蒙古自治区托克托县）渡过了黄河，于七月七日到达上郡（今陕西省榆林市东南）的属国城（汉旧城，汉置属国于边郡用来安置投降的匈奴人）。

七月二十七日，拓跋焘命抚军大将军、永昌王拓跋健、尚书令刘洁、常山王拓跋素担任前锋，两路同时开拔。命骠骑大将军、乐平王拓跋丕和太宰、阳平王杜超为后继部队。平西将军源贺原名叫秃发贺，是原南凉王秃发傉檀的儿子，南凉被灭亡后，他投降了北魏，被赐姓源。他对凉州地界熟悉，拓跋焘特命他作为向导。

拓跋焘问源贺："源将军是凉州人士，对那里的风土人情应该比较熟悉，你有没有进攻方略？"

姑臧城曾经属于南凉，后来被北凉夺取。源贺回答道："姑臧城旁有四个鲜卑部落，是我祖父的旧部，当年我祖父待他们不薄，我愿意只身前往，宣扬国威，晓之以利害，他们必定会争相投靠陛下。外围清除，姑臧就成了一座孤城，拿下它就易如反掌了。"拓跋焘大喜道："此计甚妙，就劳烦爱卿走一趟。"

源贺先后到达姑臧城外的四个鲜卑部落，介绍自己的身份。部落酋长们感怀往事，伤心落泪，在源贺的劝说下，纷纷投靠了北魏，有多达三万多个帐篷。

那么问题来了，当初拓跋焘准备出兵凉州的时候，为什么没有咨询源贺的意见呢？毕竟他对那里这么熟悉。可能当时源贺不在朝中，也可能源贺不是核心幕僚，没有资格参与辩论。总之，历史上就是那么记载的。

八月二日，抚军大将军、永昌王拓跋健缴获了北凉的牲畜二十多万头。

沮渠牧犍得到北魏大军压境的消息，大惊失色，对左右说道："事情怎么发展到了这个地步呢？！"

沮渠牧犍征求臣下意见，有人说出城请降，有人说要据城固守，议论纷纷。王府左丞姚定国说："大王千万不能出城，出城后必凶多吉少，我们应该火速派人请求柔然发兵相助，柔然大军一到，我们再内外夹击，拓跋焘必会望风而逃。"

沮渠牧犍采用姚定国的计谋，派人骑快马向柔然求救。他又派弟弟、征南大将军沮渠董来率领一万多人马，在城南迎战北魏军。但北凉军早被吓破了胆，一触即溃，一万多人丢盔弃甲，争相逃命。不过，北魏尚书令刘洁在当天出兵之前，请卜者卜了一卦，说今天日子不吉利，于是他鸣金收兵。沮渠董来狼狈地逃回姑臧城中。

拓跋焘得到回禀，对刘洁痛恨不已，这也为刘洁的悲惨结局埋下了伏笔。

柔然接到北凉的求救信，采取"围魏救赵"之计，对北魏的边境发起进攻。沮渠牧犍得到消息，坚定了固守城池的决心，他认为不久之后，北魏军必将撤走东还，去迎战柔然。当时兵源不足，沮渠牧犍就把一众僧人也组织了起来，加入了姑臧保卫战。拓跋焘率军到达姑臧城外，看到城外水流潺潺，长满各种水草，这才知道是李顺收受了北凉的好处，故意说谎，由此内心深恨李顺。

拓跋焘对崔浩说道："崔爱卿所言不虚，今天得到了验证。"崔浩反应淡定，回答道："臣所说的句句属实，不敢有欺骗之言，不论是过去还是现在，都是如此。"

之前太子拓跋晃也认为姑臧外没有水草，拓跋焘专门给他写了一份诏书，告诉他说："姑臧城西门外，有泉水流出，跟城北的泉水汇合，水势之大，如同河流。除了滋养水草、灌溉农田，其余的流入了沙漠，姑臧城外并没有干燥贫瘠的土地。特颁布这份诏书，消除你的疑虑。"

往往堡垒更容易从内部攻破，沮渠牧犍兄长的儿子沮渠祖率先逃出姑臧城，投降了北魏。接着，九月二十五日，沮渠牧犍的另一个侄子沮渠万年也率领部众投降了北魏。姑臧城内顿时炸开了锅，大家或出城投降，或四散奔逃。

沮渠牧犍觉得再也无法坚守，识趣地命人绑住他的双手，率领文武百官共五千多人，出城向北魏投降。拓跋焘接见了沮渠牧犍，亲手为他松绑，以礼相待。

北魏接管了姑臧城内百姓共二十多万户，以及仓库中不可胜数的奇珍异宝。至此，十六国的最后一个国家——北凉，正式亡国。北凉共立国四十三年。

从 304 年氐族成汉与匈奴汉赵（前赵）建立算起，至 439 年，历时一百三十六年的十六国时代，正式画上了句号。在这一百三十六年中，前秦短暂统一过北方，如今北魏再次统一了北方。

拓跋焘命乐平王拓跋丕和征西将军贺多罗镇守凉州，然后把沮渠牧犍宗族及官员百姓、僧人等共三万户迁到了平城。迁到平城的僧人中，以释玄高大师名气最大。柔然也被击退了，损失了一万多人。

顺便交代一句，回到平城后，拓跋焘让李顺评定官员等级，李顺收受贿赂，拓跋焘知道后，和他新账旧账一起算，命他自杀。

第二节　凉州士人

西晋永嘉之乱，中州很多士人都投向了凉州的汉人张氏前凉政权，张氏对他们很是礼遇，给予了合适的安排，这样子孙相承，因此凉州人才济济。

沮渠牧犍有个很大的优点，就是特别喜欢文学，喜欢名士。他任命阚骃（地理学家、经学家）为姑臧太守，张湛为兵部尚书，刘昞、索敞、阴兴为国师助教，宋钦为世子洗马，赵柔为金部郎，程骏和他的堂弟城弘为世子侍讲。这些人都是当时的名士，拓跋焘攻克凉州后，对他们以礼相待，任命阚骃、刘昞为乐平王拓跋丕的从事中郎。

安定郡（治所临泾，今甘肃省镇原县东南）人胡叟，满腹经纶，是一位怪才，喜欢发表奇谈怪论，之前去投靠沮渠牧犍，沮渠牧犍并不待见他，因此投靠了北魏，并预言北凉很快亡国。拓跋焘认为胡叟很有预见性，就任命他为虎威将军，封始复男。

北凉王的右相宋繇，是一位有名的学者，可惜到达平城不久就去世了。

拓跋焘任命索敞为中书博士。当时北魏扩充军力，崇尚武学，王公子弟不把学习当回事。索敞担任中书博士十余年，循循善诱，耐心教导，态度严正，王公子弟都有点怕他，在他面前不敢造次。严师出高徒，在索敞的教导下，他的学生中前后出任尚书、州牧、太守者达数十人。

寄住在凉州的常爽，博闻强识，拓跋焘任命他为宣威将军。常爽在平城西四十里的温水东置馆办学，跟他学习的有七百多名学生。常爽建立赏罚制度，明确赏罚标准，违反者必受惩戒，学风肃然，学生待常爽如严厉的君主一般。从此，北魏儒学之风开始兴盛。中书侍郎高允经常称赞常爽教育有方，他说："文翁（汉朝的蜀郡太守，以仁爱教学）柔胜，先生刚克，教学方法虽然不同，却达到了同样的目的。"

寄住在凉州的江强，向拓跋焘呈献了经、史、诸子百家的书籍共一千多卷，被任命为中书博士。

拓跋焘命司徒崔浩兼职负责秘书监的工作，让中书侍郎高允、散骑侍郎张伟也参与工作。崔浩向拓跋焘建议说："阴仲达、段承根，都是凉州的名士，请让他们参与进来，同修国史。"于是拓跋焘任命他们为著作郎。

以他们为突出代表的这些从凉州迁来的士人，对北魏的汉化进程起到了积极的推动作用。

第三节　酒泉之战

北凉的领土范围包含凉州、秦州和沙州共三个州，下辖二十六个郡。北魏占领了北凉的首府姑臧，灭亡了北凉，拓跋焘又派张掖王秃发保周（源贺的哥哥）、龙骧将军穆罴及安远将军源贺，分别领军夺取前北凉的郡县，又有数十万名叫得出名字和叫不出名字的人前来投降。

当初，沮渠牧犍任命弟弟沮渠无讳为沙州刺史兼酒泉郡太守、沮渠宜得为秦州刺史兼张掖郡太守、沮渠安周为乐都郡（今青海省海东市乐都区）太守，任命堂弟沮渠唐儿为敦煌太守。北魏攻占姑臧后，拓跋焘命镇南将军奚眷攻击张掖，镇北将军封沓攻击乐都。沮渠宜得不敌，命人把仓库焚烧后，向西前去投奔酒泉。沮渠安周兵败后向南前去投奔吐谷（yù）浑（本为辽东鲜卑慕容部的一支，晋末迁至今青海、甘肃一带）。封沓掳掠了数千户人口后返回。

奚眷继续率军西进，进攻酒泉，顺利攻克。沮渠无讳和沮渠宜得率残兵败将前去投靠敦煌的沮渠唐儿。拓跋焘命弋阳公元絜（jié）镇守酒泉。

看到拓跋焘率大军折返，占据张掖的张掖王秃发保周心生异心，意图恢复南凉国。在太延五年（439）十月三日这天，他宣布脱离北魏独立。

喘过气来的沮渠无讳率军进军酒泉，准备一举夺回。沮渠无讳的军队到达酒泉城下时，元絜认为他们是败军之将、乌合之众，不放在眼里，他亲自出城和沮渠无讳搭话，准备说服他投降。两人话不投机，沮渠无讳奋起生擒了元絜，攻克了酒泉。沮渠无讳又率军进攻张掖，秃发保周为避其锋芒，率军撤离张掖。

拓跋焘派抚军大将军、永昌王拓跋健率军平叛。

沮渠无讳率军进攻张掖，未能攻克，于是撤退到临松郡驻扎。

拓跋健率军进攻秃发保周所在的番禾（今甘肃省永昌县），秃发保周不敌逃跑，拓跋健派安南将军尉眷率军追杀。秃发保周上天无路，入地无门，抽刀自杀了。

拓跋健招降沮渠无讳，沮渠无讳自感不是对手，派他的中尉梁伟前去拜见拓跋健，表示归降，并把酒泉及抓获的北魏将领一并交还。拓跋健把前线的情况向拓跋焘报告，拓跋焘命尉眷镇守凉州。

拓跋焘任命沮渠无讳为征西大将军、凉州牧，封酒泉王，镇守酒泉。

沮渠唐儿不服从沮渠无讳的领导调度，沮渠无讳大怒，命堂弟沮渠天周留在酒泉守护老家，他和弟弟沮渠宜得率大军攻打沮渠唐儿。沮渠唐儿兵败被杀。

沮渠无讳又占领了敦煌，实力进一步壮大。拓跋焘认为不除掉沮渠无讳，日后终会是个祸患，于是命镇南将军奚眷率军包围了酒泉，准备端掉沮渠无讳的老窝。

奚眷对酒泉围而不打，切断了酒泉的粮食补给。不久，城内开始缺粮，到最后，出现了人吃人的现象，大街上到处是因饥饿而倒毙的尸体，死亡一万多人。军队中军粮也用尽了，就开始吃战马，战马也吃完了，沮渠天周就杀死了自己的妻子，煮熟了分给士兵吃，以鼓舞士气。

北魏军攻势强大，战斗异常惨烈，北魏太平真君二年（441）十一月二十二日，奚眷终于率军攻入了酒泉城内，擒获了沮渠天周，并把他押送到了平城。拓跋焘命令把沮渠天周斩首示众。

为了截断沮渠无讳西去的道路，拓跋焘派使者出使西域的鄯（shàn）善国（首府在扞泥城，今新疆维吾尔自治区若羌县）。

得到酒泉城破，沮渠天周被擒的消息后，身在敦煌的沮渠无讳惴惴不安。这时候城中也出现了缺粮的情况，沮渠无讳决定弃城，西渡流沙。为了打通西进之路，他派弟弟沮渠安周西进，攻打鄯善王国。鄯善王恐惧沮渠氏的武力，准备投降，正巧这时北魏的使者到来。北魏使者游说鄯善王坚守城池，说魏国援军随后就到。沮渠安周攻城，鄯善国顽强抵抗，沮渠安周无法攻克，退到了东城（若羌县东）驻扎。

太平真君三年（442）四月，沮渠无讳放弃敦煌，率领一万多人前去和沮渠安周会合。鄯善王听说沮渠无讳亲自到来，还没有见到军队，他就丧失了信心，率领部众放弃扞泥城，逃奔西南的且末（今新疆维吾尔自治区且末县）。他的世子没有走，投降了沮渠安周。沮渠无讳毫不费力地占领了鄯善国，但他的队伍在穿过流沙时，因为缺水，有一半人渴死了。

当初，北凉的叛将唐契和弟弟唐和、外甥李宝逃奔了伊吾（今新疆维吾尔自治区哈密市），向柔然归降，柔然封唐契为伊吾王。沮渠无讳放弃了敦煌，唐契命李宝率领两千多名士兵东下，占领了敦煌。

伊吾王唐契不能忍受柔然的处处压制，率众西进，打算进攻自称高昌郡（今新疆维吾尔自治区吐鲁番市东）太守的前北凉故民阚爽，占领高昌郡。柔然可汗得到报告后，派将军阿若率军追击，追上唐契的部队后，两军交锋，唐契不敌被杀。唐契的弟弟唐和率领残兵败将，投奔车师国（首府交河城，今新疆维吾尔自治区吐鲁番市）。得到休整后，唐和率军攻克了沮渠安周据守的横截城，进而攻克了高宁、白刃两座城池。唐和认为如果要生存下去，还得背靠大树，于是派使者向北魏请降。

当唐契要攻打高昌的时候，阚爽派使者向沮渠无讳诈降，恳请沮渠无讳发兵救援。沮渠无讳亲自率军北上，前去救援高昌，快要走到的时候，唐契已经被杀。沮渠无讳要进入高昌城，阚爽紧闭城门，拒绝沮渠无讳和军队入内。

沮渠无讳大怒，派将领卫兴奴乘夜色掩护，向高昌发起了突然袭击，顺利攻克。卫兴奴命令部下屠城，城内顿时血流成河。阚爽率残兵投奔了柔然。

沮渠无讳占领了高昌后，派使者前往江南的刘宋都城建康，递交降书。宋文帝刘义隆大喜，下诏书任命沮渠无讳为都督凉、河、沙三州诸军事，征西大将军，凉州刺史，封河西王。444 年，沮渠无讳病死，他的弟弟沮渠安周继承了王位。

第四节　太平真君

道教是中国的本土教，创立于东汉顺帝（125—144 年在位）时期。天师道为道教前身，创始人为张道陵（34—156），他自称"太清玄元""天师"。张道陵是第一代天师，他在鹤鸣山（一作鹄鸣山，位于今四川省大邑县）收徒传教，信徒需要出米五斗，天师道因此又称"五斗米道"。

道教早期的教义，可以用两句话概括——"上云羽化飞天，次称消灾灭祸"，初级的可以祛除病痛，消去灾祸；高等的可以修炼成仙，跳出生死轮回、生老病死。

五斗米道第二代天师是张衡（？—177）（并非发明地动仪的张衡），张衡传其子张鲁，张鲁采用政教合一的治理模式，这一时期五斗米道得到真正的大发展。

建安二十年（215）十一月，雄踞汉中三十年的天师道教主、军阀张鲁归降曹操，随曹操东返，定居邺城。张鲁和五个儿子都被曹操封侯，张鲁的女儿嫁给了曹操的儿子曹宇。曹操没有禁止五斗米道传播，五斗米道从此开始在北方传播。

历史车轮驶入北魏时期，也产生了一个著名的道教人物，他叫寇谦之。寇谦之，字辅真，祖籍上谷郡（郡治在今河北省张家口市怀来县小南辛堡镇大古城村）昌平县（今北京市昌平区），后迁移到冯翊郡万年县。寇谦之出身世族，是东汉名臣寇恂的十三世孙，他的哥哥寇赞为南雍州刺史。

寇家世奉五斗米道，寇谦之十八岁的时候就倾心慕道，修炼张鲁的道术，服食养生长寿药（饵药）。后来，寇谦之和成公兴（算学家，被道教奉为仙人）入中岳嵩山太室山石室修炼。

寇谦之聪颖好学，专心致志在嵩山修炼了七年，名声渐渐传扬开来。成公兴去世后，寇谦之在嵩山开坛收徒，弘扬道法。寇谦之在嵩山修炼长达三十年，一副仙风道骨的模样，弟子众多。寇谦之潜心修炼之余，勤于著述，主要著作有《老君音诵诫经》《太上老君戒经》《太上老君经律》《太上经戒》等。

东晋义熙十一年（415），寇谦之声称见到了太上老君李耳，太上老君授予其天师之位，传授他辟谷轻身之术，并赐给他《云中音诵新科之诫》二十卷，命其"清整道教"。寇谦之对道教进行了改革，减轻了信徒的财物负担，健全了道教的组织结构。对道教教义也进行了改革，把儒家的礼法、佛教的"因果报应"等引入了道教。

北魏泰常八年（423），寇谦之又称见到了仙人李谱文（据说是李耳玄孙），授予其《录图真经》六十卷及召唤鬼神之法，命其辅佐北方"太平真君"。他又称李谱文授予他《天宫静轮之法》，其中有几篇是李谱文亲笔书写。

泰常八年（423）十二月，寇谦之认为火候已到，走下嵩山，来到了北魏都城平城。寇谦之向太武帝拓跋焘呈献了道术。出人意料的是，拓跋焘对他并不重视，但也没有亏待他，给他找了地方安身，供给他吃穿用度。

寇谦之认为想让皇帝接受他的思想，必须找个人游说。他找到了拓跋焘跟前的红人——白马公崔浩。崔浩出身大家族清河崔氏，据学者陈寅恪考证，清河崔氏世奉天师道。寇谦之出身秦雍大族，和崔浩有相近的门第出身，所以崔浩对寇谦之也有天然的好感，两个人在一起经常谈天说地、谈古论今。更多的时候，寇谦之充当听者的角色，听崔浩讲古今兴衰的道理，从早到晚，态度严整，没有丝毫倦容，寇谦之把崔浩称为当世的皋陶（上古时期的政治家）。

寇谦之对崔浩说："我应当研习儒教，来更好地辅佐太平真君，然而学习并不能很好地了解、掌握古事，请为我撰写历代帝王的政策和制度，并论述其要旨。"于是崔浩写了二十多篇文章，从上古到秦汉，论述兴衰成败的历史轨迹，但要旨是要先恢复五等爵位（公、侯、伯、子、男）为根本。

崔浩为人比较正直，受到朝臣的排斥和诋毁，拓跋焘命他暂时闲居在家，保留待遇。拓跋焘每当遇到难题的时候，就召崔浩咨询对策。崔浩赋闲在家，准备修炼服药养生之法，寇谦之就给了他一本《神中录图新经》，让他修炼。崔浩拜寇谦之为师。

崔浩还上书拓跋焘说："臣听说古代圣王承受天命，必有祥瑞出现。《河图》《洛书》都是借由虫兽显现（《周易》：'河出图，洛出书，圣人则之。'），没有文字载明。

不像今天，人神直接面对，笔迹整洁清晰，文辞深妙，无与伦比。哪里能因为世俗的偏见而忽略上天的眷顾？臣私下感到恐惧不安。"

拓跋焘看到崔浩的书信，非常高兴，他赞同崔浩之言，应该承接天命。于是，拓跋焘派使者携带玉帛、猪牛羊等前往嵩山祭祀，把寇谦之的弟子迎接到了平城，表示尊崇天师，弘扬道法，并向天下宣布。拓跋焘命在平城东南、桑乾河西设立了天师道场，坛高达五层，拨付道士一百二十个人的衣食用度。每月教徒聚会的时候，再拨付数千人的衣食用度。

太平真君元年（440）六月二十一日，皇孙拓跋濬诞生，拓跋焘大喜，大赦。因为《录图真经》上有"辅佐北方太平真君"的语句，拓跋焘把年号改为"太平真君"。

寇谦之进而对拓跋焘说道："今天陛下以'真君'（在道教神仙体系中拥有高名望者被尊称真君）统治天下，建'静轮天宫'之法，亘古未有。陛下应该登坛接受符箓，以彰显圣德。"

拓跋焘欣然接受。

太平真君三年（442）正月七日，拓跋焘乘坐法驾，登上道坛，接受符箓，把旗帜全部改为青色。自此，北魏新帝登基，接受符箓成为制度。

寇谦之又上奏拓跋焘，请求在道坛东北设立静轮宫，宫要修建得足够高，身处其中不闻鸡犬之声，缩短和天界的距离，用来接天神。崔浩也从旁相劝，拓跋焘答应。这是一项浩大的工程，人力、物力耗费巨大，多年才能建成。

太子拓跋晃对此颇有微词，劝拓跋焘道："人神不同道，卑高名分已定，不能互相混淆，是自然之理。今天我们耗费库银，疲敝百姓，建造的建筑并没有多大用处。如果真如寇谦之所说，我们也不必这么大动干戈，不如利用城东山的万仞之高，在上面修建比较容易。"

拓跋焘不以为然，道："你懂什么，就按寇天师说的做！"

第五节　祭拜石庙

　　太平真君四年（443）三月二十二日，距离平城远达四千五百多里的乌洛侯国（准确地说叫部落，今大兴安岭东麓）派使者来到了平城，禀告拓跋焘说，魏国祖先居住的石庙还存在，就在乌洛侯国的西北方。

　　拓跋鲜卑属于东胡的一部分。最早可以追溯到商代，在今河北省北部、内蒙古自治区东部，生活着一些少数民族，史称东胡。当时东胡很强大，匈奴人每年都要给东胡进贡。东胡对中原政权的进犯令地处北部的燕国很是苦恼。战国时期，燕国将领秦开卧底东胡，摸清了东胡的底细后逃回燕国，于公元前300年带兵攻打东胡。东胡一直退却到一千多里外的今西辽河上游。秦开效法赵国，动员军民修建成西起造阳（今河北省张家口市）、东到襄平（今辽宁省辽宁市）的长达两千多公里的燕国北长城，防其侵扰。

　　匈奴冒顿单于鸣镝弑父自立后，逐渐强大。冒顿单于带兵攻击东胡，东胡被击垮，进而分裂。退居乌桓山（今大兴安岭南端）的称为乌桓，退居鲜卑山（鲜卑山不可考，大概在大兴安岭北部）的为鲜卑，此外还有柔然、库莫奚、契丹、室韦、蒙古。鲜卑又分化出慕容、宇文、段部、拓跋、乞伏、秃发、吐谷浑各部。

　　其中的一支退到大鲜卑山，称为"拓跋鲜卑"。"拓跋"这个姓氏的来源，有两种说法。一是拓跋族自己的说法，拓跋族是皇帝的后代，皇帝以土德王，他们的习俗称土为"托"，把首领叫作"跋"，故以"托跋"作为姓氏，后称"拓跋"。二是史学家观点，认为"鲜卑父、匈奴母"的后裔称为"拓跋"。

　　拓跋部落到了拓跋毛称"可汗"（北方少数民族，只有匈奴的首领称"单于"，其他民族称"可汗"，以后还要讲到柔然"可汗"等）的时候，其势力才开始强大，统治了三十六个封国、九十九个部落。之后拓跋部落不断南迁，部族繁育越来越多，实力也在不断壮大，直至占领广大的中原地带。

拓跋鲜卑中代代相传一个传说：他们的先祖居住在北方寒冷荒凉的地带，开凿山上的石头建立了祭庙。但年代久远，北魏朝中已经没有人能说出石庙的具体位置。这次乌洛侯使者报告了石庙的具体位置，并说石庙高七十尺、深九十步。拓跋焘闻听大喜，感激涕零，立即派中书侍郎李敞携带贵重物品，前去石庙祭拜。李敞来到了距离平城四千多里的石庙之中祭拜，在石壁上刻下祝文后返回。

1980 年，考古学家在今大兴安岭北段，内蒙古自治区呼伦贝尔市鄂伦春自治旗阿里河镇发现了嘎仙洞，里面的刻石祝文与史书记载一致，证明了拓跋鲜卑的先祖曾经在这里生活，也证实了大鲜卑山的存在。

第六节　征伐柔然

太平真君四年（443）四月，拓跋焘带领大队人马到阴山巡视。九月三日，他们到达了瀚海沙漠南端。再往北就是柔然汗国的领地，拓跋焘有了突袭柔然的想法。

柔然是东胡的后裔，姓郁久闾。北魏神元帝拓跋力微（174—277）末年，拓跋鲜卑部落抓到了一个小奴隶，和拓跋鲜卑把头发扎起来不同，他的头发只有眉毛那么长，询问他姓名，他称已经不记得，于是主人就给他起了名字叫"木骨闾"，是秃头的意思。"木骨闾"发音和"郁久闾"接近，他的后人就以"郁久闾"为姓。

木骨闾长大后，被免去奴隶身份，做了一名骑兵。后来，他因为延误行军日期，犯了死罪，逃到了一处有水草的沙漠隐藏了起来。他在这里聚集了一百多个亡命之徒。木骨闾死后，他的儿子车鹿会长得威武雄壮，做了这些人的首领，自称柔然。拓跋焘认为柔然愚笨落后，外形像虫子一样，所以用"蠕蠕"贬称他们。

柔然逐渐强大起来，随着鲜卑族内迁，他们占领了广袤的大草原，给北魏造成了巨大的边境压力。

拓跋焘这次巡视到漠南，准备以迅雷不及掩耳之势突袭柔然。九月六日，拓跋焘命令乐安王拓跋范、建宁王拓跋崇，各自率领十五名将军，从东路进攻；乐平王拓跋丕率领十五名将军，从西路进攻；拓跋焘亲率军队从中路进攻；中山王拓跋辰率十五名将军，作为后继部队。

拓跋焘率军抵达了鹿浑谷（今蒙古国哈拉和林市北），恰巧碰到了不远处的柔然可汗郁久闾吴提的军队。真是天赐良机，随行的太子拓跋晃对拓跋焘说道："蠕蠕没有料到我们会突然出现，我们应该乘其不备，迅速攻击。"尚书令刘洁不同意太子的看法，他建议道："陛下请看，蠕蠕军营之内，尘土飞扬，他们的军队人数一定很多，如果在平地交战，恐怕我们会被他们包围，不如等待各路大军集合之后，再进攻不迟。"拓跋晃反驳刘洁道："蠕蠕营中尘土飞扬，是因为他们发现了我们的军队，军营中骚动不安，惊慌奔跑引起的。如果他们大营内非常平静，怎么会有尘土呢？"拓跋焘听了刘洁的话，也心存疑虑，不敢进攻。拓跋焘命令刘洁传令各将领，约定时间在鹿浑谷集合后，再对柔然发起进攻。

之前，崔浩劝拓跋焘亲征柔然，刘洁劝阻，但拓跋焘听了崔浩之言，亲征柔然。刘洁为了显示自己高明，这次故意把会师日期弄错。所以，拓跋焘等了六天，都没有等来各路将领。柔然疯狂逃离，拓跋焘命令追击，但追到石水（今蒙古国鄂尔浑河北）都追赶不上，拓跋焘遂命令停止追击，回师。

不久，北魏军抓到柔然的一个斥候（侦察兵），向他问话。斥候回答道："我军之前并不知道贵军到来，发现后，上下乱作一团，非常惊恐。我们可汗率众北走，一连急行军六七天，后来看不到追兵了，才放慢脚步。"拓跋焘一听，对刘洁恨得牙根痛。从这件事，拓跋焘也看到太子拓跋晃敏锐的判断力，从此，军国大事他都征求太子的意见。

琅邪王司马楚之（他在刘裕诛杀司马皇族时投降北魏，被封琅邪王）负责督运军粮。北魏镇北将军封沓投降了柔然，他劝柔然可汗出动军队偷袭北魏的运粮部队，断绝他们的粮食供应，郁久闾吴提同意了。

司马楚之得到禀报，说军营里一只驴的耳朵突然被割掉了，不知道是什么人干的。司马楚之说道："这肯定是蠕蠕的斥候干的，看来他们已经到我们营中刺探了虚实，并割掉了驴的一只耳朵，作为信物。他们大军很快就要到来，我们应立即戒备。"司马楚之命令砍伐附近的柳树作为屏障，在上面浇上水。这时候大漠的气温已经很低，这些水一会儿就冻成了一层厚冰，坚韧且湿滑。不久，柔然军队果然到来，他们看到这层冰墙后，就识趣地回去了。

十二月一日，拓跋焘返回了首府平城。

拓跋焘对这次军事失利进行问责，将没有按预定时间抵达预定地点的中山王拓跋辰、内都坐大官薛辩、尚书奚眷等八位将领，全部斩首。

刘洁假传圣旨的阴谋被告发，加之他又有不忠的言行，拓跋焘诛灭了刘洁的三族，没收了他的家产。刘洁的家产竟然有亿万之多。

第七节　忠直古弼

太子拓跋晃笃信佛教，他拜从凉州迁到平城的高僧释玄高为师。因为拓跋晃和崔浩、寇谦之信仰不同，脾气也不投，所以二人不时在拓跋焘面前打太子的小报告，拓跋焘对太子也产生了成见，一直不肯对他委以重任。

拓跋晃很着急，向老师释玄高求助。释玄高施展法术，为拓跋晃祈福七天七夜。于是拓跋焘有天晚上做了个梦，梦见祖父和父亲面带怒容，手拿刀刃指着他说："汝因何听信谗言，无故怀疑太子！"拓跋焘从梦中惊醒，大汗淋漓。

太平真君五年（444）正月，拓跋焘命拓跋晃总管百官，并命侍中、中书监穆寿，司徒崔浩，侍中张黎，侍中古弼共同辅佐太子，处理朝廷事务。崔浩和张黎都是汉人，穆寿和古弼是鲜卑人，汉臣和鲜卑贵族平分秋色。

拓跋焘命百官给天子上书的时候，都称"臣"，以"臣"的礼节对待太子。

侍中古弼，是代郡（今河北省蔚县东北）人，年轻时就非常喜欢读书，而且精于骑马射箭，为人忠诚、恭敬、谨慎。明元帝拓跋嗣（拓跋焘父亲）很喜欢他，赐他名字为"笔"，形容他为人性格正直，又必不可少。后改名为"弼"，说明他是辅佐之才。

上谷郡人曾经上书说皇家苑圃占地面积太大，让很多人失去田地，请求减少苑圃一半面积，赐给贫困者。古弼拿着这份奏疏，进入宫中求见拓跋焘。当时拓跋焘和给事中（辅助皇帝处理政务，并纠察百官）刘树正在床上坐着下棋，古弼见过礼之后，拓跋焘示意他在旁边坐下等待，然后又和刘树专注地下起棋来。

古弼坐了好一会儿，也没有得到奏事的机会，怒不可遏，突然跳起来，上去就揪住刘树的头发，把他拉到床下，又拽住了刘树的耳朵，用另一只手猛捶他的后背。古弼边打边说："朝廷政令不畅，全是你造成的！"刘树连连求饶。拓跋焘也吃了一惊，一推棋盘，说道："没有听你奏事，是朕之过，和刘树又有什么干系？快放了他！"古弼这才放手，让拓跋焘看了上谷郡人上书请求减少苑囿的奏章，并请求批准。拓跋焘批准后，古弼忙道歉道："身为人臣，这么做实在无礼至极，罪过太大。"出宫后，古弼前往公车司马处，解下官帽，脱下鞋袜，光着双脚，请求处罚定罪。拓跋焘得知后，又把他召进宫来，宽慰他道："爱卿何罪？赶快戴上帽子，穿上鞋子，该干什么干什么吧！只要利于江山社稷，利于百姓，请爱卿尽心竭力，要打消顾虑，不要有什么思想包袱。"

太平真君五年（444）八月三日，拓跋焘准备到河西狩猎，命已是尚书令的古弼留守。拓跋焘下令，把又肥又壮的马匹给狩猎使用。古弼接到了命令，给的都是老弱瘦的马匹。拓跋焘见到这些马，大怒道："笔头奴，敢给我偷工减料，不听我的命令，等我回去以后，先砍掉他的脑袋！"因为古弼头比较尖，拓跋焘经常戏称古弼"笔头"。

古弼的属下得到消息，都非常惶恐，怕被牵连。古弼对他们说："我身为人臣，不能使君王尽情打猎，这个是小罪；如果考虑不周，不做万全准备，使国家缺少兵马粮草，这个是大罪。如今蠕蠕势力正强，南方贼寇未灭，我把肥马供应军队，把弱马用来狩猎，是为国家长久之计，虽死无憾！而且，这是我自己的主意，和你们无关，你们不用担心。"这话很快就传到了拓跋焘的耳朵里，他长叹一声，道："有臣下如此，实在是国家的一宝啊！"拓跋焘命赐给古弼衣服一套、马两匹、鹿十头。

又有一天，拓跋焘到平城之北山打猎，杀死或活捉麋鹿数千头。拓跋焘命尚书征发民车五百辆运送猎物。派出的人刚出发，拓跋焘就对左右说道："笔头公一定不会发车，你们不如用马把它们运走吧！"拓跋焘遂决定回宫，刚走了一百多里，古弼的奏章送到，奏章上说："今年秋季的谷穗已经发黄下垂，即将成熟，桑麻、黄豆漫山遍野，野猪、野鹿经常出来偷食，小鸟、飞雁也不断偷吃，风吹雨淋，也在不断降低产量。早上收割比晚上收割能多得三倍粮食，我请求运鹿的事情暂时缓一缓，让老百姓用车辆来运送庄稼。"

拓跋焘见到奏章，哈哈一笑，对左右说道："你们看看，果不出我所料，笔公真可谓社稷之臣啊！"

第八节　平灭盖吴

　　不知从何时起，北魏民间流行这样一个谣言："灭魏者吴。"卢水胡（匈奴人）盖吴也听到了这个谣传，他的名字中也有个"吴"字，他认为这是天命要归于己的预兆，于是在杏城（今陕西省黄陵县）起兵造反，背叛北魏，各匈奴部落纷纷响应，一时间聚集了十多万人。盖吴也很有政治头脑，他为了打造统一战线，派赵绾出使南朝刘宋，向刘宋皇帝刘义隆称臣。

　　太平真君六年（445）十月，长安镇副将拓跋纥率军征讨盖吴，但被盖吴击败，拓跋纥也被杀。战胜北魏军后，盖吴的军力也进一步壮大，老百姓一看这形势，纷纷逃入终南山中求生。

　　得到拓跋纥兵败身死的消息，拓跋焘大怒，他命令高平镇（今宁夏回族自治区固原市原州区）敕勒（高车、丁零）前往长安镇守，命将军叔孙拔统率并州、秦州和雍州的军队屯驻渭水北岸。

　　盖吴派别部帅白广平向西掠夺新平（今陕西省彬州市），安定郡的各匈奴人纷纷聚众响应。盖吴又分兵掠夺临晋（今陕西省大荔县东朝邑镇西）东部，北魏将领章直击败他们，义军被赶入河中淹死的达三万多人。

　　盖吴派兵进攻长安，在渭水北岸与叔孙拔的大军相遇，两军展开一场恶战，义军不敌，又被杀死三万多人。

　　迁居到河东郡（郡治蒲坂，在今山西省永济市东南）的蜀人头领薛永宗，聚众响应盖吴，攻击河东郡的闻喜县。闻喜县没有军队，县令恐慌不已，又无计可施。裴氏为闻喜县大族，裴骏率领乡里豪绅英杰，奋勇迎战义军，薛永宗战败撤走。

　　拓跋焘命薛拔（其祖父曾为河东郡太守）利用影响力，召集乡邻在黄河构筑营垒，截断盖吴和薛永宗的联系通道。

十一月十五日，拓跋焘命殿中尚书拓跋处直率两万名骑兵讨伐薛永宗，派殿中尚书乙拔率领三万名骑兵讨伐盖吴，派西平公寇提率一万名骑兵讨伐白广平。

盖吴自称天台王，设置文武百官。

太平真君七年（446）正月十四日，拓跋焘亲征薛永宗，距离义军不远处安营扎寨。随行的司徒崔浩对拓跋焘说："薛永宗不会料到陛下御驾亲征，防守一定不会很严密，现在我们借助凛冽的北风，攻打叛军。"拓跋焘同意。

拓跋焘大军包围了薛永宗的大营。薛永宗率军出战，但抵挡不住北魏大军，落荒而逃。他见上天无路，入地无门，就与家人跳入汾水自杀了。他的族人薛安都放弃占领的弘农郡（郡治弘农，今河南省灵宝市北三十里故函谷关），投奔南朝刘宋而去。薛安都后来成为一员名将。

拓跋焘南抵汾阴，渡过黄河，到达了华阴的洛水桥。拓跋焘得知盖吴在长安北的消息，他认为渭水北没有粮食和水草，准备渡渭水到南岸，然后向西行军。

拓跋焘征求崔浩的意见。崔浩回答道："打蛇先打它的脑袋，头破了，尾巴也就跑不掉了。现今盖吴的大营距此不过六十里，我们派轻骑进攻，不过一日工夫就可抵达。我军到达后，必能击破盖吴，然后再南下长安，也不过一日工夫，多行军一日，也累不到我军。如果我们到渭水南后，盖吴就有足够时间逃入北山（今陕西省礼泉县北九峻山），到时候再想捉到他们，就非常难了。"

拓跋焘不听，从渭水南岸向长安进军。正月二十六日，拓跋焘率军抵达戏水（流经今西安市临潼区）。盖吴得到消息，自知不敌，于是分散部众，逃入了北山。

北魏军搜索不到盖吴军，空手而回，拓跋焘这才后悔不听崔浩之言。拓跋焘进入长安，命令搜捕盖吴的同党，哪怕和盖吴通过一次书信的，都统统予以诛杀。

殿中尚书乙拔率军攻打义军，收复了杏城。

盖吴又派使者到了南方，请求刘义隆派军支援。刘义隆任命盖吴为都督关陇诸军事、雍州刺史、北地公，同时送给盖吴一百二十一颗印信，让他分封手下。刘义隆又命雍州、梁州的军队向边疆移动，声援盖吴。

这时候，北魏金城郡（今甘肃省兰州市）人边固、天水郡（今甘肃省天水市）

人梁会，纠集了一万多户杂民起兵，匈奴、氐、羌响应的有三万多人。北魏秦、益二州刺史封敕文出兵平定了他们。

盖吴不断集结之前溃逃的部队，声势再振。拓跋焘派永昌王拓跋仁、高凉王拓跋那统率长安以北军队讨伐。为了防止盖吴再逃，拓跋焘命征调冀州、湘州、定州三个州两万多人，堵住了终南山的各个谷口。

八月，高凉王拓跋那大败盖吴，活捉了盖吴的两个叔叔。

拓跋那手下很多将领都主张把盖吴的两个叔叔送到平城邀功，而长安镇将陆俟说道："长安城险固，民风彪悍，平时都不可大意，何况是荒乱之后呢！若今天不乘机斩杀盖吴，则长安之变就没有结束的时候。盖吴只身逃窜，不是他的亲信，谁能找到他？如果用十万大军去搜捕一个人，非长久之计。不如跟盖吴的两个叔叔谈笔交易，释放了他们的妻子和孩子，让他们去寻找盖吴，然后我们一定可以生擒盖吴。"

诸位将领不同意陆俟的意见，他们说："今天贼党已经溃散，只剩盖吴单人独骑逃亡，他又能逃到哪里去呢？"陆俟接着说道："诸位没有见过毒蛇吗？不砍掉它的脑袋，它照样可以咬人。盖吴天性凶残狡诈，今天如果得逃，必定以'王者不死'的言论来迷惑百姓，到时候为祸更甚。"诸将领一听，觉得陆俟说得有道理，就说："言之有理。但捉到贼人不杀，反而把他们放了，如果他们不再回来，这个罪责谁来承担？"陆俟回答道："各位不用担心，这个责任，我来负！"高凉王拓跋那同意陆俟的看法，于是赦免了盖吴的两个叔叔，约定日期，让他们把盖吴带回来。

约定日期已到，盖吴的两个叔叔还没有回来，众将领都怪罪陆俟。陆俟说："各位少安毋躁，他们没有回来，我认为是没有找到下手的机会，他们一定会回来的。"又过了几天，盖吴的两个叔叔果然提着盖吴的人头回来了。拓跋那非常高兴，命人用快马把盖吴的人头送到了平城。

永昌王拓跋仁进攻义军白广平等，也予以平定。

拓跋焘对陆俟的表现非常满意，擢升陆俟为内都大官。这时候，安定郡的卢水胡刘超等纠集一万多人起兵，拓跋焘命陆俟兼任都督秦雍二州诸军事，镇守长安。陆俟到长安后，用计谋以少胜多，杀死刘超，平定了变乱。

第九节　太武灭佛

崔浩和寇谦之担忧笃信佛教的太子拓跋晃权势日盛，会夺取他们的权柄，因此对拓跋焘说："太子监国一事，实有蹊跷。应该是凭借了释玄高的法术，才令先帝降梦。如此看来，他们的行动非常急切，如果不早日除掉释玄高，以后必成大的祸患。"

本来让太子监国就不是拓跋焘的本意，听了崔浩他们所说，于是他决定先从释玄高下手。拓跋焘命令把释玄高收监，拓跋晃苦劝，拓跋焘不听，并于太平真君五年（444）九月十五日，把释玄高杀死。释玄高年四十三岁。

这次拓跋焘亲征盖吴，进入了长安城。曾经占据长安的前秦苻坚、后秦姚兴等人，都是虔诚的佛教徒，长安城内僧人也比较多。拓跋焘有一次到一座佛寺视察，僧人也非常重视，请侍从官员饮酒。侍从官员进入僧人房间后，突然发现有很多兵器，大惊，赶紧出去报告拓跋焘。

拓跋焘大怒道："这些武器绝不是寺院所用，必定是和尚们和盖吴预谋，准备作乱！"

拓跋焘命人把寺院内的僧人全部收押，在寺院搜查时，又发现了多套酿酒用具和州刺史、郡太守以及富人寄藏在寺院内的财物，数以万计。还在密室内发现了藏匿的妇女。

拓跋焘怒不可遏，崔浩从旁游说要杀尽天下僧人，烧掉佛经，摧毁佛像。拓跋焘同意了。寇谦之当时也在旁边，不同意崔浩的做法，竭力劝阻，并和崔浩发生了争执，崔浩不听寇谦之所言。于是，长安城内的僧人全部被杀了，经书被收集起来付之一炬，佛像全被捣毁。

拓跋焘命留守平城的太子拓跋晃向全国发布命令，采取和长安一样的做法，积极灭佛。诏令上说:"后汉昏君(东汉明帝时,佛法传入中国),被奸邪迷惑,扰乱纲常。古九州之内,并没有佛法。语言夸张荒唐,不合乎人情事理,乱世之时,容易使人迷惑,使人不辨黑白。因此政教不行,礼崩乐坏,九州之内,变得荒凉残破。朕承天应命,要除伪存真,恢复伏羲、神农的太平时代。其他的全部荡除,消灭其痕迹。从今往后,胆敢侍奉外来神仙以及捏泥人造雕像的,全部灭门。有非常之人,然后才能行非常之事,除了朕,谁还能做到这点?有司应该通知天下各军、各州镇,有佛像的统统捣毁,有佛经的一律烧毁,和尚不分老幼,一概活埋。"

留守平城的太子拓跋晃接到诏书后,大惊失色,因为他好佛法,他的朋友圈中也有很多僧人。但父亲的命令,他又不能违抗,于是他尽量拖延发布命令的时间,给僧人逃亡争取了一定的时间,保住了一批僧人的性命。

北魏境内的寺庙、佛塔全部被铲平了,一座都没有留下。

中国历史上有过三次大的灭佛行动,因为当时的皇帝谥号或庙号里都有一个"武"字,所以被称为"三武之祸"。另两个灭佛的皇帝是北周武帝和唐武宗。

北魏太武帝拓跋焘灭佛,是"三武之祸"的第一祸。这是发生在太平真君七年(446)三月的事情。

第十节　柔然衰落

太平真君九年（448）九月，拓跋焘命成周公万度归攻打西域的焉耆国（今新疆维吾尔自治区巴音郭楞蒙古自治州焉耆回族自治县），大胜，焉耆国王鸠尸卑投奔龟兹国（首府延城，今新疆维吾尔自治区库车市）。

拓跋焘命驻扎车师国的唐和会同车师前国王车伊洛率军和万度归会师，一路向西追击。唐和游说柳驴等六个城池归降，又攻克了波居罗城等城。

十二月，两军会师，万度归命唐和留守焉耆国，亲率军队攻打龟兹国。柳驴城戍主乙直伽起兵谋叛，被唐和击斩。于是各蛮夷降服。

之前，距离平城万里之遥的西域悦般国（首府列普西，今哈萨克斯坦巴尔喀什湖东南）派使者到达北魏，请求出军，东西合击柔然。拓跋焘欣然同意。

皇太子拓跋晃到达阴山行宫拜见拓跋焘，跟随军队北上攻打柔然，军队行进到受降城（汉武帝筑，今蒙古国南部边境），不见柔然的军队。于是拓跋焘命在受降城留驻军队，积存粮食，然后班师。

太平真君十年（449）正月初一，一元复始，拓跋焘在漠南大宴文武大臣，气氛很热烈。正月初七，拓跋焘命军队再次向柔然发起攻击。高凉王拓跋那从东路进攻，略阳王拓跋羯儿从西路攻击。拓跋焘和拓跋晃从中路进发，他们穿过涿邪山（今蒙古国古尔班察汗山），行进了数千里。继位没多久的柔然可汗郁久闾吐贺真面对强敌，十分恐惧，带领部众向北逃奔。

本年九月，拓跋焘再次北伐柔然，他命高凉王拓跋那从东路进军，略阳王拓跋羯儿从中路进军，约定各军在地弗池会师。

柔然可汗郁久闾吐贺真这次没有选择逃跑，他集结了全国的精锐兵力，准备了非常充足的辎重粮草。柔然军把拓跋那重重包围，多达数十重，拓跋那命将士深挖沟，顽强坚守，两军相持了数天。郁久闾吐贺真命军队多次对拓跋那的阵营发起攻击，但都被击退。拓跋那军虽然人数不多，但作战十分勇敢，宁死不屈。

郁久闾吐贺真怀疑北魏以拓跋那军做诱饵，北魏大军随后就到，到时候内外夹击就大事不妙了。于是他率军解除包围，连夜逃走。拓跋那得到柔然军队撤退的消息，率军追击，连续追赶了九天九夜。郁久闾吐贺真见甩不掉北魏军，内心十分恐惧，命令军队抛弃辎重，轻装逃跑。他们越过穹隆岭（今蒙古国杭爱山东段），远遁而去。

拓跋那命军队拾获柔然抛弃的辎重，满载而归，与拓跋焘在广泽（今蒙古国博格多城南鄂罗克泊）会师。略阳王拓跋羯儿捕获柔然人及牲畜共计一百多万。

从此，柔然汗国势力日渐衰落，不敢再对北魏发动攻击。同时，拓跋焘得到了南朝宋准备北伐的消息。

这时南朝宋的皇帝是刘义隆，他是刘宋的第三位皇帝（前两位是刘裕和刘义符），他于424年登基为帝。刘义隆也是个有作为的皇帝，开创了"永嘉之治"，让南朝宋的国力进一步强大。

刘义隆有了北伐收复失地的想法，彭城郡（今江苏省徐州市）太守王玄谟呈递了进攻方略。刘义隆看了王玄谟的奏章，兴奋地对群臣说道："看了王玄谟的陈奏，让朕有了'封狼居胥'之意啊！"汉代霍去病曾经北伐匈奴，大胜，登狼居胥山（今内蒙古自治区五原县西北的狼山）祭祀。辛弃疾《永遇乐·京口北固亭怀古》中的"封狼居胥"，就是指的刘义隆这句话。

第十一节　悬瓠之战

刘宋在积极准备北伐，北魏也在随时准备南征。

太平真君十一年（450）二月二十日，拓跋焘亲自统率由骑兵和步兵组成的十万大军，越过魏、宋两国的边界，深入刘宋境内。

南顿太守郑琨、颍川太守郑道隐听说拓跋焘亲征，吓破了胆，弃城而逃。南顿郡和颍川郡属于刘宋豫州，身在寿阳的豫州刺史、南平王刘铄（刘义隆第四子），派遣左军行军参军陈宪暂时担任汝南郡太守，镇守悬瓠（汝南的治所，今河南省汝南县）。当时整个悬瓠城兵士不满一千人。

北魏大军把悬瓠团团围住，昼夜不停地攻打，并建造了很多高楼，推着逼近城池，居高临下地射击。北魏军箭如雨下，城内的刘宋将士纷纷倒地。刘宋将士吃水的时候，要背上门板躲避飞箭，到井上取水。

箭雨过后，北魏军驱动冲城车，车子上拴着硕大的铁钩，铁钩被甩出去后，抓在城楼的墙垛上，冲城车用力牵引，悬瓠的南城墙顿时被拉毁。陈宪急令将士在城墙倒塌的地方再筑起墙垛，在外面立上木栅栏，抵挡北魏军。

北魏军把护城河填上，然后架云梯攻城。陈宪激励将士奋战，北魏攻城兵士不断倒地，尸体堆积如山，和城墙的高度差不多。双方杀红了眼，北魏军踩着同伴的尸体攀登城墙，和刘宋军短兵相接。刘宋军毫不示弱，战士无不以一当百，北魏军伤亡数以万计，刘宋军也减员过半。

拓跋焘命永昌王拓跋仁率一万名将士，押着俘虏的刘宋百姓，驻扎于悬瓠北的汝阳（今河南省商水县）。刘义隆命徐州（治所彭城，今江苏省徐州市）刺史、武陵王刘骏（刘义隆第三子）出动骑兵，只携带三天的粮食，轻装出发，偷袭拓跋仁军。

▲ 刘义隆

当时南方军队战马奇缺，刘骏接到命令，派人以百里为半径，把所有马匹统统征集过来，刘宋军共得战马一千五百匹。刘骏命兵分五路，由参军刘泰之统领坦谦之、臧肇之、尹定、杜幼文、程天祚等各率本部人马，直扑汝阳。

北魏军一直提防南方的寿阳援军，没料到东方的彭城会杀过来。刘泰之等发动奇袭，杀死北魏军三千多人，并放火焚烧辎重。北魏军如惊弓之鸟，四散奔逃。被俘虏的刘宋百姓趁机向东逃走。

北魏军惊魂过后，发现刘泰之不过是孤军战斗，并没有后援，于是回军反击。坦谦之怯敌，首先撤退，刘宋其他军队惊慌失措，纷纷扔下武器逃跑。混乱中，刘泰之被杀，臧肇之掉入河中淹死，程天祚被北魏军活捉。坦谦之、尹定和杜幼文连同九百多人和四百匹马逃走。

拓跋焘已经率军围攻悬瓠四十二天了，还没有攻下。这时候，刘义隆命南平郡内史臧质率军前往寿阳，和安蛮司马刘康祖合兵一处，前往援救悬瓠。拓跋焘命殿中尚书、任城公拓跋乞地真率军阻击。两军交锋，臧质等力斩拓跋乞地真。

悬瓠久攻不下，军队又遭受挫折，天气越来越炎热，北魏军难以忍受，拓跋焘认为仗没法儿打下去了，于四月率军撤走，四月十三日抵达首府平城。

刘义隆发布诏书，贬安北将军、武陵王刘骏为镇军将军，将首先撤退的坦谦之斩首，罚尹定和杜幼文做苦工，擢升陈宪为龙骧将军，兼汝南、新蔡二郡太守。

这是年龄相当（拓跋焘本年四十三岁，刘义隆四十四岁），又都富有韬略、胸怀大志的拓跋焘和刘义隆的一次大规模交锋。更大规模的交锋随后即到。

第十二节　崔浩之死

北魏司徒崔浩才华横溢，精通儒家经典著作，深谙阴阳五行之术，对事情发展的预见性很精准，因此深得太武帝拓跋焘的欣赏和信任，在朝中可以说是一人之下，万人之上。

一些大族南渡之后，清河郡崔氏成为北方第一大族，崔浩又是崔氏最显贵的一支。崔浩出身高门，他的政治理想是恢复贵族阶级的统治，就是想要把高官和博学结合起来。因此他"大欲齐整人伦，分明姓族"，他的这一举措，势必引起一些鲜卑贵族和汉人寒族的反对。鲜卑贵族缺少的是文化，寒族中有文化的缺少门第，这对他们都是不利的。

崔浩的外甥卢玄对此深感忧虑，劝崔浩道："创立制度，建立功业，要符合时代特点，现在乐意这么做的，能有多少人呢？请您三思而后行。"崔浩没有接受。

崔浩对出身高门之人的欣赏也溢于言表。永嘉之乱时，太原大族王氏南渡，王氏后人王慧龙因故投降了北魏。王氏世代都是酒糟鼻，鼻子大，崔浩看到王慧龙的鼻子比较大，由衷地说道："真是贵种矣！"他数次在朝中大臣面前称赞王慧龙。这引起了鲜卑贵族长孙嵩的极大不满，他向拓跋焘告状说，崔浩赞叹南方人，看不起鲜卑人。拓跋焘大怒，把崔浩召过来，劈头盖脸就是一顿训斥。崔浩很紧张，脱下官帽谢罪，拓跋焘才作罢。

崔浩在朝中拥有巨大的影响力，这也势必与储君、太子拓跋晃发生冲突。

有一次，拓跋焘命崔浩选择中书学生中才能和学业都优异者担任助教。崔浩推荐了他的门下弟子箱子、卢度世和李敷三个人应选。给事高说的儿子高祐和尚书段霸的儿子等人也都盼着这个位置，因此认为崔浩选拔不公，向太子拓跋晃告状。拓跋晃也认为崔浩偏私，但他没有足够的力量来改变这个决定，因此亲自向皇帝老爹拓跋焘告状。拓跋焘接到报告后，采取了一个折中的办法，既没有选用崔浩推荐的箱子等人，也没有选用高祐等人，而是选用了李诉。

还有一次，崔浩推荐了冀州、定州、相州、幽州和并州五个州的贤士数十人，直接推荐他们做郡太守。这引起了太子拓跋晃的反对，他对崔浩说道："之前我们选拔的隐士卢玄、崔绰、李灵、游雅等人，也是郡守的合适人选。他们具有一定的行政经验，兢兢业业，还没有对他们进行安排，应该先让他们补缺。他们留下的位置，再由新推举的人接任。且太守、县令，事务繁杂，不但管事，还要管民，由有行政管理经验的人来担任更为合适。"

崔浩这时候是司徒，主管干部人事工作，他没有理会拓跋晃的意见，坚持分派这些人出任郡守。

中书侍郎兼领著作郎高允，听说了这件事情，对东宫博士管恬说："崔公难以免祸啊！为了达到自己的目的，而与权势之人对抗，并争得优势，权势之人又怎么能忍受得了呢？"

道武帝拓跋珪时，曾经命尚书郎邓渊撰写编年体《国记》十多卷，后来因为邓渊被赐死，这个事就停顿下来了。拓跋焘命当时还是太常的崔浩召集人续写国史，称为"国书"。崔浩召集了弟弟崔览及高谠、邓颖（邓渊儿子）、晁继、范亨、黄辅等人参与编写。拓跋焘还专门叮嘱他们"务从实录"，就是要实事求是，有什么写什么，是什么写什么。崔浩等人经过辛勤工作，写成了《国书》三十卷。

著作令史（协助修国史者）闵湛和郗标，脑子反应快，善于溜须拍马，经常拍得崔浩很舒服，崔浩对他们很是信任。崔浩曾经为《易经》《论语》《诗经》《尚书》作注，闵湛和郗标上书说："东汉马融、郑玄、王肃、贾逵（以上四人皆为大儒）为这些书所作的注解，都不及崔公所注的精深微妙，请陛下尽收这些人所注的书，而颁布崔公所注的书为正宗，供天下读书人学习。并请陛下命崔浩注解《礼经》《左传》，让天下的读书人得到正确的理解。"

崔浩也在拓跋焘面前称赞闵湛和郗标有著述的才能。闵湛和郗标又劝崔浩，把所写的拓跋国史刻到石碑上，让大家都能看到崔浩写史的直笔，彪炳史册。崔浩这时候被闵湛和郗标的吹捧之言冲昏了头脑，没有仔细考虑这个事情的后果，准备付诸实施。崔浩征求太子拓跋晃的意见，拓跋晃竟然同意了。

于是，崔浩命人把《国书》刻到大石碑之上，把石碑立在平城南的天坛东侧，方一百步，前后共动用劳力三百万人，总算完成。崔浩写的拓跋族国史，非常翔实，包括一些政治斗争内幕，以及部落时代非常落后的风俗习惯等。大石碑矗立在交通要道，过往行人纷纷驻足观看，看过后无不惊讶连连。

鲜卑人看过后，都非常恼怒，他们集合起来，向拓跋焘告状。他们对拓跋焘说，崔浩这么做，是想暴露拓跋鲜卑族的丑陋，让汉人质疑拓跋族统治的正当性，这些人又把崔浩赞扬王慧龙鼻子大，以及他在刘裕死后劝说拓跋焘不攻打南方之事等联想起来，说崔浩用心险恶，其心可诛。拓跋焘闻听，暴跳如雷，命令把崔浩和秘书郎吏等关押起来，收集他们的罪状。

拓跋焘召见崔浩，亲自审问他关于撰写国史的情况，而这时崔浩非常惶恐、疑惑，竟然说不出话来。以崔浩的学识口才和之前同拓跋焘的关系，这是他表现自己的最好机会，也可能是拓跋焘故意给他的机会，所以才会亲自来审他。崔浩不发一言，实在不合情理，可能是他被人动了手脚，已经无法言语。能做到这点的人，极大可能就是之前同意把《国书》刻到石碑上的太子拓跋晃。崔浩拒不说话，让拓跋焘失望而去。

太平真君十一年（450）六月十日，拓跋焘下诏：诛杀清河崔氏和与崔浩同宗者，以及崔浩的姻亲范阳卢氏、太原郭氏、河东柳氏，统统灭族。这些都是名门望族。其他涉案者，只诛杀本人。

行刑那天，崔浩被装进囚车中，押往城南，被放置在大道旁，看押他的卫士数十人，往他身上淋尿。崔浩发出嗷嗷的叫声，路人都听得真切。崔浩年七十岁。顺便交代一句，寇谦之已于两年前死去。

拓跋焘处死崔浩后，立即就后悔了，说："崔司徒可惜！"

第十三节　饮马长江

北魏首席谋士崔浩被杀，南朝宋文帝刘义隆闻听大喜，认为上天在帮助自己，让拓跋焘自断臂膀。刘义隆决定北伐，他在国内进行了广泛的动员，诏令朝中上自王公贵族，下至普通官员，以及一般的有钱人，每人都要捐出金银财物充实国库。因为兵源不足，征召青、冀、徐、豫、南兖、北兖（南方一些州郡属于侨置，和北方的重名）六个州的百姓，"三五发丁"，即三口人中出一人，五口人中出两人。又征召善于骑马、射箭的壮士委以重任，给予重赏。

南朝宋元嘉二十七年（450）七月十二日，刘义隆下诏兴兵北伐，命太尉、江夏王刘义恭综合调度各路兵马。东西两个战场同时开打。东线战场开始进展顺利，刘宋军攻下了碻磝（今山东省茌平县西南古黄河南岸）、乐安（今山东省广饶县）等城，然后围困滑台（今河南省滑县）。

拓跋焘得到刘宋军北上进攻的消息后，并没有立刻反应，他认为七月天气炎热，北方人不习惯这种燥热天气，影响战斗力。等到了九月四日，拓跋焘命太子拓跋晃率军驻扎漠南（戈壁沙漠以南、阴山以北）防备柔然偷袭，命吴王拓跋余留守平城，自己亲率大军南下，救援滑台。

围困滑台的主将为刘宋宁朔将军王玄谟，他曾经力劝刘义隆北伐，但他为人刚愎自用，贪腐好杀，不得军心。

十月七日，拓跋焘率军抵达了枋头（今河南省浚县南），派关内侯陆真乘夜进入滑台，给城内守军送信并加油鼓劲。十月九日，拓跋焘率军渡过黄河（古黄河），号称雄兵百万，战鼓的响声震天动地。王玄谟被拓跋焘大军的声势吓破了胆，于是命令撤退。北魏大军追击，杀死刘宋军一万多人，缴获的辎重堆积如山。王玄谟退守碻磝。

拓跋焘命永昌王拓跋仁从洛阳进攻寿阳（寿春），尚书长孙真进攻马头（今安徽省怀远县），楚王拓跋建进攻钟离（今安徽省凤阳县临淮关），高凉王拓跋那从青州攻下邳（今江苏省睢宁县）。

拓跋焘亲率大军进攻邹山（峄山，今山东省济宁市邹城市东南十公里处）。十一月五日，拓跋焘大军攻打鲁郡（今山东省曲阜市），活捉了刘宋鲁郡太守崔邪利。拓跋焘见到了当年秦始皇立的功德碑，感到一阵不舒服，命人推倒敲碎。拓跋焘用太牢（猪、牛、羊各一头）祭祀了孔子。

刘宋西路军进展顺利，中兵参军柳元景、建武将军薛安都、略阳太守庞法起等人率军进入卢氏县（今河南省卢氏县），杀死北魏的县令李封，然后向陕城（今河南省三门峡市西）发起进攻。陕城历来是军事重镇，城防坚固，易守难攻。薛安都豁出性命，在北魏军中杀了个几进几出，北魏军不敌，陕城被攻克。于是庞法起等人又率军进攻潼关，北魏守将弃城而逃，庞法起占领了潼关。但因为东方战线的王玄谟溃败，北魏军已经进入国境，东方战线吃紧，刘义隆命令柳元景等人班师。

北魏永昌王拓跋仁率大军攻克悬瓠、项城后，逼近寿阳。

楚王拓跋建攻克钟离后，驻军萧城（今安徽省萧县），此地距彭城仅有十几里远。十一月二十六日，拓跋焘抵达了彭城外，命在彭城南设立行台。拓跋焘对南方产的甘蔗、美酒和橘子等非常感兴趣，向彭城守军索取，防守彭城的江夏王刘义恭和武陵王刘骏全部答应。拓跋焘也不白吃白喝，命令给城内送去了貂皮大衣、骆驼、骡子、毛毯等物品。

拓跋焘命令大军攻城，但彭城城防坚固，防守严密，一时间攻不下来。十二月一日，拓跋焘改变战略，率大军南下，命中书郎鲁秀攻打广陵（今江苏省扬州市），命拓跋那攻打山阳（今江苏省淮安市），命拓跋仁攻打横江（今安徽省和县东南）。十二月四日，北魏大军渡过了淮河。因为北魏军南下打仗从不携带军粮，都是靠夺取南方军队和百姓的粮食来供应军队，渡过淮河后，刘宋坚壁清野，百姓外出躲避，北魏军粮食吃紧，人困马乏。这时候，拓跋焘听说盱眙（今江苏省盱眙县）城内有不少粮食，但没有急着去攻取盱眙，准备等北返的时候，再夺城取粮。

十二月十五日，拓跋焘抵达长江北岸的瓜步山（今江苏省南京市六合区东南），命拆毁民房，取下木材，加上砍伐的竹苇，做成竹筏，扬言要渡过长江，拿下刘宋首都建康（今江苏省南京市）。

建康城内已经人心惶惶，百姓都在收拾行装，拿起扁担，随时准备逃命。刘义隆动员所有能动员的青年，包括王公子弟，统统加入军队，又命将领带军严守各渡口及险要地段，防止北魏军过江。

刘义隆忧心忡忡，亲自登上石头城（建康西北）向北方远眺。看到北魏军人山人海，盔明甲亮，他露出了愁苦之色，对身边人说道："如果檀道济还活着，怎么能使胡马抵达这里？"檀道济为一代名将，之前被刘义隆冤杀。

对于这段战事，后世辛弃疾在《永遇乐·京口北固亭怀古》中写道："元嘉草草，封狼居胥，赢得仓皇北顾。"

拓跋焘命在瓜步山上开凿盘山小路，在山上建立了行宫。面对波涛汹涌的大江，拓跋焘也犯愁了，他的军队擅长陆地作战，对于水战缺乏经验。联想到前秦苻坚在淝水失败的教训，拓跋焘决定见好就收。

北魏正平元年（451）正月一日，拓跋焘在瓜步山的行宫接见文武百官，论功行赏。拓跋焘擢升中常侍宗爱为秦郡公。宗爱来历不明，因为犯罪成为阉人，进入了宫中，他善于察言观色，逐步被提拔为中常侍。他是下一章的主角，这里先特别交代一下。正月初二，拓跋焘命令裹挟战俘及百姓，放火焚烧房屋后，北返。

王玄谟放弃碻磝，退到了历城（今山东省济南市），北魏军占领了碻磝。

拓跋焘还没有忘记盱眙，他率军包围了盱眙。拓跋焘又想喝酒，向防守盱眙的刘宋辅国将军臧质索要，臧质把尿撒进酒坛，命人送给了拓跋焘。拓跋焘打开酒坛，感觉味道不对，仔细一辨别，大怒若狂。拓跋焘命令环绕盱眙修筑长墙，把盱眙城死死围住，又命令切断了盱眙的水上退路。

拓跋焘写信劝降臧质，但被臧质回信羞辱了一番，拓跋焘火冒三丈，命令攻城。北魏军用钩车钩住城垛，臧质命用铁环做成长链，拴住城垛，用数百人拉住铁链，钩车不能拉倒城墙，也无法后退。到了夜里，臧质派人坐在木桶里，从城楼缒下，砍断铁钩。北魏军又用冲车攻城，但盱眙城墙坚固，冲车无法冲破城墙。北魏军

▲ 檀道济

又采用扶梯攻城，士兵一个个倒下，但无法冲进城内。北魏军围攻了盱眙三十天，损失了一万多名士兵，仍无法攻破城池。

这时候，北魏军中开始出现水土不服的情况，瘟疫流行，拓跋焘又得到刘宋的海军从东海进入淮河增援及彭城守军切断北魏退路的消息。拓跋焘命令解除对盱眙的包围，迅速北归。

北魏大军路过彭城的时候，刘义恭吓得不敢出战。

二月二十四日，拓跋焘渡过了黄河，于三月十五日回到了首府平城。拓跋焘祭告祖庙，把从南方强制带过来的五万余户百姓安置到平城郊区。

此次大规模战斗，北魏军共攻破了刘宋的南兖州、徐州、兖州、豫州、青州、冀州六个州，刘宋军民伤亡无数。北魏军也死伤过半。经此一役，刘宋开始走下坡路。

第十四节　拓跋焘遇刺

太子拓跋晃为人非常精明细致，对事情洞察入微。中常侍宗爱为人阴险狡诈，凶险残暴，犯下多宗不法之事，这自然会传到拓跋晃的耳朵里，因此拓跋晃对宗爱十分厌恶。

给事中仇尼道盛和给事黄门侍郎任平城是太子一党，深受拓跋晃的信任，具有一定的权势。拓跋焘对此也有耳闻。仇尼道盛、任平城二人和宗爱互相看不顺眼，关系比较差。

说到这里插一句。中常侍、给事中、给事黄门侍郎都是些什么官呢？这都是门下省的官，门下省是皇帝的侍从、顾问机构。在北魏，中常侍是二品官，给事中是三品官，给事黄门侍郎品位更低。但这些人身份特殊，跟皇帝接触较多。

宗爱担心自己的不法行为被仇尼道盛和任平城揭发，先下手为强，到拓跋焘面前诬陷仇尼道盛和任平城，请求治他们的罪。拓跋焘对于太子拓跋晃监国一事，并非出于本人真实意愿，他决定打击一下太子的势力。拓跋焘命把仇尼道盛和任平城斩首示众。拓跋焘继续深究，东宫多人受到牵连，被处死。

拓跋焘仍然震怒不已，有穷追猛打的意思，拓跋晃急火攻心，焦虑过度，于北魏正平元年（451）六月十五日病死，年仅二十四岁，被葬于旧都盛乐。

一个月之后，拓跋焘发现拓跋晃是无辜的，对于处理太子官之事打击面太大感到后悔，时常跟左右表达对前太子拓跋晃的思念之情。

宗爱惊恐不已，担心早晚会被拓跋焘处死。宗爱心一横，一不做，二不休，于北魏承平元年（452）二月五日，找准机会，刺死了拓跋焘，拓跋焘年四十五岁。一代雄主落得个如此下场！拓跋焘被葬于旧都盛乐的金陵，谥号太武皇帝，庙号世祖。

宗爱和左仆射兰延，侍中和定、薛提等人，约定隐瞒拓跋焘已死的消息，秘不发丧。按照皇位继承顺序，应该由皇长孙拓跋濬（拓跋晃长子）继承皇位。兰延和和定认为，拓跋濬年幼（本年十三岁），准备立秦王拓跋翰（拓跋焘第三子，拓跋焘第二子拓跋伏罗已死）为帝。他们秘密把拓跋翰迎入宫中，安排在一间密室里。但薛提坚持立皇长孙拓跋濬，认为不能废除皇位继承顺序。兰延等人犹豫不决。

宗爱另有打算，他和南安王拓跋余（拓跋焘第六子）关系密切，他秘密把拓跋余迎入了宫中。宗爱假传赫连皇后（十六国之后胡夏第一任帝赫连勃勃之女，拓跋焘的皇后，没有子嗣）的命令，召兰延等人晋见。兰延等人并不怀疑有什么阴谋，跟随宗爱进宫。其实宗爱早有安排，事先命三十个宦官手拿凶器，埋伏在后宫。兰延等人进去后，宗爱一个眼色，他们一拥而上，把兰延等人捉住后斩杀。宗爱又命人找到拓跋翰，把他押到永巷斩首。

于是宗爱拥戴拓跋余为帝，尊赫连皇后为皇太后。拓跋余任命宗爱为大司马、大将军、太师、都督中外诸军事，兼领中秘书，封冯翊王。宗爱掌握了朝廷实权，拓跋余不过是个傀儡皇帝。

元嘉二十九年（452）七月，刘宋文帝刘义隆听说拓跋焘被刺身亡，大喜过望。他命令大军再次北伐，准备收复黄河以南的土地，但刘宋军久攻北魏的碻磝城不下，无功而返。也正是在此战中，日后篡南朝宋建立南齐的萧道成，第一次站到了历史舞台上。

第二章

冯太后听政

第十五节 拓跋濬登基

拓跋余自知这个帝位来路不正，为了取悦群臣，收买人心，对文武百官大加赏赐。拓跋余贪酒好色，几乎夜夜笙歌，一个月工夫，国库几乎被他掏空。拓跋余还特别喜欢打猎，频繁进出皇城，滋扰百姓，不知节制。边关告急文书呈上来的时候，他也全不当回事，既不派兵支援，也不抚恤百姓，百姓对他很是怨恨。

宗爱总领百官，掌管禁卫大军，得意扬扬，对满朝文武呼来喝去，想赏就赏，想罚就罚，一天比一天过分。一部分大臣为了荣华富贵，攀附宗爱；一部分慑于他的淫威，不得不屈服；还有一部分暂时隐忍，在寻找机会除掉他。

拓跋余也不甘心做傀儡，在暗中策划除掉宗爱，但消息走漏，宗爱得到消息后非常恼怒，他认为拓跋余忘恩负义，就起了杀心。

北魏承平元年（452）十月一日，拓跋余夜间到平城东白登山上祭祀道武帝拓跋珪（412 年，拓跋嗣立太祖道武帝庙于白登山，号称东庙）。宗爱一看机会来了，就命令小黄门贾周等人刺死了拓跋余，拓跋余的年龄不详。拓跋余仅在位二百三十三天。

宗爱严令保守秘密，不让外界知道拓跋余已经去世的消息，只有羽林郎刘尼（鲜卑人）等少数几个人知道。拓跋余已死，皇位空缺，刘尼向宗爱建议立拓跋焘的皇孙拓跋濬（拓跋晃长子）为帝。

宗爱闻听，大吃一惊，冲着刘尼说道："你脑子太笨了，皇孙如果继位，难道会忘记他父亲是怎么死的吗？"

刘尼一想，也是这个道理，他问宗爱："如果不立皇孙，那该立谁？"

宗爱回答道："我还没有想好，我们暂且回宫，回去后再在诸王中选择贤能者立之。"

刘尼心向皇族，担忧宗爱再打什么坏主意，于是把宗爱杀死拓跋余的情况告诉了殿中尚书源贺。源贺和刘尼当时都掌管禁卫军，负责皇宫的保卫工作。源贺和刘尼去找鲜卑贵族出身的南部尚书陆丽商议对策。

源贺对陆丽说道："宗爱既然立了南安王（拓跋余），而今又把他杀掉。宗爱又不立皇孙，恐怕他会做出不利于江山社稷的事。"

拓跋濬自幼聪明，深得太武帝拓跋焘的喜爱，他们三人商定，一致拥戴拓跋濬为帝。他们又找到了尚书长孙渴侯作为盟友。

十月三日，源贺和长孙渴侯率禁卫军严守皇宫，让刘尼和陆丽骑快马到鹿苑迎接皇孙拓跋濬入宫。陆丽见到拓跋濬后，把他抱上马（拓跋濬本年十三岁），飞驰入平城，源贺和长孙渴侯见他们来到，快速打开了城门，放他们入内。

刘尼回到东庙，对禁卫兵大喊道："宗爱弑杀南安王，大逆不道，如今皇孙已登大位，有诏书在此，请各位速速回宫。"禁卫将士高呼万岁，逮捕了宗爱、贾周等人，严密戒备，进入平城。

拓跋濬即皇帝位，登上了永安殿（425年，拓跋焘改东宫为万寿宫，起永安、安乐二殿），大赦，改年号为兴安。

拓跋濬命处决宗爱和贾周，均用五刑（五刑是面上刺字、削鼻、砍下双脚、用鞭子抽死、斩首后把尸体剁成肉酱），然后又灭了二人的三族。

拓跋濬任命骠骑大将军拓跋寿乐为太宰、都督中外诸军事、录尚书事；任命长孙渴侯为尚书令，加仪同三司；任命刘尼为尚书仆射，封东安王；任命源贺为征北将军，封西平王；任命陆丽为抚军将军，封平原王。

拓跋濬尊奉父亲拓跋晃为景穆皇帝，尊奉母亲郁久闾氏（按照子贵母死的制度，已被赐死）为恭皇后。拓跋濬尊奉乳母常氏为保太后。

太武帝拓跋焘曾经灭佛，但到晚年又放松了对佛教的禁制，民间又偷偷开始信仰佛教。如今拓跋濬登基，文武大臣纷纷上书要求解除对佛教信奉的禁制。拓跋濬响应朝廷和民间的呼吁，下诏准许百姓信奉佛教，但规定百姓出家为僧尼的，大州只允许五十人，小州只允许四十人。拓跋濬还亲自为高僧师贤等五人剃发（拓跋焘灭佛时，师贤留发还俗），任命师贤为道人统（主持佛教僧务）。

这时候，北魏内部发生了激烈的政治斗争。先是拓跋寿乐和长孙渴侯争夺权力，被杀。接着，拓跋余时代任命（宗爱任命）的司徒古弼和太尉张黎——两个人都是元老重臣——因为被当作宗爱的人，被杀。之后，新任命的太尉拓跋周忸被指控犯罪，被杀。最后，京兆王杜元宝被告发谋反，又牵连出了建宁王拓跋崇和拓跋崇的儿子、济南王拓跋丽，三人都被杀。

而这场政治斗争的幕后主事者，就是拓跋濬的乳母、保太后常氏。常氏是辽西人，属于原北燕的臣民，后来北燕为北魏所灭，常氏被带入宫中，因为刚生育不久，奶水充足，被拓跋焘选定为拓跋濬的乳母。在拓跋晃被猜忌去世以及拓跋焘被刺、宗爱乱政的时候，常氏对拓跋濬照顾得很周全，有保护之功。所以，拓跋濬对常氏很有感情，对她很信赖和依赖。

常氏在宦官林金闾、车骑大将军乙浑等人的帮助下，除掉了部分政敌，掌控了北魏的大权。

第十六节　冯皇后

北魏兴安二年（453）三月九日，拓跋濬尊乳母、保太后常氏为皇太后，追赠常氏父母、祖父母尊号。他又对常氏的哥哥和弟弟加官晋爵。拓跋濬把常太后的哥哥常英从县令超常规提拔为散骑常侍、镇军大将军，封辽西公；任命常太后的弟弟常喜为镇东大将军、祠曹尚书，封带方公；封常太后的三个妹妹为县君。

可以说拓跋濬把常太后当作亲娘一样看待。这年六月，拓跋濬的嫡祖母赫连太皇太后逝世，常太后进一步掌控后宫。

铲除政敌的斗争在继续，这年七月，濮阳王闾若文和征西大将军、永昌王拓跋仁被揭发意图谋反，拓跋仁自杀，闾若文被斩。

北魏太安二年（456）元月二十九日，拓跋濬封贵人冯氏为皇后（本年十五岁）。冯皇后名字不详，是长乐信都（冀州治所，今河北省衡水市冀州区）人，出身名门，其伯祖父冯跋和祖父冯弘曾经是北燕的皇帝。北魏灭了北燕后，冯家投降了北魏，被迁往内地。冯皇后的父亲冯朗被任命为秦、雍二州刺史，封西城郡公，她的母亲姓王。雍州州府设在长安，冯皇后就出生在长安城，她出生的时候，当时天空中有神光异彩出现。

后来冯朗被告发犯罪，被杀死，冯皇后就被发配宫中做奴婢。冯皇后的亲姑姑是拓跋焘的左昭仪（北魏后宫嫔妃的次序是：皇后，左右昭仪，三夫人即贵嫔、夫人、贵人，九嫔，世妇，御女），知书达理，兼有人母的德行，她对冯皇后进行抚养教育。

冯皇后十一岁的时候，被拓跋濬选为贵人，后被立为皇后。冯皇后是凭着姿色被选为贵人、皇后的吗？正史里对冯皇后漂亮与否并没有交代。如果一个女子比较漂亮或者比较丑，正史里都会有交代，对冯皇后没有描述，那么我们认为冯皇后长相并不出众。她为什么会从一个犯人之女一跃而成为皇后呢？皇太后常氏起了决定性的作用。前文说过，拓跋濬的乳母常太后是辽西人，北燕灭亡后，她进入北魏后宫，所以对北燕皇族之女自然会有好感。

二月一日，拓跋濬立长子拓跋弘为太子。拓跋弘诞生于北魏兴安三年（454）七月，生母是李贵人，按照北魏子贵母死的制度，李贵人被赐死。李贵人是梁国蒙县（今河南省商丘市梁园区）人，当年永昌王拓跋仁进攻寿春，路过李贵人的家，看到李贵人美貌非凡，就娶为小妾。拓跋仁被杀后，李贵人被送入皇宫为奴，拓跋濬有一次见到了她，惊为天人，和她有了床笫之欢。李贵人生下拓跋弘后被封为贵人。如今拓跋弘被封为太子，常太后依照祖宗旧制，赐死了李贵人。李贵人临死前和哥哥、弟弟诀别，每到一个人的面前就叫声"哥哥"或者"弟弟"，然后捶胸痛哭。

本年十一月，拓跋濬任命尚书、西平王源贺为冀州刺史，改封为陇西王。源贺上书说："如今，北方的蠕蠕像游魂野鬼一样，驱逐不散；南方的贼寇（指南朝宋），凭借天险，负隅顽抗；边疆地带，尤须加强防守。臣愚以为，除非大逆不道、杀人，其他的违法行为及因失误致人死亡的，都应该宽恕，发配边疆，守卫国境。他们感激朝廷不杀之恩，必舍身卫国，这样也可以惠及边境徭役之家。"

拓跋濬很满意，同意按源贺的意见实施。过了一段时间，这些做法收到了实实在在的效果。

冀州下辖的武邑郡（今河北省武邑县）人石华向朝廷揭发源贺意图谋反。源贺是常太后的嫡系，拓跋濬得报后说："源贺赤诚报国，我敢担保，绝无此事，源贺是清白的。"

拓跋濬命严查石华，石华承认是自己诬告源贺的。拓跋濬对大臣说道："以源贺的忠诚，还不免被诬告诽谤，不如源贺者，为人做事不能不谨慎啊！"拓跋濬的这番话充满了警告的意味。

很多士民因酒醉打架斗殴、评论国事。太安四年（458）元月一日，拓跋濬颁布了禁酒的诏令：不论酿酒、卖酒还是喝酒，统统斩首；每逢婚事和丧事，可临时解禁，但严格按照日期执行。

拓跋濬增加了内外候官的编制人数，让他们侦察朝廷和各州镇（在边疆设镇，镇将相当于州刺史）。候官打扮成平民模样，暗访府衙，收集官员违法乱纪的证据。拓跋濬又下令，百官贪赃布匹满两丈的，予以斩首。

中书侍郎高允为人耿直忠诚，他多次劝谏拓跋濬，但每次都不是采用上书的方式，而是采取拓跋濬较能接受的面谈的方式，因此拓跋濬多次采纳高允的意见。高允曾经同崔浩一同编撰国史，但因为他实话实说，兼有太子拓跋晃的保护，得到了拓跋焘的谅解而活命。从 431 年拓跋焘任命高允为中书博士兼著作郎起，到本年（458 年），整整二十七年了，高允一直原地踏步，他过去的一些部下，都升任刺史、太守了。拓跋濬认为这种状况不能再继续下去，于是提拔高允为中书令。

太安四年（458）十月，拓跋濬亲率骑兵十万人、战车十五万辆，北伐柔然，大军浩浩荡荡，旌旗千里，穿过大漠。柔然可汗郁久闾吐贺真慑于北魏声势，率众远遁。柔然旁系部落酋长乌朱贺颓率领数千人投降了北魏。

拓跋濬大为高兴，命令刻石立碑后，班师。

第十七节　拓跋弘登基

北魏和平元年（460）四月，控制北魏朝政长达九年的常太后去世，年龄不详。拓跋濬十分悲痛，颁布诏令，痛悼三日，给常太后的谥号是昭太后。依据常太后生前意愿，把她葬在了广宁磨笄山（又称鸡鸣山或鸣鸡山，在今河北省怀来县西北鸡鸣驿）。

拓跋濬得报，接受北魏封赏的吐谷浑可汗慕容拾寅怀揣二心，又接受了刘宋的封赏，而且所住的宫殿、出行的仪仗，堪比帝王。北魏文武大臣对此很憎恶，要求出兵攻打吐谷浑。

六月四日，拓跋濬命征西大将军、阳平王拓跋新成（拓跋濬的异母弟弟）等人，督率统万镇、高平镇的军队，走南路；命南郡公李惠，督率凉州各路兵马，走北路，攻击吐谷浑。七月，拓跋濬亲自前往河西视察。

北魏两路大军浩浩荡荡，行进到了西平（今青海省西宁市）。慕容拾寅早已得到消息，自知不敌，率众逃入了南山之中。九月，北魏大军南渡黄河，准备追击，这时，军中出现了瘟疫，只好班师。此次出兵，北魏军共缴获各类牲口三十多万头。

刘宋和北魏和平相处好几年了，因为这几年中，北魏内部发生了宗爱之乱等事件，刘宋内部也发生了权力斗争。南朝宋元嘉三十年（453），宋文帝刘义隆准备罢黜太子刘劭，结果刘劭先下手为强，把老爹刘义隆杀死，登上了帝位。刘劭的行为激起了其他诸王的反抗，他的弟弟刘骏起兵攻入建康，杀死刘劭，自己做了皇帝。所以刘宋也无暇攻击北魏，两国之间没有发生大的战事。

拓跋濬为了进一步缓和与刘宋的关系，派使者到建康进行友好访问。刘骏也派使者到平城进行了友好访问。

和平二年（461）夏季，北魏国内发生大旱，土地干裂，庄稼大面积死亡。古人迷信，拓跋濬以为是上天惩罚，于是下诏说："州郡境内，不论神庙大小，都要予以整修，打扫干净，进行祷告求雨。等到丰收以后，按照神仙等级大小，再行祭祀。"

众佛教信徒利用这次机会，把过去毁坏的庙宇纷纷修复。从太平真君七年（446）二月太武帝灭佛算起，到今年已经十六年了，拓跋濬诏书的颁布，宣告了这次运动正式结束。佛教在北魏境内再次兴起。

和平六年（465）五月十一日，拓跋濬在平城逝世，年二十六岁。按照旧有规制，国家遇有大丧，三天以后，御衣及所用器物要一并烧毁，百官及后宫嫔妃要在旁痛哭流涕。当时冯皇后异常悲痛，边哭边喊，突然站起来冲进了大火之中，旁边的人大惊失色，赶紧前去援救。冯皇后过了好长一段时间才苏醒过来。

拓跋濬被葬于旧都盛乐的金陵，谥号文成皇帝，庙号高宗。拓跋濬共有七子一女，分别为拓跋弘、拓跋长乐、拓跋略、拓跋简、拓跋若、拓跋猛、拓跋安平和西河公主。这些子女均为别人所生，冯皇后没有为拓跋濬生下子女。

拓跋濬继位时，国库空虚（拓跋焘在位三十年，对外战争进行了二十一次，财政开支大），朝政不稳，民心动荡。拓跋濬无为而治，与民休息，减少行政干预，到各处视察，平复民心，生产逐渐恢复。

五月十二日，太子拓跋弘（本年十二岁）即位，大赦，尊冯皇后为冯太后。

此时朝中大权掌握在侍中、车骑大将军乙浑的手中，他是已去世的常太后的宠臣。乙浑和宦官林金闾里应外合，假传圣旨，把政敌尚书杨保年、平阳公贾爱仁、南阳公张天度杀死在宫中。

乙浑为人狂妄无礼，多有不法之举，之前侍中、司徒、平原王陆丽多次举报，与他结仇。乙浑目前专擅朝纲，认为报复陆丽的时候到了，他派司卫监穆多侯携圣旨，前去代郡温泉召正在养伤的陆丽回京。

穆多侯见到陆丽，劝道："乙浑目无君王，今皇帝刚刚驾崩，王爷德高望重，为权臣所忌，您最好停留在此，观察事态变化。等到朝廷平静下来之后，您再去不迟。"

陆丽感谢穆多侯的良言相劝，叹息一声道："哪有听到君王去世，考虑自身安危而不赴丧的呢？"

陆丽随穆多侯快马赶到了平城。穆多侯同陆丽讲的话也传到了乙浑的耳中，五月十六日，乙浑同时杀害了陆丽和穆多侯。

此时皇帝年幼，冯太后势力还单薄，只能对乙浑采取隐忍的策略。五月十七日，朝廷擢升乙浑为太尉、录尚书事，安东王刘尼为司徒，尚书左仆射和其奴为司空。和其奴是鲜卑人，善于骑射，为人严整，遵纪守法，从不接受私下请托事项。

殿中尚书拓跋郁准备诛杀乙浑，他率领殿中宿卫兵准备对乙浑动手。乙浑得到风声，把杀害杨保年等人的罪责全都推到林金闾头上，把他交给拓跋郁处置。和其奴讲情，林金闾得以贬为定州刺史。乙浑躲过这次危机之后，找机会把拓跋郁杀害了。

七月二日，朝廷擢升乙浑为丞相，位居各位亲王之上，朝廷大小事务全都交给乙浑决断。振威将军、阳都子贾秀掌管吏朝事，乙浑的妻子是平民出身，乙浑想为她谋求个公主的称号，跟贾秀说了好几次，贾秀都沉默不语。

乙浑憋不住，勃然大怒，对贾秀吼道："公事你对我言听计从，我为妻子求公主的称号，你为什么一直不答应？"

贾秀情绪也有些激动，慨然说道："公主的称号，是帝王皇家专属，尊崇至极，给庶族封上公主的称号，并不合适。如果您非要为夫人取得这个称号，我只有自杀以谢天下。我宁愿死在今朝，也不被后世取笑。"

众人听得这番话，都大惊失色，为贾秀的人身安全担忧，但贾秀神态自若。乙浑大怒，准备找机会除掉贾秀。

冯太后也在紧锣密鼓地筹划除掉乙浑，她身边聚集了侍中拓跋丕（拓跋焘弟弟）、冯氏外戚和宦官杞道德等人。他们经过商量，决定让拓跋丕告发乙浑谋反，然后趁势除掉乙浑。

天安元年（466）二月二日，冯太后接到拓跋丕的上书后，下令逮捕乙浑。拓跋丕率领拓跋贺、牛益得等人，逮捕了乙浑，就地正法。从此，朝政归于冯太后之手。

第十八节　淮河为界

　　南朝宋孝武帝刘骏去世后，他的儿子刘子业继位，刘子业荒淫无道，他的叔叔刘彧发动政变，杀死刘子业，登上帝位。刘彧的这一举动，又引发了刘宋的内斗。

　　起初不肯效忠刘彧的徐州刺史薛安都和汝南（治所悬瓠，今河南省汝南县）太守常珍奇等人，后来向刘彧投降。北魏天安元年（466）十月，刘彧命大军前去受降。薛安都和常珍奇以为是刘彧不相信他们，要武力收复他们，于是向北魏投降。薛安都为了表示诚意，还把儿子送到北魏做人质，请求派兵救援。北魏为了褒奖薛安都和常珍奇，任命薛安都为都督徐、南兖、北兖、青、冀五州诸军事，封河东公；任命常珍奇为平南将军、豫州刺史，封河内公。

　　北魏命镇东大将军尉元、镇东将军孔伯恭率领一万名骑兵，东下前去救援彭城，命镇西大将军拓跋石和都督荆、豫、南雍州诸军事张穷奇西下救援悬瓠。

　　十一月二十九日，尉元率领大军占领了瑕丘（今山东省济宁市兖州区东北五里）后，抵达了秺（dù）县（今山东省成武县西北）。

　　西河公拓跋石进驻悬瓠。没想到常珍奇并不是真心投降，他想乘夜放火，然后袭击北魏军。但拓跋石早有准备，常珍奇只得作罢。

　　尉元率军抵达彭城，薛安都出城迎接，为了万无一失，尉元命部将李璨和薛安都入城，控制各个城门，再派镇东将军孔伯恭率精锐武士两千人，在城内巡逻，然后他才进入彭城。

　　这时，刘宋镇军将军张永、中领军沈攸之也逼近彭城。他们到达下磏后驻扎下来，派羽林监王穆之率领五千名将士屯驻武原（今江苏省邳州市西北），看守辎重。

　　尉元命李璨和薛安都守卫彭城，他亲自带军切断了刘宋军的粮道，然后挥师攻占武原。王穆之带领残兵败将奔向下磻城，尉元率军追击。

北魏皇兴元年（467）正月，尉元率大军对下磻城发起进攻，张永抵挡不住，在深夜逃出了下磻城。这时天气寒冷，泗水结冰，无法行驶战船，张永命令军队徒步南逃。刘宋军队不断减员，被冻死大半，手足冻烂的十之七八，狼狈不堪。尉元率大军赶到了刘宋军前面进行堵截，薛安都又从后面追杀，刘宋军被杀死一万多人，抛弃的军资器械不可胜数。

张永的脚指头被冻掉了，他和沈攸之等人逃了出来。梁州、南秦州二州刺史垣恭祖被北魏军俘虏。

二月，拓跋石从悬瓠出兵攻打汝阴（今安徽省阜阳市），刘宋汝阴太守张超顽强坚守，拓跋石无法攻克，撤退到了长社（今河南省长葛市）。

北魏派平东将军长孙陵等率军南下攻打青州，征南大将军慕容白曜（前燕太祖慕容皝玄孙）率五万名骑兵作为后援。三月三日凌晨，慕容白曜率大军对无盐（今山东省东平县东）发起凌厉攻击，攻克，擒住了无盐守将、刘宋东平郡太守申纂并斩首。慕容白曜又采用左司马郦范（《水经注》作者郦道元的父亲）之计，接连攻克了肥城（今山东省肥城市）、垣苗（今山东省济南市长清区西南）和麋沟（在今山东省济南市长清区境）三座城池。十日之内，慕容白曜接连攻克了四座城池，声威震动三齐大地。

慕容白曜又率军对升城（今山东省济南市长清区东北）发起攻击，但防守升城的刘宋并州刺史房崇吉顽强抵抗。慕容白曜从二月攻打到四月，终于攻下了该城，房崇高逃走。

八月二十三日，南朝宋明帝刘彧命令驻扎在淮阴的沈攸之率军北上反攻彭城；命行徐州事萧道成率兵一千人驻防淮阴。尉元命孔伯恭率一万大军阻击沈攸之，沈攸之大败，龙骧将军姜彦之战死，沈攸之身受重伤，逃回了淮阴。

刘宋防守下邳的徐州刺史王玄载，被北魏军的声势吓破了胆，弃城而逃。尉元命辛绍先为下邳郡太守，防守下邳。孔伯恭进攻宿豫（今江苏省宿迁市），守将鲁僧遵也弃城而逃。北魏大将孔大恒进攻淮阳（今江苏省淮安市西），守将崔武仲放火烧城后逃走。

慕容白曜驻扎瑕丘，之前逃到盘阳的房崇吉投降。慕容白曜率军进攻历城，刘宋冀州刺史崔道固亲自登上城楼抵抗。

尉元派人招降防守团城（今山东省沂水县）的刘宋东徐州刺史张谠，张谠献城投降。尉元又派人招降了刘宋兖州刺史王整和兰陵郡太守桓忻，二人也都投降。

北魏朝廷擢升尉元开府仪同三司，都督徐、南兖、北兖三州诸军事，徐州刺史，镇守彭城。

皇兴二年（468）二月，慕容白曜进攻历城好几个月，已经跨了年头，终于攻陷了历城的东门外城。崔道固知道历城守不住了，二月二十七日，他出城投降。防守梁邹（今山东省邹平县北）的刘宋兖州刺史刘休宾也献城投降。慕容白曜派人把崔道固和刘休宾送到了北魏首府平城。

前文说过，常珍奇并非真降，他趁拓跋石进攻汝阴的机会，纵火焚烧悬瓠，拓跋石回军攻击常珍奇，常珍奇只身一人逃奔寿阳。

三月，慕容白曜率军包围东阳（今山东省青州市）。刘宋命辅国将军沈文静，率领高密郡、平昌郡、长广郡、东海郡、东莞郡的军队，从水路救援东阳，抵达不其城（今山东省青岛市即墨区）。

十二月，北魏军攻克不其城，杀死了沈文静。北魏军乘势攻入东阳西门外城。防守东阳的南朝宋青州刺史沈文秀异常顽强，他命令将士盔甲不离身，日夜抵抗攻击，不少将士身上都生了虱子。

皇兴三年（469）正月二十四日，北魏军终于攻破东阳城，生擒沈文秀，慕容白曜派人把沈文秀押送到平城。

至此，这场打了两年多的战争总算落下了帷幕，刘宋失去了淮河以北的青州、冀州、徐州和兖州四个州，北魏和南朝宋两国以淮河为界。

北魏朝廷任命征南大将军慕容白曜都督青、齐、东徐三州诸军事，开府仪同三司，青州刺史，封济南王。

第十九节　冯太后还政

北魏大军在南方和南朝宋交战，首府平城内的政局也在不断发生变化。冯太后在和乙浑斗争的过程中，培养起了自己的势力，并顺利诛杀了乙浑，展现了不凡的政治才能，临朝听政，掌握了北魏大权。

百年大计，教育为本。冯太后出身名门，自小就深受古文化熏陶，到了宫中，又受到了身为左昭仪的亲姑姑抚养教育。史载，她"性聪达，自入宫掖，粗学书计"，就是说冯太后聪明，通情达理，掌握一定的古文化知识。

这时候，相州刺史李䜣上书请求建立学校，李䜣说："臣闻教化大行的盛世，非文德不能筹划治理国家大事，非良才不能弘扬皇帝的德政。所以古时明主，在京畿建立学校，在郡邑设立学官，教育公卿子弟，让他们学习文化知识和业务技能。选拔其中学业优异的，造就成学有所成的士子。如今圣治钦明，天下臣民都敬仰德化，但州郡之内，学校未立。臣愚昧地以为，应该依照古代典章制度，在州郡的治所设立学校，使士望之流、冠冕之胄，接受教育，学有所成。将通晓经书典籍的学子推荐到王府任职。这样的话，那些经典的文字，就不会衰落。"

冯太后看到李䜣的这份奏疏后，很满意，这也正合她的心意，于是她把李䜣的奏疏交给中书令高允，让他拿出具体的落实办法。高允召集中书省和秘书省的官员，翻阅典籍，详细研究旧制，结合当时实际，向冯太后提出了建议：大郡设立博士二人、助教四人、学生一百人；次郡设立博士二人、助教二人、学生八十人；中郡设立博士一人、助教四人、学生六十人；下郡设立博士一人、助教一人、学生四十人。博士人选必须是博览群书、忠正清廉、堪为人师表者，最低年龄四十岁。助教的条件和博士相同，最低年龄为三十岁。学生的选取从高门中开始，人数不足的，再从中等门户中选取。冯太后采纳了他们的意见。

天安元年（466）九月二十五日，北魏下诏，每个郡设立一所学校，遴选博士、助教，招收学员。

皇兴元年（467）八月二十九日，献文帝拓跋弘的长子拓跋宏出生，鲜卑族有早婚早育的传统，这年拓跋弘才十四岁。拓跋宏的母亲为李夫人，是李惠的女儿，李惠的姐姐李贵人是拓跋弘的亲妈（拓跋弘立为太子时被赐死）。掌握了储君就等于掌握了未来，常太后身为文成帝拓跋濬的乳母掌控朝局的例子也近在眼前，所以，冯太后决定亲自喂养孙子拓跋宏，和小孙子培养感情。为了专心抚育孙子，冯太后把朝政大权交还拓跋弘。拓跋弘这时候才开始亲自处理国家大事，他是个勤政的人，赏罚分明，提升清廉的官员，罢免贪官污吏，北魏朝局为之一新。

皇兴二年（468）四月，拓跋弘任命南郡公李惠为征南大将军、仪同三司、都督关右诸军事、雍州刺史，封南郡王。本月，高丽、库莫奚、契丹、具伏弗、郁雨陵、日连、匹黎尔、叱六手、悉万丹、阿大何、羽真侯、于阗、波斯等国派使者前来朝贡。

皇兴三年（469）二月，传来了南征大军大胜，夺取南朝宋四个州的消息，拓跋弘非常高兴，对慕容白曜进行了封赏（具体职务前文讲过）。

近几年来，北魏境内大旱连连，加之对刘宋用兵，山东百姓赋役非常重。拓跋弘根据百姓贫富，把百姓分为三等，每等又分为三品，上品被安置到首府平城，中品被送到其他州，下品留在本州。北魏旧制，正常赋税以外，另加杂税十五种。拓跋弘命令把这些杂税全部废除，减轻人民负担。

北魏把从南方强制迁移过来的百姓安置到了首府平城近郊，沿着桑乾河上游，设置了升城县、历城县、民望县来安置他们，称为平齐郡。

沙门统昙曜（云冈石窟的开凿者）上书朝廷说："平齐郡民及其他诸民，如果捐助寺庙六十斛谷，即为僧祇户，粟为僧祇粟，遇到灾年，赈济给灾民。"又上书说："犯重罪的犯人和没入官府的奴隶，可以作为佛图户，来给寺庙洒水扫地。"

拓跋弘笃信佛教，对昙曜的请求予以批准。于是，僧祇户、粟及寺户遍布于北魏各州镇，可见北魏佛教之兴盛。

六月，拓跋弘封长子拓跋宏为太子，按照旧制，赐死了拓跋宏的母亲李夫人。

皇兴四年（470）九月，柔然可汗郁久闾予成，南下攻打北魏，拓跋弘御驾亲征，他命京兆王拓跋子推（拓跋弘的叔叔）等率军从西路出击，任城王拓跋云等率军从东路出击，汝阴王拓跋天赐率军充当先锋，陇西王源贺率军作为后援。各军在女水（流经今内蒙古自治区武川县）和拓跋弘会师，迎战柔然军队，柔然不敌，大败。拓跋弘命令军队乘胜追击，杀死柔然军队五万多人，受降一万多人，缴获的战马、辎重等不计其数。此战从进击到班师，来去六千多里路，花费了十九天。拓跋弘把女水改名为武川。

在这次战役中，还发生了个小插曲。司徒刘尼经常喝得烂醉，拓跋弘出席誓师大会时，刘尼喝了不少酒，神志不清，军容不整，拓跋弘发怒，免去了他的职务。

征南大将军慕容白曜过去曾经巴结乙浑，拓跋弘一直怀恨在心，想找个理由杀了慕容白曜，就以他要谋反为名，杀死了慕容白曜和他的弟弟慕容如意。慕容白曜的小儿子慕容真安（时十一岁）自杀。

第二十节　太上皇帝

冯太后正值青春年华，寂寞孤独，自然性战胜了理性，她和宿卫监、美男子李奕等人有了奸情。这事隐约传入了当今皇帝拓跋弘的耳朵里，这是皇家的大丑闻，又因为冯太后迟迟才把朝政交还给自己，拓跋弘对这位嫡母产生了怨恨。这时发生的一件事情，让拓跋弘找到了打击冯太后及其追随势力的突破口。

上文说过，相州刺史李诉向当时临朝听政的冯太后上书，要求设立学校的事，得到了冯太后的批准。他政绩突出，得到了衣物等赏赐。李诉是北燕旧部后代，和冯太后有些渊源，从此扬扬得意，不再检点个人行为，受人财物如同家常便饭，甚至把得到的珍宝拿来卖钱。按说这种事在那时的官员中比较常见，因为那时北魏官员没有俸禄，养家糊口除了依靠赏赐的土地等物，也是各有高招。李诉敢这么大胆，还有个原因，朝廷南部尚书（北魏设殿中、乐部、驾部、南部、北部五尚书）李敷和他自小感情很要好，李诉认为李敷会给他打掩护。

事实也果真如此，每当揭发李诉的奏章上报，李敷就予以扣押。问题就出在李敷的弟弟身上，冯太后的情夫李奕是李敷的弟弟。拓跋弘对李敷袒护李诉的事情也有耳闻，授意有关部门对这件事穷追不放。李诉被用囚车从相州押送到了平城，经过审讯，李诉交代了自己贪赃枉法的事实，有关部门判处李诉死刑。

李诉被押入大牢，等候处斩。有天夜里，一位官员奉命来到牢房，告诉李诉，如果他肯揭发李敷、李奕兄弟的隐私之事，就可以免去死刑。李诉的女婿裴攸来探监，李诉对裴攸说："我和李敷情同手足，而今他们让我这样做事，我感情上实在不忍心，曾经拔下簪子自尽，解下腰带自尽，都没有死成。况且，我怎么会知道人家的私事？我该怎么办？"

裴攸自然不想岳父死，对李诉说："因何要为了他人而死呢？有个叫冯阐的，之前为李敷所杀，冯阐的家人对李敷恨之入骨，现今找到冯阐的弟弟，李敷兄弟的私事自然可知。"

好死不如赖活着，李䜣同意了。裴攸找来冯阐的弟弟，把他收集到的李敷兄弟的材料交给了李䜣，李䜣转交给了有关官员，上报给了拓跋弘。这时候，又有个叫范檦的投机取巧之人，列举了李敷兄弟三十多条罪状，辗转交到了拓跋弘的手上。拓跋弘暴怒，数罪并罚，把李敷、李奕兄弟处死。

因为检举有功，李䜣获得减刑，被鞭打了数下，剃发，发配去做劳工。不久，拓跋弘任命李䜣为太仓尚书（掌管粮库），监管南部事务。之后冯太后再次临朝听政，李䜣又被范檦告发，被冯太后处死，这是后话。

冯太后得知深爱的情人李奕被拓跋弘处死后，难过了好一阵子，内心和拓跋弘产生了隔膜。

拓跋弘命殿中尚书胡莫寒，到投降的西部敕勒（武周塞之西，武周塞在今山西省左云县南。敕勒，又称高车、丁零）中选择勇武之士到朝廷做禁卫军。但胡莫寒趁机大肆收受贿赂，激起了敕勒部落的义愤，他们兴兵杀死了胡莫寒和高平镇假（临时代理）镇将奚陵。

皇兴五年（471）四月，敕勒部落全部背叛北魏，拓跋弘派拓跋天赐率军剿灭，给事中罗云为先锋。敕勒诈降，罗云轻信，敕勒数千名轻骑偷袭罗云，罗云被杀，北魏军大败，拓跋天赐侥幸逃出一命。

献文帝拓跋弘自小聪明，孝顺仁爱，他喜欢黄老（黄帝和老子的并称，后世道家奉为始祖）、佛教学说，经常和朝臣及和尚谈论深奥、玄之又玄的道理，对世俗间的荣华富贵并不留恋，也经常流露出出家为僧之心。加之，他诛杀冯太后的情夫李奕之后，和冯太后几乎处于决裂状态，受到冯太后的坚定支持者东阳公拓跋丕、任城王拓跋云、宦官赵黑、太尉源贺、尚书陆馛（bó）和中书令高允的处处掣肘，他行事艰难。

为了避免和冯太后对决，拓跋弘想把帝位禅让给叔叔、京兆王拓跋子推。拓跋子推是拓跋晃的第三个儿子，性格稳重，文雅有度量，善于人际交往，威信很高。拓跋子推和冯太后是平辈，拓跋弘想以拓跋子推来抑制冯太后及其势力。

皇兴五年（471）八月，拓跋弘召集文武大臣开会讨论这个事情，大臣对拓跋弘的决定非常震惊，没有人敢带头先发言，大殿内沉默良久。

任城王拓跋云率先打破了沉默，说道："陛下正值盛年，四海太平，怎么可以上违祖宗，下弃黎民百姓？况且，父子相传，是古往今来的制度，陛下如果实在要放下俗事，皇太子（拓跋宏）是继位的合适人选。天下，是祖宗之天下，如果陛下随意地传给旁支，恐怕不是祖先的本意，而且会开启奸人祸乱之心，不可不慎。"

拓跋云的话很明显是向着冯太后，因为皇太子拓跋宏才五岁，被冯太后控制，传位给太子，等于把权力交给了冯太后。

太尉源贺接着说道："陛下今天如果要禅位给皇叔（拓跋子推），臣恐怕会扰乱宗庙的顺序，取笑于后世。请陛下对任城王的话进行三思。"源贺也赞成拓跋弘禅让给太子。

东阳公拓跋丕说道："皇太子美好的德行已经显现，但年龄太小，陛下正是春秋盛年，刚开始处理朝政，为什么只想着自己，不以天下为心？宗庙该怎么办？天下黎民百姓该怎么办？"

陆馛说道："如果陛下舍弃太子，传位给各位王爷，我要当场割颈自刎，不敢奉诏！"

拓跋弘闻听他们四人之言，勃然变色，又征求选部尚书赵黑（宦官）的意见。

赵黑回答道："臣以死拥戴皇太子，没有其他想法。"

拓跋弘沉默了，其实他又何尝不想传位给亲儿子拓跋宏呢，只是太子年幼，被掌控在冯太后之手，他也怕日后拓跋家皇位不保，所以才有了传位给拓跋子推的想法。

这时候，中书令高允发话了，他说道："臣不敢多言，愿陛下想一想宗庙托付之重，想一想周公辅佐成王的故事。"

拓跋弘听众臣强烈支持传位给皇太子，于是说道：

"既然如此，传位给皇太子，由诸位爱卿辅佐，又有何不可！"

拓跋弘又说："陆馛，是忠直的大臣，必定能保护我儿的周全。"

于是，拓跋弘任命陆馛为太保，和太尉源贺持节，手捧皇帝玉玺，呈献给皇太子拓跋宏。

这是个双赢的结果，避免了拓跋弘和冯太后的正面冲突，拓跋弘身为太上皇，仍然掌握名义上的最高权力；冯太后控制了当今皇帝，也有了发号施令的权力。二人都有大局意识，避免了北魏的内乱。《魏书》上也说："上迫于太后，传位太子。"既然皇位禅让给了皇太子，距离拓跋弘正式退出历史舞台为时也不会太远，但冯太后还需要时间准备。

皇兴五年（471）八月二十日，拓跋宏登基为帝，大赦，改年号为延兴。

文武百官上奏说："今皇帝年幼，国家大政还是需要陛下（拓跋弘）总揽。现在恭敬地奉上'太上皇帝'的尊号。"拓跋弘同意了。"太上皇帝"的称号来自此事，有别于"太上皇"。

拓跋弘搬到了北苑中的崇光宫居住，国家大事仍需要向他汇报。拓跋弘又命在苑中西山修建了"鹿野浮屠"，供僧侣居住。

第二十一节　拓跋弘之死

　　敕勒部落的叛变还在蔓延。延兴元年（471）十月，北魏沃野镇（北魏六镇之一。初置于西汉沃野县，即今内蒙古自治区磴口县东北河拐子古城，一说在今内蒙古自治区五原县东北乌加河北。北魏太和十年迁至西汉朔方县，即今内蒙古自治区杭锦旗西北黄河南岸，北魏正始后移于今内蒙古自治区乌拉特前旗北苏独伦之北根场古城）和统万镇的敕勒部落全部叛变。朝廷派太尉源贺率军征讨，大破敕勒，杀死八千多人，俘虏一万多人、牲口三万多头。源贺根据古今兵法，研究出了十二种阵法，并画图呈献给了太上皇帝拓跋弘，拓跋弘看到后非常高兴。朝廷命源贺率领三路兵马驻防沙漠南部，防备柔然进攻（474年，源贺因病去职）。

　　延兴二年（472）二月，柔然果然派兵南下，拓跋弘亲自率军迎战，柔然撤退。十月，柔然再次进攻北魏，拓跋弘又亲征，柔然被击退，北逃数千里。拓跋弘率军到达了云中郡，然后班师。

　　延兴三年（473）二月，北魏朝廷下诏（不知是拓跋弘还是冯太后的诏令），命令郡太守和县令应该督促郡县内的人民重视农业生产，同郡县之内，贫家富家要互相帮助，家中有两头耕牛的，应该借给没有耕牛的家庭一头，不服从诏令的，全家人都终身不得为官。又下诏说："县令能平息一个县内的强盗者，允许他治理两个县，发双倍俸禄；能平息两个县内的强盗者，允许他兼任三个县的县令，三年之后，升任郡太守。郡太守能平息两个郡甚至三个郡者，参照执行，三年后，升为州刺史。"

　　四月，吐谷浑可汗慕容拾寅率军攻击北魏的浇河郡（今青海省贵德县），北魏朝廷任命司空长孙观为大都督，率军征讨。长孙观深入吐谷浑境内，抢收将要成熟的庄稼。慕容拾寅军队缺粮，请求投降，并派他的儿子慕容斤到北魏作为人质。

从此，吐谷浑每年都要向北魏进贡。

原枋头镇（今河南省浚县南）镇将薛虎子，长相威武，为人正直。冯太后临朝听政的时候，他被近臣嫉妒，因为犯了一个小错误，被冯太后免官，被罚去看守城门。十一月，拓跋弘南巡到山阳（今河南省焦作市），薛虎子在路旁跪倒哭泣喊冤，拓跋弘问明原因，又让薛虎子官复原职，重新为枋头镇将。

延兴四年（474）七月，柔然大军联合柔玄镇（今内蒙古自治区兴和县西北）的两个敕勒部落南下攻击北魏的敦煌镇（今甘肃省敦煌市），被敦煌镇将尉多侯击退。

这时，尚书上奏说："敦煌地处偏远，介于西方、北方（西方指吐谷浑，北方指柔然）之间，容易受到夹击，恐怕难以自保，不如放弃敦煌镇，把军队和人民迁入凉州镇。"

讨论的时候，文武百官除韩秀外，全都同意。韩秀说："敦煌设置由来已久，虽然受到敌寇的攻击，但人民已经习以为常，即便有草寇攻击，也不能造成致命伤害，驻军足以应付。敦煌地理位置非常重要，把西方和北方的贼寇分割开来，使他们不能沆瀣一气。如果把百姓迁徙到凉州，不但有损名誉，而且，姑臧距离敦煌有千里之遥，巡逻非常不容易，两方贼寇结盟进犯凉州，则关中百姓无法安枕。如果强行迁徙百姓，就会使得不愿意迁徙的百姓和贼寇联合，内外呼应，是国家大的隐患，不能不予以考虑。"

北魏朝廷采纳韩秀意见，不再考虑放弃敦煌镇。

北魏的汉化进程进一步加快。拓跋宏下诏（冯太后诏）："凶恶之徒，不顾及家属亲戚，一人为恶，祸及全家。朕身为人民父母，深感痛惜。从今天起，除了谋反、大逆不道、叛变以外，其他违法犯罪，只处罚罪犯一人。"于是北魏废除了灭门、灭房的刑罚。拓跋宏又下诏，禁止屠杀牛马。杀牛宰马，是游牧民族的传统，如今禁止，是个大事情。

冯太后对于自己深爱的情夫李奕被拓跋弘杀害耿耿于怀，随着时间的推移，心里的怨恨越积越深，她派人秘密向拓跋弘的饮食里下毒。

延兴六年（476）六月十三日，拓跋弘突然死亡，年二十三岁，后被安葬在旧都金陵。谥号献文皇帝，庙号显祖。

冯太后又相继把拓跋弘亲近的京兆王拓跋子推，大司马、大将军万安国，中山王李惠，司空李诉以及韩颓等人除掉。

三十五岁的冯太后被尊为太皇太后，再度临朝听政。冯太后天性聪明，心思缜密，之前讲过，她受过教育，懂政治。她衣着朴实，生活俭朴，但善于权谋，工于心计。拓跋宏才十岁，对祖母冯太后非常孝顺，大小事情都由冯太后决断。冯太后独断专行，事前事后并不和拓跋宏通气。

冯太后宠信的宦官张祐、杞嶷、王遇、苻承祖、王质等人，倚仗权势，干预朝政。冯太后任命宦官张祐为尚书左仆射，封新平王；宦官王琚为征南将军，封高平王；宦官杞嶷为侍中、吏部尚书、刺史。对他们赏赐金钱数万，并赐予免死铁券。

冯太后的情夫、太卜令王叡被越级提拔到吏部尚书的高位，封太原王。有一次，冯太后和拓跋宏去动物园看老虎，一只老虎突然冲出围栏，冲向了冯太后和拓跋宏，侍卫瞬间被惊呆，吓得冯太后惊叫连连，这时候王叡拿起长矛刺向老虎，护住冯太后。冯太后从此对他宠爱有加。

秘书令李冲，也是冯太后的情夫，同样被提拔为高官。

冯太后任命拓跋丕为司徒，又对学者游明根予以褒奖。

第二十二节　法秀叛乱

北魏秦州刺史尉洛侯，雍州刺史、宜都王拓跋目辰和长安镇将陈提，被告发贪污受贿，徇私枉法。尉洛侯和拓跋目辰被杀，陈提被发配边疆。

拓跋宏下诏（冯太后诏书）："候官（侦察百官，刺探民情，太祖拓跋珪置）多达千人，犯了重罪的人，候官接受他们的贿赂，不去检举揭发；犯了轻微罪行的却又吹毛求疵，今天把候官统统罢免。"又挑选了数百个谨慎正直的人，在平城负责巡逻，只管吵架、打架斗殴。从此，官员、百姓才能够安心生活。

这时，从南方传过来消息，萧道成篡南朝宋，称帝，建立了南齐。乘南齐立足未稳，北魏对南齐发起了大战，命徐州刺史拓跋嘉率军攻击淮阴，陇西公拓跋琛率军攻击广陵，河东公薛虎子率军攻击寿阳。但这场战斗稀稀拉拉地打了将近两年，从太和三年（479）十一月至太和五年（481）二月，也没有取得实质性的战果。

冯太后和孝文帝拓跋宏外出巡视，留下河东王、征北大将军、司空、元老苟颓镇守平城。和尚法秀有些妖术，身边聚集了一些信徒，他利用冯太后和拓跋宏这次外出的机会，准备在平城发动叛乱，占领平城。苟颓听到了风声，率领禁卫军立即抓捕了法秀等人，平城内外安定了下来。

冯太后和拓跋宏回到京城后，庆祝抓获了法秀等人。冯太后对苟颓说："千钧一发之时，如果爱卿迟疑不肯立即抓捕，处置不当，必将酿成不测之祸。而今京畿平安，宗庙平静，爱卿立下了大功啊！"

为了防止法秀逃脱，特别给他戴上了"笼头"，但不知怎么的，笼头上的铁锁自动打开了。看守牢房的官员准备用铁链穿过法秀的颈骨，就对他说："如果你真的有神仙庇佑，铁链应该穿不进肉里。"结果铁链穿了进去，法秀在痛苦中煎熬了三天才死去。

　　有官员建议处死所有的和尚，冯太后制止了。法秀事件牵连出了兰台御史张求等一百多人，谋反乃重罪，按律该诛灭全族。

　　尚书令王叡（冯太后情人）建议说："与其杀死无辜之人，不如赦免他们，建议把首恶杀死，其余释放，这是善举。"

　　冯太后同意了，下诏说："应该诛灭五族的，降为三族；应该诛灭三族的，只诛灭一门；应该诛灭一门的，只杀死本人。"此诏书一出，一千多人得到赦免。

　　荆州的巴、氐发动骚乱，朝廷命镇西大将军李崇为荆州刺史，前去镇抚，朝廷准备拨付李崇大军，李崇拒绝，他只带了十几个亲兵护卫，前去安抚。巴、氐折服，荆州境内宣告安定。李崇又命释放了抓获的南齐边民，南齐也释放了抓获的北魏边民，两国边境遂得以安宁。

　　秦州刺史于洛侯为人残忍，每当处决死刑犯的时候，都命人先砍掉犯人的手，再拔掉舌头，砍头后，又要斩下四肢，最后悬挂起来示众。全州百姓深感恐惧，有个叫王元寿的百姓挑头反抗，大家纷纷加入反抗队伍。冯太后得到消息，派钦差大臣来到秦州，斩于洛侯，并对百姓进行安抚，秦州安定下来。

第二十三节　始发俸禄

北魏太和七年（483）五月五日，拓跋宏（本年十七岁）的后宫林氏生下了一个男孩儿，现在还没有名字，后来冯太后为这个曾孙起名叫拓跋恂。

林氏的父亲林胜曾经任平凉太守，她的叔叔就是常太后宠信的宦官林金闾，不过兄弟二人都被乙浑杀害。林氏以罪犯家属的身份进入了皇宫为奴婢，因为美貌，受到拓跋宏的宠幸，怀上了拓跋恂。拓跋恂是嫡长子，以后要做皇太子，所以冯太后依照旧制准备赐死林氏。拓跋宏非常喜欢林氏，想改变这种"子贵母死"的残忍制度，向冯太后求情，冯太后自然不会答应留下林氏这个未来的隐患，还是赐死了林氏。冯太后又亲自抚养拓跋恂，但这次她没有交出政权。

北魏在之前禁止不同门第之间通婚的基础上，又下诏说："夏殷不嫌一族之婚，周世始绝同姓之娶。斯皆教随时设，治因事改者也。"于是禁止同姓结婚，主要是禁止近亲繁殖，防止乱了纲常，也有优生优育的意思在内。

北魏旧的税收制度是，每户绸缎二匹、棉絮二斤、丝一斤、谷二十斛。此外，又额外增收绸缎一匹二丈，放入州府的库房之中。太和八年（484）六月二十六日，拓跋宏下诏："设置官吏，发放俸禄，是早就实行的制度，但中原丧乱以来，才不再实行。朕现在遵照旧制，开始发放俸禄，每户增加至税收绸缎三匹、谷二斛九斗，作为官员的俸禄。州府再额外增加绸缎二匹，存入州府库房。俸禄制度实行以后，贪赃布一匹的，判处死刑。"十月，俸禄制度开始在北魏国内实行，每个季度发放一次。

秦州和益州刺史李洪之，是拓跋宏舅舅家的人，地位显赫，目无法纪。北魏始行俸禄制度之后，他是第一个被举报贪污的大员，为了严肃法纪，杀一儆百，拓跋宏亲自作为主审，判处了李洪之死刑，命令他自尽。其他被揭发贪污的太守、县令共四十多人，全部处死。看到朝廷动真格的了，各级官员受到极大震撼，贪污贿赂之事骤然减少。

为了教育一天天长大的拓跋宏，冯太后亲自编写了《皇诰》，共十八篇。《皇诰》初稿完成后，冯太后专门请已九十岁高龄的高允亲自审定。太和九年（485）正月，《皇诰》正式定稿，冯太后在太华殿大宴群臣，正式颁布《皇诰》。遗憾的是，这部《皇诰》已经遗失了，我们无法知道是什么内容。

冯太后又命令在皇宫设立学校，遴选优秀教师，教育诸位王爷。拓跋宏的六弟拓跋勰敏而好学，写得一手好文章，深得拓跋宏的喜爱。

十月，北魏发布了"均田制"：十五岁以上的男子，配给不栽种树木的田地（露田）四十亩，女子二十亩，奴婢参照执行。有一头牛者，再配给农田三十亩，最多允许四头牛，即一百二十亩。一年只能收获一次的田地，加倍配给，三年才能收获一次的田地，三倍配给。百姓到了法定年龄，就配给土地，年老丧失劳动能力后，土地收回。对于第一次配给田地的，男子每二十亩，需要种植桑树五十棵；种了桑树的田地，可以累世经营，政府不收回。政府不定期调查户口，对于满足自身需要且有盈余的人家，不再配给田地，也不收回田地；对于无法满足家庭需要的，再配给田地，有了盈余可以自由买卖。对于地方长官，按照等级就近配置公田，官员离任的时候就交给下一任耕种，不准私下买卖，违令者治罪。

北魏之前只有县以上的政府组织，没有乡党之法，百姓依附族长（宗主），结寨自保，聚族而居，族长兼领导武装力量，这就是所谓宗主督护制。百姓隐匿冒充的比较多，甚至有的三五十家才一个户口。为了能更准确地掌握国家人口数量，配合均田制的实施，内密书令（秘书省在禁中）李冲上书说："古代五家立一个邻长，五邻立一个里长，五里设置一个村长，让百姓中有威望又谨慎办事的人担任。邻长家免去一个人的差役，里长家免去两个，村长家免除三个。任职三年内，如果没有差错，擢升一级。"

如果实行三长制，将改变过去那种庇荫、隐匿成风的情况，但这也直接影响权贵的利益。因此当拓跋宏命众大臣讨论李冲的奏章时，中书令郑羲等表示反对。他们纷纷说："分九个等级征收税赋的制度，由来已久（469年制定），一旦改变，恐怕引起社会骚乱。"

最后，还是冯太后一锤定音，她说："设立三长，按标准征收税赋，被包庇隐藏的户口可以普查清楚，使那些侥幸之人再也不能得逞，有什么不可？"

于是，太和十年（486）二月十三日，北魏开始建立三长（邻长、里长、村长）制，核定百姓户籍。刚开始的时候，老百姓觉得麻烦，后来发现能省下几成的税赋，顿时欢欣雀跃，积极支持三长的工作。

四月，北魏开始定制五等（朱、紫、绯、绿、青）官服，拓跋宏穿上衮龙袍，戴上冕旒帽，乘御辇祭祀天神。又按照儒家的传统，兴建了明堂和辟雍，把中书学改为国子学。

太和十年（486）年底，北魏重新设置了州郡，共三十八个州，其中二十五个州（青、南青、兖、齐、济、光、豫、洛、徐、东徐、雍、秦、南秦、梁、益、荆、凉、河、沙、华、陕、夏、岐、班、郢）在黄河以南，十三个州（司、并、肆、定、相、冀、幽、燕、营、平、安、瀛、汾）在黄河以北。

第二十四节　冯太后去世

太和十一年（487）从春季到夏季，北魏境内几乎没有降下一滴雨，大地干裂，牛瘟流行，很多人饿死、病死，平城尤其严重。拓跋宏命令开仓赈粮，准许百姓出平城四周关口逃生，命人制作了花名册。流浪百姓经过之处，郡县供应吃喝，留在当地不肯走的，三长负责安置。

拓跋宏命令撤销起部（主管建造）等和百姓生活无关的部门，把宫中不会纺织的宫女放了出去。又撤销了锦绣绫罗制作部门，百姓需要的时候，可以自由制作。北魏有些年没有大的战事了，国库中金银财宝、绫罗绸缎等堆积如山，拓跋宏命拿出多半赏赐给文武大臣，还惠及了边防六镇（怀荒镇、御夷镇、柔玄镇、武川镇、抚冥镇、怀朔镇）的军队及孤寡贫困者。

尽管拓跋宏事事都向祖母冯太后请示，由冯太后决断，但冯太后对他并不放心，在他身边安插眼线，并命令这些眼线十天内必须密报拓跋宏一事，不报的话冯太后便大为恼怒。有的宦官眼线诬陷拓跋宏对冯太后有怨言，冯太后闻听后大怒，命令杖责拓跋宏数十下，拓跋宏默默承受，并不申辩。

冯太后是看着拓跋宏长大的，对他的聪慧很不放心，担心日后不利于冯氏一门，因此她准备废掉拓跋宏，另立咸阳王拓跋禧（拓跋宏二弟）为帝。

一个冬天，冯太后命人把拓跋宏关在一间密闭的房间内，只让他穿单衣，不给饮食，长达三天。冯太后招来拓跋禧，准备立他为帝，但拓跋丕、穆泰、李冲等人苦苦相劝，冯太后这才作罢。

冯太后的性格对拓跋宏起到了潜移默化的作用。比如，有次御膳房送给冯太后的粥里面有一只虫子，当时拓跋宏在侧，大怒，准备惩罚这名送来御膳的官员，但冯太后笑着制止了。后来送膳的官员送热饭时烫着了拓跋宏的手，拓跋宏也曾在饭菜中发现虫子，他都笑着宽恕了他们。

冯太后特别注重对拓跋宏的汉文化教育，拓跋宏也非常喜欢学习汉文化。史载，拓跋宏"雅好读书，手不释卷。五经之义，览之便讲，学不师受，探其经奥。师传百家，无不该涉"。

冯太后曾经和拓跋宏游览平城北部的方山。登上山顶，冯太后环顾四周秀丽的山川，脚下的平城也尽收眼底，认为这是以后理想的丧葬之地。

她对拓跋宏和群臣说道："舜埋葬在苍梧山，两个妃子并没有葬在那里。难道必须要远远地合葬在陵园（指旧都盛乐金陵），方能显得尊贵吗？我百年之后，就埋葬在这里。"

冯太后理直气壮，显然也蔑视了拓跋家族。拓跋宏当即指示相关官员在方山为冯太后修建陵墓，在山上另建"永固石室"，作为祭庙。

太和十四年（490）九月十八日，冯太后去世，年四十九岁。拓跋宏一连五天，不吃不喝，极度悲痛，身体变得消瘦。

中部曹杨椿劝阻道："陛下承载祖宗之基业，君临万国，哪能和普通百姓一样，为了小节伤害龙体？陛下如果想在万世中创造纪录，又把宗庙置于何地呢？"拓跋宏听他说得很有道理，于是开始吃些稀粥。

十月九日，依照冯太后的遗愿，把她安葬在方山永固陵。一个月之内，拓跋宏四次到永固陵祭拜。

1976年，冯太后的永固陵被发掘出来，位于今天的山西省大同市北二十五公里的西寺村梁山南麓。

第三章

全面汉化

第二十五节　迁都之议

太和十五年（491）正月二十四日，孝文帝拓跋宏开始在皇信堂的东室处理国政，这一天距离冯太后去世已经四个月出头了。拓跋宏对把自己从襁褓之中养大成人的嫡祖母冯太后非常有感情，又多次哭祭。

拓跋宏决心进一步汉化，他研究了一系列汉化措施，比如制造了玉车、金车、象车、革车、木车五种皇室车辆，制定了官员品级制度，设置了乐官，废除了从部落时代开始逢寒食节祭祖的习俗，祭祀尧舜禹，把孔子的谥号改为"文圣尼父"，任命元老尉元为"三老"，游明根为"五更"，并向他们施礼请教国家大事，等等。

拓跋宏又针对王爵封赏泛滥的情况，规定除非拓跋珪（北魏第一任皇帝）的后裔，其他所有人的王爵改封为公爵（只有祖先立有大功的上党王长孙观除外），公爵改封为侯爵，但品级并不降低，俸禄也不减少。这项改革并不影响公侯的实际利益。

当年，冯太后为了冯家日后着想，把哥哥冯熙的两个女儿送入了宫中，嫁给了拓跋宏。但不幸其中一个女儿早死，另一个女儿的名字，正史中没有记载，我们采用野史的称谓，称冯熙的这个女儿为冯润。冯润的母亲常氏出身低贱，因为被冯熙看上，生下了冯润。冯润入宫的时候是十四岁，因为长得漂亮，深得拓跋宏的宠爱。但之后冯润得了皮疹，这个病很不雅观，还容易传染，冯太后就把她打发回家做了尼姑。但拓跋宏对冯润念念不忘。冯太后去世后，拓跋宏又迎娶了冯润同父异母的妹妹冯清（这个名字也是野史称谓）。

太和十七年（493）四月，太尉拓跋丕请求册立皇后。为了报答冯太后，四月十八日，拓跋宏册封冯清为皇后。

拓跋宏认为平城气候寒冷，六月的时候还有雨雪，风沙也多，且远离中原，不利于统一天下，他准备迁都洛阳。但迁都之事非同小可，他担心文武百官不答应，于是召集群臣讨论大举伐齐事宜，准备以此裹挟众人南下。会议在明堂的东偏房召开。

拓跋宏命太常卿王谌卜卦，得到了"革卦"（《易经》六十四卦的第四十九卦，儒学大师郑玄解释说："革，改也。"）拓跋宏兴奋地说道："汤武革命，顺乎天而应乎人（'革卦'中的原话，汤武革命，指商汤和周武王以武力推翻前朝的革命），这是大吉啊！"感觉这是拓跋宏和王谌预演好的一出戏。群臣不知道拓跋宏葫芦里卖的什么药，面面相觑，不敢发言。

尚书、任城王拓跋澄是拓跋宏的皇叔，他说道："如果说革君臣之命，汤武得到它是吉祥的。陛下承几世基业，拥有了中原之地，今天占卜征伐的吉凶，只能说可以讨伐叛逆，不能说是革命。这不是人君之卦，不能说是全吉。"

拓跋宏一听，厉声道："'大人虎变'，为什么说不是吉卦？"

拓跋澄并没有被吓到，接着说："陛下是真龙天子，兴起已经够久，今天怎么说要像老虎一样改革？"

拓跋宏勃然变色，道："社稷是我之社稷，任城王难道要使众人沮丧吗？"

拓跋澄继续说："社稷虽然为陛下所有，臣作为社稷之臣，怎么能看到危险而不言语呢？"

过了好一会儿，拓跋宏才消气，说道："每个人有每个人的看法，这没有什么！"

拓跋宏回到宫里，宣召拓跋澄。拓跋澄赶快赶来，正在上台阶的时候，拓跋宏老远对他大声说道："我们再来探讨一下'革卦'的事，刚才在明堂上发怒，是担心众文武竞相发言，阻挠我的大计，所以说话严厉了些，是为了吓阻他们，想来你也明白朕的心意。"

这时候，拓跋澄也来到了拓跋宏的旁边。拓跋宏命左右退下，接着说："做出今天的这个决定，实在很不容易，我国兴起于北方大地，后来才迁到了现在的平城，此地是用武之地，不是推行文治的地方。我要移风易俗，但非常困难，崤山函谷关是帝王居所，黄河洛水是君王故里，朕因此才决定大举兴兵，准备迁都中原，卿以为如何？"

拓跋澄是个非常有见识的人，之前就深受冯太后的赏识，所以拓跋宏才会找他谈。听到拓跋宏推心置腹的这一番话后，拓跋澄建议说："伊川洛水处于中原腹地，为天下的中央地区，陛下准备迁都中原用以经略四海，这是周、汉兴隆的原因。"

拓跋宏听到拓跋澄这么说，非常高兴，他问道："北方人习惯了这里的生活方式，有恋旧情愫，听到消息后必定骚动不安，该如何应对？"

拓跋澄回答道："非常之事，是由非常之人来完成的。陛下一锤定音，他们又能怎么样？"

拓跋宏大喜，说道："任城王，是我的张子房啊！"（张良，字子房。张良曾经劝刘邦迁都长安。）

太和十七年（493）六月七日，拓跋宏命令在黄河上修建大桥，准备供大军通过的时候使用。这时候，秘书监卢渊上书说："魏晋以前，太平时期没有君王亲自统率六军，亲临前线决一胜负的。因为这样胜了并不能显威，输了反而有损德望。昔日魏武帝以一万名疲惫之卒使袁绍土崩，谢玄用三千名步兵使苻坚瓦解。胜负不在于兵将的多少，成败在于须臾之间。"

拓跋宏下诏批驳道："太平之世的君王不亲临一线，也是有原因的。或者是因为天下混一，已经无敌于天下；或者是怯弱偷安。如今天下并没有统一，比之怯弱偷安之主，我觉得羞耻。如果说天子不应该亲临一线指挥，那么周朝制造辂车做什么？曹操之所以胜利，是因为顺应了民心；苻坚之所以失败，是因为内政混乱。哪里会是寡必能胜众，弱必能胜强？"

拓跋宏命令军队集结操练，并命尚书李冲负责选拔勇武之士担任军职。

七月五日，拓跋宏立十一岁的拓跋恂为太子。

第二十六节　迁都洛阳

北方六镇处于抵御柔然进攻的第一线，为了防止意外事件的发生，拓跋宏派四弟、录尚书事、广陵王拓跋羽持节，前去安抚，并征调六镇精锐的骑兵部队。

拓跋宏又来到方山永固陵，向冯太后拜别。

太和十七年（493）八月十一日，拓跋宏命太尉拓跋丕和广陵王拓跋羽使持节，留守平城。命河南王拓跋干为车骑大将军、都督关右诸军事；命司空穆亮、安南将军卢渊、平南将军薛胤为拓跋干的副手，率领共七万大军出子午谷，攻打南齐的梁州和益州。

一切准备停当之后，拓跋宏亲率三十万大军，浩浩荡荡从平城南下。拓跋宏对各位弟弟都比较有感情，将要分别的时候，依依不舍，特命拓跋羽送到了雁门关（今山西省代县北）。拓跋宏赐给他一块如意，希望他能恪尽职守，然后才洒泪分别。

八月二十四日，拓跋宏到达了肆州（治所在今山西忻州市西北二十里河拱村，北魏太平真君七年置，宣武帝时移治九原城，今山西省忻州市）。在路上看见腿脚不灵便的人或盲人，他当即命令停车，进行慰问，并命令地方官员终身供给他们衣物和粮食。

拓跋宏正在巡视，突然听到前面一阵喧哗，他走近观看，原来是大司马、安定王拓跋休抓获了三个抢劫财物的士兵，押着他们游行，准备处斩。拓跋宏命令拓跋休放了他们，拓跋休不放，并说："陛下亲率六师，远征江表，才走到这里，这些小人就成为强盗，如果不处死他们，怎么能吓阻奸邪之辈？"

拓跋宏说道："爱卿所言极是，但王国制度之内，也不时有法外开恩的情况。三人虽然犯的是死罪，怎奈他们命大，遇到了朕，就特别赦免了他们吧。"

拓跋休看拓跋宏态度坚决，也就不再坚持了，饶了三名士兵一命。

拓跋宏对旁边的司徒冯诞（冯熙之子）说道："大司马执法严苛，你们不能不谨慎啊！"于是全军肃然。

大军继续南下，八月三十日到达了并州（治所晋阳，今山西省太原市）。并州刺史王袭治理有方，州内一片和谐，拓跋宏过去就曾经嘉奖过他。这次拓跋宏亲临，事先，王袭命人在道旁竖立石碑，上面刻满了对王袭的赞美之词。这引起了拓跋宏的怀疑，他询问王袭，王袭没有如实回答，拓跋宏大怒，褫夺王袭兼任武职的将军称号。

为了进一步争取民心，拓跋宏命令，御用车辆驶经的地方，践踏庄稼的，每亩赔偿谷五斛。

经过四十五天的长途跋涉，拓跋宏渡过黄河，于九月二十二日到达了洛阳。拓跋宏看到西晋王朝旧日辉煌的宫殿如今满目疮痍，感慨地对左右说道："司马氏不修德行，导致国运早衰，宗庙倾覆，如今竟然荒芜到如此程度，朕看了实在伤感。"拓跋宏触景生情，不觉吟诵起了《诗经》中的《黍离》，情到深处，拓跋宏泪湿眼帘。

经过简单的安顿，拓跋宏前往故太学参观《石经》。自平城出发到现在，雨下个不停，道路泥泞，行走困难。九月二十八日，拓跋宏下令大军继续南征。这时候雨还在下，全军将士已经疲惫不堪，对继续南下攻打南齐内心充满恐惧，所以当第二天拓跋宏身着戎装，扬鞭跨马准备出发的时候，文武大臣跪倒在马前，恳请停止南征。

拓跋宏假装糊涂，问群臣道："南征的计划，是早已经谋划好的，大军将要继续前行，众爱卿还有什么话说？"

尚书、辅国大将军李冲进言说："陛下以文轨尚未统一，不嫌劳苦，亲自率军征伐，臣等应该誓死效命。然而连日来阴雨绵绵，将士马匹都非常困乏，距离前线还很遥远，水涝灾害也闹得正凶。现在伊水洛水境内，小水都带来这么大的困难，何况长江浩渺。目前敌人遭遇丧事（南齐武帝萧赜七月三十日去世），从道义上来说应该停止南征。"

拓跋宏说："天时难以预测，夏天炎热干旱，所以秋天雨水多，初冬必定天气晴朗。到了十月，雨还不停的话，这是天意，如果此时天晴，行军是没有什么障碍的。至于说古不伐丧，是说的处于同等地位的诸侯国之间，不是指的王者统一天下之战。事已至此，大军怎么能够停下？"

李冲不看他的脸色，又说道："今天的举动，大家都不愿意，唯独陛下想要做。汉文帝曾经说过，我独乘千里马，能到哪里呢？臣等有其意而无其辞，所以冒死请求。"

拓跋宏闻听，大怒道："我正要经营天下，混为一体。尔等儒生，屡次质疑我的大计，刀斧无常，你们不必多说。"

拓跋宏说完，打马就要出发，安定王拓跋休等人都哭着相劝。拓跋宏看火候差不多了，就对群臣说道："今天出军的动静这么大，如果没有什么战果，如何向后人交代？我们世代居住在塞外苦寒之地，今天准备南迁至中原地区，如果不再南征，就应该迁都到洛阳，各位王公以为如何？"

还没等大家表态，拓跋宏接着说："同意迁都的站在左边，不同意迁都的站在右边。"

拓跋休等人站到了右边。南安王拓跋桢站到了左边，他进言道："'成大功者不谋于众'，非常之人才能建非常之事。扩建神都用来延续王朝基业，到中土营建帝都，周公在前，陛下在后，所以是合适的。请陛下迁都中原，停止南征，这是臣等的心愿，也是天下苍生的幸事。"

随行的鲜卑人虽然大多不愿意南迁，但又害怕南征，两者相比较，迁都比南征划算，于是他们不再反对，都高呼"万岁"。拓跋休等人也乖乖地站到了左边。

李冲又进言道："陛下将定鼎洛阳，修建宗庙宫室需要时间，不能这样在马上游走等待，请陛下暂时回到平城，等群臣修建完毕，陛下再乘法驾莅临。"

拓跋宏恐怕回到平城后，大家不愿意再南迁，对李冲说："朕将巡视州郡，到邺城后，稍停些时间，明年春天，再回洛阳，就不回平城了。"

拓跋宏命拓跋澄返回平城，告诉留在平城的官员迁都洛阳的决定。拓跋宏对拓跋澄说："迁都的旨意，你要向大家解释清楚，近日卦上所说的'革卦'，今天才是真正的革啊，你要用心做事！"

尽管不少人迫于形势同意迁都，但他们私下仍然议论纷纷，这也传到了拓跋宏的耳朵里。拓跋宏问卫尉卿、镇南将军于烈："你有什么意见？"

于烈是名将之后，精通骑射，为人严肃，他听到拓跋宏的问题后，回答道："陛下圣谋渊远，不是我这愚昧之人所能揣测的，凭我的感觉，同意迁都的和不同意的，各占一半。"

拓跋宏感动地说："爱卿不表示异议，就是表示赞同，我也感受到了沉默的好处。今命你返回旧都，镇守代邑。"

都督关右诸军事、河南王拓跋干等人讨伐叛民首领支酉和王广，拓跋干和穆亮大败，卢渊和薛胤反击，斩支酉和王广。拓跋宏命征召穆亮，让他和李冲、将作大匠董尔共同营建新都洛阳。

拓跋宏命在滑台东兴建祭坛，祭祀祖宗的牌位，禀告迁都的本意。拓跋宏又命在滑台修建行宫。

再说拓跋澄回到了平城，向留守官员宣布了拓跋宏迁都的诏书，消息来得太突然，大家都非常惶恐。拓跋澄赶紧做安抚工作，他援引古今事例，慢慢开导，大家逐渐领悟了皇帝的苦心，并开始接受。

拓跋澄快马赶到滑台向拓跋宏报告平城的情况，拓跋宏很满意，对他说道："如果不是任城王，朕的事就不会成功。"

第二十七节　迁都利弊

拓跋宏命人营建洛阳官城，然后他启程出巡，他的第一站到了邺城（今河北省临漳县）。邺城是后赵、前燕、冉魏的都城，处于河北大平原，盛产粮食和丝绢。415 年，明元帝拓跋嗣还想迁都邺城，被崔浩劝止。洛阳是中原的政治与文化中心，所以拓跋宏才决定迁都洛阳。

在邺城，拓跋宏见到了从南齐投奔过来的王肃，王肃出身琅邪王氏，博闻广识，拓跋宏与他相见恨晚，两个人多次长谈到深夜。拓跋宏任命王肃为辅国将军、大将军长史，让王肃按照儒家传统制定礼仪和雅乐。

拓跋宏命安定王拓跋休率领南下部分官员到平城去迎接家眷，他亲自送拓跋休到漳河（流经邺城）边。

拓跋宏从邺城南下继续巡视，于太和十八年（494）正月二十二经过河内郡朝歌县的比干墓，他命用太牢祭祀比干，并亲自撰写祭文，祭文里写道："如此耿介正直的人，为什么不是我的臣子呢？"这块著名的《吊比干碑》，还镌刻了随行八十一名高官的姓名和官职。这些人是拓跋宏南迁的核心幕僚，其中鲜卑人四十一人、汉人四十人。

拓跋宏回到洛阳后向北巡视，于三月二十七日抵达了平城。他召集群臣，让大家讨论迁都的利害，畅所欲言。

燕州刺史穆罴是穆寿的儿子，世代为鲜卑贵族，他说道："今四方未定，不适宜迁都。且战争没有马匹，怎么克敌制胜？"

拓跋宏反驳道："牧马场在北方，何患无马！今平城在恒山之北，古九州之外，非帝王之都。"

尚书于果说道："我不认为平城比洛阳更美。但自先祖以来，在这里定都很长时间了，老百姓安居乐业，已经习惯了这里的生活，一旦南迁，恐怕他们会很不高兴。"

平阳公拓跋丕也不同意迁都，但没有明说，他说："迁都这样的大事，应该卜卦来决定。"

拓跋宏又反驳道："古代周公（姬旦）、召公（姬奭）是圣贤，才能用卜卦来决定是否筑城，今天没有这样的贤人，卜卦何益？而且古语说'卜以决疑，不疑何卜'，轩辕皇帝曾经卜卦，但龟壳烧焦，大臣天老认为是'吉'，轩辕皇帝听从。说明人对事情的预测，要强于龟壳。王者以四海为家，或南或北，哪里有什么特定的？朕的远祖，世代居住在漠北荒凉之地，最初建都木根山（今内蒙古自治区兴和县北），后迁至盛乐，再迁到平城。从道武皇帝迁都平城至今，马上就要百年（398 年迁都平城），朕属'胜残'（遏制残暴的人，使之不能作恶）之运（孔子说'善人为邦百年，亦可以胜残去杀矣'），为什么我不能迁都呢？"

文武大臣看到拓跋宏态度坚决，谁也不敢再多说话了。

三月二十八日，拓跋宏钦定谁留守平城、谁南迁洛阳。

拓跋宏从平城出发向北巡视，经过旧都盛乐，直达阴山。又到怀朔镇、武川镇、抚冥镇、柔玄镇进行巡视后，返回了平城。

拓跋宏对尚书令陆叡说："鲜卑人经常说：'北人质朴愚钝，怎能知道什么是书？'我听后感到很不高兴，很失望。今天读书的人很多，难道都是圣人吗？只不过看你学习用不用功了。朕整治百官，兴礼乐，就是要移风易俗。朕身为天子，何必非要居住中原？就是要使卿等子孙，渐渐感染良好的习俗，视野开阔，学识渊博；如果永远居住在恒山以北，如果遇到不好文的主子，就像整天对着一堵墙一样，难免变得浅薄。"

陆叡听得拓跋宏一番肺腑之言，回答道："诚如陛下所言，如果金日磾（匈奴人，投降汉武帝）不入仕汉朝，又怎能七代人了他都天下知名！"

拓跋宏听陆叡这么说，也龙颜大悦。

拓跋宏命太尉、东阳王拓跋丕为太傅、录尚书事，留守平城。然后他亲自到祖庙祭拜告别，命高阳王拓跋雍、镇南将军于烈，护送拓跋氏各位祖宗牌位到了洛阳。

返回洛阳后，拓跋宏没有忘记穆罴的话，他命猛将、后军将军宇文福在中原地区找寻适合养马的地区。宇文福经过一段时间的考察，向拓跋宏提出了建议："石济（今河南省卫辉市）以西，河内郡（今河南省沁阳市）以东，南距离黄河十里地，为河阳之地，适宜养畜。"

拓跋宏下令，把平城的各类牲畜迁到河阳牧场，命宇文福负责。宇文福善于饲养牲口，迁徙途中，几乎没有因病死亡的，拓跋宏很高兴，任命宇文福为司卫监。

之前，北魏发现河西水草丰美，开辟了养马场，牲畜大量繁殖，马匹多达两百万匹，骆驼多达一百多万头，至于牛羊，更是不计其数。现在开辟了河阳牧场，拓跋宏命每年都要从河西牧场迁移大量牲口到河阳牧场，为了使牲口逐渐适应中原气候、水土，就先把它们迁徙到并州，然后逐渐南下，直到河阳牧场。

第二十八节　讨伐萧鸾

　　太和十八年（494）十月二十二日，南齐宣城王萧鸾罢黜了皇帝萧昭文，登基称帝。拓跋宏准备乘南齐内政不稳之机发起进攻。正好在这个时候，他得到报告，南齐幽州刺史曹虎派人送信过来，请求投降。

　　十二月一日，拓跋宏命令行征南将军（代理征南将军）薛真度督率四位将领，兵发襄阳，大将军刘昶、平南将军王肃兵发义阳，徐州刺史拓跋衍兵发钟离，平南将军刘藻兵发南郑。

　　拓跋宏准备全面汉化。十二月二日，他下诏禁止鲜卑人再穿鲜卑服装，改穿汉服。拓跋宏命北海王拓跋详为尚书仆射，和李冲一起镇守洛阳。

　　十二月十一日，拓跋宏亲率大军，浩浩荡荡从洛阳出发，七日后到达悬瓠。但是，之前答应投降的曹虎，原来是诈降，并没有过来投降。

　　拓跋宏命安南将军、督襄阳前锋诸军事卢渊和征南大将军、城阳王拓跋鸾、安南将军李佐、荆州刺史韦珍，向赭阳（今河南省方城县）发动攻击。南齐防守赭阳的是襄城郡太守成公期，他不敢出战，闭关自守。薛真度率军抵达了沙堨，南齐南阳太守房伯玉和新野太守刘思忌联合抵抗。

　　太和十九年（495）正月二十五日，拓跋衍率军攻打钟离（今安徽省凤阳县临淮关），被南齐徐州刺史萧惠休击退。刘昶和王肃进攻义阳（今河南省信阳市），南齐司州刺史萧诞率军抵抗，但被击败，南齐投降北魏的有一万多人。

　　拓跋宏率领三十万大军，渡过淮河，抵达了寿阳。拓跋宏登上了寿阳东北的八公山。他眼见自己的军队盔明甲亮，一眼望不到边，再看南齐，一片破败景象，顿时诗兴大发，作诗一首作为留念。南方多雨，这时天降大雨，拓跋宏命令撤去黄罗伞盖，和将士一起栉风沐雨、同甘共苦。每当遇到受伤的士兵，拓跋宏还亲自予以慰问。

拓跋宏到达寿阳城下，派人呼唤城里守军出城搭话，防守寿阳的是南齐豫州刺史、丰城公萧遥昌，他派参军崔庆远出城搭话。崔庆远见了拓跋宏，质问拓跋宏为什么兵发南齐。

拓跋宏反问道："这自然是有原因的，你是要我直言相告，还是要我有所隐讳，含糊其词？"

崔庆远说："不明白你的意图，自然不必有所隐瞒。"

拓跋宏问道："萧鸾为什么要篡位？"

崔庆远回答道："废昏君立明君，古今都是这样，这又有何疑？"

拓跋宏再问："武帝（萧道成）子孙安在？"

崔庆远回答道："七个王爷因为作恶多端，已经被诛，其他二十多个王爷，有的在朝廷担任重要职务，有的在外为封疆大吏。"

拓跋宏又问："你的主上如果是忠义之人，应该立武帝近亲，如周公辅佐成王，为什么自己登上大位？"

崔庆远回答道："成王有亚圣的德行，所以周公能够成为他的丞相，但是现在皇族近亲没有人能够比得上成王，所以不可立。"

崔庆远又举例说："汉朝霍光舍弃汉武帝的近亲，而选择扶立汉宣帝（刘病已），这是选择贤能的人。"

拓跋宏又问："那霍光为什么不自立？"

崔庆远回答道："不能这样做类比。我们圣上只可和宣帝比，不能比霍光。如果按照你所说的，周武王讨伐殷纣王，不立微子（纣王哥哥）而自己辅保，难道是因为他贪图天下？"

崔庆远学识渊博，脑子反应特别快，回答得无懈可击，连拓跋宏都忍不住笑了。他说道："朕是来兴师问罪的，如果如你所说，这就没有什么问题了。"

崔庆远说："古语说'见可而进，知难而退'，圣人之师也。"

拓跋宏问："你认为是应该和还是应该打？"

崔庆远回答道："和则对两国都有利，人民蒙福，否则两国交兵，生灵涂炭。是战是和，你要考虑清楚。"

拓跋宏很欣赏崔庆远，赐给他酒菜、衣服，把他送了回去。仗还是要打下去的，但拓跋宏放弃了寿阳，抵达了钟离。

刘昶和王肃率军猛攻义阳，萧鸾派镇军将军王广之率军增援，但王广之距离义阳还有一百里的时候，停下不敢前进了。黄门侍郎萧衍请求出战，于是王广之把精锐部队全数配给了萧衍。萧衍率军连夜走小路，登上了义阳城西南的贤首山。天明的时候，萧衍和城内军队夹攻，刘昶和王肃不敌，撤除对钟离的包围。南齐军追击，刘昶和王肃大败。

萧鸾为了减轻正面战场的压力，命令南齐都督青冀州二州诸军事张冲进攻北魏东部，连克北魏的建陵、驿马、厚丘、虎阬（kēng）、冯时、即丘等地。

拓跋宏准备南渡长江，但这时候传来了司徒、长乐公冯诞去世的消息。冯诞是冯太后的哥哥冯熙的儿子，和拓跋宏同岁，从小光屁股长大，关系很要好，冯诞又娶了拓跋宏的妹妹乐安长公主，两个人关系更是亲密。闻听冯诞去世，拓跋宏非常难过，亲自哭祭冯诞，并以亲王的礼仪予以厚葬。顺便交代一句，一个月后，冯熙也去世了，拓跋宏也予以厚葬。

处理完冯诞的丧事后，拓跋宏前往邵阳洲。他命人在淮河岛上及淮河两岸筑城，用木栅栏把三个城连接起来，切断南齐援军。但相州刺史高闾和尚书令陆叡都劝拓跋宏撤兵，他们认为洛阳还没有巩固，且夏季即将来临，北人水土不服，恐怕会招致失败。拓跋宏听从了建议，渡过了淮河，到达了北岸。但五位将军带领的殿后部队被南齐军切断了退路，情势危急，拓跋宏悬赏能解围的勇士。鲜卑人奚康生应召，率军勇破南齐军。奚康生被破格提拔为直阁将军。

北魏的殿后部队里，除了前将军杨播的三千名步兵、五百名骑兵，其余的全部渡过了淮河。这时，淮河水位不断上涨，南齐水军战舰也越来越多，杨播军被包围了，且包围圈越来越小，情况相当危急。拓跋宏在淮河北岸眺望，急得团团转，但水势太大，无法派援军过去。杨播豁出了性命，乘水势稍缓的机会，率领三百名精骑杀出重围，到达了淮河北岸。

另一路大军，由仇池镇都大将、梁州刺史拓跋英和平南将军刘藻率领，攻打南郑（今陕西省汉中市）。他们击败了南齐军队，杀死三千多人，俘虏了七百多人，包围了南郑。正在这个时候，他们接到了拓跋宏班师的诏令，于是撤回。

拓跋宏继续北上，于太和十九年（495）四月十五日到达了小沛（今江苏省沛县）。这里是汉高祖刘邦的故里，拓跋宏派人用太牢祭祀了汉高祖庙，然后又前往瑕丘，派人用太牢祭祀泰山。拓跋宏于四月二十二日到达了鲁城，亲自前往祭祀了孔子。拓跋宏又任用孔子后裔四人、颜回后裔两人为官。他又封孔子家族中大宗之子为崇圣侯，食邑一百户，负责祭祀孔子，命兖州负责整修孔子陵墓，栽植柏树，并重新刻碑颂功。

城阳王拓跋鸾等人进攻赭阳，领导无方，伤亡惨重，大败。南齐南阳郡太守房伯玉也在沙堨击退了薛真度。

至此，这场北魏讨伐萧鸾的战斗全部结束，拓跋宏无功而返。拓跋宏追究战败责任，贬拓跋鸾一级，改封为定襄县王，减少采邑五百户；将军卢渊、李佐、韦珍全部被贬为平民百姓；拓跋宏感念薛真度和堂兄薛安都当年献出徐州的功绩，特别保留他的爵位及荆州刺史职位，其他兼职一概免除。

第二十九节　说汉话

在返回洛阳的途中，拓跋宏接到御史中尉李彪的弹劾奏疏。李彪弹劾留守洛阳的赵郡王拓跋幹贪赃枉法。拓跋宏命拓跋幹和北海王拓跋详，跟随来迎接圣驾的太子拓跋恂，到行宫觐见。

他们三人来到行宫后，拓跋宏故意不召见拓跋幹，希望他能有悔改之意，进行反思，这样也就可以对他从轻发落了。拓跋宏派人暗中观察拓跋幹，发现拓跋幹神情悠然自得，满不在乎。拓跋宏大怒，把拓跋幹招来，亲自数落他的罪行，然后命人重打他一百军棍，免掉官职，回家反省。

太和十九年（495）五月十五日，拓跋宏回到洛阳，首先前去拜谒了祖庙，向列祖列宗禀告了此次南征的情况。

拓跋宏准备在之前禁止穿鲜卑服装的基础上进一步汉化，融入人口占多数的汉人社会，更好地统治天下。于是，他召集文武百官议事。

拓跋宏问他们道：“各位爱卿，你们认为我国应该与商、周相比，还是与汉、晋相比？”

咸阳王拓跋禧（拓跋宏二弟）回答道：“陛下英明神武，臣等愿陛下超越前代帝王。”

拓跋宏问：“如果要这样，应当改变风俗习惯，还是应当因循守旧？”

拓跋禧回答道：“应该改变旧有的风俗习惯，使圣治日新。”

拓跋宏又问道：“你们想荣华富贵止于你们一身，还是要传给子孙后代？”

拓跋禧回答道：“愿传之百世。”

拓跋宏说：“既然你们都希望国祚永延，那么就应当有所改变，你们都要遵从，不能违反。”

拓跋禧回答道："上令下从，谁敢违背！"

拓跋宏语气坚决地说道："名不正，言不顺，则礼乐不可兴。今天我准备弃用鲜卑语，改说汉语。三十岁以上的人，如果马上改变相当不易，三十岁以下的人，在朝廷供职的，必须改说汉语，如果有违背的，视情况给予降级或者罢免，各位应该谨慎从事。各位爱卿以为如何？"

众文武回答道："谨遵圣旨！"

拓跋宏又说道："我过去和李冲谈论过这个问题，李冲说'四方之人，言语不同，不知道谁的是正宗语言，皇帝说什么语言，什么语言就是正宗。'李冲此言，论罪当斩！"

拓跋宏看了看李冲，说："你有负社稷，应该让御史拿下。"

李冲脱下官帽，磕头认错。

拓跋宏话锋一转，对留守洛阳的官员说道："昨天在大街上，仍然可以看见有些妇女穿夹领小袖（鲜卑服装），你们为什么不遵守我的诏令，严加制止？"

留守官员纷纷请罪。

拓跋宏接着说道："如果朕说得不对，你们应该当庭争辩，为何在朝廷上服从，下朝后违背？"

拓跋宏下诏说："在朝廷上说鲜卑话的，免官回家。"

拓跋宏又颁布诏令，鲜卑人迁到洛阳的，去世后都要埋葬到邙山（洛阳北）。丈夫死于代北者，妻子可以随葬；丈夫死于洛阳，妻子死于代北的，丈夫不准运回代北合葬。其他各州的人，由他们自己决定。拓跋宏又下诏，随迁的鲜卑人，去世后要埋葬在黄河以南，不准把灵柩运回北方。

拓跋宏又命改变度量衡，改用长尺、大斗，标准完全按《汉书·律历志》里记述的来定制，至于具体标准，我们这里不做详述。

北魏朝廷为了加强京师洛阳的皇宫保卫工作，又选择了十五万名勇武之士加入羽林军、虎贲军。

拓跋宏又命在洛阳设立了国子、太学和四门小学。国子学和太学都是国立的最高学府，国子学的招生对象主要是贵族的子弟。四门即太学坊的东西南北四个门，四门小学与太学共处，四门小学主要教育皇子宗室。"四门小学"这一称呼也始于此。

拓跋宏游览华林园，参观景阳山遗址，黄门侍郎郭祚趁机奉承说："孔子曰'知者乐水，仁者乐山'，应该修复华林园和景阳山。"

拓跋宏说："曹叡奢侈无度（华林园和景阳山为曹叡所建），已经落下了坏名声，我怎么能重蹈覆辙呢？"

拓跋宏非常喜欢读书，手不释卷，不论是在路上行走，还是在车上、马背上，都不停和左右谈经论道。拓跋宏也写得一手好文章，多数时候，下诏书都是由他口授，大臣记录，写成之后，不用更改一个字（估计也没人敢改）。特别是从486年起，所有的诏书和命令等都是由拓跋宏亲自书写。拓跋宏爱惜人才，求贤若渴，如李冲、李彪、高闾、王肃、郭祚、宋弁（biàn）、刘芳、崔光、邢峦等人，都以文采见长，深得拓跋宏的信任。

拓跋宏又改革官制，颁布了官员品级制度，作为选任官员的开始，并为朝廷官员颁发了汉人的官帽、衣服。

之前北魏人买卖的时候是用实物作为交易，拓跋宏命人铸造了五铢钱，因为本年（太和十九年）年底钱币才铸造完成，所以这种钱币称为"太和五铢钱"。拓跋宏命令在国内普遍使用"太和五铢钱"。

第三十节　改汉姓

拓跋宏又下诏说："鲜卑人把大地称为'拓'，把君主称为'跋'，我们的祖先是皇帝的后裔，以土神作为我们的保护神（以土德王，晋为金德，前赵和后赵为水德，前燕为木德，前秦为火德），所以称为'拓跋'。土，是黄中之色，孕育了万物，是万物之元，所以应该把'拓跋'这个姓改为'元'姓。诸位功臣旧族，从平城迁来的，姓或复姓，都需要改一下。"

孝文帝拓跋宏迁都洛阳，穿汉服，说汉话，改汉姓，还实施了其他汉化的措施，在中国历史上影响深远，进一步促进了民族的融合。

拓跋宏要求改汉姓的诏令一出，自然引起了轩然大波，但皇帝的姓都改了，大臣也纷纷跟进。于是，拔拔氏改为长孙氏，达奚氏改为奚氏，乙旃（zhān）氏改为叔孙氏，普氏改为周氏，伊娄氏改为伊氏，丘敦氏改为丘氏，系侯亥氏改为亥氏，车丘穆陵氏改为穆氏，步六孤氏改为陆氏，贺赖氏改为贺氏，独孤氏改为刘氏，贺楼氏改为楼氏，勿忸于氏改为于氏，尉迟氏改为尉氏，纥豆陵氏改为窦氏，侯莫陈氏改为陈氏，太洛稽氏改为稽氏等。元氏、胡氏、周氏、长孙氏、奚氏、伊氏、丘氏、亥氏、叔孙氏、车氏为宗室十姓。

需要说明的是，之前说到的很多鲜卑人，都是用的他们改姓之后的姓，这样是为了讲史方便，如长孙嵩、穆寿、陆丽等。

元宏（拓跋宏）门第观念比较深。范阳郡人卢敏、清河郡（今山东省临清市）人崔世伯、荥阳郡（今河南省荥阳市）人郑羲、太原郡（今山西省太原市）人王琼是衣冠大族，元宏选择他们家族中的漂亮女子，纳入后宫之中。陇西郡（今甘肃省陇西县）人李冲凭才能受到信任，担任重要职务，元宏也把李冲的女儿纳入了后宫。

元宏命黄门侍郎、司徒左长史宋弁甄别评定天下士族的等级。宋弁喜欢说他人的短处，看不上的高门大族就诋毁，对于没落的大族，看着顺眼的，就为他们申辩，使之通达。很多家族的地位得到提升，也有不少家族的地位得到贬降。

元宏又下诏说："鲜卑人以前没有姓氏家族，虽然是功臣贤良的后代，也和微贱之人一样，所以即使位置做到了公卿，他的亲属仍然担任底层官员。穆、陆、贺、刘、楼、于、嵇、尉这八个姓氏，自太祖（拓跋珪）以来，功勋卓著，位列王公，闻名天下，统计一下他们家族的情况，交给司州、吏部，不准担任低级别的官职，四姓（卢、崔、郑、王）也一样。除此之外，应该位列士族者，再行敕命。家族中先人曾经担任部落酋长，皇始（拓跋珪时代）以来三代做官至给事中以上，又被封王爵或者公爵的，列为'国姓'；家族中先人没有做过部落酋长，皇始以来三代做官至尚书以上，又被封王爵或者公爵的，也列为'国姓'。家族中先人担任部落酋长，但后代官位不显赫的，列为'贵族'；家族中先人未担任过部落酋长，但后代官位显赫的，也列为'贵族'。关于'国姓'和'贵族'的甄别，应该仔细审核，切莫出现假冒的情况。现在指令穆亮、陆琇来详细审定，必须确保公平公正。"

北魏旧制：亲王的大小夫人都得来自八大家族（八大姓）和清白显贵的门第。咸阳王元禧娶了个奴隶之户的漂亮女子为妃，元宏得知后震怒，对他严加训斥，并为他的六个弟弟（元禧、元幹、元羽、元雍、元勰、元详）迎娶了王妃。元禧娶的是李冲弟弟李辅（时任颍川郡太守）的女儿，元幹娶的是代郡人穆明乐（时任中散大夫）的女儿，元羽娶的是范阳郡人卢神宝（时任中书博士）的女儿，元勰娶的是李冲的女儿，元祥娶的是郑懿（郑羲之子，时任礼部郎中）的女儿。之前各位亲王迎娶的王妃，统统贬为小妾。

应该说，元宏让亲王和汉人大姓女子联姻，促进了民族融合，有积极的意义。但门第观念落后，元宏身体力行，是种遗憾。

朝廷之上，有人认为河东郡的薛姓是名门望族，应该列为"郡姓"。元宏说："薛姓，来自蜀中，岂可列入郡姓？"

直阁将军薛宗起是河东郡人，当时他拿着戟正在殿上执勤，他出列禀报说："臣的先人，汉末任职蜀中，两代之后又回到了河东郡，至今已经传了六代，所以说不是蜀中人。就如同陛下是黄帝后裔，被封到北方，怎么能称为胡人？如果今天不能把薛姓列为郡姓，我活着也没有什么意思了。"薛宗起越说越激动，把大戟往地上用力一插，地上顿时出现了一个小坑。

元宏经过片刻思考，开玩笑地说："那么，朕为甲等，你为乙等好了。"于是把薛姓定为郡姓。元宏笑着对薛宗起说："你不应该叫薛宗起，应该叫薛起宗啊！"

李冲、李彪、著作佐郎韩显宗等人都对这种选人用人特别重视门第的情况表示担忧。元宏说："非常之人，几世才能出现一两个。如果是出类拔萃的人才，朕也并不特别要求他的门第。"

元宏召集京畿地区七十岁以上的老人，在洛阳举行了敬老仪式。

元宏又下诏，命各州的中正（朝廷选派负责考察各州人才的官员）推荐州里具有一定名望、年龄在五十岁以上、出身寒微者，任命他们为县令或县长（大县为令，小县为长）。

第三十一节　元宏废太子

前文讲过，元宏深爱的美丽女子冯润（冯熙女儿）因为身患传染病，被冯太后打发回娘家，出家为尼。冯太后去世后，元宏迎娶了冯润同父异母的妹妹冯清，并立为皇后。但元宏对冯润念念不忘，经常派人前去慰问，后来冯润病情痊愈，加之冯润请妹妹冯清帮忙美言，元宏就派宦官双三念把冯润迎回了宫中，封为左昭仪。

元宏天天和冯润在一起，冷落了冯清。冯润认为自己是姐姐，又格外受到宠爱，因此不肯向皇后妹妹行礼。冯清感到十分后悔，不应该劝元宏把冯润接回宫中。冯润垂涎皇后之位，因此在元宏面前百般诋毁冯清。元宏本来也对冯清没有多少感情，因此在太和二十年（496）七月罢黜了皇后冯清，一年后又立冯润为皇后。冯清到洛阳城西的瑶光寺出家为尼，后来终老瑶光寺。

元宏对太子元恂寄予厚望，给他择名师进行教育，希望他能学习到汉文化的精髓，日后成为一个满腹经纶的明君。但元恂显然让他失望了。元恂不爱好学习，对四书五经提不起兴趣。他身材肥硕，受不了洛阳的炎热天气，时常想回北方。对于父亲赐给的汉服，元恂私下里丢弃一旁，换上鲜卑传统服装。中庶子高道悦感觉这样下去会很危险，因此对元恂苦口婆心地加以劝阻。元恂非但不听，反而深恨高道悦和自己作对。

太和二十年（496）八月七日，元宏到中岳嵩山视察，元恂认为机会来了，和左右亲信密谋，准备从牧马场征调马匹，不携带辎重财物，轻装快马逃向平城。临出发的时候，元恂把高道悦叫到近前，亲手杀死了他。

洛阳的保卫工作非常严密，元恂要出逃的消息很快就走漏了。中领军元俨命令关闭各个城门，加派人手，严守各个城门，禁止任何人进出。元恂一伙人不死心，经过一个白天的折腾，也没能逃出去，到了晚上才消停，洛阳城也恢复了平静。

第二天一大早，尚书陆琇骑快马把洛阳城内的情况飞报元宏。元宏大吃一惊，但为了不引起骚动，叮嘱陆琇保守秘密，不要让随行人员知道。然后元宏不动声色，按原计划继续巡视，到了汴口才开始返回。

八月二十三日，元宏回到了洛阳宫中，命人传唤元恂。元恂到来后，元宏命他跪下，亲自列举他的罪状，然后和咸阳王元禧轮流拿木棍打了元恂一百多下，打得元恂惨叫连连。打完后，元宏命人把元恂拖出去，囚禁在洛阳城西。元宏和元禧是真打，元恂的伤势过了一个多月才好。

元宏决心罢免太子，他在清徽堂召见文武百官，商讨此事，太子太傅穆亮和太子少保李冲平时负责教导太子，他们赶紧脱下官帽，跪下磕头请罪。元宏对他们说道：“你们请罪只是为了自己考虑，我得从国家全局考虑，‘大义灭亲’，古人认为难能可贵。元恂竟然背叛父亲，准备逃亡割据，盘踞（治所平城）、朔州（治所盛乐）之地，和父亲为敌。天下之恶，有超过这个的吗？如果不及时去除隐患，江山社稷堪忧啊！”

元宏颁布诏书，废黜太子元恂为平民百姓，押往河阳县（今河南省洛阳市孟津区）无鼻城反省，并严加看守。被看押的元恂日子过得非常惨，领的衣食仅能使他填饱肚子和御寒。

当年冯太后准备罢黜元宏的太子之位时，穆泰等人多次劝阻，元宏才得以保住太子之位，因此元宏对穆泰心存感激，继位后更是优待穆泰。穆泰担任定州刺史，这是个肥差，但他受不了中原地区湿热的气候，请求调任恒州（治所平城）。元宏批准了，让他和恒州刺史陆叡对调。

穆泰接到调令，赶回了平城，这时陆叡还没有出发，两个人都反对迁都，又对元宏亲近汉人儒士感到失落，于是密谋反叛。他们秘密联络了反对迁都的镇北大将军、乐陵王元思誉，安乐侯元隆，扶冥镇将、鲁郡侯元业，骁骑将军元超等人，准备推举朔州刺史、阳平王元颐（拓跋晃二子拓跋新成之子）为盟主。但陆叡认为现在洛阳政治清明，一派安定祥和，不是起事的最佳时机，应该再等一等，于是他们按兵不发。

元颐把这个消息密报元宏。元宏非常震惊，把正在养病的任城王元澄叫了过来，对他说："穆泰等人大逆不道，诱使皇室叛乱，我们立足未稳，一旦兵变发生，鲜卑人留恋故土，我们势必在洛阳不能立足。此等国家大事，非你不能办成，请你委屈一下，带病前去平城一趟，你要审时度势，如果他们兵力弱小，就直接擒拿，如果他们实力强大，就拿符节征调并州、肆州的兵马予以讨伐。"

元澄回答道："穆泰这个人，蠢笨愚昧，他只不过留恋故土，所以才走了这步昏着，他不是个深谋远虑之人。臣虽然怯弱，能力不足，但也足以制服他们，愿陛下勿忧，我愿效犬马之劳，身上的这点儿小病不算什么。"

元宏笑着说："任城王肯行，朕复何忧！"元宏赐给元澄符节、虎符（铜制）、竹使符（竹箭五枚），并派武艺高超的贴身侍卫保护元澄前往。为了工作方便，元宏命元澄兼任行恒州事。

元澄接到命令，日夜兼程，派治书侍御史李焕骑快马先入平城，李焕到达平城后，先做穆泰党羽的思想工作，晓之以利害，众人幡然醒悟，不再听从穆泰指挥。穆泰没有办法，只率领了数百人的队伍，攻击李焕，但未能取胜，从西门逃走，李焕派人追击，生擒了穆泰。

元澄赶到平城后，调查穆泰的党羽，逮捕了陆叡等一百多人，平城之乱平息。

第三十二节　元宏遇险

前太子元恂被废，太子之位空缺。北魏太和二十一年（497）正月初八，元宏立二儿子元恪为太子。元恪出生于太和七年（483）四月，他的母亲为贵人高照荣。元宏没有按照鲜卑旧俗赐死高贵人。

元宏向北方巡视，于二月十六日抵达平城。元宏亲自审问穆泰和陆叡等人，他们全部招供，无人喊冤。元宏把穆泰及其党羽全部诛杀，赐陆叡在狱中自尽，但饶恕了他的妻儿，让他们迁到辽西郡为平民。中书监穆罴也参加了穆泰的谋反，被贬为平民，穆罴的弟弟、司空穆亮被贬为征北大将军、开府仪同三司、冀州刺史。

处理了穆泰和陆叡等人，元宏开始处理宗室参与叛乱的元氏人马。元隆和元超都是元丕的儿子，准备发动兵变的时候，元隆把消息告诉了元丕，元丕从内心里表示赞同。因为元丕有冯太后赐的不死诏书，元宏特别赦免了元丕，把他贬为平民，诛杀了元隆和元超。元宏又贬元思誉为庶人。

之前元丕、陆叡和仆射李冲、领军于烈都被赐过不死诏书，如今元丕和陆叡被处理了，为了安慰李冲和于烈，元宏下诏对他们说："除了谋反之外，之前的约定，如日月同光。"李冲和于烈都上表谢恩。

鲜卑部落酋长的子弟中长期养尊处优，忍受不了洛阳炎热天气者，元宏特别准许他们秋天到洛阳朝拜，次年春天再返回部落，时人称他们为"雁官"，比喻他们像大雁一样夏季北上、冬季南下。

元宏从平城折返，到达龙门（鲤鱼跳龙门之处，今山西省河津市西北）的时候，派人祭祀了夏禹，到达蒲坂（今山西省永济市）的时候祭祀了虞舜。四月十五日，元宏抵达长安，得到御史中尉李彪的密报，说元恂准备谋反。于是元宏派中书侍郎邢峦和咸阳王元禧，携带诏书和鸩酒，赐死了元恂（此时才十五岁），然后草草埋葬了事。最是无情帝王家，元恂这时已经完全没有谋反的实力，但新太子就位，为了全局考虑，他这个前太子只有死路一条了。

太和二十一年（497）六月五日，元宏回到了洛阳。都城已经迁到洛阳，也进行了全盘汉化的改革，稳定了内部局势，如今摆在元宏面前的，就是消灭南齐，统一全国。因此返回洛阳两日后，元宏迫不及待地下诏，发冀州、定州、瀛州、相州、济州等五个州的兵力二十万人，集结洛阳，准备南征。元宏把这些部队编为六支部队，分配具体的进攻或者留驻的任务。

皇后冯润准备效仿冯太后抚养元宏的做法抚养太子元恪，但首先要除掉太子的母亲高贵人。高贵人正从平城赶来洛阳，走到共县（今河南省辉县市）的时候，突然得了急病去世，当时很多人说是冯皇后害死了高贵人。

八月二十五日，元宏任命任城王、吏部尚书元澄留守洛阳，命御史中尉李彪兼任度支尚书，让他们和仆射李冲一起处理洛阳的事宜。元宏亲率大军，浩浩荡荡从洛阳南下。

正在这时，北魏的南梁州刺史杨灵珍叛变，投降了南齐，并攻打北魏的武兴王杨集始，杀死了杨集始的弟弟杨集同和杨集众，围困杨集始。元宏得到报告，命河南尹李崇为都督陇右诸军事，率领数万名精兵，前去平叛。

元宏派将领围攻赭阳，他亲率大军南下，于九月十九日抵达了南阳（今河南省南阳市），并攻克了南阳外城。南齐南阳郡太守房伯玉坚守内城，元宏派人前去劝降，房伯玉拒绝。

宛城（南阳郡治）东南河沟上有座桥，元宏要率队从桥上经过。房伯玉提前得到消息，派敢死队数人，身穿彩衣，头戴虎头帽，埋伏在桥下，准备行刺元宏。元宏带领人马经过桥上，埋伏在桥下的武士突然窜出，元宏大惊失色，赶紧后撤，身边数人被砍倒。元宏大喊："原灵度何在？"神箭手原灵度快马上前，拉弓放箭，南齐的敢死队员纷纷倒地，元宏这才躲过一劫。

再说讨伐杨灵珍的李崇，开辟小道出奇兵，大败杨灵珍，杨灵珍逃回汉中。捷报传来，元宏大喜道："李崇使我没有了后顾之忧啊！"于是，他任命李崇为都督梁、秦二州诸军事，兼凉州刺史。

元宏命咸阳王元禧继续攻打南阳，他率军攻打新野（今河南省新野县），南齐新野太守刘思忌坚守。

南齐高宗萧鸾为了减轻正面战场的压力，派徐州刺史裴叔业进攻北魏的虹城（今安徽省五河县），俘虏了北魏男女四千多人。萧鸾又派太子中庶子萧衍和右军司马张稷增援雍州。

战局对北魏有利，北齐前军将军韩秀方等十五名将军主动来降。北魏军又擒获了将军王伏保等人。

南齐将军王昙纷率军一万人攻打北魏南青州的城池黄郭戍（今江苏省连云港市赣榆区），北魏戍主崔僧渊率军迎战，大破南齐军。

南齐将军鲁康祚和赵公政率军一万人攻打北魏的太仓口，北魏豫州刺史王肃派长史傅永迎战。傅永在淮河埋下伏兵，大败乘夜偷袭的南齐军，杀死鲁康祚，生擒赵公政。

裴叔业进攻北魏的楚王戍（今安徽省临泉县西南），王肃命傅永迎战，傅永在城下埋下伏兵，大破裴叔业军，裴叔业狼狈逃走。元宏得到战报，大喜，封傅永为安远将军、汝南太守，封贝丘县男。

北魏统军李佐攻克了新野，生擒太守刘思忌，刘思忌宁死不降，李佐斩刘思忌。

南齐的湖阳戍主蔡道福、赭阳戍主成公期、舞阴戍主黄瑶起和南乡郡太守席谦弃城而逃。黄瑶起跑慢了，被北魏军俘虏。因他杀死了王肃的父亲王奂等人，元宏把黄瑶起交给王肃处理。王肃杀了黄瑶起，将他剁成肉酱吃了。

第三十三节　二李反目

北魏太和二十二年（498）二月十二日，北魏军攻克宛城，房伯玉命人把自己的双手反绑，投降了北魏。元宏任命元勰为使持节、都督南征诸军事、中军大将军、开府仪同三司。

北魏军在邓城把南齐度支尚书崔慧景和萧衍打得大败。三月九日，元宏率十万大军包围了樊城，南齐雍州刺史曹虎命令关闭城门，顽强抵抗。元宏又动身前往悬瓠。

北魏镇军将军王肃率军攻打义阳（今河南省信阳市），南齐豫州刺史裴叔业采取了"围魏救赵"之计，率军五万人包围了北魏的涡阳（今安徽省蒙城县城关镇涡河北岸）。防守涡阳的是北魏南兖州刺史孟表，他军力不足，但军民一心，顽强抵抗，城内粮食吃尽后，靠吃树皮树叶充饥。裴叔业派军主萧璝攻打龙亢戍（今安徽省怀远县西北），北魏广陵王元羽率军增援龙亢，裴叔业亲自带军攻打元羽军队，元羽不敌，大败。元宏派安远将军傅永、征虏将军刘藻和假辅国将军高聪率军增援涡阳，受王肃的调度指挥。裴叔业主动攻击，三位将军大败，被杀一万多人，被俘三千多人。元宏大怒，把刘藻和高聪发配到平州，把傅永免职，贬王肃为平南将军。王肃接受元宏的建议，解除对义阳的包围，和统军杨大眼、奚康生等人率领十多万人，增援涡阳。裴叔业看到北魏军声势浩大，乘夜撤退，北魏军追击，杀死数人。

前方战事正酣，北魏首府洛阳之内也不太平。御史中尉李彪是顿丘（今河南省清丰县）人，他出身贫寒，但好学不倦，博通史籍。李彪早年到达平城，但因朝中无人，一直没得到一官半职。当时的文穆公李冲喜欢士人，李彪就诚心前去投靠，经过攀谈，李冲认为他是个人才，对他很是礼遇，又把他推荐给了皇帝元宏，并明里暗里支持李彪，李彪的官职才逐步得到提升。

后来李彪担任中尉之职，他为人正直，弹劾百官不避权贵，元宏很欣赏他，把他比作汉朝的汲黯。李彪认为攀上了皇帝，就不必再借助李冲了，不再与李冲走动，仅仅是见面的时候象征性行个礼。李冲认为李彪忘恩负义，对他的不满越积越深。

元宏南征的时候，任命李彪、李冲和任城王元澄共同处理留台事宜。李彪性格刚直，固执己见，因为一些问题不断和李冲发生争执。争执的时候，李彪声音很大，脸红脖子粗。李彪还认为自己是执法官，别人奈何不了他，处理起事情往往独断专行。

李冲实在无法忍受李彪，收集了李彪的前后过失，命人把李彪囚禁在尚书省。李冲上表给元宏："李彪为人桀骜不驯，知法犯法，坐轿直入皇宫，私自使用皇室用具，不时乘坐御马，肆无忌惮，臣召集会议，就李彪所犯之罪进行调查，李彪全部承认。请按照李彪所犯之罪免去他的职务，交付廷尉治罪。"

李冲情绪还是很激动，又上表说："臣与李彪相识近二十年，赏识他的才学渊博和为人刚直，愚昧地认为他是个出类拔萃、清正廉洁之人。后来发现他性格急躁，但仍然认为他优点大于缺点。自从陛下南征以来，李彪兼任度支尚书，我们朝夕共事，才发现他专横跋扈，只知有己，不知有他人。听其言，好似震古烁今的忠贤之人。察其行，实是天下奸佞之人。臣与任城王卑躬屈膝，好像弟弟侍奉兄长一般，李彪想干的，虽然不合理，我们也不得不听从。我依据线索，查究事实，件件在列，请把李彪贬到边荒之地，然后诛杀，以铲除乱政的奸臣。如果所列的查无此事，请把我贬到边疆地带。"

身在前线的元宏收到李冲的奏章，感慨叹息良久，然后才说："没有料到留台竟然出现这样的事情！"他接着说，"李彪可以说是做事做得太过，但是李冲也做得出格了。"黄门侍郎宋弁和李彪同是相州人，关系不错，而与李冲结怨，他暗中奔走，替李彪求情。有司判处李彪死刑，但元宏赦免了他，把他削职为民。

李冲性情素来温和敦厚，但是收捕李彪之际，李冲亲自到场，数落李彪的不是。他怒目圆睁，怒不可遏，情绪激动，声音高亢，甚至搬起身边的茶几投掷了过去，茶几都被摔断了。旁边的御史不知所措，磕头请罪。李冲情绪太过激动，变得语无伦次，时不时抓住自己的手腕，高喊："李彪小人！"怒气伤肝，才十几天工夫，李冲就去世了。元宏痛哭流涕，追赠李冲为司空。

元宏动员各州郡共二十万兵马于八月中旬到悬瓠集合，又命减少后宫开支用以支付战争开支。这时，传来了萧鸾去世、萧宝卷继位的消息，元宏说："礼不伐丧。"遂命令大军撤退。

元宏突然生病，病情还很严重。他躺在床上，十几天都不曾接见近臣，只有彭城王元勰等几个人在身边。右军将军徐謇精通医术，但人在洛阳，元勰就派人骑快马召徐謇过来。等徐謇来到的时候，元勰握着他的手，流着泪说："你能医好至尊，会对你有格外优厚的赏赐。如果医不好，会有不测的诛杀。这事不但关乎你的荣辱，也关系你的存亡。"元勰又在汝水设立神坛，祈求神仙让他代替哥哥生病。经过治疗，元宏病势好转。

元宏从悬瓠北返，在汝水边安营扎寨，他召集文武百官，让徐謇坐在上席，任命徐謇为鸿胪卿，封金乡县伯，赏钱一万贯。各位亲王也纷纷对徐謇进行赏赐，每个人都不少于一千匹布帛。

太和二十三年（499）正月二十一日，元宏到达洛阳。经过李冲坟墓的时候，元宏流下了眼泪。元宏问元澄道："朕离京以来，旧的风俗习惯稍稍改变了没有？"

元澄回答道："圣化日新。"

元宏又说："朕进城的时候，看见车上有妇人还是戴着帽子，穿着小袄，怎么能说日新？"

元澄回答说："着者少，不着者多。"

元宏一听，很不满意，说道："任城王，你这是什么话？难道要使满城的人尽穿这种衣服才算多吗？"

元澄和留守官员赶紧脱下官帽请罪。

第三十四节　冯皇后出轨

　　元宏连年征战在外,洛阳宫中的皇后冯润寂寞难耐,就和宦官高菩萨(假太监,原本是医生,被冯皇后带入宫中)有了奸情。冯润得知元宏在悬瓠病重的消息后,认为元宏时日无多,更加肆无忌惮,把中常侍双蒙作为自己的心腹。中常侍剧鹏发现了冯润的秘密,苦劝她,但冯润不听,还训斥了剧鹏一顿。元宏的妹妹彭城公主(名字不详)嫁给了从南方投奔过来的宋王刘昶(元宏特批刘昶加宋王号)的儿子刘承绪,刘承绪自小形象不佳,身体也不好,这是一桩政治婚姻。婚后不久,刘承绪就去世了,彭城公主守寡。冯润向元宏请求,准备让彭城公主嫁给自己的同母弟弟、北平公冯夙,元宏同意了。但彭城公主看不上冯夙,不肯嫁给他。冯润不甘心,把日期都选好了,强迫彭城公主和冯夙完婚。

　　彭城公主情急之下,和家中十几个奴仆,坐上轻便的普通车辆,冒着大雨,前往悬瓠,向元宏禀明自己的心意,让元宏取消这桩婚事。彭城公主对冯润和高菩萨的奸情也有耳闻,恨透了冯润,就把这件事情也向哥哥元宏禀报了。元宏第一次听说这件事情,非常震惊。他没有全信妹妹彭城公主的话,认为她可能是报复冯润乱讲的。他让彭城公主保守秘密。当时,彭城王元勰在旁照料元宏,因为都是兄弟姊妹,元宏没有让他回避,元勰也知道了这件事情。

　　这时,中常侍剧鹏把冯润和高菩萨的事情密告元宏,元宏这才相信。剧鹏担忧日后元宏追究他没有尽责,寝食难安,担惊受怕而亡。

　　得到彭城公主出走悬瓠的消息,冯润惶恐不安,担心自己的丑事暴露,于是和母亲常氏请了女巫作法,诅咒元宏快死。冯润对女巫说:"只要皇上一病不起,我就能像姑姑(冯太后)那样辅佐幼主临朝称制,赏赐随你要,要多少有多少。"冯润又要了马牛羊在宫中做祭祀,对外宣称为皇上元宏祈福,实际祈求元宏快死。

元宏回到洛阳，小黄门苏兴寿也向元宏秘密禀告了皇后冯润和高菩萨的丑事。元宏确信有此事，于是命人把高菩萨、双蒙等六人抓了起来，严刑拷打，通过他们的证词互相印证了这是真事。夜晚，元宏在含温室召见冯润，进门前，让宦官对冯润搜身，下令只要搜到冯润身上有一寸长的刀片，便就地处决。确认冯润没有携带凶器后，元宏让她进来，让她在距离床边两丈远的东边挨着柱子坐下，然后让高菩萨等人进来，让他们交代。高菩萨等人不敢不说，一五一十地把通奸的事情说了。

元宏对冯润说道："听说你的母亲有妖术，你仔细地讲一下。"冯润这时已面如土色，请求元宏屏退所有人，说她有要事密告。元宏只留下了长秋卿白整，让其他人都退出了。元宏让冯润讲，但冯润又不讲。元宏命白整抽出身上佩刀，抵住冯润，逼她讲，冯润还是不讲。元宏想了个办法，用棉布条塞住白整的耳朵，他亲自呼唤白整多次，白整都听不到，没有答应。冯润这才开口，但具体讲了什么，外人不得而知。

等冯润讲完，元宏又把元勰和元详召进来，指着冯润，对他们说道："她以前是你们的嫂子，从今以后就是路人，不用回避。这个老婆娘准备用刀子行刺我，可以追究事情的原委，不要顾忌什么。"元宏缓了一口气，又说，"因为她是冯太后娘家的人，不便废黜。现在把她打入冷宫，希望她能幡然醒悟，自我了断，你们不要认为我对她还有什么感情可言。"

过了一会儿，两位亲王起身告辞，元宏命冯润和他们辞别。冯润向元宏磕头，痛哭流涕。元宏命人把她送入后宫，并命令太子元恪不要再拜见冯润。后来，元宏让宦官向冯润问一些事情，冯润辱骂宦官道："天子之妇，应该亲自当面问询，岂令尔等过来传话？"元宏听说后，命人把冯润的母亲常氏叫过来，给了她棍棒，常氏痛打了冯润一百多棍才罢手。

元宏得到报告，南齐太尉陈显达率领平北将军崔慧景及数万大军，攻打北魏，前将军元英不敌，丢失了马圈城和南乡。太和二十三年（499）三月，元宏命于烈留守洛阳，命右卫将军宋弁辅助，他率军亲征陈显达。

崔慧景攻打顺阳郡，元宏命振威将军慕容平城率领五千名精兵前去增援太守张烈。

元宏患病以来，元勰就天天在旁伺候，元宏的饮食，元勰都要先尝一口，防止有人下毒。人一生病就容易烦躁，元宏也一样。侍从有令他不满意的，他就大发雷霆，甚至命令拖出去斩首，这时元勰就从旁化解，尽量保住侍从性命。元宏任命元勰使持节、都督中外诸军事。元勰推辞，元宏不准。

三月二十一日，元宏抵达马圈城，命荆州刺史、广阳王元嘉，把守均口（今湖北省丹江口市均水入汉水处），切断南齐军的归路。陈显达率军抵达均水之西，占据了鹰子山，修筑城池，但面对北魏大军，南齐军非常害怕，屡战屡败。北魏武卫将军元嵩，摘下头盔，勇猛争先，将士尾随进攻，南齐军大败。南齐的将军崔恭祖等人把陈显达包裹起来，用担架把他从小路运出均口。北魏军乘胜追击，杀死南齐军三万多人，缴获物资无数。得知陈显达大败，崔慧景也从顺阳撤军。

第三十五节　元宏去世

北魏太和二十三年（499）三月二十四日，元宏病重，感觉时日无多，命令大军北返。走到谷塘原（今地不可考）的时候，元宏命令大军停驻。

元宏对冯皇后的事情难以释怀，又出于万全考虑，对身旁的元勰说："冯润违反妇德，我死之后，可赐她自尽，以皇后的礼仪安葬她，免得冯家出丑。"其实这也是遮盖皇家的丑事。元宏接着说，"我的病情日益恶化，大概命不久矣，尽管陈显达被击退，但天下还没有平定，太子年幼，社稷所倚，唯在于汝。霍光、诸葛亮都以异姓受托孤重任，何况你是皇家至亲，你要尽力啊！"

听到此话，元勰眼泪直淌，回答道："布衣之人，还懂得'士为知己者死'的道理，何况臣是先帝的儿子，又是陛下的幼弟。但臣以皇家至亲的身份，长时间参与机要事宜，所受的宠爱，地位的显赫，四海之内无人能及。我敢承受这份荣耀，全赖陛下如日月般圣明，宽恕我的不懂得辞让之过。今天又要任命我为顾命大臣，总理朝政，声威震主，必然会招来大祸。当年以周公的圣贤，以成王的圣明，还不免引起非议，何况是臣下呢！如此一来，陛下爱臣，恐怕是没有尽到始终之美。"

元宏沉默良久，说道："我仔细品味你说的话，确实是这个道理，我也反驳不了你。"于是，元宏亲笔给太子写下诏书，告诉他在自己百年之后，要听从元勰个人的意愿。元宏任命侍中、护军将军、北海王元详为司空，镇南将军王肃为尚书令，镇南大将军、广阳王元嘉为左仆射，尚书宋弁为吏部尚书。四人与侍中、太尉元禧，尚书右仆射元澄，共同辅政。

四月一日，元宏在谷塘原溘然长逝，年三十三岁，谥号为孝文皇帝，庙号为高祖。元宏后被安葬于长陵（位于今河南省洛阳市北）。

元宏是中国历史上非常有作为的一个皇帝。他性情敦厚，孝敬长辈，从他对待嫡祖母冯太后可以看得出来。他对人宽厚仁慈，经常原谅手下人的过错。他从善如流，事必躬亲，为人节俭，凡是修造，都是不得不做的，没有因为不紧迫的事情去劳师动众、折损民力。元宏非常喜欢读书，史传百家，无不涉猎，喜欢谈论《老子》《庄子》，才思敏捷，写得一手好文章。他膂力过人，用手指头就能弹碎羊的肩胛骨，精于射箭。元宏迁都洛阳，全面汉化，进一步加快了民族的融合进程，厥功至伟。

元勰和元澄商量，因南齐太尉陈显达的军队还没有走远，唯恐他们得知元宏去世后折返进攻，于是封锁消息，秘不发丧。他们把元宏的尸体放到六匹马驾的车上，按时上菜上饭，元勰也像往常一样进进出出，神色不改。过了几日，军队抵达了宛城，趁着深夜把元宏的尸体装入棺材，又放上了卧车。元勰派中书舍人张儒携带诏书前往洛阳，召太子元恪前来，命张儒只把消息告诉留守的于烈。于烈不动声色，处理政务一如往常。

元恪到达鲁阳（今河南省鲁山县）和元勰他们见面后，才对外发布了元宏的死讯。

四月十二日，十七岁的元恪登基称帝，史称宣武帝。

彭城王元勰跪在侄儿皇帝元恪面前，呈上元宏的数张遗诏。当时太子宫很多人怀疑元勰有异志，秘密防范，但元勰开诚布公，礼节周到，才不被疑忌。咸阳王元禧到达洛阳后，也怀疑元勰图谋不轨，在城外不肯进城，观察城内变化，看到城内安静如常才入内。

元禧见到元勰，对他说："你这趟不但辛苦，而且危险。"

元勰说："兄长年长，见识高，所以知道祸福，我握蛇骑虎，不觉艰难。"

元禧说："你恨我来得晚罢了。"

元勰等人没有忘记元宏的嘱托，命冯润自尽，交给北海王元详去实施。元详命长秋卿白整携带毒药入宫，交给冯润，让她服下自尽。冯润当然不肯吃，边跑边喊："这不是皇上的意思，是诸位王爷要杀我！"白整追上她，把她制服，强行灌下毒药。冯润毒发身亡。

元禧等人确认冯润已死，相互对视，说道："即使没有遗诏，我们兄弟也应该策划把她除去，岂可令失德妇人主宰天下，屠杀我等啊！"

元恪准备任命元勰为司徒，元勰拿出元宏的遗诏，陈述他的志向。元恪很悲痛，就不再勉强，而任命元勰为使持节、侍中、都督冀定瀛幽平安营七州诸军事、骠骑大将军、开府仪同三司、定州刺史。元勰还是推辞，元恪坚决不准，元勰只好赴任。

任城王元澄认为王肃不过是个逃亡（从南方来投）之人，位置却在自己上面（尚书令为尚书省一把手，仆射为副职），愤愤不平。正好一个从南方投降过来，叫严叔懋的人，诬陷王肃准备逃回南方。元澄派人把王肃看押了起来。但经过仔细调查，王肃谋反之事并不属实，咸阳王元禧弹劾元澄擅自扣押朝廷高官。元恪命令免去元澄职务，不久，又任命他为雍州刺史。

元恪追尊自己已经去世的母亲高氏为文昭皇后，追封高氏的父亲高飏为渤海公，由嫡长孙高猛继承渤海公爵位。元恪又封自己的舅舅高肇为平原公，高显为澄城公。元恪之前并没有见过他们，这次召见他们，赏赐衣物。三个人一下子得到如此高位，诚惶诚恐，手都不知道该往哪里放。

第四章

胡太后乱政

第三十六节　元禧叛乱

南齐皇帝萧宝卷骄奢淫逸，信任佞臣，不断杀害朝廷重臣，搞得人心惶惶。南齐豫州（治所寿阳，今安徽省寿春县）刺史裴叔业坐卧不安，担心有一天会被萧宝卷杀害。干脆一不做，二不休，他派儿子裴芬之等人前往北魏递交降书顺表。

北魏景明元年（500）正月七日，元恪派骠骑大将军、彭城王元勰和车骑将军王肃率领十万大军，南下接应裴叔业。不久，裴叔业去世，元勰接手了寿阳的防务，击退了南齐军队的进攻。寿阳到手，北魏的领土逼近长江。元恪任命元勰为大司马兼司徒，元勰再三辞让，元恪不准，调元勰回京。元恪命王肃为都督淮南诸军事、扬州刺史、持节，防守寿阳。

元恪又进一步任命元勰为录尚书事，把朝中事务交给他处理，尽管元勰辞让态度坚决，元恪就是不批准。元勰性情恬淡，不贪恋权势，这在前文讲过。元勰还有很多优点，如爱读书、待人诚恳、朴实谨慎、勤奋敬业等，所以他的威望很高。

叔叔元幹已去世，元恪目前在世的五个亲叔叔按年龄次序排列为元禧、元雍、元羽、元勰和元详。元雍为人洒脱倜傥，元羽聪慧善断，元禧和元详都是贪婪的人，信任小人，权力欲望比较强，也善于伪装。

元禧以太尉的身份辅政，位居群臣之上，被称为上相，但他怠于政事，骄奢淫逸，多有不法之事，元恪很厌恶他。元禧想用御林军作为自己的仪仗队，派人传话给领军于烈说："需要羽林虎贲执仗出入，请领军给我派遣一些。"

于烈回答道："天子居丧，朝政归于宰辅，我作为领军，只负责掌管宿卫禁军，见到诏书自然不敢违背，没有私自派遣的道理。"

来人很识趣地回去了，把于烈的话传给了元禧。

元禧还不死心，又派人对于烈说："我是显祖的儿子，当今天子的叔父，身负元辅之命，我的话跟诏书有什么区别？"

于烈正色回答道："我过去也没有说过您不是显祖的儿子，当今陛下的叔父。您应该派官员而不是私奴向我索取羽林军，我的头可得，羽林不可得！"

元禧憎恶于烈的刚直，把他当作自己办事的障碍，于是任命于烈为使持节、散骑常侍、征北将军、恒州刺史，准备把于烈调回北方。于烈不肯，称病回家。

于烈的儿子于忠担任左中郎将兼直阁将军，在元恪身边担任保卫工作，于烈让忠传话给元恪说："诸位王爷恣意妄为，意图不可测，应该早点儿把他们罢免，由陛下自己总揽朝纲。"

北海王元详看着两位哥哥位高权重，也故意说他们的坏话，使自己有上位的机会，他秘密向元恪上书，举报元禧的不法行为，又告诫元恪说，元勰深得人心，不应该久居朝廷。元恪赞同。

这时候是春季，要祭祀祖庙，王公都在祖庙东坊集合，元恪命于忠给于烈传话说："明天一早过来，会有安排。"天刚亮，于烈赶到，元恪命他率领六十多名直阁卫士，宣布圣旨召元禧、元勰、元详，于烈"护送"他们到了光极殿。元恪对几位叔叔说道："恪孤陋寡闻，又身体羸弱，全凭各位叔父延续国祚，前后已经三年了。诸位叔父表示要归还朝政，今天我就勉为其难，亲摄朝政。叔父们且还府去，我另有安排。"各位亲王看看身边的直阁卫士，谁也不敢多说话。

元恪又对元勰说："近来，因为南北事务繁忙，没有同意您谦让的操守，可是恪是何人，敢违背先帝的遗诏？今天就遂了叔父隐居的心意。"

元勰答谢道："陛下孝敬恭顺，遵照先帝遗诏，上成圣明之美，下遂微臣之志，感今抚昔，悲喜交集。"

景明二年（501）正月十五，元恪下诏，免去元勰官职，让他回家休息。又擢升元禧为太保，太师、太保、太傅，为三司，排名在太尉、司徒、司空前面，但"三司"一般没有实权，这等于架空了元禧。又任命元详为大将军、录尚书事。又任命于烈为领军，加车骑大将军。

元恪宠信茹皓、王仲兴、寇猛、赵脩、赵邕以及自己的舅舅高肇等人，尤其宠信赵脩，只是十几天，就把赵脩提拔到光禄卿这样正三品的位置。赵脩每提拔一次，元恪就带领王公大臣到他府上道贺。

不久，元恪又任命元禧兼任太尉，元羽为司空。元羽和员外郎冯俊兴的妻子有奸情，冯俊兴得知后，非常恼怒。有一天，元羽又去私会冯俊兴的妻子，冯俊兴提前在暗处埋伏。待元羽走近，冯俊兴突然冲出，给了元羽一下重击，元羽倒地，不治身亡。冯俊兴被捕入狱。

元恪宠信赵脩等人，其他王公大臣想见皇帝一面都很难。斋帅（负责皇帝斋戒警卫）刘小苟来自元禧的封国，他不断告诉元禧说，听皇帝身边的人说，元恪想杀死元禧。元禧非常恐惧，想去解释，又难以见到元恪，因此他和王妃的哥哥、给事黄门侍郎李伯尚、"氐王"杨集始、杨灵祐、乞伏马居等人图谋造反。

当时元恪出宫到北邙打猎，元禧就和同党在城西的小宅里商议，准备起兵袭击元恪，并派他的长子元通偷偷前往河内郡，举兵呼应。乞伏马居对元禧说："我们应该速回洛阳城，关闭城门，天子必北走平城，到时候殿下截断河桥，当河南的天子。"但他们意见并不一致，从早上研究都下午，都没有形成一致意见。最后元禧说，散会吧，谁都不要泄露一个字。他们就此分开。

杨集始出来后，就飞马前去北邙禀告元恪。

直寝符承祖（和之前的符承祖并非同一个人，之前的已死）、薛魏孙是元禧的同党。当天，元恪在佛塔的背阴处小憩，薛魏孙准备趁机杀死元恪，符承祖劝阻说："我听说杀天子的人身上会得怪病。"薛魏孙这才停止。过了一会儿，元恪醒了，杨集始也到了，禀报了元禧的阴谋。当时卫士都四处捕猎去了，元恪身边没有几个卫士，事发突然，元恪手足无措。左中郎将于忠说："我父亲领军留守京城，应该有所防备，陛下不必过虑。"

元恪派于忠入洛阳察看，于烈已经分兵严密戒备，他让于忠回禀元恪道："臣虽老，心力犹可用。此等猖狂之辈，不足为虑，请陛下徐徐还京，以安众望。"元恪大喜，自华林园回到宫中。

元禧不知道杨集始已经告密，还是照常前往洛阳城东二十里的洪池别墅，命刘小苟呈递奏章，说正巡视田地牧场。刘小苟走到北邙，遇到巡逻的军人。刘小苟穿着红色衣服，他们觉得奇怪，就要杀死他。情急之下，刘小苟说要告发谋反，他们才放过了他。

于烈派直阁将军叔孙侯率领虎贲武士三百人，前往抓捕元禧。元禧得到风声后，从洪池向东南逃窜。他们渡过洛水，到达柏谷坞，被虎贲卫士追到。虎贲卫士把他们五花大绑，送到了华林都亭。

元恪命元禧自杀。元禧同党被处死的有十多人，元禧的子孙从皇族中除名，给他们极少的资产、奴婢，其余家产都赐给了赵脩和高肇以及各级官员，多的能得到布帛一百多匹，少的也有十几匹。河内郡太守陆琇得知元禧失败，把元通斩首后送到了洛阳。元恪认为他知情不报，把他逮捕入狱，陆琇死在狱中。

自此，元恪对皇族更加疏远，对身边小人更加亲近，北魏走向下坡路。

第三十七节　赵脩之死

司州牧、广阳王元嘉负责治理京畿地区，他上表请求在洛阳修建三百二十三道街区，每个街区一千二百平方步，这样不但能够使洛阳城整齐漂亮，也能有效防盗，元恪批准了。这项工程，共动用五万多个劳力，费时四十天。

景明二年（501）九月八日，元恪封于氏为皇后，时元恪十九岁，于氏十四岁。于氏是征虏将军于劲的女儿，于劲是于烈的弟弟。元恪刚亲政的时候，于烈担任领军，深受元恪的信任，当时于烈也买通了元恪身边的人，特别是买通了赵脩。他们在元恪周围经常夸于氏漂亮贤惠，元恪就把于氏迎入宫中，封为贵人，这次进一步立为皇后。

元恪任命皇叔元详为太傅兼司徒，元详权势震动朝野。将作大匠王遇（宦官），负责宫室的修建工作，他为了巴结元详，把皇宫的一些用料供给了元详府上使用。担任司徒府长史的于忠看不惯王遇的这种行为，当着元详的面批评王遇："殿下辅佐王室，如周公一样，如果需要用什么材料，自己上表就可以了，用得着你趋炎附势、损公肥私吗？"

王遇被于忠批评了一通，很难堪，元详在旁也感觉很惭愧，打了圆场，这个事情就过去了。

于忠这个人很正直，元详又很贪婪，所以于忠后来又多次规劝元详。元详很恼火，对于忠说："我担心的是看到你先死，不担心你看到我先死。"于忠回答道："人生在世，自有定数，如果我要死在王爷手里，我也逃避不了，如其不然，王爷也杀不了我。"

于忠因讨伐元禧有功，被任命为散骑常侍兼武卫将军，元详认为这个任命低了，建议任命于忠为列卿，于是元恪任命于忠为太府卿。武卫将军是从三品，太府卿是正三品，表面上是升了，但散骑常侍接近皇帝，地位更为重要，元详这是对于忠明升暗降，使他离开皇帝身边。

这时，南齐的梁王萧衍篡权建立了梁，史称南朝梁、南梁或萧梁。萧衍屠杀前朝皇室亲王，鄱阳王萧宝夤逃了出来，投降了北魏的扬州刺史、任城王元澄。

萧宝夤来到洛阳，跪倒在洛阳皇宫门外，请求元恪派大军攻打南梁，替自己报仇。大军出动非同小可，元恪刚开始没有理会他，但萧宝夤很坚持，一连几天都跪在那里，刮风下雨也不肯移开。这时，南梁江州刺史陈伯之也来投奔北魏，同样请求北魏发兵攻打南梁，他自己愿意担任先锋。

于是元恪召集尚书令、左右仆射等人开会研究，决定发兵攻打南梁。元恪任命萧宝夤为都督东扬州等三州诸军事、镇东将军、东扬州刺史，封丹阳公、齐王，给他一万名精兵，驻防东城（今安徽省定远县）。又任命陈伯之为都督淮南诸军事、平南将军、江州刺史（空头衔），驻防阳石（今安徽省霍邱县）。

景明四年（503）六月五日，元恪命令动员冀州、定州、瀛州、相州、并州和济州等六个州的将士两万人、马一千五百匹，在淮南集合，全部配给元澄。又命萧宝夤和陈伯之也听从元澄的指挥调度。

八月，北魏进攻南梁之战正式打响。八月二十日，元恪任命镇南将军元英为都督征义阳诸军事，从西路进攻南梁。元英率军力斩南梁骁骑将军杨由，攻克了几个寨堡，又与南梁将军吴子阳大战白沙关（今河南省光山县），大胜。

任城王元澄派统军党法宗、傅竖眼、王神念等人攻打南梁，攻克了关要、颍川、大岘、白塔、牵城、清溪、焦城和睢陵等地，生擒南梁徐州刺史司马明素，斩杀徐州刺史府长史潘伯邻。党法宗率军进攻南梁的阜陵（今安徽省全椒县），被太守冯道根击退。因为粮食通道被切断，各路人马相继撤回。

前方正在打仗，洛阳城内也在上演斗争大戏。散骑常侍赵脩得到元恪的宠信后，忘乎所以。他酒量非常大，总是在酒宴上逼他人喝醉，连北海王这样的权贵也不放过。他骑马进入华林园，直达禁中。赵脩的父亲去世后，上自王公大臣，下至文武百官，全都前去吊丧，殡葬费用全部由公家负担。他扩建房屋，兼并土地，府第富丽堂皇，可以与亲王府第媲美。他的邻居侯天胜兄弟，因为向他贿赂宅基地而飞黄腾达，被破格提拔为长史、大郡太守。

▲ 萧衍

赵脩的种种不法行为，引起了朝臣的不满。他们乘他外出，纷纷到元恪那里告状，元恪也逐渐对他不满。之前投靠赵脩的王显，因为私愤和赵脩有了矛盾，他暗中收集赵脩违法乱纪的证据，掌握了赵脩试图藏匿玉印的事情，予以告发。元恪的舅舅、仆射高肇不失时机，也对赵脩进行诬陷，之前投靠赵脩的侍中兼领御史中尉甄琛和黄门侍郎李凭发现赵脩已经靠不住，也纷纷揭发赵脩。

元恪大怒，命尚书元绍负责调查赵脩。待调查清楚后，元恪下诏公布赵脩的罪状，但仍然对他网开一面，赦免了他的死罪，抽打了一百皮鞭，放逐敦煌郡为兵士。赵脩对此茫然不知，当时正在和领军于劲赌博，几个羽林军宣称皇帝召唤，把他押了起来。甄琛和王显监刑，他们怕日后赵脩东山再起收拾他们，就专门找了五个壮汉负责行刑。一百下的鞭刑，足足打了他三百下，但赵脩肥胖且体格健壮，竟然没有被打死。甄琛和王显就叫来马匹，让人把赵脩绑上了马，抽打马匹，任马狂奔。马跑了八十里地，赵脩才被颠死。

元恪得到赵脩死亡的消息，责怪元绍私自行刑。元绍说："赵脩是奸佞，国家的蛀虫，臣如果不乘机把他除掉，恐怕陛下会受到后世的诽谤。"元恪认为有理。

甄琛和王显是赵脩的党羽，也被免官，其他受牵连被罢免和诛杀的有二十几人。散骑常侍高聪跟赵脩过从甚密，看到赵脩倒台，他赶紧前去巴结高肇。因为都姓高，高肇保护了他，使他没有受到惩罚。

经过此次斗争，高肇一伙势力上升。

第三十八节　元详之死

北魏和南梁的战斗在继续，任城王元澄率军攻打钟离，南梁派冠军将军张惠绍率军救援，元澄派平远将军刘思祖截击。北魏景明五年（504）二月二十日，两军在邵阳洲（位于今安徽省临淮县东北十八里淮水中）会战，刘思祖生擒张惠绍等十个将军，南梁几乎全军覆没。等评定刘思祖功劳的时候，侍中兼领右卫将军元晖向刘思祖索要两个美女，刘思祖不给，评功之事竟然就此作罢。

北魏镇南将军元英又在樊城大败南梁后军将军王僧炳率领的三万兵马，南梁被杀、被俘的有四千多人。

元恪下令给元澄说："四月将到，淮河水位即将上涨，利于南方军队，不要贪利而自取后悔。"正在这时，天降大雨，淮河水猛涨，元澄急忙率军返回寿阳。元澄后撤的时候，安排不周，北魏军失踪的、被俘的有四千多人。元恪免去元澄的开府仪同三司，连降三级。南梁请求用被俘的北魏将士交换张惠绍，北魏同意了。

太尉、领司徒、录尚书、北海王元详，大权在握，为人贪婪，收受贿赂，亲近小人，甚至抢占百姓田宅，朝野对他怨恨不已。但元恪认为他是皇叔，对他很是礼敬，军国大事都让元详参与，对元详的奏章无不批准。

之前讲过，冠军将军茹皓深受元恪的宠信，有次元恪拜谒先帝陵墓，竟然要拉茹皓和他一同乘车。茹皓撩衣服就要上车，黄门侍郎元匡劝阻才作罢。当时赵脩和茹皓同受宠信，赵脩嫉妒茹皓，建议外放茹皓为官。茹皓也是个聪明人，为了避开朝中陷害，也同意出外为官，于是被任命为濮阳郡太守，因此赵脩等人受到惩处之时，茹皓没有受到牵连。茹皓在太守任上，为官清廉，颇得好评。有一次，元恪到邺城讲习武事，濮阳距离邺城较近，茹皓见到了元恪，诉说想回洛阳。元恪就任命他为左中郎将，调回洛阳。茹皓心思精巧，在天渊池西造了一座假山，采用北邙山和南山的珍贵石材，又从汝颍移了竹子栽种其间，在假山下建造了楼阁。此处有亭台楼榭，流水潺潺，很有诗情画意，元恪很满意，经常过来游玩，还因此升茹皓为冠军将军。

茹皓如此受宠，元详平时也巴结他。茹皓的妻子是高肇的堂妹高氏，高氏有个姐姐嫁给了元详的叔叔、安定王元燮为妃，元详和这个婶子有奸情，因为有这层关系，元详和茹皓走得更近。

高肇来自高丽，属于夷邦人士，当时朝中大臣都看不起他。元恪罢免了六位托孤大臣的职务后，特别信任他这个舅舅，把大事都交给他处理。高肇觉得在朝的亲戚朋友比较少，就广结朋党，攀附他的十天半月就越级提拔到高位，不肯攀附的就诬陷治罪。高肇对各位亲王比较忌恨，认为有他们在，自己不能为所欲为，特别是元详身处高位，更令高肇忌惮，于是他准备想办法除掉元详，搬开这块绊脚石。

一天，高肇向元恪密报说：“元详和茹皓、刘胄、常季贤、陈扫静等人密谋造反。”元恪对这位舅舅非常信任，听信了他的话。

景明五年（504）四月，元恪于深夜在宫中召见中尉崔亮，命他弹劾元详等人，元详的罪名是贪污荒淫、骄奢淫逸，茹皓等人的罪名是擅权妄为、横征暴敛。元恪当晚下令把茹皓等人押到南台，派一百名虎贲卫士包围了元详的府第。元恪命侍从郭翼手拿弹劾奏章，前去通知元详，元详的母亲高太妃见到郭翼后，叩头痛哭。

元详见到弹劾状，说道：“如果真如中尉所弹劾的那样，也没有什么可怕的，恐怕会有更大的罪来临。人家送我奇珍异宝，我确实喜欢，就收下了，这不是什么大事，我也不用忧虑！”

第二天一早，有关部门奏报茹皓等四人的罪行，元恪命他们吞食毒椒而死。

元恪召集高阳王元雍等五位王爷进宫，商议怎么处置元详。元恪把元详囚禁到一辆车上，送他回到华林园的住所，他的母亲、妻子陪同。为了防止意外，元恪只派了几名年幼和身体瘦弱的奴婢伺候元详，又派兵对元详的住处进行严密布控，不允许元详和外界联系，整夜敲击木梆子，以示警戒。后来又把元详关押到太府寺，看守更加严密。

元恪下诏说：“可免为庶人，应该建造房子，依法监禁，终身不得赦免，这是家国的不幸，朕感慨万千。"元恪下令在洛阳县东北角给元详修建房子，二十天就修好了，然后把元详送了过去，允许他的母亲和妻子每五天探望一次。

当初，元详娶了宋王刘昶的女儿为妃，但和她的感情并不和睦。等到元详被囚禁以后，元详的母亲高太妃才得知元详和婶子通奸的事情，高太妃怒责元详说："你妻妾成群，都貌美如花，怎么和那个高丽的贱人厮混，惹下如此大祸？我见了这个高丽贱人，要吃她的肉，扒她的皮。"她拿木棍朝元详的背和脚打了一百多下，打得疲劳了，又让奴婢代她打。高太妃对元详平时管教比较严，每当元详犯错的时候，高太妃都要用木棒打他，但都是在木棒上包上棉絮，这次是真打，高太妃专门把棉絮去掉，打得元详鲜血直流，后来伤口发脓，十多天才能起床下地。高太妃又打了刘妃数十下，边打边说："你是大家闺秀，和我家门户相配，你害怕什么，不去对丈夫严加管教？女人天生嫉妒，你为什么就不嫉妒？"刘妃笑着受罚，一言不发。

元详的家奴几个人在一起合计，准备把元详劫出来。他们拟好了名单，买通了元详的随身奴婢，把字条递给了元详。元详拿到手里，正在看的时候，负责把守的头头儿突然闯了进来，从元详手中抢过字条，呈报给了元恪。元详大哭数声，突然死亡。元恪命令皇室诸王悉数前去哀悼，并按照礼仪安葬了元详。元恪又接受高肇的建议，派羽林军和虎贲卫士把守各亲王府第，监视他们的一举一动。

第三十九节　北魏大败

　　北魏大军包围义阳,南梁皇帝萧衍派宁朔将军马仙琕率军增援。北魏能文能武的七十岁老将傅永身先士卒,即使左腿中箭也不下战场,击退了南梁军队的三次进攻,义阳守将蔡灵恩献城投降。

　　南梁的汉中郡太守夏侯道迁向北魏投降,北魏命尚书邢峦为镇西将军、都督梁汉诸军事,前去接收。邢峦抵达汉中后,占领了南梁的石亭、巴西郡。邢峦派统军王足又占领了剑阁、梓潼等地。南梁梁州二十二个郡中的十四个郡,东西宽七百里,南北长一千里,全部归于北魏领土。元恪任命邢峦为梁、秦二州刺史,王足为益州刺史。南梁派冠军将军王景胤、李畋,辅国将军鲁方达等反攻王足,但屡战屡败。

　　王足兵临涪城(今四川省绵竹市),南梁益州军队慑于北魏军的声势,投降的十有二三,百姓投降的也有五万多家。王足两次上书元恪,请求南下攻打益州,但元恪没有同意,又任命羊祉接替王足为益州刺史,王足一气之下投降了南梁。

　　邢峦率军攻克巴西郡,派军主李仲迁镇守,但李仲迁沉溺酒色,把仓库耗尽,被变民砍下脑袋,把城池献给了南梁。

　　氐(首府武兴,今山西省略阳县)王杨集始去世,北魏任命他的儿子杨绍先继任,为武兴王。杨绍先年幼,大政被两个叔叔杨集起和杨集义控制。杨氏兄弟背叛北魏,拥戴杨绍先为傀儡皇帝,二人成为亲王。元恪派骠骑大将军源怀(源贺之子)率军讨伐,命邢峦接受指挥调度。

　　北魏正始三年(506)正月初六,邢峦命建武将军傅竖眼攻打武兴,顺利攻克,把杨绍先押送到了洛阳,杨集起和杨集义逃走,后来又投降了北魏。北魏消灭了这个自公元296年起就处于半独立状态,延续了二百一十一年,被称"仇池"的小国家。北魏在此设立了武兴镇，不久改名为东益州。

萧衍动员全国力量，任命临川王萧宏为都督北讨诸军事，柳惔为副，反攻北魏。萧宏命记室丘迟给北魏平南将军陈伯之（之前从南方归降北魏）写信劝降，言辞恳切，于是陈伯之率领八千多人归降南梁，之后在建康去世。

元恪任命中山王元英为征南将军、都督扬徐二州诸军事，率领十万大军，迎击萧宏的大军。

南梁江州刺史王茂率军攻克了北魏的河南城（今河南省唐河县西北），北魏平南将军杨大眼反击，王茂大败，损失两千多人。杨大眼收复河南城，又一连攻克了南梁五座城池。南梁太子右卫率张惠绍进攻北魏的徐州，占领了宿预，生擒了城主马成龙。南梁北徐州（治所钟离，今安徽省凤阳县临淮关镇东）刺史昌义之攻克了北魏的梁城。

南梁豫州刺史、名将韦叡攻克了小岘后，率军抵达了北魏在南部的重镇合肥（今安徽省合肥市）。韦叡命在淝水上修筑水坝，使水位上涨，便于水路运输部队，南梁军乘舰船源源不断到达。北魏在合肥东西两边修建了两座小城，韦叡命先攻打这两座小城，北魏大将杨灵胤率领五万大军前来增援，被韦叡击退。韦叡又命在大坝旁修筑城池，保护大坝，北魏军攻击，杀死南梁将士一千多人。南梁军恐惧，准备后撤，韦叡严令不准后撤，并亲自上阵厮杀，击退北魏军。韦叡命令修造大型舰船，舰桥和合肥城墙差不多，把合肥包围，城中守军顿时绝望，守将杜元伦登上城墙督战，中箭身亡。正始三年（506）五月十七日，合肥被南梁攻破，北魏军被杀和被俘的有一万多人，牛羊数万头。韦叡率军继续挺进。

南梁庐江太守裴邃先后攻陷了北魏的羊石城和霍丘城，之后又攻克了固城。冀州刺史桓和攻陷了北魏的朐山城。南梁太子右卫率张惠绍和假徐州刺史宋黑，联合攻打北魏的彭城，但被击退，张惠绍败退，宋黑被杀。

元恪任命尚书元遥率军南下抵御南梁军队，又任命度支尚书邢峦为都督东讨诸军事。北魏中山王元英和南梁徐州刺史王伯敖在阴陵（今安徽省定远县西北）展开大战，北魏军大胜，杀死和俘虏南梁军五千多人。元恪命令征发定州、冀州、瀛州、相州、并州和肆州六个州的将士十万人，增援南征部队。

邢峦命令统军樊鲁攻打桓和，将军元恒攻打固城的萧及，毕祖朽攻打角念。

▲ 韦叡

北魏三位将领均取胜。邢峦在泗水南击斩南梁将军蓝怀恭,杀死和俘虏南梁将士一万多人。

南梁都督北讨诸军事、临川王萧宏是个懦夫,他率领大军抵达洛口(今安徽省怀远县西南,晋大将刘牢之斩杀前秦大将梁成之处),在前锋攻克梁城的情况下,不敢前进,错失良机。九月二十七日夜间,突然狂风大作,大雨如注,南梁军中发生了夜惊现象,互相厮杀,场面混乱。萧宏被吓破了胆,单人独骑逃走,南梁军瞬间瓦解,自相残杀的、被北魏军杀死的有五万多人。萧衍命令各路军队南撤,韦叡也随即撤回。

元恪命令中山王元英率领大军追击南梁军队,包围钟离,并命邢峦与元英会师。邢峦认为应该撤军,不同意继续南下,元恪把他调回洛阳,命令镇东将军萧宝夤率军与元英会师,包围钟离。

钟离的北面就是淮河,元英命在钟离西北的邵阳洲用木材修建大桥,横跨淮河,方便人马通行,设计的桥宽达数百步。元英率军攻城,防守钟离的南梁北徐州刺史昌义之顽强抵抗,北魏军的尸体堆成了小山。元恪命令元英撤退,但元英杀红了眼,拒绝撤退。

萧衍命令韦叡和右卫将军曹景宗增援钟离。韦叡从合肥走小路急行军,穿过沼泽地带,十天就到达了邵阳洲。韦叡命士兵乘夜挖土筑城,仅离北魏大营一百多步远。天刚亮的时候,元英突然发现了南梁军队的大营,用手杖击打地面,惊呼:"这真是神人啊!"

北魏平东将军杨大眼勇冠三军,他率一万多名骑兵攻打韦叡。韦叡命令集合全部车辆,挡在外围,然后命令营中的两千张巨弩齐射。北魏军死伤惨重,杨大眼右臂中箭撤退。元英又亲自率军进攻,但被击退数次。

这时,淮河水位突然暴涨,达六七尺之多,韦叡命令在战舰上装满野草,然后浇上油,冲向北魏修建的浮桥。韦叡命令全力向北魏军发起攻击,南梁军士气高涨,以一当百,北魏军淹死的、被杀的达十万人。元英看大势已去,和杨大眼等人骑快马撤退,北魏军被俘虏的又多达五万人。

这场南征之战,以北魏的彻底失败告终。元恪追究战败责任,把元英和萧宝夤贬为平民,把杨大眼发配到营州为兵士。

第四十节　元勰之死

　　尚书右仆射高肇是元恪的亲舅舅，深得元恪的信任，又帮助元恪除掉了两位亲王，顿时权倾朝野。高肇已去世的哥哥高偃的女儿高英，是元恪的贵嫔，高贵嫔深受元恪的宠爱，但她为人善妒，后宫其他女子基本没有和元恪同房的机会。

　　元恪的皇后于氏性格沉静宽容，不妒忌，但高英急于谋求皇后之位，于北魏正始四年（507）十月十二日，在于皇后的饮食里下毒，于皇后不多时便毒发身亡，才二十岁。于皇后和元恪生有儿子元昌，高肇一不做，二不休，于正始五年（508）三月五日派侍御师王显（和御史中尉王显同名）将元昌毒死。

　　皇后之位空缺，元恪想封高贵嫔为皇后，彭城王元勰恳切劝阻，但元恪不接受，于七月十三日封高贵嫔为皇后。

　　高肇的声势更为显赫，他不把皇室看在眼里，对多项制度进行了更改，削减封秩，压制功勋之家，弄得怨声载道。当时朝野对高肇敢怒不敢言，度支尚书元匡性格耿直，只有他不买高肇的账。有一次，元匡为自己做了一副棺材，准备带着棺材上殿告发高肇，与高肇同归于尽。高肇得到消息，对元匡十分痛恨。

　　正在这时，元匡和太常刘芳因为测定物体大小、轻重的器具问题发生争执，高肇立即支持刘芳，元匡大为恼火，又和高肇争吵起来。元匡又上书元恪，把高肇比作赵高，说高肇指鹿为马。御史中尉王显和高肇是一伙的，他上书弹劾元匡诬陷高肇。主管官员判处元匡死刑。元恪免去元匡的死刑，贬他为光禄大夫。

　　当初，元恪给弟弟元愉迎娶了于皇后的妹妹于氏为王妃，但元愉并不喜欢于氏，他喜欢的是小妾李氏，还和李氏生了个儿子，取名元宝月。于皇后得知后大怒，把李氏召进宫中，痛打了一顿。元愉为人骄奢淫逸，办了不少违法的事。元恪听到风声，把元愉召进宫中进行核实，发现都有真凭实据。元恪命令杖责元愉五十大棍，外放为冀州刺史。元愉心里本就不愤，认为他的职位和权力不及两个弟弟（清河王元怿和广平王元怀），如今自己被外放，爱妾被打，高肇不断诬陷他们兄弟，元愉再难克制。

正始五年（508）八月十二日，元愉杀死了高肇的嫡系、长史羊灵引和不听自己话的司马李遵，谎称接到了清河王元怿的密信，说信上说"高肇弑逆"。元愉在州府信都南即皇帝位，大赦，改元建平，封李氏为皇后。法曹参军崔伯骥反对，被元愉诛杀。长乐郡郡府也设在信都。长乐郡的太守叫潘僧固，是彭城王元勰的舅舅，当年就是元勰推荐舅舅潘僧固担任长乐太守一职。元愉是潘僧固的顶头上司，他挟持潘僧固一同起兵。

八月十四日，元恪任命尚书李平为都督北讨诸军事、行冀州事，讨伐元愉。九月一日，两军展开大战，李平奋勇争先，元愉军不敌，大败，退回信都城内，李平率军包围了信都。

高肇之前就对元勰恨之入骨，这次终于找到了下手的机会，他诬陷元勰在北面与元愉私通，在南面招揽蛮人，意图不轨。为了取信元恪，高肇让侍中元晖向元恪禀报，但元晖不答应，高肇又让左卫将军元珍禀报，元珍听从了。元恪听到元珍的汇报后，向元晖求证，元晖力证并无此事。但彭城王府的郎中令魏偃和前防阁（武官）高祖珍，希望得到高肇的提拔，他们表示愿意做证。等到元恪询问高肇的时候，高肇把他们二人搬了出来，元恪于是相信了。

九月十八日，元恪召元勰、高阳王元雍、广阳王元嘉、清河王元怿、广平王元怀和高肇，入宫饮宴。元勰的妃子李氏马上就要生产了，元勰推辞不去，但宫中来人再三催促。元勰怀着恐惧的心情和妃子诀别，上了牛车。

牛车进入东掖门，过了小桥后，便不肯再往前走了，任凭车夫抽打，牛待在原地就是不动，使者没有办法，换了一辆人拉的车子，拉着元勰进了宫中。元恪令大家开怀畅饮，喝到夜晚才散场。他们都喝醉了，每个人都在宫中安排了房间休息。

元勰躺下没多久，元珍和武士就带着毒酒来到了元勰的房间。元勰对元珍说道："我忠于朝廷，何罪之有，竟然要被处死！我要见一见至尊，才能死而无憾。"

元珍回答道："至尊怎么能说见就见，你只管把酒喝下去就行了。"

元勰又说道："至尊圣明，不会无缘无故杀我，我请求与告发我的人当面辩明曲直。"

这时，元珍身边的武士过来，用刀环击打了元勰两下。元勰大声喊："冤枉啊，皇天！我是忠臣却要被杀死。"

武士再用刀环击打元勰，元勰没有办法，这才饮下毒酒，毒发身亡，年三十三岁。等到天亮的时候，武士用被褥裹上元勰的尸体送回了彭城王府，说是元勰喝酒喝得太多了，突然暴毙。李妃号啕大哭："高肇冤杀好人，天道有灵，他好死不得！"

元恪在东堂为元勰治丧，赐给棺材、朝服、钱、布等物。朝野无不悲痛，就连百姓都流着泪说："高令公枉杀贤王。"因为高肇为尚书令，所以被称为令公。从此，朝野更加憎恨高肇。

再说一下被包围在信都的元愉。城池被李平攻破，元愉被擒，被用铁链捆绑押送回京，当走到野王（今河南省沁阳市）的时候，高肇派人杀害了元愉。元愉的儿子们到达京师，元恪赦免了他们。

李平被任命为散骑常侍，可以伺候在皇帝左右。高肇和中尉王显与李平合不来，他们报告元恪，说李平在平叛的时候隐瞒人口，不宜让李平进入宫中。元恪批准了。

第四十一节 永明寺

北魏正始三年（506）十月，柔然可汗郁久闾那盖去世，他的儿子郁久闾伏图继位，这也是柔然的第十任可汗。郁久闾伏图派使者纥奚勿六跋到洛阳讲和，元恪对他说："你们的远祖社仑，是魏的叛臣，我们宽广包容，既往不咎，和你们通使。今你们衰落，大不如从前，大魏的恩德，可以同周朝和汉朝比肩，现在江南未平，对北边之事，宽大处理，和解之事，还不容许。你们诚心做藩属，朕也不会孤立你们。"

北魏永平元年（508）年底，郁久闾伏图又派纥奚勿六跋来到洛阳，并送来了珍贵的貂皮大衣。元恪没有接受貂皮大衣，并把两年前的话对纥奚勿六跋又说了一遍。

当初高车国的侯倍（储君）穷奇被哌（yàn）哒国杀死，穷奇的儿子弥俄突被俘虏，穷奇的部落四散奔逃，有的投奔了北魏，有的投奔了柔然。元恪派羽林监孟威把他们安置到了高平镇。高车国王阿伏至罗残暴不仁，国人群起杀之，立跋利延为王。哌哒国拥戴弥俄突继高车王位，并进攻高车，国人再杀跋利延，迎接弥俄突为王。弥俄突率军攻打柔然，两军在蒲类海（今新疆维吾尔自治区巴里坤县西北十八公里处）大战，弥俄突大败，西去三百多里。郁久闾伏图在伊吾（今新疆维吾尔自治区哈密市）屯扎。

这时，高昌国（今新疆维吾尔自治区吐鲁番市东）请求内迁，元恪又派孟威前去迎接。孟威征发了凉州三千名将士，抵达了伊吾。郁久闾伏图看见北魏的军队后，惊恐而逃。弥俄突得知，率军追击，大败柔然军队，把郁久闾伏图斩杀于蒲类海北，割下了他的头发送给了孟威，并派遣使者向北魏进贡。元恪重赏了他们。高昌王在约定的时间没有到来，孟威班师。

郁久闾伏图被斩，族人又立其子郁久闾丑奴继位，为柔然第十一任可汗。

永平二年（509）十一月，元恪亲自在式乾殿给众位僧人和大臣讲解《维摩诘经》。元恪醉心佛教，不喜欢读儒家经典书籍，中书侍郎裴延儁上书说："汉光武帝（刘秀）、魏武帝（曹操），虽在戎马之间，未尝废书，先帝（元宏）迁都行师，手不释卷，是因为学问益处多多，不能停顿下来。陛下升法座，亲自讲解佛教书籍，凡是听到的人，被灰尘蒙蔽的眼睛和心灵无不顿开。然而，五经是治世之楷模，处理政务应把它们放到首要地位，请陛下兼顾佛教书籍和儒家经籍，让儒教、佛教并存，这样内外都能做到周全，真俗（出世为真，入世曰俗）之人都能做到心情舒畅。"

当时佛教在洛阳极为兴盛，除了本土僧人，从西域来的僧人也有三千多人，元恪专门在洛阳城西设立永明寺来安置他们。寺院内的房屋达一千多间，庭院内竹子成排，高大的松树直达屋檐，奇花异草密密麻麻，从地上延伸到台阶上。

处士冯亮构思精巧，元恪命他和河南尹甄琛、沙门统僧暹（xiān）在嵩山地理位置优越、风景秀丽的地方兴建了闲居寺，建筑雄伟，巧夺天工。上有所好，下必甚焉，北魏事佛成风，等到了延昌年间（512—515 年），北魏州郡之内共有一万三千多座寺庙。

永平三年（510）三月十四日，北魏皇子元诩降生。元诩出生于宣光殿的东北，当时有强烈的光线照射于庭院之中。元诩的母亲姓胡，名充华，安定郡临泾县（今甘肃省镇原县东南）人，她的父亲叫胡国珍，母亲复姓皇甫。

胡充华是个传奇人物，她就是历史上有名的北魏胡太后，不过是臭名，我们对她多说几句。

胡充华出生的时候，产房之内也是红光四射，这自然是迷信的说法，用来证明出生的这个人不同寻常。当时有个叫赵胡的人，善于卜卦算命，胡国珍就去咨询他。赵胡说："贤女有大贵之相，会成为天地之母，生下天地之主。请不要告诉第三个人。"胡充华的姑姑是个尼姑，颇能讲解佛理，元恪继位初年，她来到宫中讲学。胡尼姑颇有心计，过了几年，她说通皇帝左右的人，让他们在元恪面前称赞胡充华容貌俊美，德行良好。元恪听说后，就把胡充华纳入了宫中。

当时北魏有"子贵母死"的制度，所以后宫的美女都不愿意生男孩儿，她们祷告神灵："愿生王爷、公主，千万不要生太子！"

但胡充华不同，她许愿说："我的志向和众人不同，怎么能因为自己的安危而使国家没有了后嗣呢？"

后来胡充华怀孕了，闺密们都劝她堕胎。胡充华不答应，私下发誓说："如果有幸生个男孩儿，应该是长子。生男而死，死而无憾！"后来她就生下了元诩。

元恪先前的儿子，被害的被害，夭折的夭折，元恪二十八岁才有了皇子元诩，因此对元诩倍加疼爱。为防不测，元恪派人对元诩严加看护，挑选了生产不久的良贤妇女作为元诩的乳母，精心选择别宫抚养，高皇后和胡充华都不能接近。

第四十二节 废 "立子杀母"

北魏永平五年（512）正月二十五日，元恪任命车骑大将军、尚书令高肇为司徒，清河王元怿为司空，广平王元怀加封骠骑大将军，加仪同三司。

元怿是元恪的四弟，从小就很聪明，长得玉树临风，一表人才。元怿博览经史，兼习百家之言，文采好，宽厚健谈，喜怒不形于色。他思路清晰，善于决断，名声较好，是块从政的好材料。元怀是元恪的五弟，史料对他无过多记载。

虽然高肇这次被提拔为 "三公" 级的高位，但他本人对本次安排并不满意，认为司徒没有尚书令有实权。尚书省具体处理朝廷事务，可以直接插手人事任命和工程建设等，非常方便，很实惠，调任司徒后，虽然升官了，但处理起这些事情来反而不方便了，毕竟隔了一层。因此，高肇很不高兴，脸色难看，言语流露出不满。对他的这副嘴脸，朝臣大都嗤之以鼻。

尚书右丞高绰和国子博士封轨，平素都以正人君子自称，这次高肇晋升为司徒，高绰送迎往来，但封轨并不去拜见高肇。高绰环顾左右，不见封轨，明白是怎么回事了，立即离开了高肇府。他感叹道："我平生自以为不失规矩，今天的举动，和封生差得远啊！"

高肇谋害皇室子弟，元怿也多次被诬陷。元怿有次和元恪、高肇等人在一起喝酒，酒至半酣，元怿对着高肇说道："天子兄弟，还有几人，为何你还步步紧逼？昔日王莽是个秃顶，他凭借外戚的本钱篡夺汉室，今天你的邪恶嘴脸已经暴露，恐怕终究会成为祸端。"

还有一次，元怿和高肇在云龙门（皇宫东南门）外的走廊里吵了起来，两个人越吵越激烈，声音越来越大，大家都围拢了过来，劝都劝不住，最后还是高阳王元雍（元怿的堂爷爷）出面，才制止了二人。

碰巧天下大旱，高肇擅自录用、审判有罪之人，用以收买人心。元怿得到消息，对元恪说道："过去，季氏（春秋时期鲁国大夫）祭祀泰山，遭到孔子的猛烈批评（只有国君才能祭祀名山大川），君臣名分是注定的，宜防微杜渐，不可亵渎也。减少膳食，审判囚徒，乃陛下之事，今天司徒干这样的事，哪里是人臣应该做的？明君失察于上，奸臣窃权于下，这是祸乱之基啊！"

元恪听了元怿的一番话，并没有受到触动，只是笑笑，并不说话。

永平五年（512）四月，元恪命令尚书和相关部门审理诉讼案件，批准饥民前往燕州、恒州和六镇觅食。

十月十八日，元恪封皇子元诩为太子，本年元诩才三岁。从拓跋珪时代起，北魏施行"立子杀母"的残忍制度，到目前已经一百年出头，迁都洛阳，全面汉化后，废除这项制度也是势在必行。元恪宣布废除"立子杀母"的旧制度，所以他在立元诩为太子后，没有杀死他的母亲胡充华。

元恪任命尚书右仆射郭祚兼太子少师。郭祚有次陪同元恪莅临太子宫，带了黄甋（pián）献给太子。当时赵桃弓也深得元恪的欣赏和信任，郭祚就暗自投靠他，时人称他们为"桃弓仆射""黄甋少师"。

元恪又任命中书监崔光为太子少傅。

延昌二年（513）五月，寿阳（今安徽省寿县）下大雨，一连下了好些天，大水泛滥，许多官邸和民房被雨水淹没。寿阳是扬州刺史府所在地，刺史李崇带人到城墙巡查，水势不断上涨，他们乘船停在城上的矮墙之上。将士都劝他放弃寿阳，转移到寿阳北的八公山上，李崇不肯，对将士说："我身为封疆大吏，因为自身德行浅薄，才招致水灾。淮南万里土地，系于我身，一旦抬一下腿，百姓就会瓦解，扬州之地，恐怕就会落入敌人之手。我怎么能为了个人安危，愧对王尊（西汉王尊因黄河发大水而不撤离河堤）！"

扬州治中（刺史高级助手）裴绚率领城南的数千户乘船南下，到一高处避水，然后投靠了南梁。李崇派宁朔将军李神率军讨伐，活捉了裴绚，押送他到寿阳治罪。走到寿阳西南尉升湖的时候，裴绚投湖自尽。

李崇为人深沉，性格宽厚，胸怀谋略，很受将士拥戴。他已经镇守寿阳十年，训练了敢死队员数千人，敌人来的时候，无不被击退。附近的敌人都称他为"卧虎"。

第四十三节　元诩登基

南梁皇帝萧衍处死了宁州刺史李略,李略的侄儿李苗和步兵校尉淳于诞投降北魏,他们邀请北魏派军一起夺取南梁的益州。北魏延昌三年(514)十一月六日,元恪任命司徒高肇为大将军、平蜀大都督,率领十五万大军,前去攻打益州。

元恪对太子元诩保护得很周全。元恪每次想见太子,太子从东宫至式乾殿只有乳母陪伴出入,其他东宫大臣都不知情。东宫詹事杨昱上书说:"从今往后,陛下召见太子的时候,烦请出示手谕,令臣等护送。"元恪认为妥当,于是每次召见太子元诩,就命令东宫官员和侍卫一起护送到万岁门(皇宫的东门)。

延昌四年(515)正月初十,元恪生病了,病势凶猛,救治后也不见好转,于正月十三在式乾殿病逝,年三十三岁。元恪被谥宣武帝,庙号世宗,后被葬于景陵(位于洛阳北邙山)。

侍中、中书监、太子少傅崔光,侍中、领军将军于忠,詹事王显,中庶子侯刚,把元诩从东宫迎接到了显阳殿。王显建议翌日天亮再举行即位仪式。

崔光不同意,说道:"天子之位不能暂时空缺,何须等到明天!"

王显说:"须要奏明中宫(高皇后)。"

崔光说:"皇帝驾崩,天子即位,这是国家制度,何须中宫的命令!"

于是,他们劝元诩止住哭声,站在东厢房,于忠和黄门侍郎元昭搀扶着元诩,面向西面,哭了十多声。

崔光摄太尉职,向元诩奉上文书及印玺。元诩跪拜接受。他穿上衮衣,戴上皇冠,登临太极殿,即皇帝位。

崔光和夜里值班的文武大臣,站在大殿之上,面向北方叩头,高呼万岁。

高皇后为了方便控制才六岁的小皇帝元诩,准备杀死他的母亲胡贵嫔。中给事刘腾（宦官）得到消息，报告给了侯刚，侯刚又告诉于忠，于忠向崔光请教因应之策。崔光把胡贵嫔接了过来，安置于别院，严加保护。从此，胡贵嫔对刘腾、侯刚、于忠、崔光四个人心怀感激。

朝廷把之前派往西部的司徒高肇等人召唤回朝。

骠骑大将军广平王元怀（和元恪同母）抱病进入宫中。他径直来到太极殿西走廊，悲痛号哭。他召唤侍中、黄门、领军、二卫，准备上殿祭奠元恪，并面见新帝。元怀身份特殊，大家面面相觑，不敢反对。这时，崔光站了出来，用哀杖点地，引用东汉光武帝刘秀去世，太尉赵熹在大殿台阶上横剑拦路，扶诸位亲王下殿的故事，声色俱厉地讲给元怀听。在场的大臣无不称赞崔光。元怀止住悲声，对崔光说道："侍中用古人的事来抑制我，我哪敢不服？"元怀就回家去了，并不断派人向崔光道歉。

之前高肇擅权，诛杀皇族，任城王元澄为了免受迫害，终日醉酒，行为癫狂，对政事不闻不问。元恪逝世，高肇领兵在外，朝野不安。于忠和门下省各位官员商议，因为元诩年幼，不能亲自处理政务，准备请太保、高阳王元雍入住西柏堂处理政务，请任城王元澄为尚书令，总领百官，奏请高皇后写下手谕。

王显深受元恪宠信，他认为两位亲王到任，对自己肯定不利，于是和中常侍孙连伏等密谋，把门下省的奏折放置一边，假传高皇后命令，以高肇录尚书事，以王显和高猛同为侍中。于忠等人得到消息，无不痛恨，以王显没有尽到服侍元恪用药之责为名，把他逮捕。王显喊冤，被卫士用刀柄撞击腋下，然后送到右卫府，当晚即亡。

高皇后批准门下省的奏章，百官咸服。

二月七日，元诩尊高皇后为高皇太后。

二王和众人商议，为了麻痹高肇，以皇帝元诩自称名字的语气，向高肇写信，报告元恪去世的消息。高肇接到书信，震惊不已，出于对自身安危的考虑，也为了祭奠元恪，他哭得非常伤心，几天工夫就瘦了几斤，非常憔悴。将要到达京师洛阳时，他停驻在瀍涧（洛阳西）的驿亭，家里人连夜来迎接他，他都不肯相见。到了宫中，高肇哀号痛哭。到了太极殿，他显得格外悲痛。

之前高阳王元雍和领军于忠已经商定除掉高肇。于忠派直寝邢豹、伊瓮生等十多人埋伏起来。高肇哭祭元恪后，被引入西廊，清河王元怿、任城王元澄和诸位王爷盯着高肇，不时悄悄交流。高肇来到中书省，邢豹等人一拥而上，把高肇勒死。元诩下诏，公布高肇罪行，说刑书还没有到达，高肇就已畏罪自尽，并宣布对高肇余党不予追究。

北魏朝廷擢升高阳王元雍为太傅、兼领太尉，清河王元怿为司徒，广平王元怀为司空。经过本次斗争，元姓皇室又掌握了朝政大权。

元诩尊母亲胡贵嫔为皇太妃，不久又尊为皇太后，让她居住在崇训宫。

元诩剥夺了高太后的头衔，让她做尼姑，发配瑶光寺，非重大节日不准进宫。瑶光寺位于洛阳城西阊阖门内皇家大道北段，之前元宏的皇后冯清就被安置到这里做尼姑。元恪和高英（高太后）育有建德公主，这时五六岁了，胡太后很喜欢这个小女孩儿，把她放到身边抚养。三年后，胡太后派人杀死了高英。

第四十四节　胡太后听政

前文讲过，于忠在迎立小皇帝元诩和保护胡太后周全的过程中，立下了汗马功劳，所以受到元诩和胡太后宠信。于忠负责门下省的工作，又总领禁军，权倾朝野。

高祖元宏曾经几次对南方大规模用兵，花费巨大，造成国库空虚，于是他把百官的俸禄减少四分之一。于忠擅权之后，为了赢得更广泛的支持，他以元诩名义下诏，足额发放薪俸，并普调一级。北魏旧制，百姓缴纳一匹丝麻织物的时候，需要额外缴纳棉麻八两。于忠下令把额外部分废除。

于忠向高阳王元雍禀报说，世宗元恪本来是要加封自己的，可惜没来得及。元雍明白于忠是让提拔他，元雍忌惮于忠，只好提拔于忠为车骑大将军。于忠又鼓动百官向朝廷建议说，新旧交替之际，于忠立有大功，应该加赏。元雍、元怿和元怀没有办法，封于忠为常山郡开国公，食邑两千户。

尚书左仆射郭祚和尚书裴植，和于忠关系不睦，他们劝元雍说，于忠权势日盛，日后恐成祸端，建议把于忠派到地方政府任职。这些消息很快传到于忠的耳朵里，他怒不可遏，逼有关官员上奏郭祚和裴植的罪行，还下伪诏逼他们自杀。于忠想一并杀掉高阳王元雍，但侍中崔光不肯，就将元雍免职，保留王爵，让他回家养老。

于忠又领崇训卫尉，负责胡太后的安全，刘腾为崇训太仆、加侍中，侯刚为侍中、抚军将军。他们三人之前保护胡太后有功，胡太后心存感激，予以重用。朝廷又任命胡太后的父亲胡国珍为光禄大夫。

朝廷又任命元怿为太傅、兼领太尉，元怀为太保、领司徒，任城王元澄为司空。当时，元澄受到元雍等三王的排斥，但于忠、崔光和元澄关系一向不错，他们联合起来，起用元澄。不久，朝廷又任命于忠为尚书令，崔光为车骑大将军、开府仪同三司。

元诩才六岁，不能亲自处理朝政，文武百官奏请胡太后临朝称制。延昌四年（515）九月五日，胡太后开始临朝听政，群臣称呼她为"殿下"，她下发的命令为"令"。

胡太后十分聪明，悟性又高，多才多艺，反应敏捷，喜欢读书，能作文章，射箭能射中针孔，亲笔批阅奏章。胡太后任命父亲胡国珍为侍中，封安定公。

于忠擅权妄为，百官都怕他，这影响到了胡太后的权威。胡太后罢免了于忠的侍中、领军、崇训卫尉之职，保留了他的仪同三司待遇和尚书令的职务。又过了十几天，胡太后召集侍中、散骑侍郎、侍郎等在崇训宫议事，胡太后问他们道："于忠总揽国政，他的声望如何？"大家异口同声地回答道："配不上他的职位。"于是胡太后外放于忠为都督冀定瀛三州诸军事、征北大将军、冀州刺史。冀州是个富庶的地方，算是照顾于忠了。

胡太后任命司空元澄兼尚书令。元澄经受了一连串的政治打击，沉稳了很多，也没有了当年那股气性。为了搞好和胡太后的关系，他上书说："安定公（胡国珍）应该出入宫中，参与朝廷重大事情的处理。"这正合胡太后的心意，她予以批准。

元诩年幼，胡太后想代表他祭祀，就命令找寻前例。门下省召集礼官、博士在一起商议，商议的结果是不行。胡太后不死心，再向侍中崔光咨询，崔光举出了东汉和熹邓绥太后祭祀的例子，认为可行。胡太后十分高兴，代表皇帝祭祀天地祖宗。

胡太后命令建造了申诉车，用御马驾驶，出宫城东南的云龙门，直到宫城西北的千秋门，接受百姓的诉讼案件。之后胡太后又亲自测试各地举荐的孝廉和秀才，为朝廷选拔人才。

第四十五节 淮河大坝决堤

寿阳位于淮河中游，是军事重镇，北魏和南梁多次争夺此地。目前寿阳控制在北魏手中，这让南梁武帝萧衍如坐针毡。这时，北魏投降的益州刺史王足向萧衍建议，应该在淮河中游修筑大坝，抬高河水水位，等到河水足够多的时候，就能倒灌入寿阳，把寿阳淹没。萧衍一听，很高兴，就派使水工陈承伯和材官将军祖暅前去视察地形，选择筑坝地点。陈承伯和祖暅忧心忡忡，向萧衍建议说："淮河内的沙土轻飘，不坚实，恐怕不会成功。"萧衍不听。

萧衍命令征调徐州、扬州辖区内的壮丁每二十户五名，参与修建大坝，命假右卫率康绚为都督淮上诸军事，指挥部设在钟离（今安徽省凤阳县），加上工匠和将士，共约二十万人参加大坝建造工作。大坝起自淮河南岸的自浮山，抵达淮河北岸的巉（chán）石山，两边同时开工，在中间会合。康绚命人运来铁制品数千万斤，推入大坝，沉入河底，又砍伐了两岸一百里之内的大小树木，搬运大小石块，进行大堤修建加固。当时是夏季，工人累死、受瘟疫感染而死的，数不胜数。

北魏延昌四年（515）九月，为了进一步增压寿阳，南梁左游击将军赵祖悦攻取了北魏的西硖石（今安徽省凤台县西南），将军田道龙攻击各军事据点。北魏扬州刺史李崇派军反击。胡太后命假镇南将军崔亮（崔光堂弟）反击西硖石，镇东将军萧宝夤攻打淮河大坝。崔亮率军抵达西硖石，赵祖悦率军出城迎战，但被崔亮军队打败，赵祖悦败入城中，崔亮包围了西硖石。

这年（515年）冬天特别寒冷，淮河、泗水都被冰封，南梁修建大坝的工匠、士兵和劳力，被冻死的有十四万人至十六万人，惨不忍睹。

崔亮攻打西硖石，但不能攻克，他派人和李崇约定日期，准备水路并进，夺取西硖石。李崇口头答应，但每到发兵日期，就按兵不动。胡太后了解到这种情况，派吏部尚书李平以本官使持节、镇军大将军、兼尚书右仆射，率两千名将士，前往寿阳督战。李平抵达西硖石后，命令李崇和崔亮从水路和陆路两军兵进，二人听令，北魏军不断取得军事胜利。

萧衍命令左卫将军昌义之和直阁王神念增援西硖石。崔亮命将军崔延伯防守下蔡（今安徽省凤台县），崔延伯和将军伊瓮生在淮南两岸扎营，命将士从战场上寻找残破车子的车轮，去掉轮框，削尖轮柱，然后用绳子串起来，再用大辘轳缠绕两头，横跨淮河两岸。做了十多条，可以使轮框升起和落下，敌人砍不断，烧不掉。昌义之和王神念不能前进，无法救援西硖石。北魏攻克了外城，赵祖悦看到退路也被切断，出城投降。北魏军将他斩首，南梁其他守城将士被俘虏。

李平命令乘胜追击，攻击淮河大坝，但崔亮这时称病，要求回洛阳，还没有等到朝廷回文，他就拔营动身。李平禀告胡太后，准备对崔亮处以军法。因为崔亮的堂兄崔光是胡太后红人，胡太后不准。战斗无法进行，大军班师。镇东将军萧宝夤在淮河大坝附近扎营，没有撤走。

胡太后奖赏夺取西硖石的功劳，任命李崇为骠骑将军、开府仪同三司，李平为尚书右仆射，崔亮为镇北将军。崔亮和李平争功，胡太后又任命崔亮为殿中尚书。

北魏熙平元年（516）四月，南梁历时一年零七个月的淮河大坝终于筑成。大坝长九里，下宽一百四十丈（约343米），上宽四十五丈（约110米），高二十丈（约49米）。大坝上种植柳树，派有驻军防守。

中尉元匡弹劾到冀州任职的于忠"趁国家大不幸的时候，擅权乱政"，请求御史到冀州赐死于忠。胡太后感念于忠当年救命之恩，不予追究，后又封于忠为灵寿县公。于忠上书请求调回朝廷任职，胡太后批准，任命他为尚书右仆射。于忠在本年去世，年五十七岁，胡太后赐给棺材一副、服装一套、钱二十万、布七百匹、蜡三百斤，追赠为侍中、司空公。

元匡弹劾侍中侯刚拷打羽林军致死，廷尉判决侯刚死罪。胡太后下令减少侯刚采邑三百户，免去他的尚食典御之职。侯刚很会烹调美食，担任这一职务已经长达三十年。

九月十三日，淮河水位暴涨，大坝无法承受压力，发出巨大的溃坝响声，三百里以外都听得真切。淮河水狂泄而下，下游两岸村庄的十多万名百姓被洪水淹没，顺流漂入了东海。这是历史上悲惨的一幕。

第四十六节　柔然复兴

胡太后笃信佛教，命人在宫城南阊阖门（和洛阳城西门阊阖门同名，非同一门）南一里御道西面修建了永宁寺。永宁寺雄伟壮观，主标志是大殿南的九层高塔，达九十丈（约 220 米），塔上再置金刹，刹高十丈，总共离地千尺，洛阳城外一百里的距离都能遥遥望见。寺内雕梁画栋，装饰华美，极尽工巧之能事。塔檐上悬挂金铎，达五千多枚，夜里起风的时候，金铎的响声十多里外都能听到。胡太后又命人在洛阳城南兴建了石窟寺。佛教盛行，很多百姓家的子弟都到寺院出家为僧。

前文讲到，郁久闾丑奴继承了柔然可汗的位置，这也是柔然的第十一任可汗。郁久闾丑奴注意和北魏搞好关系，他派和尚洪宣向北魏奉上珠宝和佛像。郁久闾丑奴身材魁梧，善于用兵。北魏延昌四年（515）年底，他西征高车国，大败高车，抓获了高车国王弥俄突。弥俄突杀死了郁久闾丑奴的父亲郁久闾伏图，郁久闾丑奴为报杀父之仇，命令把弥俄突的一只脚绑到一匹马的后面，然后用力抽打马匹。马拖着弥俄突狂奔，不一会儿就把弥俄突拖死了。郁久闾丑奴又命人砍下了弥俄突的人头，抹上油漆，用作饮酒器。

对于之前臣服柔然，后来又反叛的部落，郁久闾丑奴一一平定，柔然国势开始恢复。

郁久闾丑奴认为有了资本，派大臣尉比建、纥奚勿六跋等二十人出使北魏，请求以平等地位和解。纥奚勿六跋已经多次出使北魏。

北魏熙平三年（518）二月，胡太后和九岁的小皇帝元诩在显阳殿接见了尉比建等二十人。胡太后命中书舍人徐纥向他们宣读诏书，对柔然没有尽到做藩属的礼节进行了责备。因为目前柔然比较强大，胡太后准备按汉文帝刘恒时候的先例，和柔然结为兄弟，以免去边境之忧。

司农少卿张伦以为不可，上书说："太祖向南开疆裂土，没有片刻的闲暇，所以才令这帮竖子在北方割据。之后也因为国内事务繁杂，需要急于处理内部事务，所以征讨蠕蠕（北魏对柔然的贬称）暂时放缓。高祖（元宏）向南迁都，用兵淮泗，抽不出时间北伐。世宗（元恪）遵从先帝遗志，蠕蠕派使者前来朝贡，我们只是接受而并不派人回访。而今我国是明君治理朝政，国富民强，要平等对待蠕蠕，为什么要忌惮他们？今天虽然蠕蠕慕德而来，也是想观察我们的强弱，如果派出使节到达他们的巢穴，结为兄弟，恐怕不是祖宗的意思。如果实在要和他们交往，也应该制发诏书，以示上下之礼仪，命宰相写信，告诉他们归顺之道，观察他们是顺从还是违背，恩威并用，则王者的权威才能体现。哪能因为蠕蠕兼并其他部落，就使我朝的威名受损？"

胡太后拒绝接受张伦的建议。

四月十二日，胡太后的父亲胡国珍去世，年八十岁。朝廷追赠胡国珍假黄钺、相国、都督中外诸军事、太师，号曰"太上秦公"。又把胡太后的母亲皇甫氏的灵柩和胡国珍合葬，称她为"太上秦孝穆君"。

谏议大夫张普惠以之前没有太后的父亲称"太上"的例子，"太上"之名不可施于人臣，上书反对。胡太后召集五品以上官员讨论张普惠的上书，王公们自然迎合胡太后的意思，纷纷指责张普惠。胡太后专门让人传话给张普惠："我这样做是孝女之志，爱卿陈述的是忠臣之道。群公已经有了讨论结果，爱卿也不要苦苦相逼。以后再发现朝廷有不对的地方，也要及时发表意见，不能沉默。"

胡太后给老爹胡国珍修建了一座雄伟壮观的祠堂，如同永宁寺一般。

第四十七节　羽林虎贲暴动

宦官刘腾自幼入宫中做事，极少读书，为人奸诈，善于逢迎。他之前把高太后要杀害胡太后的消息透露出去，使胡太后得以保全，因此胡太后对他非常感激。等到胡太后临朝听政，刘腾受到宠信。胡太后交办他很多事情，他忙忙碌碌，不知疲倦。洛阳北的永桥，太上公、太上君及城东三寺，都是他主持修建的。

胡太后提拔刘腾为侍中、右光禄大夫，于是他开始干预朝政，收人钱财，帮助他人升官，无不成事。河间王元琛做定州刺史的时候，以贪污受贿闻名，等他离职回京后，胡太后下诏说："元琛在定州，唯有没有把中山宫（后燕宫殿）搬来了，不能再用！"元琛就前去拜会刘腾，当刘腾的养子，并贿赂刘腾金银财宝数万。于是，刘腾在胡太后面前帮元琛说好话，胡太后任命元琛为都官尚书，出任秦州刺史。不久，刘腾得重病，胡太后想让他在生前享尽荣华富贵，就任命他为卫将军，仪同三司。

当时天有异象，为了转移灾祸，熙平三年（518）九月二十六日夜晚，胡太后命人害死了高太后，用尼姑的礼仪安葬她于北邙山。胡太后又接受太师元雍的建议，把食盐的经营权收归国有。

神龟二年（519）正月，征西将军张彝的次子张仲瑀向胡太后秘密上书，建议修订选拔人才的标准，压制武人，使他们不能担任清贵的上品官员。这个消息不知道怎么就泄露了。武人大多是火暴脾气，他们在大道上聚集，不停地对张彝全家进行谩骂。他们又在大街上张贴告示，指定时间集合，要一致行动，杀死张彝全家。但张彝父子并不躲避，泰然处之。

二月二十日，羽林及虎贲卫士近一千人，集合起来到尚书省谩骂，要求尚书省交出张彝的长子、尚书左民郎中张始均，但尚书省拒绝。这些羽林及虎贲卫士拿起石头、砖块等物，向紧闭的尚书省大门投掷。尚书省大小官员战战兢兢，没人敢出面讨伐。无法打开尚书省的大门，这些卫士又燃起火把，向张彝府走去，他们沿途点燃了堆积在路边的柴火和蒿草等物，用木杖和石头作为兵器，冲开大门，把半身瘫痪的张彝拖到院子里，进行殴打和侮辱。卫士们的欢呼声、呐喊声，不绝于耳。他们又把张彝府上的房屋点燃。

张始均和张仲瑀从北门跳墙逃走。张始均不放心父亲而折返，他向卫士们叩头，请求饶了父亲一命，这些卫士痛打张始均，把他扔到了熊熊烈火中。片刻工夫，张始均就被烧死了。张仲瑀逃走的时候，也已经被打成重伤。张彝被折磨得只剩一口气。张府紧邻一座寺庙，这些士兵走后，张彝被和尚们抬入了寺中，第二天便去世了。

朝野得到消息，无不惊骇。胡太后命令逮捕这些羽林和虎贲卫士中为首的和罪行最重的八人，斩首示众，其余人不予追究。胡太后担心追究起来会引起大的动乱，只得如此。

二月二十五日，胡太后宣布大赦，以安抚军心，又规定武人可以按规定转为清贵的上品官员。一场沸沸腾腾的军事暴动就此收场，但有见识的人士已经意识到，北魏就要乱了。

张彝昔日的部属把他的遗体抬到了他被烧得残破不堪的家，又找出了张始均的尸骸，在东西两间小屋分别入殓。张仲瑀伤重，被送到荥阳避难。到了五月，他伤势逐渐恢复，才回到洛阳吊唁父亲和兄长，胡太后赐给他布帛一千匹。

当时北魏官员位置空缺的很少，但是具备资格、等待提拔的人很多，负责官员选拔工作的吏部尚书李韶很头疼，引起大家的普遍不满。胡太后任命殿中尚书崔亮接替李韶任吏部尚书，希望他能搞好官员选拔工作。崔亮采用了一个大家意见最少的办法——论资排辈，不论你业绩如何，个人品行如何，统统按照资历高低排队，有岗位空缺的时候，就选资格最老的替补上去，依此类推。这个制度压制了一些年轻人，会选拔出一些浑浑噩噩的庸才，是没有办法中最好的办法，最能服人，引起的动荡也最小。之后的继任者甄琛也照此执行。

第五章

六镇大起义

第四十八节　高欢登场

　　羽林和虎贲卫士在洛阳城暴动，引起了大量百姓围观。围观人群中有一个人，只见他长脸，高颧骨，双目炯炯有神，不时地向身边人问询什么，每次张口的时候，就能看到他的牙齿洁白如玉。和别人纯粹看热闹不同，他好像还若有所思。这个人叫高欢，他是南北朝时期著名的枭雄人物，我们介绍一下他的身世。

　　高欢，字贺六浑，汉人，生于北魏太和二十年（496），祖籍渤海郡蓨（tiáo）县（今河北省景县南）。他的父亲叫高树生，母亲叫韩期姬。高欢的六世祖高隐，为晋朝玄菟郡（今辽宁省沈阳市东）太守。高隐生高庆，高庆曾任后燕开国君主慕容垂的司空。高庆生高泰，高泰曾任后燕的吏部尚书。高泰生高湖。后燕惠愍帝慕容宝被杀后，后燕大乱。后燕长乐元年（399）十二月，当时是后燕燕郡（今北京市西南）太守的高湖率领三千户投降了北魏，被北魏任命为右将军，后被任命为宁西将军、凉州镇大将，镇守姑臧。

　　高湖一共有四个儿子，老三叫高谧，字安平。高谧文武双全，气度不凡，献文帝拓跋弘很欣赏他，任命他为侍御史。后来他因犯法获罪，被发配到北方的怀朔镇（六镇之一，今内蒙古自治区固阳县城东北四十一公里处）。

　　高谧的长子高树生，性情豁达，讲义气，不善经营产业，没有多少家产。但他喜欢结交英雄好汉。高树生家住在白道（位于今内蒙古自治区呼和浩特市西北，是通向漠北的交通要道，为重要军事关隘）南，他家上空多次出现红光紫气的奇怪现象，邻居看到了，认为有些怪异，就劝高树生搬家躲避。高树生不以为然，对邻居说："怎么能知道这不是吉兆呢？"他不肯搬家。高树生没有多少家财，搬家需要消耗钱财，不搬家也是因为搬不起。

　　高欢刚一出生，母亲韩期姬就去世了，他被大姐高娄斤和姐夫尉景抱到家里抚养。因为高家几世生活在北方，邻居绝大多数是鲜卑人，为了和他们更好地相处，高家就仿效鲜卑的习俗生活，久而久之，他们鲜卑化了。

高欢长大后，深沉而大度，轻视金银财宝，重义气，喜欢结交侠义之士，得到豪侠的敬重。高欢家贫，但他志向远大。他去到千里之遥的平城服役。

平城有个富翁叫娄内干（鲜卑人，原姓匹娄），他有个女儿叫娄昭君，天生丽质，非常聪慧，家里有钱、有权的公子竞相要娶娄昭君。但娄昭君很有主见，一个都不嫁。

一次，娄昭君和婢女出去散步，突然看到了在城上服役的高欢，一下子被高欢的相貌气质和一举一动吸引。她惊喜地自言自语："这才是我真正需要的丈夫啊！"于是，娄昭君让婢女向高欢表达心意。高欢见到娄昭君后，也很喜欢，两个人就私订终身。娄昭君又多次把自己的私房钱送给高欢，让他用这些钱到娄家下聘礼，娶自己为妻。娄内干夫妇刚开始得知高欢是穷光蛋一个，怎么都不答应，后来娄昭君寻死觅活，他们拗不过女儿，就应允了这桩婚事。

娶了娄昭君后的高欢回到了怀朔镇，娄家送了不少嫁妆。高欢拿出一些钱买了一匹马作为交通工具。有了资本，高欢在镇里谋了个队主（队长）的职务。镇将段长常常对高欢的相貌感到惊奇，对高欢说："君有安民济世之才，终不会白白地度过此生，我把子孙托付给您了，希望您日后多多关照。"应该说，段长的眼光是独到的。高欢显贵以后，对段长的儿子段宁也多有提拔，这是后话。

高欢由队长转为函使（传递官府信件的官差），经常送公文到首府洛阳。一次，高欢乘马路过建兴郡（今山西省晋城市），突然黑云蔽日，电闪雷鸣，半天才停止，好像有神灵响应一样。高欢精力充沛，每次来回奔波，都没有疲惫之色。有一次，他梦见自己脚踏星星走路，醒来后抑制不住内心的欣喜。

高欢在函使这个职位上一干就是六年，每到洛阳，都要到令史麻详那里报到。麻详有次拿肉给高欢吃，高欢生性不喜欢站着吃饭，于是坐下来吃。麻详大怒，认为高欢轻视他，抽了高欢四十大鞭。

高欢这次目睹了洛阳羽林和虎贲卫士暴动之后，回到了怀朔镇，变卖家产，用以结交宾客。他的亲戚朋友都很奇怪，问他为什么这么做。高欢回答道："我在洛阳，亲眼看见禁卫军冲进大臣张彝的府中，烧毁了张彝的家。朝廷害怕他们造反而不敢严厉追究，为政如此，接下来会发生什么事，可以预料到。财物是身外之物，难道能够永久地守住吗？"从此，高欢有了澄清天下之志。

高欢和司马子如、刘贵、贾显智、孙腾、尉景、蔡儁等人结为好友。这几个人是高欢的起家班底，简单介绍一下。

司马子如，字遵业，祖籍河内温县。他的祖上是晋朝宗室，八世祖为南阳王司马模，司马模的儿子司马保遭逢西晋永嘉之乱，避乱凉州，因此世代住在了凉州。北魏夺取凉州的时候，司马家迁到了云中郡，司马子如的父亲司马兴龙为北魏的鲁阳太守。司马子如自幼机智灵敏，口才好，喜欢结交游侠。

刘贵，是秀容郡（今山西省忻州市西北）阳曲县人，他的父亲刘乾，是北魏的前将军、肆州刺史。刘贵性格刚强，有魄力。

孙腾，字龙雀，是咸阳石安人，他的祖父孙通，曾在北凉担任中书舍人。北凉被北魏灭亡后，孙家迁到了北方。孙腾性格耿直，精通政府事务。

侯景，羯人，字万景，是怀朔镇人，年轻时性情豪放，不愿意受拘束。

蔡儁，字景彦，是广宁郡（今河北省涿鹿县）石门县人，为人豪爽有胆量。

尉景，鲜卑吐谷浑部，也是高欢的姐夫，字士真，善无郡（今山西省右玉县）人，性情温厚，有侠义之风。

他们几个人结为好友，路见不平拔刀相助，在乡里行侠仗义。他们在等待时机，准备干一番轰轰烈烈的大事业。

第四十九节　软禁胡太后

北魏国势强盛，已经连续了好几代，东夷、西域各国坚持多年前来进贡，又在和南方接壤的边境地区建立集市，购买、换取南方的货物。于是国库都被各种奇珍异宝、绫罗绸缎等堆满。

胡太后曾经带领一百多人视察丝织品收藏库，命令他们随便拿，想拿多少拿多少。尚书令、仪同三司李崇和章武王元融手拿肩扛，因为背得太多，以至于都被压翻在地，李崇闪了腰，元融扭了脚。胡太后看他们没有出息的样子，把他们的丝织品予以没收，让他们空手而出，引起了众人的哄笑。

当时宗室权臣竞相比富。高阳王元雍，有仆人六千人，伎女五百人，出门的仪仗队伍充塞道路，在家则歌舞通宵达旦，他一顿饭花销数万。河间王元琛，数次想跟元雍比富，他养了十几匹好马，马槽都是用银做的，窗户之上玉凤衔铃、金龙吐旆（pèi）。元琛又带领亲王参观仓库，只见各种奇珍异宝不计其数。他还回过头对章武王元融说："不恨我不见石崇，恨石崇不见我。"元融素来以财产多而自豪，从元琛家回来后，自叹不如。

胡太后笃信佛教，大肆营建佛寺，还令各州建造五层高的佛塔，各亲王、大臣甚至宦官、禁卫军都在洛阳建造寺庙，争相比拼建造的规模、装饰的华丽。胡太后还数次举行斋会，赏赐僧人、尼姑财物数以万计。经过这些折腾，国库逐渐被掏空，不得不削减百官的俸禄。任城王元澄对这种状况很是忧虑，上书说："南方的萧衍老儿经常在准备攻打我们，我们应该趁着国势强盛、兵强马壮，早日统一天下。近些年，公家和私人都陷入了贫困，应该节省不必要的开支，全力完成紧要事务。"胡太后没有接受。中尉、东平王元匡为人刚直，他的多项建议均被任城王元澄否定，因此心怀怨恨，准备再次抬出棺材（曾经抬棺弹劾高肇），舍命弹劾元澄。元澄提前得到消息，先下手为强，弹劾元匡犯了三十多项罪行，要求判处元匡死刑。北魏神龟二年（519）八月十二日，胡太后下令，任命元匡为平州刺史，任命车骑将军侯刚代领中尉。顺便交代一句，元澄不久去世，年五十三岁。

胡太后对中书舍人杨昱说："我的一些做官的姻亲，如果做了什么不得人心的事情，你如果有所耳闻，应该如实地告诉我。"杨昱得到鼓励，就说扬州刺史李崇曾经用兵车运载货物，相州刺史杨钧曾经铸造银制的食器，他们都送给了领军元义。元义的妻子是胡太后的妹妹，身份特殊，所以很多人巴结他。胡太后就把妹妹和元义叫过来，狠狠地数落了他们一顿，说着说着，还流下了眼泪。元义夫妇当面向胡太后认错，内心却恨透了杨昱，准备报复他。

杨昱的叔叔杨舒，娶了武昌王元和（元义的堂祖父）的妹妹为妻，杨舒去世后，元氏要求分开单独居住，但遭到杨昱的父亲杨椿的反对，元氏内心怨恨。这时，瀛州刘宣明带领数人准备造反，还没来得及行动，消息走漏，刘宣明逃走了。元义指使元和和元氏以这个事为由头，上书说："定州刺史杨椿和华州刺史杨津（杨昱叔叔），运送三百件武器，准备造反。"胡太后闻听，派五百名亲兵连夜包围了杨昱府，但经过仔细搜查，并没有搜到什么兵器。胡太后命令调查，杨昱说出了原因。胡太后亲自为杨昱松绑，并处元和和元氏死刑。后来经过元义积极营救，元和被免职，元氏免于处罚。

太傅、侍中、清河王元怿，玉树临风，风度翩翩，胡太后逼迫他做情人。元怿有才能，好文学，礼敬士人，得到众人的拥护。元怿对元义的不法行为多有限制，因此得罪了元义。吏部官员巴结卫将军、仪同三司刘腾，准备任命他的弟弟为太守，元怿认为刘腾的弟弟才能和资历都不够，因此把奏章扣了下来，刘腾深恨元怿。元怿举荐宋维为通直郎，但宋维为人品行不端，元义利用他这一点，许诺授给他更高的官职，让他诬告太府寺司染都尉图谋作乱，准备立元怿为帝。胡太后接报后下令逮捕元怿，但查无此事，又把元怿释放了。宋维应该受到诬告追究，但元义为他求情，胡太后贬宋维为昌平郡太守。

元义担心元怿反击自己，暗中谋划下一步的行动。他认为胡太后是元怿的靠山，要扳倒元怿，就要对胡太后下手。于是他和刘腾勾结，指使主食中黄门胡定出面向小皇帝元诩告发说：元怿给了他重金，让他毒害皇帝，元怿称帝后就给胡定以高位。元诩才十一岁，闻听大怒，深信不疑。

神龟三年（520）七月四日，胡太后在嘉福殿收拾，还没有去前殿。元乂认为机会来了，他把元诩送到显阳殿，刘腾关闭了永巷门，让胡太后无法进出。元怿正在上朝，在含章殿后面碰到元乂，元乂厉声喝止元怿，不让他进入。

元怿严厉地说道："你想造反吗？"

元乂冷笑几声，回答道："我没有反，我是要捉拿造反之人。"

元乂命宗士和直斋捉住元怿看守起来。刘腾宣布诏书，召集众大臣讨论，按大逆不道罪惩处元怿。除了仆射游肇，文武大臣都畏惧元乂，不敢反对。签署决议的时候，游肇拒签。元乂和刘腾拿着决议去找元诩签批，元诩准许了。当夜，元怿被杀，年三十四岁。

元乂和刘腾又伪造了胡太后的诏书，胡太后在诏书中自称身体有病，还政于元诩。胡太后被关在了北宫的宣光殿，宫门日夜紧闭，刘腾亲自掌管钥匙，元诩也不能入内。宣光殿唯一跟外界的交往，只是送饭下人的进出。胡太后起居饮食的规律被打破，难免饥寒。她叹息道："我养虎为患啊！"

元乂和太师、高阳王元雍掌控了朝政，元诩称呼元乂为姨父。刘腾掌握了宫中事务，和元乂紧密配合，威震内外。

相州刺史、中山王元熙准备起兵为元怿报仇，但被长史柳元章率人逮捕。元乂派尚书左丞卢同，把元熙父子推到邺城大街上，斩首示众。卢同又把已是济阴郡内史（太守）的杨昱押到邺城，拷问了一百天，但杨昱始终不肯屈招，又被放回。元乂任命卢同为黄门侍郎。

元熙的弟弟元略辗转逃到了南梁，萧衍封他为中山王。

第五十节　柔然内乱

当初，柔然可汗郁久闾伏图（第十任可汗）娶了郁久闾豆崘（第八任可汗，被族人杀死）之妻候吕陵氏，生了郁久闾丑奴、郁久闾阿那瑰（guī）等六个儿子。郁久闾丑奴（第十一任可汗）坐上可汗的宝座后，一天，他的小儿子郁久闾祖惠突然不见了。郁久闾丑奴派人四处寻找，但郁久闾祖惠像人间蒸发了一样，怎么都找寻不到。

一个叫屋引副升牟的人，原是高车人，后来投降了柔然。他的妻子叫豆浑地万，年方二十，长得很漂亮，有点医术，常假托鬼神，是名女巫医，她被郁久闾丑奴宠信，经常出入他的帐篷。豆浑地万对郁久闾丑奴说："祖惠人在天上，我能把他召唤下来。"郁久闾丑奴闻听大喜，赶紧让她作法。豆浑地万于是在沼泽中搭下帷帐，斋戒七日，祭祀天神。突然，郁久闾祖惠出现在帷帐之中，他说自己一直在天上生活。郁久闾丑奴夫妻大喜，悲喜交集，抱着儿子泣不成声。郁久闾丑奴召集部落聚会，宣布尊豆浑地万为圣女，并纳豆浑地万为妻子，提拔了她的前夫屋引副升牟的爵位，赐给牛马羊三千头。

豆浑地万颇有姿色，又会些旁门左道，郁久闾丑奴对她十分宠爱，言听计从。但豆浑地万并不安分，开始祸乱朝政。过了几年，郁久闾祖惠长大了，母亲问他过去他失踪的事。郁久闾祖惠回答道："其实我一直住在地万家里，不曾上天，说在天上，是地万叫我这么说的。"母亲把郁久闾祖惠的话告诉了郁久闾丑奴。郁久闾丑奴被豆浑地万迷得神魂颠倒，说："地万能预测前世和未来，不可不信，你不要听信谗言。"

豆浑地万害怕了，担心谎言终究被揭穿，一不做，二不休，在郁久闾丑奴面前竭力说郁久闾祖惠的坏话。郁久闾丑奴秘密处死了儿子祖惠。

孙子被杀死，候吕陵氏可不干了。柔然建昌十三年（520）九月，她派信任的大臣具列等人找机会勒死了豆浑地万。郁久闾丑奴得知后大怒，准备处死具列等人。正在这时，高车的阿至罗部落攻打柔然，郁久闾丑奴亲自带兵迎击，大败而回。候吕陵氏和数位部落酋长共谋，杀死了郁久闾丑奴。

候吕陵氏立郁久闾阿那瓌为新任可汗，这也是柔然的第十二任可汗。郁久闾阿那瓌刚继位十天，他的族兄郁久闾示发率领数万名部落人马讨伐他。郁久闾阿那瓌不敌，和弟弟郁久闾乙居伐在轻骑的保护下，前去投奔北魏。郁久闾示发杀死了候吕陵氏和郁久闾阿那瓌的两个弟弟。

郁久闾阿那瓌率众到达北魏边境的时候，北魏朝廷（这时被元义控制）先后派司空、京兆王元继，侍中崔光、黄门侍郎元纂携带厚重的赏赐，前去迎接。到达洛阳后，元诩召集在京五品以上官员、皇室、藩国使者在显阳殿集合，设宴款待郁久闾阿那瓌等人，把郁久闾阿那瓌的座位安排在各位藩王之下。元诩派中书舍人曹道宣读诏书表示慰劳，然后开宴。酒宴快要结束时，郁久闾阿那瓌手拿奏疏站起身。元诩派中书舍人常景到他近前，问他有什么话想说。郁久闾阿那瓌请求上前，元诩批准了。

郁久闾阿那瓌向元诩叩拜两次，说道：“臣的先祖，出自大魏。”

元诩回答道：“这个朕自然知道。”

郁久闾阿那瓌站起身，接着说：“臣的祖先，逐草放牧，遂居漠北，虽然远隔山水，但内心仍然倾慕大魏教化，臣没能及时来朝拜，是因为高车的袭扰。近日，高车侵犯，加之内有奸臣，臣遭逢家难，前来投靠，老母亲生死未明，本国臣民已经四散奔逃。陛下隆恩，高过天地，臣乞求陛下派遣兵马，送臣回国，剪除叛逆，收集逃散人员。臣必当统率族人，奉事陛下，四季朝贡，绝不断绝。臣把想说的全部话，全部写在这份奏疏里。”郁久闾阿那瓌把奏疏交给了中书舍人常景，常景呈送给了元诩。

北魏正光元年（520）十一月二十九日，元诩封郁久闾阿那瓌为朔方郡公、蠕蠕王，赐给衣冠，其他俸禄、出行仪仗等和藩王相同。需要说明的是，蠕蠕是北魏对柔然的贬称，这次还要封郁久闾阿那瓌为蠕蠕王，而不是换个封号，显示北魏朝廷从心底里轻视柔然，这肯定也会引起郁久闾阿那瓌的不满，但他现在有求于北魏，不得不隐忍。

北魏在洛水桥南、御道东建有四座馆，御道西建有四个里：自从江南过来投降的，安置在金陵馆，三年后赐宅于归正里；自北夷来降者安置在燕然馆，三年后赐宅于归德里；自东夷来降者安置在扶桑馆，三年后赐宅于慕化里；自西夷来降者安置在崦嵫馆，三年后赐宅于慕义里。郁久闾阿那瓌从北方来投，自然被安排到了燕然馆，但他多次要求北魏派兵护送自己北归，朝廷众大臣议论纷纷，达不成一致意见。郁久闾阿那瓌在别人的指点下，用一百斤黄金贿赂了当政的元义，才达到了目的。

北魏命怀朔镇将杨钧率领一万五千人，护送郁久闾阿那瓌北归。自从郁久闾阿那瓌逃奔后，柔然内部也发生了巨大的变化。他的堂兄郁久闾婆罗门率领数万人马，讨伐郁久闾示发，郁久闾示发不敌，逃往地豆干部落，但被地豆干部落斩首。柔然人拥戴郁久闾婆罗门为可汗，他也是柔然的第十三任可汗。杨钧和郁久闾阿那瓌到达边境，听说了柔然内部的变化，不敢前进，向朝廷请示。朝廷派曾经出使柔然的牒云具仁出使柔然，劝说郁久闾婆罗门派人迎接郁久闾阿那瓌。郁久闾婆罗门自然不想迎接前可汗归来，他对牒云具仁非常傲慢，让他以臣子的礼仪觐见。后来，郁久闾婆罗门命大臣丘升头率领两千名人马，随同牒云具仁前去迎接郁久闾阿那瓌。

牒云具仁到达怀朔镇，汇报了他出使柔然的情况，郁久闾阿那瓌不敢前去，准备返回洛阳。正在这时，高车进攻柔然，郁久闾婆罗门不敌，逃往凉州，之后投降了北魏。顺便交代一句，后来郁久闾婆罗门在洛阳去世。

北魏正光二年（521）九月，郁久闾阿那瓌的哥哥郁久闾俟匿伐前往怀朔镇，迎接郁久闾阿那瓌回国，担任可汗。

第五十一节　破六韩拔陵起义

柔然发生大饥荒，生存困难，郁久闾阿那瓌率众进入北魏国境，上表请求赈济。北魏正光四年（523）二月二十二日，北魏朝廷任命尚书左丞元孚为行台尚书，持节，前去抚谕。三月，北魏司空、宦官刘腾去世，年六十岁，前去送葬的多达几百人。刘腾死后，对胡太后的看管也逐渐放松。四月，元孚手持白虎幡在柔玄镇（今内蒙古自治区兴和县西北）和怀荒镇（今河北省张北县）安抚郁久闾阿那瓌及其部众。郁久闾阿那瓌拥有号称三十万的大军，心生反意，扣押了元孚，把他放到一辆大车上。每次行军前，他都假意向元孚请示，对外称这是朝廷行台的意思，然后率军向南，一路掠夺，直到平城才把元孚释放。元孚有辱使命，被朝廷治罪。

北魏朝廷派尚书令李崇、左仆射元纂率领十万名精骑，攻打郁久闾阿那瓌。郁久闾阿那瓌自知不敌，他把两千人和数十万牲口强行带往北方。李崇率军追赶了三千多里，追赶不上，只好班师。元纂派铠曹参军于谨（鲜卑人，本姓万忸于氏，于忠同族曾孙）率精骑两千名，继续追击，追到郁对原，两军相接，前后大战十七次，于谨军全胜。于谨性格深沉，广泛涉猎经史，有见识和气度，而且有勇有谋，曾经以骑兵队伍数人击退高车骑兵数千人。

李崇的长史魏兰根建议道："我国在边疆地带设置诸镇，地广人稀，或征调中原豪门大族的子弟，或者选用皇室或贵戚子弟，把他们作为镇抚边疆的得力助手。多年之后，有关部门称他们为'府户'，把他们当作干粗活的下等人看待，不能与当朝高门婚配和同殿称臣，失去了本来高贵的门第。本来和他们处在同一水平线上的人，却各居显要位置，他们充满怨恨和愤怒也在情理之中。宜改镇为州，设置郡县，凡是府户，恢复他们以前的身份，入朝当官，按老制度办理，文武兼用，恩威并施。若施行此计，国家就没有北部边境的忧患了。"

李崇整理了魏兰根的建议，上书朝廷，但朝廷置之不理。应该说，魏兰根的话，指出了六镇危机的根源，如果此时得到解决，应该能够化解，但北魏朝廷此时被奸人掌控，对这项建议置若罔闻，遂使六镇风起云涌。

元义贪财好色，贪污受贿，甚至直接插手郡县内官员的任命，朝廷法纪败坏，朝野失望，人人思乱。

于景是于忠的弟弟，从司州从事逐渐被提拔到步兵校尉、宁朔将军，直至高平镇将的位置，他贪污受贿，被御史中尉王显弹劾，恰逢大赦，被赦免。于景密谋罢免元义，被元义察觉，元义贬于景为征虏将军、怀荒镇将。郁久闾阿那瓌南下掠夺的时候，很多百姓家的粮食和牲畜都被抢走了，没有饭吃，请求于景开仓赈济，于景拒绝。镇民怒不可遏，又饥饿难耐，就冲进于景府中，抓住于景及其妻子，分别关押，进行羞辱，一个月之后又把他们杀死。没过多久，沃野镇（今内蒙古自治区乌拉特前旗北苏独伦之北根场古城）的匈奴单于后裔破六韩拔陵聚众起兵，杀死镇将，改年号真王。当年匈奴单于栾提呼厨泉被曹操扣留，曹操派呼厨泉的叔叔右贤王去卑监国。这时，拓跋部落刚兴起，南下进犯。去卑派弟弟右谷蠡王潘六奚率军北讨，但兵败。潘六奚和五个儿子都投降了拓跋部落，潘六奚的子孙遂以潘六奚为姓，传来传去，姓氏就传成了破六韩，又名破洛汗。破六韩拔陵起兵，引起了连锁反应，北方六镇纷纷响应。破六韩拔陵率军南下，派将军卫可孤包围了武川镇（今内蒙古自治区武川县），又攻打怀荒镇。

神武郡尖山县（今山西省寿阳县宗艾镇）有一户人家，户主名叫贺拔度拔。他的父亲叫贺拔尔逗。贺拔尔逗为人雄武，被北魏朝廷选任保卫边疆，在武川镇安家落户。贺拔尔逗和柔然交战有战功，被拓跋弘任命为镇主，封为龙城男。贺拔尔逗去世后，贺拔度拔承袭了父亲龙城男的封爵。贺拔家世为勇将，贺拔度拔和他的三个儿子贺拔允、贺拔胜和贺拔岳都勇武有才，怀朔镇将杨钧任命贺拔度拔为统军，他的三个儿子为军主，抗击卫可孤。

这时，北魏太保、平恩公崔光病重，他推荐贾思伯（西汉名士贾谊之后）担任皇帝元诩的侍讲，教授元诩学习《春秋》。不久，崔光病逝，年七十三岁。贾思伯自小聪明，待人谦恭。有人曾经问他："公如何能做到不骄傲？"贾思伯回答："衰败的命运将要降临的时候，便会骄傲，没有什么会一成不变。"

第五十二节　六镇大起义

北魏正光五年（524）三月，北魏朝廷（元义控制）任命临淮王元彧为都督北讨诸军事，率军讨伐破六韩拔陵。元彧少有才干，风度儒雅。

四月，位于西北的高平镇变民率众起兵，拥戴敕勒（高车、丁零）酋长胡琛为头领，胡琛遂自称为高平王，率众攻打高平镇，响应破六韩拔陵。北魏大将卢祖迁打败了胡琛，胡琛向北方逃窜。

破六韩拔陵的将领卫可孤围攻怀朔镇一年有余，镇将杨钧率军顽强守卫。朝廷援军仍未到来，杨钧很着急，派军主贺拔胜南下云中郡，向临淮王元彧告急。

贺拔胜，字破胡，他非常勇敢，招募了十几个身强力壮的青年敢死队员，趁着夜间变民松懈，骑快马冲出重围。起义军反应过来，开始骑快马追击，眼看就要追上贺拔胜他们，贺拔胜勒马停住，回头对他们高喊道："我是贺拔破胡也！"起义军被这一嗓子镇住了，之前他们也听说过贺拔父子的威名，于是不敢靠近。贺拔胜遂率领敢死队员到达了云中郡，拜见了临淮王元彧，他禀报元彧道："怀朔镇被叛贼围困，沦陷只在旦夕之间。王爷今天按兵不动，若怀朔镇沦陷，则武川镇也将陷入危险之中，贼寇随之将锐气百倍，我们即使有张良、陈平在世，也无法为大王挽救困局。"元彧听他说得有道理，答应出兵。

贺拔胜完成使命，又杀入怀朔镇复命。杨钧再命贺拔胜前去侦察武川镇的情况，贺拔胜又率敢死队员冲了出去，到达武川镇的时候，发现此地已被起义军占领，就又杀回怀朔镇复命。怀朔镇将士听说武川镇被攻陷，顿时人心惶惶，不战自乱。怀朔镇被起义军攻占，贺拔胜父子被卫可孤擒住。

五月，都督北讨诸军事、临淮王元彧率军向北挺进，在五原（今内蒙古自治区包头市）和起义军首领破六韩拔陵遭遇。两军相接，北魏军大败，元彧被朝廷免职。安西将军、骁勇善战的李叔仁又被起义军大败于白道（武川镇北）。起义军声势大涨，实力日渐壮大。

战败消息不断传来，元诩坐不住了，召集丞相、尚书令、尚书仆射、尚书、侍中、给事黄门侍郎等在显阳殿开会，讨论应对当下局势的策略。元诩发问："如今贼寇遍布恒州、朔州，逼近金陵（北魏先祖陵墓所在地），各位爱卿可有破敌之策？"

吏部尚书元脩义请求派出朝廷重臣率军讨伐，元诩说："去年，郁久闾阿那瓌叛乱，朕派李崇北征，李崇上表请求改镇为州，朕以旧的规章制度不好改动，没有批准。哪承想，李崇这份上表开启了镇户非分之心，导致今天的祸患；事已至此，无可挽回，只是简单提提。李崇是皇亲贵戚（李崇是文成皇帝拓跋濬的李夫人的哥哥），才干突出，朕准备派李崇前去平叛，你们意下如何？"

仆射萧宝夤等人回答："如此甚好，众望所归。"

李崇听元诩把六镇（怀荒镇、御夷镇、柔玄镇、武川镇，扶冥镇，怀朔镇）变乱的罪责安到自己头上，内心委屈，但也不好申辩。他听到元诩要派自己挂帅出征，忙回答："臣以六镇地处偏远，和贼人接壤，我欲安抚众心，岂敢引导他们叛乱？臣论罪当死，感谢陛下宽赦，今要要派遣微臣北征，本来正是改过报恩的机会，但臣年已七十，加上身体有病，不堪军旅，请陛下另择贤才。"

元诩不同意，加李崇使持节、开府仪同三司、北讨大都督，命抚军将军崔暹，镇军将军、广阳王元深皆受李崇的节度。

破六韩拔陵起兵以来，引起了连锁反应，北魏的夏州（治所统万）、东夏州（治所广武，今陕西省延安市东北）、豳州（治所定安，今甘肃省宁县）和凉州（治所姑臧）变民纷纷揭竿而起。秦州（治所上邽，今甘肃省武威市）刺史李彦，为人残暴，上下离心，上邽变民薛珍集合了数人，突然攻入刺史府，杀死了李彦。薛珍他们推举莫折大提（羌人，莫折为复姓）为头领，莫折大提遂自称秦王。北魏朝廷命雍州（治所长安）刺史元志率军讨伐。

当初，南秦州（治所骆谷城，今甘肃省西和县西南洛峪集）氐族世家大族的杨松柏、杨洛德兄弟，多次率众抢掠，北魏南秦州刺史崔游用计引诱他们投降，并让他们担任主簿，对他们态度温和，言辞恳切，让他们劝说叛变的氐人投降。

在杨松柏兄弟的劝说下，叛变的氐人纷纷投降。崔游准备全部铲除他们，他大摆宴席，宴请杨松柏兄弟和投降的氐人头领。杨松柏等人没有戒备，都开怀畅饮，喝得迷迷瞪瞪之际，崔游使了个眼色，埋伏的士兵冲出，不由分说，把杨松柏等人全部斩首。崔游的部下意识到他的阴险毒辣，对他既惧且怕。崔游得到秦州刺史李彦被杀的消息，也有些自知之明，准备弃城逃跑，但没有逃成。变民张长命、韩祖香、孙掩等人响应莫折大提，率众起义，攻打刺史府，杀死了崔游。

莫折大提派部将卜胡攻击高平镇，镇将赫连略不敌，城池被攻破，赫连略和行台高元荣被杀。

莫折大提不久去世，儿子莫折念生统率了他的部队，自称皇帝，设置文武百官，改年号为天建。

正光五年（524）七月六日，北魏朝廷任命吏部尚书元脩义兼尚书仆射，为西道行台，率诸将讨伐莫折念生。

抚军将军崔暹，不听北伐大都督李崇的号令，率军和破六韩拔陵在白道展开大战，打得大败，崔暹单人独骑逃走。破六韩拔陵乘胜率军攻打李崇，李崇竭尽全力，仍然抵挡不住破六韩拔陵的进攻，于是率军退回了云中郡。

元诩得到战败的消息，大怒，命令逮捕崔暹，把他关押到了廷尉，等候处置。崔暹命家人以女妓、田园家产等贿赂当权的元义，在元义的干预下，崔暹竟被无罪释放了。

七月二十九日，莫折念生派都督杨伯年进攻仇鸠、河池等地，东益州（治所武兴，今陕西省略阳县。东益州辖武兴郡、仇池郡、槃头郡、广苌郡、广业郡、梓潼郡和洛丛郡）刺史魏子建（《魏书》作者魏收的父亲）派部将伊祥等率军迎战，杀死义军一千多人。东益州本来是氐王杨绍先的仇池国，正始三年（506）的时候，北魏攻打仇池，抓获了杨绍先，设置了东益州。魏子建的幕僚认为，州城民风彪悍，秦州和南秦州的叛民都是他们的族人，为了以防万一，应该把他们的武器全部收缴。魏子建认为这样做会适得其反。魏子建派人召集全体城中百姓，对他们喊话，讲明政策，让他们放心。城内遂告安定。

这时，凉州幢（chuáng）帅于菩提率众起事，攻打刺史府，抓获了刺史宋颖，占领了州城。但不久，宋颖找准时机，秘密派人向吐谷浑可汗慕容伏连求助，慕容伏连亲自率军攻打凉州，杀死于菩提。宋颖重管州城。

北魏朝廷任命员外散骑常侍李苗为统军，和将军淳于诞率军分别从梁州（治所南郑，今陕西汉中市）和益州（治所晋寿，今四川广元市）出发，攻打莫折念生，他们军队还在路上的时候，莫折念生派弟弟莫折天生率军东进，攻向陇山（六盘山南段）地区。雍州刺史元志率军在陇口迎战，大败，元志逃向岐州（治所雍城，今陕西省凤翔县）。

第五十三节　尔朱荣登场

北魏东北部和西部包括敕勒部落在内纷纷起义，响应破六韩拔陵，元诩大为苦恼，这时才想起了李崇当初建议的合理性。正光五年（524）八月十八日，元诩下诏说："诸州镇的府户，除因犯罪被发配外，统统免除府户的身份，恢复原来身份。"他下令把"镇"改为"州"，改怀朔镇为朔州，把前朔州改为云州。又派黄门侍郎郦道元（《水经注》作者）前去安抚六镇，但当时六镇已经大乱，恐怕人没到达就身首异处了，因此郦道元终究也没有成行。

当初，鲜卑寒族南迁洛阳的，大多被吏部考选司排斥、压制，不能做官，或者只能做低级别的官员。现在六镇起义，当权的元义怕京城再出意外，就提拔了一些鲜卑寒族做官，来安抚、稳住他们。廷尉评（廷尉属官）、鲜卑人山伟（山姓由土难姓所改）向元诩上表，称赞元义，拍元义的马屁。元义很高兴，提拔山伟为尚书二千石郎。

这时，秀容郡人乞伏莫于也聚众起义，率人攻打太守府，杀死了太守等朝廷命官。

南秀容郡（今山西省忻州市原平市西南）人、以放羊为生的万于乞真，想改变生活，也聚集了数人起义。朝廷派遣的太仆卿陆延正在秀容一带进行慰问，万于乞真率众冲入慰问队伍，杀死了陆延等人。不过很快，这次变乱被匈奴部落酋长尔朱荣平灭。尔朱荣是南北朝时期最猛的猛人，这里介绍一下他的身世。

尔朱荣，字天宝，北秀容郡（今山西省忻州市忻府区）人，匈奴人，先祖居住在尔朱川，以居住地为姓。先祖世代为部落酋长，高祖尔朱羽健在北魏登国（拓跋珪年号，386—396年，共十一年）初年率领部落武士一千七百人跟随拓跋珪平晋阳，定中山。拓跋珪论功行赏，任命他为散骑常侍，以秀容川作为他的居住地，以方圆三百里作为他的封地，可以世代承袭。尔朱氏的居住之地，有狗舐地，尔朱羽健命人在原地挖井，得到一眼甘泉，命名为狗舐泉。尔朱羽健在拓跋焘时代去世。尔朱荣的曾祖父叫尔朱郁德，祖父叫尔朱代勤。尔朱代勤统御部下有方。一次，尔朱代勤带领部下打猎，部下在射击老虎的时候，误中尔朱代勤的大腿，尔朱代勤忍痛，命人把箭拔出。他不去追究射箭之人，说："他是过失伤人，我不忍心加罪。"部下得到消息，无不感激，表示要誓死效忠。高宗（拓跋濬）末年，尔朱代勤被任命为假宁南将军，肆州刺史，高祖（元宏）又赐爵梁郡公。尔朱代勤年老退休的时候，朝廷每年赐帛一百匹。尔朱代勤九十一岁去世，朝廷赐帛五百匹、布二百匹，赠镇南将军、并州刺史，谥号庄。

尔朱荣的父亲叫尔朱新兴，太和（元宏年号，477—499 年）中，继任酋长。有一次在马群中，尔朱新兴突然看见了一条白蛇，白蛇头上长着两只角，游到了马前。尔朱新兴很惊异，冲着蛇说："尔如有神灵，就让我的牲畜繁衍繁盛吧！"说来也是神奇，自此，尔朱新兴家的牲畜日渐繁盛，牛羊骆驼马匹，不计其数，以颜色分别，漫山遍野都是。这自然是编造的神话传说。朝廷每次南下用兵，尔朱新兴都派人送去良马和粮草，元宏嘉奖他，任命他为右将军、光禄大夫。等到迁都洛阳后，元宏特别批准他冬天在洛阳居住，夏天天气炎热时返回部落。后来，他转任散骑常侍、平北将军、秀容第一领民酋长（既管民又管军）。尔朱新兴以年龄大为由，向元诩请求把爵位传给尔朱荣，得到批准。

尔朱荣出生于北魏太和十七年（493），长得白白净净，相貌英俊，年少时就灵巧机变，通达决断。长大后，尔朱荣喜欢打猎，每次围猎都命令属下按照打仗的阵形排列，号令森严，令行禁止，没人敢违反。秀容境内有三处大型池塘，都在高山之上，池水清澈，望不见底，相传名叫祁连池，北魏时称作天池。尔朱荣曾经和父亲尔朱新兴到此游览，忽然听到了箫鼓之声。尔朱新兴对尔朱荣说："古时相传凡是听到这种声音的，做官都能做到三公。我今已迟暮，这个传说应该应验到你身上，你应当努力。"

尔朱荣继承了父亲的爵位之后，被任命为直寝、游击将军。四方暗潮涌动，尔朱荣卖了一部分牲畜，用换来的钱召集义勇，配备衣服和战马，经常组织他们进行训练，准备日后派上大用场。侯景（羯人）、司马子如（汉人）、贾显度（汉人）、段荣（鲜卑人）、窦泰（鲜卑人）等人前来投靠。

柔然可汗郁久闾阿那瓌进犯边境的时候，诏令尔朱荣假节，任命为冠军将军、别将，跟随都督李崇北征。郁久闾阿那瓌退走，尔朱荣率领四千名将士追击，穿越沙漠，但没有追赶上，只好返回。

这次万于乞真起义，杀死了太仆卿陆延等人，尔朱荣率军讨伐，平定了这场变乱。

第五十四节　源子雍保夏州

北魏北部、西部发生大面积起义，地处南方的南梁也乘机进攻北魏，萧衍任命豫州（治所合肥）刺史裴邃为都督征讨诸军事，攻打北魏。南梁徐州刺史成景儁率军攻占了北魏的童城（今安徽省泗县东北）后，又攻陷了睢陵（今江苏省睢宁县）。南梁北兖州刺史赵景悦率军包围了北魏的荆山。裴邃率三千名精骑进攻北魏的寿阳，已经攻入了外城。北魏扬州刺史长孙稚率军顽强抵抗，一天内击退南梁九次进攻。南梁派蔡秀成率军支援裴邃，蔡秀成走到半路迷路了，没有按约定时间到达。裴邃攻不下寿阳，只好撤退。南梁又派将军攻打北魏的淮阳。北魏派行台郦道元和都督、河间王元琛援救寿阳，派安乐王元鉴援救淮阳。

北魏西道行台元脩义患了半身不遂之症，无法继续治军，朝廷派尚书左仆射、齐王萧宝夤为西道行台大都督，率军继续讨伐反叛的莫折念生。

元琛率军抵达西硖石，击退南梁军队，解除了荆山之围。南梁青冀二州刺史王神念率军迎战，被击退。

南梁豫州刺史裴邃和郢州刺史元树夺取了北魏的建陵城（今江苏省新沂市）、曲沭。南梁扫房将军彭宝孙攻克了北魏的琅邪郡（今山东临沂市）。

北魏营州（治所龙城，今辽宁省朝阳市）城民刘安定、就德兴聚众起义，攻入州府，逮捕了刺史李仲遵。城民王恶儿杀死刘安定，归降朝廷。就德兴率领部下向东逃亡，自称燕王。

另一路自称高平王的起义头领胡琛（敕勒人），派部将宿勤明达（宿勤为复姓）攻打北魏豳州、夏州、北华州。朝廷派都督、北海王元颢率军讨伐。

北魏朝廷命令黄门侍郎卢同持节、前往营州慰劳，朝廷授权他便宜行事。卢同派出去好几拨人，前去劝降就德兴，但都被就德兴杀死。卢同转换策略，把变民的家属三十多人免除家奴的身份，携带他的亲笔书信，前去招降。在信中，卢同言辞恳切，晓之以理，动之以情，就德兴又听了家属劝降的话，就投降了。卢同就回朝廷交差，但他前脚刚走，就德兴又反了，朝廷任命卢同为幽州刺史，兼尚书行台，再招抚就德兴。卢同认为就德兴反复无常，率兵前去攻打，但被击退。

朔方（黄河河套的西北部）的匈奴起义军，包围了夏州刺史源子雍所在的州城。源子雍出身名门，他的爷爷就是北魏的太尉源贺，父亲是骠骑大将军源怀。源子雍爱好文学，待人诚恳，他是元诩为太子时的东宫旧属，深得元诩的信任，从太子舍人逐渐提拔为恒农太守、夏州刺史。州城被围，源子雍率军顽强抵抗，城中粮食吃尽，就杀了战马煮食。源子雍善于做思想工作，深得将士拥戴，人人拼尽全力，无怀有二心之人。

眼看城内能吃的将要吃尽，这样下去必不能长久，源子雍准备出城去找寻粮食，留下他的儿子源延伯守卫州城统万。属下纷纷对他说："如今天下分崩离析，贼寇数万，四方的音信都已经断绝，顷刻之间，变化难以预料，大人父子不宜分开，不如我们都弃城而去，以图来日。"

源子雍听到这里，眼含热泪，对属下说道："吾家世代深受国恩，我也身负朝廷重托，我就是捐躯在此，更欲何求？然而守城以来，时间已经不短了，我担心的就是粮食不够，不能克敌制胜。我今天出去向东夏州求粮，如果能得到几个月的粮食，州城必能得到保全。"

源子雍留下精锐士兵守城，他率领老弱残兵，前去从东夏州运粮。源延伯和将士把源子雍一行送出城外，洒泪告别，三军莫不呜咽。源子雍一行走了数日，被朔方匈奴酋长曹阿各拔抓获。源子雍秘密派人送信到统万城，勉励众文武说："援军正在路上，你们要努力坚守，你们今天的努力，必将造福子孙后代。"

但源子雍被敌人捉住，给全城造成了恐惧，源延伯对将士说："我父亲吉凶不测，我心如火烧，难以排解。但我奉命守城，责任重大，如果因私事影响公事，忠诚和孝心全失，请诸位明白我的心意，不要辜负朝廷的重托。"源延伯和将士一起喝菜汤充饥，坚守城池。众将士也被源延伯的凛然大义感动，拼尽了全力。

源子雍虽然被匈奴人囚禁，但匈奴人没有为难他，以对待平常人的礼仪对待他。源子雍利用一切机会，给匈奴人讲解、分析利害关系，劝曹阿各拔归顺朝廷。

恰巧这时曹阿各拔去世了，他的弟弟曹桑接管了部众，他听从源子雍的相劝，归顺了朝廷。

源子雍拜见行台都督、北海王元颢，给他分析可以消灭起义军的若干理由，元颢拨付他一些兵马，让他先行出发。当时东夏州全境到处都是起义军，他们安营扎寨，交通阻断。源子雍率军辗转战斗而行，九十天里历经数十次战斗，终于平定了东夏州的起义军，他命人征收粮食，运往统万城。统万城内有了粮食吃，将士作战更加勇敢，夏州和东夏州得到了保全。

第五十五节　宇文氏

　　广阳王元深上书朝廷说："今六镇尽叛，高车（敕勒）东西二部也加入他们的行列，以我们的疲惫之师去攻打他们，必定不会取胜。不如挑选精兵把守恒州诸要冲之地，来日再图之。"于是，元深和北讨大都督李崇撤退到了平城。

　　李崇对诸位将军说："云中，是通往白道的要冲之地，贼之咽喉，如果此地不能得到保全，则并州和肆州就会陷入危险境地，当留下一位大将镇守，谁可以担此重任？"众人纷纷推荐费穆。于是李崇奏请朝廷，任命费穆为云州刺史。费穆为平南将军费万之子，他性情刚烈，熟读史书，热衷功名。

　　被卫可孤俘虏的贺拔度拔父子，和武川镇人宇文肱秘密召集乡里身强力壮之人，偷袭破六韩拔陵的大将卫可孤。卫可孤也非常勇敢，双方在武川镇的南河展开大战。激战中，宇文肱跌下了战马，情势万分危急，这时他的大儿子宇文颢和几个骑兵赶到，杀死了数十个敌人，救出了宇文肱，把他扶上了战马退走。不一会儿，敌人大规模骑兵部队追来，他们又展开血战，宇文颢不幸战死。

　　宇文肱是北周开创者宇文泰的父亲，这里对宇文家作一介绍。宇文氏为鲜卑人，我们之前讲过，匈奴击溃了东胡，东胡分裂为乌桓、鲜卑、柔然等族，鲜卑又分化出慕容、拓跋、宇文等部。鲜卑后人中一个名叫葛乌菟的，雄武又有谋略，鲜卑人钦佩他，奉他为主。他统领了十二个部落，世代都为大人。他的后人中有个叫普回的，一次狩猎时得到了三枚玉玺，玉玺上有文字，写着"皇帝玺"。普回很惊异，认为是上天所赐。他们的习俗称呼天为"宇"，称君主为"文"，因此他们自称宇文国，并以此作为姓氏。

　　普回的儿子莫那，从阴山向南迁徙，开始在辽西居住，曰献侯，是北魏的同种异姓诸侯国。传了九世，到了宇文逸豆归的时代，东晋建元二年（344）正月，为鲜卑人慕容皝（前燕开创者）所灭。宇文逸豆归的儿子宇文陵，先后在前燕、前秦和后燕为官，在后燕时为驸马都尉，封为玄菟郡公。北魏皇始二年（397），北魏道武帝拓跋珪攻陷后燕的都城中山，宇文陵率领五百名骑兵降顺北魏，拜为都牧主，赐爵安定侯。北魏天兴初年（398），北魏把后燕皇族贵臣、豪杰等迁到当时的都城平城附近，宇文陵被安置到了武川镇。宇文陵生宇文系，宇文系生宇文韬，他们都以军事谋略著称。宇文韬生宇文肱。宇文肱为人侠肝义胆，有气魄。宇文肱有四个儿子——宇文颢、宇文连、宇文洛生和宇文泰。

宇文肱父子和贺拔度拔父子等人除去了义军大将卫可孤。不久，在和高车的会战中，贺拔度拔不幸阵亡。

元深受李崇节制，很不爽，他从李崇的长史（相当于秘书长）祖莹（《三字经》中的人物，"莹八岁，能咏诗"）身上找到了突破口。元深上表，举报祖莹虚报杀人数量，截留没收军用物资。朝廷开除了祖莹，并追究李崇的责任，把李崇免职召回。元深独掌了军事大权。顺便交代一句，祖莹后来又被朝廷征召为散骑侍郎。

莫折天生攻打岐州（治所雍城镇，今陕西省凤翔县东五里。岐州辖平秦郡、武都郡和武功郡），岐州刺史裴芬之怀疑城里有人和贼人勾结，准备把他们全部驱赶出去，但之前前来投靠的西征都督元志不同意，因此没有实施。等到莫折天生攻打雍城镇的时候，城内奸细果然打开城门，迎接莫折天生大军入内，元志和裴芬之都被活捉，送到了莫折念生那里。莫折念生命令把元志和裴芬之斩首示众。这是起义军起兵以来，北魏遭受的重大损失，一个亲王和一个刺史被杀。

莫折念生派大将卜胡攻打泾州（治所平凉，今甘肃省华亭县。泾州辖安定郡、陇东郡、新平郡、赵平郡、平凉郡和平原郡），在平凉城东大胜北魏光禄大夫薛峦。

这时，南梁的扫虏将军彭宝孙率军攻下了北魏的檀丘（今山东省莒县西），又攻克了东莞（今山东省莒县）；豫州刺史裴邃攻下了北魏狄城（今安徽省寿县南）、甓城（今寿县南），驻扎在黎浆（今寿县东南）。

北魏的东海郡（今江苏省宿迁市北）太守韦敬欣，献出城池，投降了南梁。南梁定远将军曹世宗又攻下了北魏的曲阳（今安徽省淮南市）。南梁又攻克了北魏的秦墟，北魏守城军纷纷逃走。裴邃进攻寿阳下辖的安城，马头、安城，都向裴邃投降。北魏的荆山郡也投降了南梁。

不服从莫折念生的高平义军，杀死卜胡，迎接他们本土的义军首领胡琛。

北魏朝廷命黄门侍郎杨昱兼任侍中，持节，监督北海王元颢，援救幽州，幽州之围得解。迁到关中的蜀人张映龙和姜神达，知道州中空虚，率众攻打雍州（治所长安，今陕西省西安市。雍州辖京兆郡、冯翊郡、扶风郡、咸阳郡、渭南郡和北地郡），州长元脩义向杨昱求援，一天一夜，连发九封求救信。但都督李叔仁迟疑不决，不肯发兵。杨昱对他说道："长安，乃关中之基本，若长安不守，大军必然瓦解，留在此处又有何用？"于是杨昱和李叔仁一同出兵，杀死姜神达，余党四散奔逃。

南梁的信威长史杨乾攻陷了北魏的武阳关和岘关；南梁的武勇将军李国兴攻克了平靖关，北魏义阳三关全部失守。李国兴又率军包围北魏的郢州（治所义阳，今河南省信阳市。郢州辖安阳郡、城阳郡和汝南郡），郢州刺史裴询和蛮族酋长、西郢州刺史田朴特互通信息，相互援救，南梁军队围攻近一百天，无法攻克。这时，北魏的援军抵达，李国兴率军撤退。

北魏汾州（治所蒲子城，今山西省隰县龙泉镇。汾州辖西河郡、吐京郡、五城郡和定阳郡）诸匈奴部落全部起义，朝廷任命章武王元融为大都督，率军平定。元融相貌丑陋，勇武过人，但谋略不足，被匈奴击败。

第五十六节　黑水之战

北魏东益州刺史魏子建沟通、安抚能力比较强，他劝说南秦州（治所骆谷城，今甘肃省陇南市西和县。南秦州辖天水郡、汉阳郡、武都郡、武阶郡、修城郡和仇池郡）叛变的氐人归顺朝廷。陆续有氐人归顺，到最后，竟然全州六个郡和十二个军事营地，全部收复。魏子建进攻叛变头目韩祖香，杀死了韩祖香。朝廷提拔魏子建兼任尚书、行台，东益州刺史之职保留，梁州、巴州、益州、秦州、南秦州的军事部队全部归魏子建节制调度。

莫折念生派军攻打凉州，城中变民首领赵天安把刺史宋颖抓获，响应莫折念生。这也是宋颖第二次被变民抓获。一年之后，忠于北魏的吐谷浑出兵攻打赵天安，赵天安不敌，投降，凉州又回归北魏。

南梁的安北长史柳浑攻克了北魏南乡郡（今河南省淅川县）；安北司马董当门攻克了晋城、马圈和雕阳。

北魏徐州（辖彭城郡、南阳平郡、蕃郡、沛郡、兰陵郡、北济阴郡）刺史元法僧，没有治理才能，贪污受贿，残暴不仁，靠着巴结元乂才到了今天的位置。但这个人有点小聪明，他见元乂骄傲放纵，四方风起云涌，感觉距离元乂垮台已经不远，因此决定谋反。

恰好这时，朝廷派中书舍人张文伯到达了彭城，元法僧对张文伯说："我打算和你舍弃危险的地方，到安全的地方去安身，你能跟我去吗？"

张文伯当时就明白他说的什么意思了，回答道："我宁死去见文帝陵墓上的松柏。怎么能舍弃忠义，而行叛逆之事？"元法僧斩张文伯。

北魏正光六年（525）元月十五日，元法僧杀死行台高谅，称帝，改年号为天启，把儿子都封为王。北魏朝廷派军讨伐，元法僧派儿子元景仲作为使者，向南梁请降。

北魏安东长史元显和率军攻击元法僧，但被打得大败，元显和被元法僧俘虏。元法僧和元显和套近乎，拉着他的手，让他在自己身旁落座。元显和不肯，说："我和你都是皇亲国戚，今天如果反叛，不担心日后历史上有不良记录吗？"

元法僧还想继续拉拢元显和，元显和断然拒绝，说："我宁死为忠鬼，不能生为叛臣。"元法僧斩元显和。

义军首领莫折念生的弟弟、高阳王莫折天生驻扎在黑水（今陕西省宝鸡市境内），声势浩大，气焰嚣张。北魏朝廷派岐州刺史崔延伯为使持节、征西将军、西道都督，率领五万名将士前去讨伐。崔延伯和行台萧宝夤会合于马嵬（今陕西省兴平市马嵬镇），然后在南北相距一百步的地方安营扎寨，互相接应。

萧宝夤多次集合诸将讨论方略，崔延伯说："贼人新近取得一连串胜利，很难与他们争锋。"

几次下来，萧宝夤憋不住了，正色责怪崔延伯道："将军身负朝廷重托，率军出征，安危全系你一人之身，你每次都说贼不可讨，显示怯弱，损害皇家的威名，挫损我军的锐气，这是你的罪过。"

次日早晨，崔延伯到萧宝夤大营去道歉，说道："今天我就为明公检验一下贼人是勇敢还是怯弱。"崔延伯挑选了数千名精兵，渡过黑水，列阵西进，接近敌营。萧宝夤率军在黑水东，缓缓向西北移动，作为后援。

崔延伯率军抵达莫折天生的军营，擂鼓呐喊一通，然后慢慢撤退。莫折天生的军队看崔延伯就带了这么点儿人，竞相出营追击，人数超过崔延伯人马的十倍，把他们逼到了水边。萧宝夤一看这场面，大惊失色。但崔延伯并不和他们交锋，亲自殿后，命令将士渡河。运送神速，不一会儿将士全部过河，崔延伯才神色自如地开始渡河。莫折天生军被镇住了，等到崔延伯过河，他们也收兵回营。

萧宝夤大喜，对将士说："崔公之勇，胜过关羽、张飞。"

崔延伯骑快马来见萧宝夤，对他说道："这帮贼人非老夫对手，明公请坐观我破敌。"

后日，崔延伯率众而出，萧宝夤为后援。莫折天生率军来战。崔延伯下达进攻命令，他身先士卒，力斩莫折天生的前锋，将士勇敢冲杀，争先恐后，俘虏和杀死十万多人，一直追赶莫折天生到小陇山。于是，岐州、雍州和陇山以东的叛乱全部平定。崔延伯的将士逗留不前，抢夺金钱宝物，莫折天生趁机堵塞陇山的道路，朝廷军队无法进军。朝廷提拔崔延伯为右卫将军。

南梁豫州刺史裴邃又攻陷了北魏的新蔡郡（今河南省固始县）、郑城（新蔡郡东南）。

北魏河间王元琛忌惮裴邃的威名，驻扎在城父（今安徽省亳州市东南）达几个月之久，朝廷派廷尉少卿崔孝芬持节、携带千牛刀前来督促。元琛遂率军南下，抵达寿阳，准备出兵决战。扬州刺史长孙稚认为一直在下雨，不能出兵，元琛不听，率领五万兵马出城攻打裴邃。裴邃设下埋伏，命令直阁将军李祖怜前去挑战，诈败，元琛率军追击，中了埋伏，大败，被杀死一万多人。元琛逃入寿阳，关闭城门，不敢出战。

南梁帝萧衍任命宣城郡太守元略为大都督，率领将军陈庆之（白袍将军）等人前去接应投降的元法僧。北魏安乐王元鉴，率军讨伐元法僧，在彭城南，攻打元略，大胜，元略和十几名骑兵逃入了彭城。元鉴刚取得胜利，防守松懈，元法僧趁机偷袭，元鉴大败，单人独骑逃走。萧衍任命元法僧为司空，封始安王。

南梁将军王希聘，攻陷了北魏的南阳平郡，生擒太守薛昙尚；南梁北兖州刺史赵景悦攻陷了龙亢。

北魏朝廷任命安丰王元延明为东道行台，临淮王元彧为都督，率军攻打彭城。

第五十七节　赐死元乂

之前，右卫将军奚康生准备杀死元乂，救出胡太后，但没有成功，奚康生被杀，等到元乂的死党、宦官、司空刘腾去世后，对胡太后的看管稍微放松了。元乂也是心大，经常留宿在外，每天都出去游玩，流连忘返。元乂的亲信规劝他，他也不听。

胡太后暗中探察到元乂经常外出这种情况。正光五年（524）秋，胡太后面向元诩，对群臣说："如今，隔绝我们母子，不准我见儿子，我还有什么用？放我出家做尼姑，我将在嵩山闲居寺修道。先帝有先见之明，修建了闲居寺就是为了今天（509年，元恪命人在嵩山修建了闲居寺）。"

说着说着，胡太后就动手剪掉自己的头发，元诩和文武大臣赶紧跪倒磕头，流泪规劝。胡太后看到目的初步达成，越发装出可怜的样子，声音悲切严厉。元诩数日未见母亲，为了安慰母亲，在嘉福殿住了数日，其间他们母子密谋罢黜元乂。

元诩才十几岁，但能沉得住气。他告诉元乂，说母亲想念自己，有怨恨之言，想经常来显阳殿看望自己。说着，元诩也流下泪来，又说起胡太后要出家的事情，说自己每天要难过和愧疚多次。元乂毕竟是胡太后的妹夫，还有亲情在，没有起疑心，还劝元诩要听母亲的话，太后要来显阳殿的话，听她自便好了。元诩要的就是元乂的这个态度，听元乂这么说，他心里暗喜。从此，胡太后经常来往于嘉福殿和显阳殿，北宫和南宫之间再无障碍。

元乂推荐的徐州刺史元法僧反叛，这让胡太后抓住了把柄，她多次向元乂提起，元乂感到惭愧和后悔。

丞相、高阳王元雍职位比元乂高，但特别忌惮元乂，因为大权全掌握在元乂手里，他内心愤愤不平。正逢胡太后和元诩游览洛水，元雍盛情迎入府中。等到晚上，他们三人进入内室，让侍卫守门，任何人不得入内，三个人定下了铲除元义的计谋。

不久，元诩和元雍面见胡太后，元雍对胡太后说道："臣不忧天下叛贼，唯虑元义，为什么呢？元义总掌禁旅，他父亲率百万之众，虎视京西（元义的父亲元继为大将军、都督西道诸军）；他弟弟为都督，拥有三齐（今山东省）之众。元义无心谋反则已，如果有心，朝廷将何以应对？元义虽然现在不反，但谁知道他内心怎么想的，不能不让人担心。"

胡太后说："你们说得对，如果元郎忠于朝廷而无反心，为何不辞去领军的职务，以现有的其他官职辅政。"

他们故意把这些话放出风，让元义听到。元义听到后，果然很害怕，他觐见胡太后和元诩，摘下官帽，请求辞去领军的职务。元诩任命他为骠骑大将军、开府仪同三司、尚书令、侍中、领左右（掌管宫中事务），又任命元义的亲信侯刚为领军，麻痹元义。胡太后和元诩又把元继召回了京师。元义虽然辞去了领军的职务，但还掌管宫中事务，权力很大，他自认没有人敢对他怎么样。

元义在朝中的势力很大，胡太后犹豫不决，侍中穆绍劝他速速决断。胡太后决定先剪除元义的羽翼。她任命侯刚为冀州刺史、仪同三司，侯刚走到半路，胡太后又下令贬他为征虏将军。侯刚不久去世。她又任命贾粲为济州刺史，不久又派人把他杀死。

宦官张景嵩、刘思逸、屯弘昶、伏景等人也谋划除掉元义。潘嫔妃深得元诩的宠爱，张景嵩准备游说潘嫔妃，于是对她说："元义要加害你。"潘嫔妃信以为真，跑到元诩跟前哭着说："元义非但要杀害臣妾，还要谋害陛下。"元诩对潘嫔妃的话深信不疑，乘着元义外出住宿的机会，解除了他的侍中职务。侍中职位虽然不高，但可以在皇帝身边行走，自由出入宫中。解除了这个职位以后，第二天元义想入宫，被禁卫军挡在了门外。

北魏正光六年（525）四月十七日，胡太后再度临朝听政，下诏剥夺刘腾的官职，把元义从皇族名单中除去，贬为平民。

这时，被元义害死的清河王元怿的属官韩子熙，上书为元怿申冤，请求诛杀元义等人："昔赵高控制了秦朝政权，令关东鼎沸；今元义专政，使四方风起云涌。

祸端之始，是宋维；祸端之末，是刘腾，请把他们全族处死。"

于是胡太后命令挖掘刘腾的坟墓，把他的尸体分裂，收没家产，诛杀他的养子们，命宋维自杀，又任命韩子熙为中书舍人。

元义是胡太后的妹夫，胡太后网开一面，没有杀他。给事黄门侍郎元顺是任城王元澄之子，元澄和元义不和，加之元顺又比较正直，元义就排挤元顺，之前任命他为齐州刺史，这次胡太后把他召回京师，任命为侍中。

一天，元顺侍坐胡太后，当时胡太后的妹妹、元义的妻子胡氏也在旁。元顺指着胡氏说："陛下奈何因一个妹妹，不治元义的罪，使天下人不能申冤解恨。"胡太后沉默。

又有一天，胡太后对众人说："刘腾、元义曾经向我求免死铁券，希望以后免死，幸亏我没有给他们。"韩子熙说："事关生杀，岂能系在铁券身上。而且陛下昔日不给，怎能解释得了今天的不杀？"胡太后怅然。

没过多久，有人告发说："元义和他的弟弟元瓜密谋引诱北方六镇的降户在定州造反，又准备招鲁阳蛮人侵扰伊阙（位于今河南省洛阳市南），元义作为内应。"

已经得到元义的手书，胡太后还是不忍心杀他。群臣固请，元诩也在旁请求，胡太后才终于同意了，赐元义和元瓜在府中自尽，但仍赠元义为骠骑大将军、仪同三司、尚书令。元继被免去职务，不久病死。前幽州刺史卢同为元义同党，也被削职为民。

时光流转到了 20 世纪，1974 年，元义的墓地在河南省洛阳市孟津区朝阳镇向阳村西南方二百五十米，洛孟公路西侧四十米处被发现。

第五十八节　"徐郑"

　　胡太后爱美，特别喜欢化妆，经常化浓妆出游。元顺性格刚直，有一次在胡太后外出的时候，面谏她说："按照古礼，妇人的丈夫去世，她自称未亡人，需要去掉头上的珍珠和玉器，不能穿华彩的衣服。陛下母临天下，年近不惑，修饰太甚，何以做后世的楷模！"

　　胡太后闻听，很惭愧，她没有下车，又返回了宫中，然后召见元顺，指责他道："从千里之外把你招来，难道是让你当众羞辱我吗？"元顺回答说："陛下不害怕天下人取笑，还会为我的一句话感到羞愧吗？"

　　穆绍才能不大，但他为人性格端正，不喜欢社交场合。有一次，他和元顺一同值班，元顺喝醉了，进入了穆绍的寝室，穆绍用被子裹着身子坐立起来，严肃地责备元顺说："我身为侍中二十年，与你家先君曾经一起共事。纵然是卿被选拔重用，何故如此恣意放纵？"于是，他辞职回家。胡太后专门下诏安慰他，过了一些时日，穆绍才又回朝廷供职。

　　当初，郑俨是司徒胡国珍（胡太后父亲）的行参军，因此得以结识胡太后。郑俨体格健壮，一表人才，被胡太后看上，两人有了奸情，但他们严守秘密，外人并不知道。郑俨被任命为散骑侍郎、直后（在乘舆之后担任侍卫）。胡太后被囚禁时，齐王萧宝夤西上讨伐莫折念生，任命郑俨为属下，跟随他出征。胡太后又再次临朝听政，郑俨得到消息，向萧宝夤请求作为信使回朝送信，萧宝夤答应了。等到了洛阳，郑俨见到了胡太后，两人旧情复燃，胡太后任命他为谏议大夫、中书舍人，兼领尚食典御（管理宫里饮食），这样郑俨就整天住在宫中。每当休假的时候，胡太后就派宦官跟着郑俨一起回家，从旁监督，郑俨见到妻子的时候，只能谈论家务，不能有亲热的举动。

名将杨大眼之子杨华（本名白花），相貌堂堂、身材魁梧，又有勇力，深得胡太后的喜欢。胡太后逼迫杨华成为自己的情人，但杨华怕日后招来祸患，率领部曲投降了南梁。胡太后非常想念杨华，仿造南朝民歌的格式写下了一首恋情诗——《杨白花歌辞》：

> 阳春二三月，杨柳齐作花。
> 春风一夜入闺闼，杨花飘荡落男家。
> 含情出户脚无力，拾得杨花泪沾臆。
> 秋去春来双燕子，愿衔杨花入窠里。

胡太后命宫人昼夜挽着胳膊踏足唱之。就诗的本身而论，是一首非常好的诗，用象征手法表达了一位失恋女子对恋人的思念之情，凄婉哀怨。

中书舍人徐纥，家世寒微，少时好学，以文采见长，被时人称道。世宗皇帝元恪在位初年，他被任命为中书舍人。他攀附赵脩，待到赵脩被杀，受到牵连，被流放到枹罕服劳役。当时规定抓住五个流亡兵丁者，免去劳役，徐纥因此得免。回到洛阳后，因为有文采，他又被任命为中书舍人，当时清河王元怿把他作为自己的笔杆子使用。元义谋害元怿，徐纥受到牵连，被任命为雁门太守，他以母亲年迈需要奉养为由，辞官回家。但他不是真的回家了，而是去投靠了元义，元义对他能这么做很满意。

胡太后再次临朝听政，赐死元义，因为之前徐纥被元怿重用过，就把正在为母服丧的徐纥再次任命为中书舍人。徐纥善于攀附，他这次投靠了郑俨，成为郑俨的心腹爱将。郑俨看到徐纥几起几落，认为他有智慧，因此把他作为首席参谋。徐纥精明，发现了郑俨和胡太后的特殊关系。于是他使出了浑身解数巴结郑俨，二人通力合作，权倾朝野，被称为"徐郑"。

郑俨累迁至中书令、车骑将军；徐纥很快就被提拔为给事黄门侍郎，仍兼任中书舍人，总领中书省门下省之事，下发的军国大事之诏令，全部出自他之手。徐纥头脑灵活，口才也比较好，精力充沛，终日工作，休息很少，也不觉得劳累。每当有紧急诏令的时候，他就召集几个人拿来纸笔，他口授，他们记录。口述时，

▲ 胡太后

徐纥或来回踱步，或躺在床上。等徐纥口述完毕，几个做记录的一对照，一纸诏书匆忙间就写出来了，虽然算不上佳作，但也文辞通顺，符合事理。当时的黄门侍郎王遵业、王诵也以文学见长，还要为徐纥执笔。其实，徐纥没有经国治世之谋略，只是爱耍点儿小聪明，他深谙为官之道，见人的时候比较恭谨，朝野内外，纷纷向他靠拢。

给事黄门侍郎袁翻、李神轨都兼任中书舍人，也为胡太后所信任。当时很多人都说李神轨也是胡太后的情人，众人也无法去求证。李神轨准备和散骑常侍卢义僖结为儿女亲家，卢义僖预料李神轨日后必定没有好下场，拒绝了这门亲事。

黄门侍郎王诵问他道："晋时乐广不以一个女儿换五个儿子（公元303年西晋'八王之乱'中，成都王司马颖攻打太尉司马乂。当时有人告发说尚书令乐广和司马颖里应外合，因为司马颖的王妃是乐广的女儿。司马乂质问乐广，乐广说不以五个儿子换一个女儿），难道您要这么做吗？"

卢义僖回答说："我不答应，就是出于这个原因。如果答应了婚事，灾祸会来得很迅猛。"王诵紧紧地握着卢义僖的手说："我听从天命，不敢把这事告诉别人。"

卢义僖把女儿许配给了他人。接近婚期的时候，这事竟然惊动了胡太后，她亲自派中常侍服景到卢义僖府上宣布口谕，停止婚礼。当时卢府上下惊慌失措，但卢义僖泰然自若。

第五十九节　崔延伯战死

高平王胡琛占据高平，派大将万俟（mò qí）丑奴（匈奴别部）和宿勤明达（羌人）率军攻打北魏的泾州（治所安定，今甘肃省泾川县北五里），北魏将领卢祖迁和伊瓮生（二人为元志属下，在元志战败后留在泾州）率军迎战，但战败。北魏西道行台萧宝夤和征西将军崔延伯携战胜莫折天生的余威，率军和卢祖迁等人会师于安定，部众达到十二万人、战马八千匹，军威盛大。

万俟丑奴率军在安定西北七里扎营，不时派出轻骑挑战。但双方大军还未交锋，万俟丑奴就向北撤走了。崔延伯自恃勇敢，要求担任先锋。他命令建造巨型盾牌，内装支撑的立柱，让壮士背着前行，称为排城。然后把辎重放到排城里面，让士兵在外面，从安定北沿着平原地带北上。

还没有开战，义军派数百名骑兵手持文书诈降，说是投降人名册，乞求暂缓进军。萧宝夤和崔延伯正要打开文书，宿勤明达引兵从东北杀到，这时，"投降"的数百名骑兵突然变脸，从西竞相杀来，从腹背两面攻打北魏军。崔延伯挺身上马，奋勇杀敌，向北追逐义军，逼近义军大营。义军都是轻骑兵，行动便利，崔延伯骑兵步兵交杂，战斗时间长了，疲惫不堪。义军趁机攻入了排城之中，崔延伯大败，死伤近两万人。萧宝夤聚拢逃散部队，退保安定。

崔延伯对此次战败，感觉很丢脸，他修缮铠甲和兵器，招募骁勇之士，再次从安定西进，在距离义军七里之地扎营。

北魏正光六年（525）四月十八日，崔延伯没有向萧宝夤汇报，径自向义军发动突袭，大胜，顷刻之间攻破几座营寨，义军纷纷逃跑。北魏军却不再追击，而是放下武器，哄抢义军的物资财宝，场面失控。义军又折了回来，北魏军被杀得大败，崔延伯身中流箭，翻身落马，被义军杀死，年龄不详。北魏军被杀死了一万多人。

崔延伯后被追赠为车骑大将军、仪同三司、定州刺史，谥号为武烈。

义军未平，又折损一员大将，北魏朝野陷入忧愁、恐惧之中，义军声势越加盛大。每当有在外官员回京，胡太后就向他们询问义军的情况。他们都说义军非常弱小，容易消灭，以取悦胡太后，所以出征将帅请求朝廷增派援兵往往不被批准。

北魏朝廷向柔然求助，柔然可汗郁久闾阿那瓖率军击败北魏义军首领破六韩拔陵的军队，朝廷派牒云具仁携各种礼物前去赏赐慰劳。郁久闾阿那瓖很高兴，又按照朝廷的要求，率领十万大军，从武川镇西进，直指沃野镇，数次击败破六韩拔陵的军队。北魏朝廷又派人前去赏赐慰劳。

破六韩拔陵把北道大都督元深包围在了五原（今内蒙古自治区包头市），军主贺拔胜招募两百多名敢死队员，打开东门出战，斩首义军一百多人。义军被震慑，稍稍后撤。元深乘机率军向云州（前朔州，州府盛乐）而去，贺拔胜殿后。

云州刺史费穆善于安抚人心，他招揽逃散的士卒和百姓，把他们组织起来，四面拒敌。当时北方州镇除了云州，全部被义军占领。道路阻断，援军不到，粮食和战争物资消耗殆尽，费穆没有选择坐以待毙，他率领部众放弃了盛乐，南下秀容投靠尔朱荣。之后，费穆前往京师请罪，胡太后予以赦免。

广阳王元深很看重和信任长流参军于谨，大事小事都和于谨商量，面对当下局面，于谨向元深建议道："如今盗寇蜂起，不宜专靠武力镇压。谨请以大王之威名，前去给他们讲讲祸福的道理，到时不劳兵甲，就可以平定贼寇。"元深赞成。

于谨通晓包括敕勒语在内的多种语言，为了表示诚意，他单枪匹马前往敕勒人的营寨，求见酋长，宣示恩德和信义。于谨感化了西部敕勒酋长乜列河等人，他们率领三万多户南下，请求归降。元深准备亲自率军到折敦河迎接，于谨劝他说："破六韩拔陵兵势正盛，得到乜列河等人前来投降的消息，必定出兵阻截，若他们先占据险要地点，我们不容易取胜。不如以乜列河作为诱饵，埋下伏兵等待他们，必能击败叛军。"元深同意了。

破六韩拔陵果然前来拦截乜列河，全部俘虏了他们，这时，北魏伏兵冲出，破六韩拔陵不备，大败。乜列河等人投降了元深。

柔然可汗郁久闾阿那瓖攻打破六韩拔陵的军队，又大胜，力斩破六韩拔陵的大将孔雀等人。为了避开郁久闾阿那瓌，破六韩拔陵率众渡黄河南下。北魏将军李叔仁见破六韩拔陵日益逼近，向元深请求援助，元深率军前往。当时，叛民前后投降的达到了二十万人，元深和行台元纂上表说："乞请在恒州以北设置郡县，来安置降户，并根据情况救济他们，平息他们的反叛之心。"

胡太后不准，下诏命黄门侍郎杨昱把降民安置到冀州、定州和瀛州就食。元深对元纂说："这些人将会成为晋时的乞活军一样，成为不稳定的因素。"

第六章

尔朱荣平六镇

第六十节　杜洛周起义

北魏孝昌元年（525）八月，柔玄镇（今内蒙古自治区兴和县西北）高车人杜洛周，在上谷郡起兵，改年号为真王，攻取了附近的数个郡县。高欢、蔡儁、尉景、段荣和彭乐等人都前去投靠。

杜洛周率军包围了燕州（治所广宁，今河北省涿鹿县）刺史崔秉。北魏朝廷命幽州刺史常景兼任尚书，为行台，和幽州都督元谭一起讨伐杜洛周，支援燕州。他们分派部队自卢龙塞（今河北省迁安市北）到军都关（今北京市昌平区居庸关北）的险要之处把守，元谭驻扎于居庸关（太行八陉之八，位于今北京市昌平区西北三十里）。

平西将军高徽（高欢堂叔）出使哒哒（西域国名），归来的时候，经过河州州城枹罕（今甘肃省临夏市）。恰巧这时河州刺史元祚去世，前刺史梁钊的儿子梁景进和莫折念生勾结，包围了州城，要抢班夺权。河州长史元永等人推举高徽行河州事，主持河州工作，率将士固守。梁景进也自称行河州事，高徽又向吐谷浑求救，吐谷浑发来救兵，梁景进等不敢败走。

北魏西北部大乱，南部的荆州、西郢州蛮夷也乘机作乱，切断了险要的三鸦路（今河南省鲁山县），诛杀都督，到处抢掠，直达北方的襄城（今河南省襄城县）。汝水附近的大族首领，带领族人结寨自保，道路阻断。蛮夷又引导南梁将军曹义宗进攻荆州。北魏都督崔暹率领数万名将士前去营救，但到了鲁阳后迟疑不前。北魏朝廷任命临淮王元彧为征南大将军，率军讨伐鲁阳蛮；司空长史辛雄为行台左丞，推向叶城（今河南省叶县西南）。北魏朝廷另派征虏将军裴衍，恒农太守王罴率军一万，自武关（今陕西省商南县西南）进军打通三鸦路，使各路军马南下。裴衍等人还没有到达三鸦路，元彧率人马已经到达汝水，元彧和辛雄迅速出击，蛮夷四散奔逃。

南梁曹义宗率军攻陷了顺阳、马圈，和裴衍在淅阳大战，曹义宗败退。裴衍收复顺阳，攻打马圈，但马圈城池坚固，裴衍军粮不足，被曹义宗打败，顺阳又被南梁夺取。北魏任命王罴为荆州刺史。

这时，北魏汾州（治所蒲子城，今山西省隰县）的稽胡（匈奴别种）酋长刘蠡升起兵造反，自称皇帝，设置了文武百官。

杜洛周率军进攻黄瓜堆（今山西省山阴县北），与敕勒部落酋长斛律金遭遇。斛律金字阿六敦，斛律氏敕勒部落分支之一，他的高祖斛律倍侯利，以刚勇闻名塞外，北魏道武帝拓跋珪时代，归顺北魏，封孟都公，内迁。斛律金的祖父斛律幡地斤，官至殿中尚书，他的父亲斛律大那瑰官至光禄大夫、第一领民酋长。斛律金性格敦厚直爽，精于骑兵射箭，行军打仗采用匈奴的方法，望见飞扬的尘土就能知道有多少马步兵，耳听地面就能知道敌军的大致距离。当初斛律金作为军主，和怀朔镇将杨钧一起护送郁久闾阿那瓌北归，中途打猎的时候，郁久闾阿那瓌深叹斛律金箭术之精。破六韩拔陵起兵的时候，斛律金率众归附，破六韩拔陵封他为王。通过和破六韩拔陵的近距离接触，斛律金发现破六韩拔陵终究不会成功，于是他率部落万户到云州投降，被任命为第二领民酋长。斛律金率众南下到达黄瓜堆，和杜洛周遭遇，两军大战，斛律金不敌，部众逃散，斛律金和哥哥斛律平前去投奔尔朱荣，尔朱荣任命斛律金为别将。

北魏安州（治所燕乐，今河北省隆化县隆化镇）的石离、穴城和斛盐（今河北省滦平县南）三座城池的戍边士兵约两万人造反，他们响应杜洛周。杜洛周率众从松陉南下，准备和他们会合。北魏行台常景派将军崔仲哲（燕州刺史崔秉之子）屯驻军都关，予以拦截，两军交战，崔仲哲不敌，战死。驻扎于居庸关的幽州都督元谭军队受到惊吓，深夜突然崩溃，朝廷以将军李琚取代元谭的都督之职。

之前，广阳王元深和堂侄子、城阳王元徽的美貌王妃乱伦。元徽任尚书令，为胡太后所信任，这时恒州人请求朝廷任命元深为刺史，元徽就对胡太后说元深心不可测。杜洛周起义，五原县在恒州的降户因为之前元深曾请求朝廷设立郡县安置他们，所以对元深有好感，就推举元深为首领。元深害怕，向朝廷要求回京。朝廷任命左卫将军杨津顶替元深，为北道大都督，元深被任命为吏部尚书。

定州（治所中山，今河北省定州市）左城（今河北省唐县西）的五原降户头领鲜于脩礼（敕勒人），率众起义，率军进攻州城中山，州城军队抵抗，但战局对朝廷军不利。这时，杨津到达灵丘（今山西省灵丘县），得知定州危急，立即率军救援，进入了中山。鲜于脩礼叫阵，杨津准备出城亲自迎战，他的长史许被阻拦，杨津抽出宝剑刺向许被，许被赶紧跑开。杨津率军出城，连斩杀义军数百人，义军退走，定州城内人心稍稍安定。

胡太后任命杨津为定州刺史兼北道行台，任命扬州刺史长孙稚为大都督北讨诸军事，和河间王元琛率军讨伐鲜于脩礼。

西部敕勒斛律洛阳率众在桑乾河西起义，和另一路义军费也头牧子相联合。游击将军尔朱荣击败了他们。

第六十一节　平城失陷

城阳王元徽和给事黄门侍郎徐纥串通一气，共同向胡太后告状，诬陷侍中元顺。胡太后任命元顺为护军将军、太常卿。元顺非常气愤，指着徐纥对胡太后说道："他是我朝的伯嚭（公元前484年，伯嚭害死伍子胥，致使吴国亡国）。"徐纥听到后，并不说话，只是抖抖肩后走开了。元顺又对着他的背影大声责骂道："你有点作文章的小才，埋首写写文字罢了，怎么能玷辱门下，扰乱法纪？"元顺情绪非常激动，胡太后沉默不语。

朔州城的鲜于阿胡聚众起兵，占领了州城。

大都督北讨诸军事长孙稚率军抵达邺城，这时，胡太后的诏书下达，免去长孙稚的大都督之职，以河间王元琛代之。长孙稚派他的儿子长孙裕向胡太后上书说："我之前曾经和元琛在淮南和南梁交战，元琛被裴邃打败，而臣的部队保全，因此和元琛有了私怨，今难以受他节度，且临阵换帅，不是最佳方案。"胡太后不听。大军行进到滹沱河，长孙稚准备休整一下，但元琛不许。鲜于脩礼在五鹿截击长孙稚，两军交战，战况对长孙稚不利，但元琛不施援手，长孙稚大败。胡太后得知战败原因后，把元琛和长孙稚同时除名，但不久又任命长孙稚为假镇西将军。

胡太后任命元深为大都督，讨伐鲜于脩礼，任命章武王元融为左都督，征虏将军裴衍为右都督，受元深的节制调度。元深带儿子出征，元徽又在胡太后的面前陷害元深说："广阳王携带爱子，掌握兵权在外，恐怕怀有异志。"胡太后觉得有道理，于是秘密下了一道诏书，让元融和裴衍防备元深。不知道出于什么目的，二人把这封诏书拿给元深看，元深深感恐惧，他事无大小不敢自己决定，都请示后再处理。

胡太后感觉奇怪，就问他原因。元深回答道："元徽对我恨之入骨，臣及臣的属下处处受到压制。我领兵在外，元徽身居朝廷，时时陷臣于不测的深渊，让臣如何安心？请陛下让元徽担任刺史，这样臣就没有后顾之忧，臣愿意肝脑涂地，在所不惜。"但胡太后不听。其实元深也明白元徽针对他的真正原因。

燕州刺史崔秉被杜洛周围困了数月，城内粮食用尽，也不见援军。孝昌二年（526）五月十日，他率众放弃州城南下，投奔定州。

绛郡（今山西省绛县）的巴蜀首领陈双炽聚众起事，自称建始王。胡太后任命假镇西将军长孙稚为讨蜀都督，率军讨伐。将军薛脩义请命前去游说陈双炽投降。经过薛脩义的劝说，陈双炽归降。胡太后任命薛脩义为龙门镇将。

杜洛周派都督王曹纥真率军到蓟城南抢掠，行台常景派都督于荣率军在栗园（今河北省固安县境内）攻击曹纥真，大胜，斩杀包括曹纥真在内的义军将士三千多人。杜洛周率军进攻范阳郡（栗园位于范阳郡内），要为曹纥真等人报仇，但被常景和于荣击退。

尚书仆射元纂以行台的地位坐镇恒州，鲜于阿胡率军攻打州城平城，元纂率领贺拔允、贺拔胜和贺拔岳兄弟等人抵抗，但抵挡不住义军的攻势。七月十一日，平城被义军攻占，元纂等人逃向了冀州。贺拔允兄弟失散，贺拔岳投奔了尔朱荣，贺拔胜投奔了肆州。

平城是北魏的旧都，拓跋氏曾经在这里经营了百年，如今被义军一朝攻陷。

安北将军、都督恒朔讨虏诸军事尔朱荣经过肆州，刺史尉庆宾不明白尔朱荣的目的，不允许尔朱荣进城。尔朱荣大怒，命令攻城，城破，尉庆宾和贺拔胜等人被生擒。尔朱荣见到贺拔胜后，高兴地说："得到你们兄弟，平定天下，已经足够了。"尔朱荣任命贺拔胜为别将，军中大事都找他商量。

尔朱荣没有报经朝廷同意，任命他的叔叔尔朱羽生为肆州刺史，这时尔朱荣实力已经非常强大，手下人才济济，胡太后也无可奈何，只得默认。尔朱荣安排好肆州的工作，率军返回了秀容。

第六十二节　葛荣称帝

这时，义军的将军元洪业杀死了首领鲜于脩礼，准备投降朝廷，将军葛荣又杀死了元洪业，取代鲜于脩礼，成为义军的首领。葛荣是鲜卑人，本姓贺葛氏。

经过一连串变乱，人心不稳，葛荣率军向北进军，指向了瀛州。广阳王元深从交津口（今河北省武强县南）率军尾随。孝昌二年（526）九月十五日，葛荣率军抵达了白牛逻（今河北省博野县东南）。他率轻骑兵偷袭章武王元融营帐，元融被杀。斩杀了一位王爷，葛荣觉得有资本了，自称皇帝，定国号为齐，改年号为广安。

元深得到元融被杀的消息，大惊，命令军队就地驻扎，不敢前进。侍中元晏秘密向胡太后报告说："广阳王逗留不前，坐等时机实现非分之想。有个叫于谨的，智谋过人，是广阳王的重要参谋助手，时局纷乱之际，恐怕广阳王不会是陛下之忠贞的臣子。"胡太后认为元晏的话很有道理，是于谨在其中起了坏作用，于是命令在尚书省门口张贴告示说，能抓获于谨的，定有重赏。

于谨性格沉稳，有胆有识，他听说朝廷要悬赏抓他，对元深说："今女主临朝，听信谗言，倘若不了解殿下的忠心，恐怕大祸很快就会降临。谨请求只身前往京师，向有司认罪，表明原委，或者可以免罪。"元深同意于谨一试。

于谨到达洛阳后，径直来到了榜下，对众人喊道："我认识这个人。"众人纷纷追问他于谨在哪里。于谨说："我即是也！"有司把他抓了起来。胡太后听说后，命带于谨见她。见面后，她对于谨大发雷霆。于谨竭力表明元深的忠诚，还解释了大军停驻不前的原因。胡太后闻听，怒气渐消，命令把于谨放了。

元深领兵退到了定州，但定州刺史杨津也怀疑元深有异志，对他严加防范。元深得知杨津的这种态度，就没有进入州城中山，而是选择住在了城南的寺庙里。

元深有了危机感，又过了两日，他召集都督毛谥等六七个人，手挽起手，对天发誓，危难之际，互施援手。当时的场合，毛谥只是逢场作戏，但这次盟誓反而激起了他的警惕心，他认为元深这么做有不可告人的心思。叛逆可是重罪，于是他秘密告知杨津，说元深图谋不轨。

杨津命毛谥攻打元深，元深不备，和几个随从逃走，毛谥等人在后面叫喊着追赶，元深等人从小道逃到了博陵郡的地界。也该元深倒霉，遇到了葛荣派出去的巡逻部队，于是元深等人被抓获，送交了葛荣。前文说过，元深建议朝廷设立郡县安置当时还没有起事的这些人，因此义军中很多人对元深有好感。葛荣感觉自己的位置受到了威胁，一不做，二不休，命人杀死了元深。元深年四十二岁。

这时，元徽又诬陷元深主动投降葛荣，胡太后下令把元深的妻子、儿女押入大牢。广阳王府的属官宋游道为人刚正不阿，上书为元深鸣屈，元深的妻子、儿女才被宣判无罪释放。后来，宋游道又和元深的儿子把元深的尸体接回来安葬。

义军头领王就德攻陷了平州（治所肥如，今河北省卢龙县北，平州辖辽西郡和北平郡），杀死了州长王买奴。

天水郡（今甘肃省天水市）义军小首领吕伯度，之前是自称秦帝的莫折念生的属下，后来占据了显亲（今甘肃秦安县东北），想自立，但被莫折念生打败，丢失了根据地显亲，不得已投靠另一路义军头领——高平王胡琛。胡琛很高兴，任命吕伯度为大都督，封为秦王，拨给他一些兵马，让他再去攻打莫折念生。这次吕伯度不断取得胜利，还收回了显亲，但吕伯度又背叛了胡琛，跟朝廷军队接触。

莫折念生非常窘迫，走投无路，就向驻守长安的北魏行台萧宝寅投降，萧宝寅派行台左丞崔士和率军进驻了莫折念生的大本营上封（今甘肃省天水市清水县）。北魏朝廷又任命吕伯度为泾州刺史，封平秦郡公。但是驻扎在陇口的都督元脩义迟迟不向前推进，莫折念生又生反心，他率众攻击崔士和，崔士和兵力不足，被生擒。莫折念生把崔士和送给了胡琛，走到半路，崔士和被杀。

不久，胡琛派大将万俟丑奴攻打吕伯度，吕伯度兵败被杀，胡琛的势力更为强大，萧宝寅一筹莫展。胡琛和莫折念生勾搭后，对之前起兵反北魏的首领破六韩拔陵不恭敬，对他的命令爱搭不理。破六韩拔陵大怒，派属下费律前去高平，设计诱杀了胡琛。万俟丑奴收编了胡琛的部众。这里交代一句，此后史书中没有了破六韩拔陵的消息，一种说法是他被柔然杀死了。

杜洛周率军围攻范阳（今河北省涿州市），十月三日，范阳城内的百姓起义，生擒了幽州刺史王延年和行台常景，交给了杜洛周，打开城门，迎接杜洛周入城。常景屡次打败杜洛周，如今却被城中百姓生擒，说明百姓对北魏的统治已经失去信心。

第六十三节　莫折念生毙命

南梁乘北魏国内大乱，继续北伐。南梁豫州刺史夏侯亶率军攻入北魏领地，屡战屡胜。北魏扬州刺史李宪迫于压力，献城投降。南梁派宣猛将军陈庆之入寿阳，占据了城池，接收了五十二座城池和七万五千人口。南梁把李宪送回了北魏，然后把豫州刺史府迁到了寿阳。

北魏局势愈演愈烈，朝廷军队四处征伐，费用耗费巨大，国库储备用尽。朝廷向百姓提前征收了后六年的租调，仍然不够开销。朝廷又取消官员的酒肉福利，对进入市场者，每人收税一钱，对于固定的店铺，也要收取一定的税费，百姓怨声载道。面对这种状况，吏部郎中辛雄上书说："华夏和蛮夷之人都起兵作乱，难道是对朝廷有什么遗恨吗？是因为选用的太守县令（长）所用非人，百姓已经不堪其扰罢了，应该早加抚慰。但太守县令（长）一职，历来受到轻视，贵族子弟和才俊之士都不肯担任这等职务。应该改革这种弊端，把郡县分成三等，改革选任办法，兼顾门第和才智，如果不能兼顾，就以才为先，门第为后。放弃崔亮的论资排辈制度，三年一考核，对考核结果称职的，调入朝廷任职；没有担任过太守县令（长）的，不能到朝廷任职。如此，人人都会自我勉励，奋发有为，这样冤屈就能得到申诉，武装叛乱的事情可以自我平息了。"辛雄的奏章递上去后，如石沉大海，没有得到朝廷的任何回应。

北魏把定州和相州的四个郡划分出来，成立了殷州（治所广阿，今河北省隆尧县），任命北道行台崔楷为殷州刺史。崔楷性情刚烈，不畏豪强。崔楷准备携家眷赴任。有人劝他把家眷留在京师洛阳，以防不测，崔楷说："食君之禄，忠君之事，我如果只身上任，将士又如何能和我一心呢？"崔楷就携带家眷上任了。

崔楷到任后，上书朝廷，请求拨付粮食和武器，但没有下文。这时，自称齐帝的葛荣率军前来攻打广阿，城内兵士不多，军用器械不足，尽管将士齐心协力，顽强抵抗，孝昌三年（527）正月十七日，城池还是被攻破了。崔楷手持符节，不肯投降，被葛荣斩首，年五十一岁。

秦帝莫折念生率军在泾州和萧宝夤的大军展开大战，萧宝夤大败，率领一万多名残兵败将，退守逍遥园（位于今陕西省西安市西北）。朝廷追究战败责任，贬萧宝夤为平民。东秦州刺史潘义渊失去信心，献城投降了义军。莫折念生逼近岐州，城中百姓响应莫折念生，把刺史魏兰根生擒。豳州刺史毕祖晖战死沙场，行台辛深没有坚守下去的勇气，弃城而逃，义军首领叱干麒麟占领了州城安定。北海王元颢也被打败。义军首领胡引祖又占领了北华州（州城在今陕西省黄陵县）。朝廷军队接连失利，关中人心震荡。

雍州刺史杨椿紧急招募人马。好不容易凑到了七千多人，杨椿率领他们防守州城长安。胡太后诏令杨椿为侍中兼尚书右仆射、行台，节制调度关西（函谷关以西）诸位将领。北地郡（今陕西省富平县）功曹毛鸿宾起异心，勾结义军抢掠渭水北。雍州录事参军羊侃率领三千人准备攻打毛鸿宾，毛鸿宾自知不敌，他生擒义军大将宿勤明达的弟弟宿勤乌过仁，将功抵罪。羊侃是南北朝时期的名将，是东汉南阳太守羊续的后人。他身材魁梧，身高七尺八寸（约合 2.4 米），喜欢阅读史籍，膂力惊人，能拉动六石（六百多斤）的强弓。

莫折念生夺得了多座城池，声势大振，他率军南下攻打雍州。羊侃提前埋伏在莫折念生必经之地的一道沟里，等到莫折念生进入射程，就用尽全身力气，把弓拉满，然后一松手，箭如流星一般射出，正中莫折念生要害。莫折念生当即毙命，义军四散奔逃。

不久，雍州刺史杨椿生病，向朝廷请辞，朝廷起用萧宝夤，任命他为都督雍泾等四州诸军事、征西将军、雍州刺史、开府仪同三司、西讨大都督。

秦州人杜粲率领数人，把莫折念生全家全部杀死，然后自称行州事。南秦州平民辛琛也自称行州事。他们都向萧宝夤请降，朝廷提升萧宝夤为尚书令，再封齐王。后骆超又杀杜粲，仍然归附北魏。

葛荣夺取殷州后，又率军围困了冀州，朝廷任命金紫光禄大夫源子邕为北伐大都督，增援冀州。

相州刺史、安乐王元鉴和北道大都督裴衍也率军增援冀州。元鉴是庸才一个，看到北魏大乱，起异心，派人和葛荣秘密联系后，在相州州府邺城反叛，宣布归附葛荣。

八月，朝廷派源子邕、李神轨和裴衍攻打元鉴。源子邕进军到汤阴扎营休整。元鉴派弟弟元斌之夜袭源子邕大营，但源子邕早有防备，把元斌之打败，然后乘胜进军，围住了邺城。八月十七日，源子邕攻克邺城。为防夜长梦多，源子邕命人把元鉴杀死，割下人头送到了京师洛阳。葛荣围困信都以来，冀州刺史元孚带领将士顽强抵抗。义军攻势强大，加之援军不至，城内粮食用尽，十一月三十日，信都被义军攻破，元孚等人被生擒。葛荣命令把城中居民全部赶出城外，当时天气寒冷，冻死者十有六七。葛荣召集会议，研究如何处置元孚等人，元孚和身为防城都督的弟弟元祐都主动承担主要责任，请求以自己一死换取对方性命。都督潘绍等数百人也向葛荣叩头，愿意以他们的性命换取元孚的命。葛荣认为他们都是忠义之士，干脆把俘虏的五百多人全部赦免。

胡太后命源子邕和裴衍北上讨伐葛荣。他们进军到阳平（今河北省馆陶县）东北漳水畔的时候，和葛荣率领的十万大军遭遇，一番恶斗过后，源子邕和裴衍不敌葛荣，皆阵亡。

相州百姓得到冀州失陷，源子邕等人阵亡的消息后，大为震惊，惶恐不安。相州刺史李神有胆有识，他不慌不忙，勉励将士，抚慰百姓，相州上下一心，葛荣多次进攻也无法攻克。

第六十四节　涡阳之战

南梁军队继续北伐北魏。南梁谯州刺史湛僧智率军进攻北魏的东豫州；南梁将军彭群、王辩包围了琅邪；南梁司州刺史夏侯夔，率领壮武将军裴之礼等人出义阳，攻陷了北魏的平靖关、穆陵关和阴山关。

南梁徐州刺史成景儁率军攻打北魏的彭城，胡太后命崔孝芬为徐州行台，抵抗成景儁。成景儁准备在彭城东的泗水之中修筑大坝，水淹彭城，崔孝芬和都督李叔仁率军攻打，成景儁不敌，退走。

成景儁又进攻北魏的临潼和竹邑，全部攻克。南梁东宫直阁兰钦进攻北魏的萧城和厥固，也都全部攻克。

陈郡具有一定号召力的刘获和郑辩在西华（今河南省西华县，盛产胡辣汤）聚众反抗北魏，和南梁的湛僧智联络。北魏任命行东豫州刺史曹世表为东南道行台，率军讨伐，命源子恭接替曹世表的职务。当时北魏接连遭受挫折，将士人人惜命，不想出城交战，曹世表当时正在生病，背部浮肿，他命人把他从床上抬出来，对统军是云宝（是云，复姓）说："刘获和郑辩在州中都是知名人士，有他们作为内应，湛僧智才敢侵入我国境内，我获悉刘获率众到城外八十里处迎接湛僧智，今命你率军突袭刘获，刘获一败，湛僧智必然撤走。"曹世表挑选精兵良马，交给了是云宝。

是云宝率军趁着夜色掩护出城，第二天黎明时分赶到了刘获军的驻扎之地，他率军发动攻击，大胜，又对叛军穷追猛打，余党全部被平定。湛僧智得到刘获战败的消息，果然退走。郑辩和源子恭是旧识，他藏在源子恭家里，曹世表得知后，召集各位将领，当面指责源子恭，源子恭在压力下交出了郑辩，郑辩被斩首示众。

南梁将军彭群和王辩一连围攻了琅邪好几个月，不能攻克。这时候北魏青州刺史元劭派司马鹿念，南青州刺史胡平派长史刘仁之，率军前去解救琅邪，两军大战，北魏大胜，彭群在乱军中被杀死。

湛僧智把北魏东豫州刺史元庆和围困在广陵城（今河南省息县）之内，北魏将领元显伯率军增援元庆和，南梁司州刺史率军增援湛僧智。北魏孝昌三年（527）十月，当夏侯夔的军队抵达城下的时候，元庆和献城投降。南梁共接收北魏男女老幼四万多人。

元显伯得到广陵失守的消息后，连夜拔营逃命，南梁随后掩杀，北魏军被杀、被俘的达万人。萧衍命令湛僧智兼任东豫州刺史，驻守广陵。夏侯夔派军攻陷了北魏的楚城。

萧衍命领军曹仲宗和东宫直阁陈庆之（白袍将军）率军进攻北魏的涡阳，并命寻阳太守韦放增援。北魏的散骑常侍费穆攻打韦放，但被击退。

胡太后命将军元昭率领五万大军援救涡阳，他的前锋抵达距离只有四十里的驼涧时，陈庆之率领二百名精锐骑兵发起攻击，北魏前锋大败。之后，北魏军和南梁军陷入了拉锯战，交战多达百余次，互有胜负，谁都无法吃掉对方。这时，南梁军获悉北魏军要在他们背后安营，曹仲宗唯恐腹背受敌，准备撤军，陈庆之手拿符节，坚决制止，这才作罢。

北魏军接连构筑了十三座城堡，打算控制南梁军队。陈庆之乘夜幕降临，命令把战马口中含上树枝，防止战马的嘶鸣声惊动北魏军，然后率领骑兵对北魏的城堡发起了攻击，连克四座城堡。涡阳城主王纬经受不住压力，投降了南梁。韦放从俘虏中挑选了三十个人，让他们到其余城堡报告战况，扰乱他们的军心。陈庆之又攻克了其他九座城堡，北魏军的尸体几乎堵塞了涡水。南梁又接收了涡阳城中男女老幼三万多人。

萧衍命护军萧渊藻为北讨都督，镇守涡阳。

第六十五节　萧宝夤叛魏

前文讲到，萧宝夤在泾州被义军打得大败，损兵折将，北魏朝廷下诏，免去死罪，把他贬为平民。恰好雍州刺史杨椿患病，无法履职，朝廷又起用萧宝夤，任命他为都督雍泾等四州诸军事、征西将军、雍州刺史、开府仪同三司、西讨大都督。

杨椿要回到老家华阴养病，他的儿子杨昱要前往洛阳，杨椿交代杨昱道："按说萧宝夤不应该以得到一州刺史为荣，但我发现他得到雍州刺史之职后，喜悦之情溢于言表，至于赏罚，不依常制，恐怕他已经起异心。你到洛阳后，要把我的话转告二圣（胡太后和元诩）和宰辅，朝廷要派人担任萧宝夤的长史、司马、城防都督，如果要安定关中，须依靠这三个人。"杨昱到达洛阳后，当面向胡太后和皇帝元诩进行了汇报，但他们都没当回事。

中尉郦道元，素来以执法严苛闻名，他的事迹列在了《魏书·酷吏传》里，由此可见一斑。司州牧、汝南王元悦宠信的属下丘念，违法乱纪，郦道元把丘念绳之以法，关押到了牢房。元悦自己说情说不动，就向胡太后求情。胡太后准备赦免丘念，郦道元得到风声，立斩丘念，并弹劾元悦。这时，萧宝夤已经显露造反迹象，为了借刀杀人，元悦说动了胡太后，让郦道元出任关右大使，监视萧宝夤。

萧宝夤得到消息，认为是朝廷要郦道元对付自己，很害怕。长安城内轻薄冒进的子弟劝萧宝夤起兵，萧宝夤向柳楷征求意见。柳楷说："王爷是齐国明帝（萧鸾）的儿子，天下人心所属，今日举兵的话，符合百姓的期望。而且谚语说：'鸾生十子九子鷇（duàn）（孵不出小鸟的卵），一子不鷇关中乱。'王爷应当统治关中，这是确切无疑的。"萧宝夤暗暗下了决心。他派部将郭子恢阻截郦道元。郦道元走到阴盘驿（今陕西省西安市临潼区东北阴盘城）的时候，被郭子恢斩杀，年龄不详。

郦道元留下的四十卷《水经注》，是我国古代地理名著。萧宝夤命人收殓了郦道元的尸体，散布消息说他是为白虏（鲜卑人）所害，又上表朝廷，自我辩护，声称受到杨椿父子的诬陷。

北魏孝昌三年（527）十月二十五日，萧宝夤自称齐帝，改年号隆绪，大赦，设置百官。都督长史毛遐和弟弟毛鸿宾忠于朝廷，拒绝听从萧宝夤的号令，率领氐人和羌人在马祇栅起兵反抗萧宝夤。

萧宝夤派大将军卢祖迁前去讨伐毛遐等人，然后来到长安城的南郊祭祀天地，宣告登基。仪式还没有进行完毕，就传来了卢祖迁兵败被杀的消息，萧宝夤大惊，也没心情整理队伍了，狼狈回城。萧宝夤任命姜俭为尚书左丞，作为心腹智囊。

行台郎封伟伯等人联络关中豪杰，准备起兵攻打萧宝夤，事泄，被萧宝夤杀害。北魏朝廷任命长孙稚为行台，率军讨伐萧宝夤。薛凤贤在正平郡（今山西省新绛县）起兵，他的同族薛脩义在河东郡聚众起兵，攻占了盐池（今山西省运城市南），攻打河东郡郡城蒲阪，呼应萧宝夤。北魏朝廷派都督宗正珍孙率军讨伐他们。

萧宝夤派郭子恢东犯潼关，派张始荣攻打华州，他自己攻打冯翊。长孙稚率军抵了恒农，行台左丞杨侃对他说道："昔日魏武帝曹操与据守潼关的韩遂和马超对峙，以韩遂和马超的才能，本非曹操的对手，然而双方久久不分胜负，就是因为韩遂和马超占据的是险要之地。今天叛贼防御坚固，虽魏武复生，也不会有所作为。不如向北直取蒲阪，渡黄河西进，深入萧宝夤的腹心，使兵置于死地，则华州之围不战自解，潼关守军也会撤走以保卫长安。羽翼已经剪除，则长安唾手可得。如果愚计可取，我愿做明公的先锋。"其实，杨侃的计策就是当年曹操破韩遂和马超之计。

长孙稚听后，赞许道："你的计策真是条妙计，但薛脩义围攻河东郡，薛凤贤据守安邑，宗正珍孙固守虞阪不进，我们如何前往？"

杨侃回答道："宗正珍孙是一介武夫，因为机缘为将，可为人使，安能使人？河东郡治所在蒲阪，向西逼近黄河深水之地，领地大都在郡城东边，薛脩义驱使百姓围攻郡城，但他们的父母妻子都留在原来的村子里。他们一旦听到官军将至，都会产生救援父母妻子之心，到时候必然望风而自动溃散。"

长孙稚听从，派儿子长孙子彦和杨侃率领骑兵自恒农北渡，占领了石锥壁。

杨侃派人散布消息说："今停驻在此，等待步兵到来，而且观察民情，凡是送来降书的各回本村，等待朝廷军队的号令。朝廷军队燃起三次火把时，要燃起火把响应，没有反应的村子，就是叛贼的同党所在，朝廷军队将要予以围剿，把财物赏赐给兵士。"消息传播很快，每个村都获知了这个消息。等到朝廷军燃起火把时，各村也燃起火把积极响应。一夜之间，火光绵延数百里，围城的义军面面相觑，不知道究竟发生了什么，各自逃散。薛脩义和薛凤贤向朝廷军队投降。

孝昌四年（528）正月十八日，长孙稚率军攻克潼关，进入了河东。

萧宝夤的将军侯终德攻打毛遏，屡战屡败，这时郭子恢也屡次被朝廷军打败，侯终德有了反萧宝夤、归降朝廷之心。侯终德回军准备攻打萧宝夤，当行进到白门（长安西城南第三个门）的时候，萧宝夤才发觉。

正月十九日，萧宝夤军和侯终德军交战不利，他带着妻子南阳公主和少子，在一百多名亲卫骑兵的护卫下，冲出后门，投奔上封的义军首领万俟丑奴。万俟丑奴任命萧宝夤为太傅。

第六十六节　胡太后杀子

守卫定州首府中山（今河北省定州市）的北道行台杨津，受到葛荣和杜洛周两路义军的围攻，坚持了三年之久，但城内粮草消耗殆尽，又没有援军到来，长史李裔起异心，暗中打开城门。义军蜂拥而入，杨津被义军擒住。起初义军准备烹杀杨津，后来又把他放了。瀛州刺史元宁献出州城赵都军城（今河北省河间市）投降。

葛荣和杜洛周之间发生了火并，葛荣力斩杜洛周，吞并了他的人马，实力更加壮大。这里交代一句，高欢、段荣、尉景和蔡儁之前投靠了杜洛周，密谋杀死杜洛周取而代之，但被杜洛周发觉，他们四个转而投靠了葛荣，继而又投靠了尔朱荣。

元诩已经十九岁了，胡太后看着这个小皇帝一天天在长大，担心自己的丑事传到他的耳中，因此她对元诩亲近的人一定想办法除掉。通直散骑常侍谷士恢，在胡太后再次临朝听政的过程中也出了力，被封为元城县侯，食邑七百户，但他投靠了元诩，深受元诩的宠信，被任命为领左右。胡太后准备把谷士恢调离，多次提示谷士恢，准备让他出任州刺史，但谷士恢不肯。胡太后编造了个罪名，把谷士恢杀了。还有位蜜多道人，能说多种语言，也深受元诩的宠信，常常把他带在身边。胡太后派人找机会把蜜多道人杀死在城南大巷之中，还演戏悬赏捉拿刺客。总有亲信被除掉，元诩也明白只有胡太后敢这么做，加之他已成年，胡太后迟迟不肯还政，母子之间嫌隙日渐加深。

尔朱荣的骑兵参军刘贵，早年和高欢相识，屡次向尔朱荣推荐高欢，说高欢是个不可多得的人才。尔朱荣就让刘贵带高欢来见。尔朱荣见到高欢，见他精神萎靡，形容憔悴，没有感觉到他有过人之处。高欢有一次跟随尔朱荣巡视马厩，当时有一匹烈马，很难驯服，尔朱荣考验高欢，就命他去给这匹马剪掉多余的鬃毛。高欢既没有拴住这匹马的头，也没有捆绑住它的脚，但顺利地剪下了多余的鬃毛，这匹烈马竟然很容易驯服，很享受高欢给它剪毛，全程没有过激反应。剪毕，高欢起身对尔朱荣说道："对付恶人，也是这种办法。"尔朱荣本对高欢能如此顺利剪掉烈马的鬃毛大感惊奇，听到这句话，更是刮目相看。他命高欢紧挨着他坐下，然后让左右退下，征求他对时局的看法。

高欢说："听说明公的马匹布满了十二个山谷，马以颜色分群，您饲养这么多战马，做什么用呢？"

尔朱荣说："你别兜圈子了，有话直说！"

高欢接着说："现今天子懦弱无能，胡太后不守妇道，行为不端，宠臣祸乱朝廷，政令不行。以明公的雄武韬略，应该顺势而动，以清君侧的名义讨伐郑俨、徐纥之徒，则霸业也就是在挥挥鞭子的工夫就能成就，这就是贺六浑（高欢的字）的意思。"

尔朱荣闻听大喜，进一步征询高欢的建议。两人从中午谈到了夜半时分才分别。从此，尔朱荣让高欢参与军事大计。

并州刺史元天穆也是皇族，但与当今天子元诩血缘关系相当疏远。他曾经在慰劳北方的时候路过北秀容，见到了尔朱荣，两人一见如故，引为知己，尔朱荣把他作为亲兄长一般对待。尔朱荣和元天穆及帐下都督贺拔岳交换意见，准备举兵进入洛阳，对内铲除奸佞，对外消灭群寇，元天穆和贺拔岳都表示赞成。

主意拿定，尔朱荣上书朝廷说："山东群寇气焰嚣张，冀州、定州覆没，官军屡战屡败，我自愿派精骑三千名东下援助相州，请予以批准。"

尔朱荣这么积极主动，胡太后心生疑心，命人起草诏书，回复尔朱荣道："莫折念生毙命，萧宝夤就擒，万俟丑奴请降，关陇地区平定，费穆又大破群蛮，绛蜀逐渐削平。且北海王元颢率领两万大军驻守相州，无须增援。"

尔朱荣再上书说："贼寇势力虽然有些衰败，但官军屡败，朝野已经受到惊吓，恐难再用，如果不更改方略，难以保证万全。我愚昧地认为，蠕蠕可汗郁久闾阿那瑰深受国恩，理应报答，应该命他率军东下飞狐陉（太行八陉之六，今河北省涞源县北），攻击叛军背部；北海王的军队严加防备，从正面阻击叛军。臣麾下虽然兵少将寡，也定当全力以赴，从井陉（太行八陉之五，今河北省井陉县东北）以北，滏口陉（太行八陉之四，今河北省武安市南）以西，占据险要地形，攻击叛军肘部和腋部。尽管葛荣吞并了杜洛周的部队，但他的威信和恩德还没有建立起来，他们本非同类，心态各异，可以分化瓦解。"

尔朱荣训练军队，召集勇士，向北占据马邑（今山西省朔州市），向东占据井陉关。

胡太后和徐纥、郑俨对尔朱荣的实力都深感恐惧，徐纥建议向尔朱荣身边将领颁发免死铁券，离间他们和尔朱荣的关系。尔朱荣得知后，对徐纥恨之入骨。

元诩非常厌恶郑俨和徐纥，但他们是胡太后的红人，元诩干着急，没有办法除去他们。他想到了利用尔朱荣，于是给尔朱荣下密诏，让他率军进入洛阳，准备逼迫胡太后除掉郑俨和徐纥。这也正合尔朱荣的心意。他得到元诩的密诏后，命高欢为先锋，兵至上党（今山西省长治市北），但这时又收到了元诩命令他停止行动的诏令。

郑俨和徐纥十分惊慌，感觉末日来临，干脆一不做，二不休，劝说胡太后鸩杀元诩，以绝后患。

北魏武泰元年（528）二月二十五日，元诩暴亡，年十九岁，葬于定陵。

元诩仅和后宫的潘充华育有一女，才一个多月大。胡太后就和徐、郑二人商量，宣称潘充华生的是个男孩儿，要让他继承帝位。胡太后物色好人选之后，又下诏说："潘充华本来生的是个女孩儿，故临洮王元宝晖（元宏之孙）世子元钊，是高祖（元宏）一脉，理应继承帝位。文武百官晋升二级，禁卫军晋升三级。"

二月二十七日，年方三岁的元钊登基称帝。三岁的小娃自然好控制，胡太后立元钊为帝，就是准备长期执政。

第六十七节　河阴之变

十九岁的肃宗元诩暴亡，消息传来，完全出乎尔朱荣的意料，他没有想到郑俨和徐纥丧心病狂到如此地步。他暴跳如雷，找元天穆商议说："主上晏驾，已经十九岁了，海内外还认为他是幼君，如今竟然让一位还不会讲话的小儿统治天下，想要求得太平，如何能够做到？！我准备亲率铁骑赴洛阳哀悼，同时铲除奸佞，拥立一位年长的君主，您意下如何？"

元天穆完全赞同，拍尔朱荣的马屁道："您就是当世的伊尹和霍光啊！"

于是，尔朱荣上书说："先帝驾崩，臣顿足捶胸，五内俱焚。如今海内外议论纷纷，众口一词，都说先帝是被鸩毒害死。臣据实推测，也确实感到疑惑不解，哪有皇帝生病不召御医诊治，皇帝驾崩没有重臣宗室在场的道理！难怪天下人无不惊愕，四海莫不灰心丧气！把一个三岁小娃选为君主，实际上是为了自己专控朝政，堕乱朝纲，此何异于掩目捕雀、掩耳盗铃？今群寇沸腾，萧氏觊觎，准备以一个还不会说话的小儿来镇定天下，何其难也！请准许我赶赴京师，参与朝廷大计，查问先帝死因，追究禁卫军失职之罪，把徐纥和郑俨之徒交付廷尉治罪，以雪滔天之耻，纾解朝野的怨气，然后从宗室中选择贤良继承大统。"

尔朱荣这份奏疏挑衅意味十足，胡太后看到后，也无可奈何。她不敢得罪尔朱荣，派在宫中担任直阁（禁卫官）的尔朱荣堂弟尔朱世隆到晋阳，对尔朱荣进行劝导。

尔朱荣想把尔朱世隆留下。尔朱世隆说："朝廷对兄长已经有所怀疑，所以派我前来，若不回去复命，朝廷有所准备，这并非良策。"尔朱荣认为尔朱世隆说得有道理，就让他返回洛阳。

尔朱荣和元天穆商量，准备立在朝野拥有巨大声望的前彭城王元勰其中一子元子攸为皇帝，和洛阳的胡太后及小皇帝元钊分庭抗礼。元勰的第四子长乐王元子攸，现年二十二岁，曾经在宫中陪伴元诩读书，深得元诩喜欢，名声也不错。

尔朱荣派侄子尔朱天光及亲信奚毅、仆人王相到达洛阳，征求尔朱世隆的意见。尔朱世隆表示同意，并引荐他们见到了长乐王元子攸。尔朱天光告诉元子攸来意，元子攸答应了。尔朱天光回到晋阳后，因为事关重大，尔朱荣又犯起了犹豫。他决定采用鲜卑的习俗，用铜为献文帝拓跋弘的各个孙子铸像。最后只有元子攸的像铸成了，尔朱荣认为这是天意，于是率军南下。

尔朱世隆逃出了洛阳，到上党的时候，见到了南下的尔朱荣。胡太后得到消息后，非常恐惧，她召集王公大臣进宫议事，但王公大臣痛恨胡太后，没有人为她支着。徐纥打破尴尬局面说："尔朱荣不过是一个小头领，也胆敢率军前来冒犯，文武百官加上禁卫军足以把他制服。我军守住险要之地以逸待劳，他们从千里之外而来，兵马疲惫，必定会大败。"胡太后连连点头。她任命黄门侍郎李神轨为大都督，率军阻击尔朱荣。李神轨命别将郑季明、郑先护率军守卫黄河大桥，武卫将军费穆驻屯小平津（今河南省洛阳市孟津区东北）。

尔朱荣继续南下，到达了河内郡（今河南省沁阳市）。他派王相乔装打扮，秘密进入洛阳，迎接长乐王元子攸。

北魏建义元年（528）四月九日，元子攸和二哥、彭城王元劭，五弟、霸城公元子正秘密出城，从高渚岛渡黄河北上。次日，元子攸等人在河阳（今河南省洛阳市孟津区南）见到了尔朱荣，将士都很兴奋，高呼万岁。十一日，尔朱荣和元子攸再渡黄河南下，尔朱荣遂拥戴元子攸登基称帝，史称元子攸为孝庄帝，他也是北魏第十一任皇帝。元子攸封元劭为无上王、元子正为始平王；任命尔朱荣为侍中、都督中外诸军事、大将军、尚书令、领军将军、领左右，封太原王。

之前，郑先护就用心结交元子攸。他得到元子攸登基称帝的消息后，就和郑季明打开北中城大门迎接他们。李神轨听说北中城失守，赶紧逃了回来。费穆也前去投靠尔朱荣。尔朱荣很欣赏费穆，得知费穆来投，非常高兴。消息传回，洛阳城大乱，徐纥和郑俨一看大事不好，准备溜之大吉。徐纥假传圣旨，连夜打开殿门，到骅骝厩取出御马十匹，快马加鞭东奔兖州，郑俨也逃回了老家开封。

胡太后把元诩后宫嫔妃召集起来，命她们全部出家，又命人把自己的头发剃光。这时，尔朱荣派人来传达他的号令，命文武百官迎接车驾。文武百官准备好了玺绶和法驾，到黄河大桥迎接元子攸。

四月十三日，尔朱荣派骑兵直入洛阳城，押送胡太后和元钊来到了河阴（今河南省洛阳市孟津区东）。胡太后知道自己凶多吉少，竭力为自己辩护，但尔朱荣不想听她多说，一甩袖子，生气地离开了。尔朱荣命人把胡太后和元钊丢进了滚滚的黄河之中。胡太后凄惨的叫声传出去很远，胡太后前后临朝听政六年，年龄不详。

费穆劝尔朱荣道："您兵马不过万，今长驱直入洛阳，没有遇到抵抗，没有战胜的声威，大家并不心服，以洛阳城人数之多，文武百官之盛，知道您的虚实后，将生出轻视之心，如果不大加诛杀，扶植亲信，恐怕到您北还之日，还没有过太行山，洛阳就会发生变乱。"

尔朱荣赞成这个观点，他对亲信慕容绍宗说："洛阳人才济济，骄奢淫逸成风，如果不加铲除，恐怕难以驾驭，我准备乘百官出迎的机会，全部予以诛杀，你意下如何？"

慕容绍宗不同意，劝尔朱荣道："胡太后荒淫无道，宠臣弄权，祸乱四海，所以明公起义军以清朝廷，今若无缘无故、不分忠奸杀害这么多人，恐怕会让天下人失望，非长久之计。"

尔朱荣不听，请元子攸沿着黄河西行至淘渚（河阴西北约一公里处）。尔朱荣把文武百官引导到行宫西北，说要祭天。百官集齐以后，尔朱荣命令骑兵把他们全部包围。

尔朱荣斥责百官道："天下丧乱，肃宗突然驾崩，就是因为你们贪赃枉法，残暴不仁，没有忠心辅佐。"

尔朱荣一挥手，说"杀"，骑兵立即挥刀舞剑，山呼海啸般冲向文武百官。百官手无寸铁，逃无可逃，只得束手就戮。包括丞相、高阳王元雍、司空元钦、仪同三司、义阳王元略在内的两千多人被杀，血流成河。元子攸的姨妈之子、王遵业兄弟也同时遇害。

这时又有一百多名官员赶到，尔朱荣命令骑兵把他们包围，对他们说道："能作禅让文书的，免死。"侍御史赵元出列，尔朱荣命他执笔写就。尔朱荣命令将士大喊："元氏已灭,尔朱家当兴!"将士高呼万岁。

尔朱荣又派数十人持刀冲向行宫。这时,元子攸和元劭、元子正听得外面有嘈杂之声,走出帐外查看,尔朱荣命郭罗刹和叱列杀鬼到得元子攸左右,称要保护他,把他抱入大帐,然后命人杀死了元劭和元子正。尔朱荣又派数十人把元子攸迁移到黄河大桥,安置在帐幕之下。

第六十八节　尔朱荣入洛阳

面对尔朱荣的滥杀，元子攸忧虑悲愤，但无计可施。他派人给尔朱荣捎话："帝王的轮流更换、兴盛和衰败没有固定的模式，今四方瓦解，将军甩袖而起，所向无敌，此乃天意，非人力也。我本来投靠将军，只是为了保住性命，岂敢觊觎帝位！是将军逼着我坐到了这个位置，如果天命另有归属，将军应该顺应时事，接受尊号；如果推辞不就，保存大魏社稷，也应当另选宗室贤良之人而辅佐他。"

这时，都督高欢也劝尔朱荣称帝，左右很多人也都同意高欢的意见，但尔朱荣又犯了犹豫。贺拔岳建议他说："将军首举义兵，志在铲除奸佞，大功还未建成，却有了这种打算，这只会加速祸端，看不到什么福气。"

尔朱荣动手铸自己的金像，铸了四次都铸不成，但他不死心，又征求善于占卜的功曹参军刘灵助的意见。刘灵助说天时人和都不占，行不通。尔朱荣对刘灵助说："如果我做不吉利，应当迎立元天穆。"刘灵助回答说："元天穆也不吉利，只有长乐王是天命所归。"

尔朱荣被这事搞得头昏脑涨，精神恍惚，过了一段时间才醒悟过来。他深深地忏悔说："错误已然如此，唯有一死以向朝廷谢罪。"

贺拔岳请求杀死高欢以给天下人个交代，但尔朱荣左右将领说："高欢虽然愚昧疏忽，言语不当，今四方战祸连连，须借助武将平叛，请放了他，以观后效。"

尔朱荣自然不舍得杀了高欢，听众人这么说，正好有台阶下，也不追究高欢了。但经过此事，高欢和贺拔岳成了仇敌。尔朱荣停止了篡位的想法，夜里四更，他又把元子攸接回了行营。尔朱荣朝着元子攸的马头跪了下来，叩头请求元子攸把自己处死，元子攸劝慰了他一番。

尔朱荣的将士杀害了众多朝臣，所以不敢进入洛阳，建议尔朱荣向北方迁都。

尔朱荣犹豫很久，不能决定。武卫将军泛礼坚决劝阻迁都，尔朱荣听从了。

北魏建义元年（528）四月十四日，在尔朱荣的严密保卫下，元子攸进入了洛阳城。元子攸登上太极殿，下诏大赦，改年号为建义。跟随太原王尔朱荣南下的将士，普遍提升五级，在京的文官提升两级，武官提升三级，免除百姓田租和劳役三年。这时，洛阳城内的文武官员被屠杀殆尽，侥幸存活下来的也都逃跑或藏匿起来。只有散骑常侍山伟不怕死，带着投机心理来到宫门前，叩谢朝廷大赦。

洛阳城内流言四起，人人自危，有的说尔朱荣准备放纵士兵抢劫洛阳，有的说尔朱荣准备迁都晋阳，于是富人舍弃田宅，穷人背起小儿，争相逃窜，人口只剩下十分之一二，皇宫守卫空虚，官衙旷废。面对如此困境，尔朱荣想到了个补救的办法。他上书元子攸说："陛下登基不久，人心不稳，兵马交会之际，难以整齐划一，诸位王公重臣横死者众多，臣纵然是粉身碎骨也不足以抵消罪过。然而追记亡者的功劳，褒奖他们的美德，可以让他们不朽，请陛下恩赐，略微抵消臣的罪过。请追尊无上王帝号，追赠诸位王爷、刺史为三司，追赠三品官员为尚书令、尚书仆射，追赠五品官员为刺史，七品官员以下没有官职的追赠为郡太守、镇将。死者无后的，可以由继子继承封爵。再派遣使者到城中各处慰劳。"

元子攸接受了尔朱荣的建议，如此一来，躲藏起来的官员士人才走出来一些，人心也稍稍安定。

尔朱荣又要迁都，元子攸也没有办法，都官尚书（掌刑狱）元谌认为不能迁都，和尔朱荣争得面红耳赤。

尔朱荣大怒，对他说："迁都之事跟你有什么关系，你何必固执己见，河阴的事情，你难道忘了吗？"

元谌也不甘示弱，说："天下事应该和天下人讨论，何须用河阴的残酷之事恐吓元谌！我是皇室宗亲，位居尚书，活着对国家没有多大好处，死了也没有多少损失，即使今天头断肠流，也没什么可怕的！"

尔朱荣暴跳如雷，准备治元谌的罪，但堂弟尔朱世隆从旁相劝，尔朱荣才放过了元谌。当时在场官员莫不惊骇，但元谌神态自若。

又过了几日，尔朱荣陪元子攸登高远望，只见洛阳皇宫盛大壮丽，蔚为壮观，树木郁郁葱葱，排列成行。尔朱荣第一次见到这么壮观的场面，不由得赞叹道：

"臣过去愚昧，有北迁都城之意，今天看见皇宫规模如此之大，再揣摩元尚书的话，认为他说得很有道理。"从此，尔朱荣不再提迁都之事。

再说逃跑的徐纥和郑俨。徐纥的弟弟徐献伯为北海郡太守，另一个弟弟徐季产为青州长史，徐纥派人通知他们，然后他们一同前去投奔兖州的泰山郡。郑俨和堂兄郑仲明回到老家后也不安分，合计着抢夺郡城，然后对抗尔朱荣，但阴谋泄露，被部下杀死。

得到河阴屠杀的消息，北魏郢州刺史元显达，汝南王元悦，东道行台、临淮王元彧，青州刺史元世儁，南荆州刺史李志，先后投降了南梁。

北海王元颢本要去接任相州刺史之职，走到汲郡的时候，得到了两个坏消息，一个是葛荣攻陷沧州，刺史薛庆之被俘，另一个是河阴大屠杀。元颢看到元氏江山已经被尔朱荣控制，有了另立的想法，于是他停滞不前，虽然之后接到了朝廷任命他为太傅的诏书，但并不能改变他的想法。元颢任命他的舅舅、殷州刺史范遵为行相州事，代前刺史李神镇守邺城，但行台甄密觉察到了元颢的意图，率军废黜范遵，继续让李神摄州事，然后派军去迎接元颢，同时观察他的动向。元颢知道意图已被察觉，顾不上军队了，率领左右亲信和儿子元冠受前去投奔南梁。

第六十九节　尔朱荣擒葛荣

　　元子攸加任尔朱荣为北道大行台。尔朱荣到明光殿拜见元子攸，再一次为河阴屠杀的事情致歉。元子攸站起身来，拦住了尔朱荣，没让他行跪拜礼，然后对尔朱荣说自己对他很信任。尔朱荣非常高兴，向元子攸要酒喝。尔朱荣喝得一塌糊涂，不省人事。元子攸想借机杀死尔朱荣，左右苦苦相劝他才停止。元子攸命人连床带人把尔朱荣抬到中常侍省歇息。尔朱荣夜半方醒，四顾后大吃一惊，不敢再睡，醒着直到天明。之后他再也不在宫中留宿了。

　　尔朱荣的女儿曾是元诩的嫔妃，尔朱荣想让元子攸立她为皇后，但元子攸是元诩的堂叔，这有违人伦，他迟疑不决。黄门侍郎劝元子攸说："昔日晋文公重耳在秦国的时候，怀嬴（重耳的侄媳妇）曾经陪侍，虽然说这种事情违反经义，但合乎情理，陛下不要有所疑虑了。"元子攸这才答应下来，尔朱荣非常高兴。

　　尔朱荣举止轻佻，喜欢骑马射箭，入宫的时候经常向人展示他上马下马的矫健身姿。参加元子攸的宴射时，每当元子攸射中，尔朱荣就起身大呼小叫，旁边的王公大臣、嫔妃等都附和他。等到酒酣耳热之时，他又到座位上坐定，唱起胡歌。宴会要结束的时候，他拉着左右的手，用脚踏地，唱《回波乐》而出。尔朱荣为人残暴，喜怒无常，刀剑不离手，每当发怒的时候，就杀人泄愤。有一次，他看见两个小沙弥同骑一匹马，就命他们下马决斗。两个人累得瘫坐在地上，尔朱荣命人拎起两人，以头相撞，直至撞死才停。

　　尔朱荣认为他回到大本营晋阳比较安全，于是建议任命元天穆为侍中、录尚书事、京畿大都督兼领军将军，任命嫡系朱瑞为黄门侍郎兼中书舍人。朝廷的重要岗位全部换上了尔朱荣的心腹。

　　给事黄门侍郎高乾与弟弟高敖曹、高季式，出身山东大族，父亲高翼曾经担任北魏的东冀州刺史，河阴之变不久，高冀去世，高乾兄弟在黄河、济水之间起兵，接受葛荣的官职，屡次打败北魏齐州的军队。元子攸和高乾之前就有深交，他派元欣前去安抚，高乾兄弟随即投降。元子攸任命高乾为给事黄门侍郎兼武卫将军，高敖曹为通直散骑常侍。尔朱荣知道高乾兄弟是元子攸的嫡系，就以他们兄弟曾经投降义军为由，准备把他们调离朝廷。高乾和兄弟干脆要求辞职回乡，得到批准。高敖曹又聚集数人，打砸抢掠，尔朱荣设计把他诱捕，和之前依附萧宝寅的薛脩义关押到了晋阳。

军队缺粮，葛荣命仆射任褒率军到沁水抢掠，朝廷任命元天穆为大都督东北道诸军事，率领将军宗正珍孙等讨伐。元子攸又准备御驾亲征，葛荣退守相州北。

这时，前幽州平北将军府的主簿邢杲鼓动河北十多万户流民反于青州的北海郡（今山东省昌乐县东南），自称汉王。朝廷任命骁将李叔仁为车骑大将军、仪同三司，率军讨伐。但是李叔仁很快被击败，邢杲声势更强大。

元子攸又加任尔朱荣为柱国大将军、录尚书事。柱国大将军是北魏初年设置，位置在三公之上，开国元勋长孙嵩担任过此职，后来柱国大将军一职被废，今又重新设置。

葛荣率领号称百万的大军，包围了相州首府邺城，他的几股小部队侵犯到了汲郡。葛荣不除，将严重影响尔朱荣的权威，因此他上书要求讨伐葛荣，元子攸批准了。

建义元年（528）九月，尔朱荣命令他信任的侄子、肆州刺史尔朱天光回来镇守晋阳。尔朱荣勉励尔朱天光说："我不在晋阳的时候，非你不能使我放心。"尔朱荣挑选了七千名骑兵，每个骑兵都备有副马，以侯景为先锋，兵出滏口。

葛荣从取代鲜于脩礼到今天，横行河北已经两年有余。当知道尔朱荣只有七千名骑兵前来的时候，葛荣喜形于色，对属下说道："拿下尔朱荣很容易，你们准备好绳子，做捆绑他们之用。"葛荣也懂得阵法，命令军队从邺城以北列阵数十里，向两旁伸展开去，如簸箕之形而前进。

尔朱荣命令军队在山谷埋伏，准备出奇制胜。他把每三个军官分为一组，每组再配备数百个骑兵，命令他们多绕圈子奔驰，扬起灰尘，擂鼓呐喊，使义军不知道他们究竟有多少人。尔朱荣认为人马近处交战，用刀不如用棒，于是命令军士每人携带一枚袖棒，放置在马的一侧。尔朱荣还认为军士为了砍下义军的人头邀功，会奔驰追赶敌人，浪费时间，遂命令不需砍下敌人人头，只要用棍棒击倒即可。尔朱荣命令精壮士兵负责突击。尔朱荣号令严明，将士同心。

会战开始了，尔朱荣身先士卒，亲自冲锋陷阵，他从前杀到后，再回攻，前后结合，大破义军，生擒了葛荣。首领被擒，义军惊恐，全部投降。

因为义军人数众多，如果马上把他们分割开来，尔朱荣担心他们会因为惊惧再度集结起事，于是下令投降人员可以自由选择，或去或留，不加干预。义军大喜，数十万人立时四散开来，但当他们走出百里之外的时候，尔朱荣派人再把他们分别截住，遣送各个部队，予以妥善安置。尔朱荣再从投降的义军中选择他们的头领，量才使用，授予官职，因此新归附者逐步安定下来。朝野都认为尔朱荣处分迅速得当。

冀州、定州、沧州、瀛州和殷州五个州的变乱全部平定。元天穆还没有到达，义军已被平定，于是回军。

尔朱荣平灭葛荣，又收获了一员大将宇文泰。因为之前宇文泰和父亲宇文肱投奔鲜于脩礼，鲜于脩礼在一次战争中战死，之后葛荣取代鲜于脩礼。这次尔朱荣灭掉了葛荣，宇文泰又投降了尔朱荣，尔朱荣非常欣赏他，任命他为统军。

尔朱荣命人把葛荣装入囚车，押送洛阳，元子攸亲自登上洛阳西南的阊阖门，接受葛荣的投降。因为葛荣罪不可赦，元子攸又命令把他绑缚洛阳大街，斩首示众。

元子攸任命尔朱荣为大丞相、都督河北畿外诸军事。

第七十节 尔朱荣战陈庆之

徐纥兄弟前去投靠泰山郡太守羊侃。羊侃的祖父羊规，曾经做过南朝刘宋第一任皇帝刘裕的祭酒从事，因此羊侃时常想回江南，徐纥也劝羊侃起兵反抗北魏，归顺南梁，羊侃同意了。兖州刺史羊敦（羊侃堂兄）得知消息后，做了相应的准备工作，因此羊侃攻打州府瑕丘的时候，无法攻克。

羊侃包围了瑕丘，北魏朝廷派行台尚书左仆射于晖（于劲之子）率领数十万大军，援救瑕丘。徐纥见朝廷军队势大，恐兵败后再被捉回去，因此对羊侃说要到南方搬救兵。羊侃同意后，徐纥顺势逃到南方去了。羊侃军不敌朝廷军队，死伤惨重，后辗转到了南梁首府建康（今江苏省南京市）。

这时，葛荣的余党韩楼再叛，占据了幽州。尔朱荣命令抚军将军贺拔胜为大都督，镇守中山，韩楼不敢南犯。

元子攸命令于晖攻打自称汉王的义军首领邢杲。走到半路，于晖的都督、勇将彭乐率领两千多名骑兵投降了韩楼。因为军心已经动摇，于晖撤回。

南梁武帝萧衍封元颢为魏王，派东宫直阁将军陈庆之护送元颢回国，收复失地。他们攻打北魏的铚城（今安徽省淮北市濉溪县临涣镇），顺利攻占。

北魏永安二年（529）三月十一日，元子攸命上党王元天穆讨伐邢杲，任命费穆为前锋大都督。这时元颢已经占领铚城，元天穆在先攻打邢杲还是元颢的问题上犯了犹豫，但朝廷命令他先攻打邢杲，等平定邢杲后，再攻打元颢，于是元天穆率军东出。

元颢和陈庆之再占领荥城（今河南省虞城县西南），抵达梁国（今河南省商丘市），防守梁国的为济阴王元晖业和都督丘大千。丘大千拥有七万大军，他修筑了九个小城阻击陈庆之，陈庆之奋力攻下三个城后，丘大千乖乖投降了。元颢在梁国首府睢阳登基称帝。元晖业退守考城（今河南省民权县东），陈庆之又攻陷了考城，生擒了元晖业。

元天穆和尔朱兆（尔朱荣侄子）大败邢杲于济南（今山东省济南市），邢杲投降，被押送洛阳斩首。

元子攸命东南道大行台杨昱镇守荥阳（今河南省荥阳市），尚书仆射尔朱世隆镇守虎牢（今河南省荥阳市汜水镇西），侍中尔朱世承镇守崿坂（今河南省偃师市东南）。杨昱率领七万名将士镇守荥阳，陈庆之毫不畏惧，命令奋勇攻城。南梁军队死伤五百多人，终于于五月二十二日攻克荥阳。南梁军队在元颢的请求下，放过了杨昱，把他手下将领三十七人杀死，挖出心脏吃掉，为死伤的五百多人报了仇。不久，元天穆率援军赶到，陈庆之大破北魏郡，元天穆逃走。陈庆之又进攻虎牢，尔朱世隆弃城而逃。南梁军生擒了东中郎将辛纂。

五月二十三日，元子攸放弃洛阳，渡黄河北上，当天夜里抵达河内郡。元子攸命人书写诏书，昭告四方皇帝行台所在。

临淮王元彧（之前投降南梁，后又回到北魏）、安丰王元延明率领文武百官，用法驾迎接元颢。五月二十五日，元颢进入洛阳，这时突然刮起了狂风，将要进入阊阖门的时候，拉车的马不肯进入，后来在人的牵引下才进入。元颢留在睢阳镇守的后军都督侯暄，被北魏行台崔孝芬和大都督刁宣击败，侯暄被擒斩首。

元天穆率领四万大军攻克大梁（今河南省开封市），派前锋大都督费穆率领两万人马攻打虎牢，陈庆之迎战。元天穆畏惧陈庆之，率军渡黄河北上，费穆得知消息后投降陈庆之，大梁、梁国被陈庆之收复。因为费穆是河阴屠杀的始作俑者，元颢将他斩首。

陈庆之仅仅率领数千名将士，自铚城而洛阳，共夺下了三十二座城池，历经大小四十七战，所向披靡。

元子攸继续北逃，要去投奔尔朱荣。尔朱荣这时也得到了消息，率军南下援救洛阳，走到长子（今山西省长子县）的时候，两个人碰了面，然后他们立即南下。元颢命都督宗正珍孙和河内郡太守元袭攻占了河内郡，尔朱荣率军攻克了河内郡，杀死了宗正珍孙和元袭。

元颢认为他入主洛阳，是天命所归，因此变得骄傲懈怠，他宠信做北海王时的旧属，任由他们干预朝政。元颢又和元彧、元延明商议，准备摆脱南梁的控制，因此对陈庆之的态度发生了变化。陈庆之也觉察到了这一变化，当时洛阳城内南梁军队仅有数千人，而鲜卑人、羌人和匈奴人的军队有十万人。陈庆之为了避开洛阳，请求前去徐州赴任（之前元颢任命陈庆之为徐州刺史），但元颢不放。

尔朱荣和元颢相持于黄河两岸，陈庆之守北中城，元颢守黄河大桥南岸，陈庆之三天之内出战十一次，杀伤尔朱荣军多人。当时有夏州来的军队为元颢防守河中小岛，他们秘密联络尔朱荣，希望能破桥立功，到时候请尔朱荣率军接应。等到夏州军队攻破大桥，尔朱荣却没有及时接应，夏州兵被元颢全部杀死，尔朱荣怅然若失。元延明沿河坚固防守，尔朱荣没有船可以渡河，他准备北归，再做打算。黄门侍郎杨侃和高道穆都劝他征集民间木材，建造木筏，利用人多的优势，在数百里的河面上同时渡河，撕开元颢军的防线。元颢信任的术士刘灵助也说："不出十天，黄河之南必定平定。"伏波将军杨标，和他的族人生活在河中岛上，他们有数艘小船，愿意作为向导。尔朱荣这才坚定了渡河的决心。

六月十八日，尔朱荣命令发起进攻。他命车骑将军尔朱兆和大都督贺拔胜把木材捆绑起来作为木筏，从马渚西硖石（今河南省洛阳市孟津区西十千米黄河渡口）夜渡黄河，袭击元颢之子、领军将军元冠受，把元冠受生擒。元延明得到消息后，无心交战，部队溃散。元颢整个人都呆了，过了一会儿，他率领数百名骑兵，出城南逃。陈庆之也率数千名部下结阵东撤。之前投降元颢的城池，又全部投降了尔朱荣。

尔朱荣率军追赶陈庆之，当时从嵩山流出的水暴涨，陈庆之的军队死伤殆尽，陈庆之剃掉胡须和头发，装扮成和尚，不敢走大道，从小道过汝阴（今安徽省阜阳市），回到了建康。

六月二十日，元子攸入住洛阳华林园，大封文武官员，加任尔朱荣为天柱大将军，增加采邑到二十万户。

元颢狼狈地逃到了临颍（今河南省临颍县），他的侍卫部队全部逃散了，临颍县卒江丰杀死了元颢，把他的头颅送到了洛阳。元彧又投降了元子攸。元延明携带妻子，投降了南梁。

第七十一节　平灭万俟丑奴

　　尔朱荣命大都督侯渊前去讨伐盘踞在幽州的韩楼，只给了侯渊七百名骑兵。有人说给得太少了，尔朱荣说："侯渊善于随机应变，如果给他部队过多，他未必能使用好，用这个数量的部队去攻击叛军，必能获胜。"

　　侯渊率领部队进入幽州，他虚张声势，迷惑敌人，在距离州府蓟县（今北京市）一百余里的时候，和义军将领陈周率领的一万多人遭遇，侯渊设伏兵，大败陈周，俘虏了五千多人。这时，征东将军兼尚书左仆射刘灵助率军来助。侯渊又命令把这些俘兵全部放走，然后尾随。等俘兵进城之后，侯渊命令部队开始攻城，韩楼怀疑这些俘兵已经被侯渊收买，大为惊恐，出城逃跑，被侯渊生擒。

　　幽州之乱平定，朝廷任命侯渊为平州刺史，州城由肥如迁入范阳，任命刘灵助行幽州事。

　　这时传来了两个消息：一个是自称为帝的万俟丑奴攻下了北魏的东秦州，杀死了刺史高子朗；另一个是在营州自称燕王的就德兴归顺了朝廷。就德兴五年之乱结束，营州恢复平静。

　　尔朱荣决定派武卫将军贺拔岳挂帅剿灭万俟丑奴。贺拔岳私下对哥哥贺拔胜说："万俟丑奴，是个强劲的对手，进攻他无法获胜，自然获罪，但即使获胜，恐怕也会被嫉妒，遭受谗言的伤害。"

　　贺拔胜认为弟弟说得对，关切地问道："这该如何是好？"

　　贺拔岳回答道："应该让尔朱家派一人担任主帅，我从旁辅助，就能解决这个问题了。"

　　于是贺拔胜出面，把贺拔岳的意思告知了尔朱荣。尔朱荣非常高兴，任命他的侄儿尔朱天光为使持节、都督二雍（雍州和东雍州）二岐（岐州和南岐州）诸军事、骠骑大将军、雍州刺史，任命贺拔岳为左大都督，侯莫陈悦（侯莫陈为姓氏，鲜卑人）为右大都督，作为尔朱天光的副手，率军讨伐万俟丑奴。

尔朱天光要出发的时候，尔朱荣只配给他军士一千人，同时动员洛阳以西各路兵马补充给尔朱天光。当时赤水蜀当道，贺拔岳大破赤水蜀，缴获战马两千匹，并从俘虏的赤水蜀中挑选年轻力壮的充军，到了雍州，又征收了几千匹马，加起来有一万多匹。但军士还是不够，尔朱天光滞留不进，尔朱荣大怒，派遣骑兵参军刘贵前来，训斥尔朱天光，并打了他一百大杖，同时补充给他两千名军士。

北魏永安三年（530）三月，万俟丑奴亲自率领人马围攻岐州（治所雍城，今陕西省凤翔县），派遣他的大行台尉迟菩萨、仆射万俟仵自武功（今陕西省武功县西）向南渡过渭水，围攻北魏营寨，尔朱天光派贺拔岳率领一千名骑兵前去救援。但等赶到的时候，尉迟菩萨已经摧毁营寨而还。贺拔岳以杀死一些义军，掠夺百姓，来刺激尉迟菩萨。尉迟菩萨率军抵达了渭水北岸，贺拔岳只带了数十名精骑在渭水南向尉迟菩萨喊话，宣扬国威。尉迟菩萨也宣称自己的部队强盛。两个人斗了一会儿嘴，尉迟菩萨就不再说话了，派手下前去传话。贺拔岳大怒，对他说："我要和尉迟菩萨对话，哪有你说话的份儿？"说罢，贺拔岳拉弓放箭，把尉迟菩萨的这名属下射死。当时天已经黑了，双方各自罢兵回去。

第二天，贺拔岳以四十人或五十人为一组，秘密在渭水南岸附近安置了伏兵，然后带领一百多名骑兵，隔着河又向尉迟菩萨喊话，边喊边向东移动。走了有二十里地，到了一处水浅的地方，这地方马匹蹚水可以过河，贺拔岳加速移动。义军以为他要逃走，就丢下步兵，用轻骑兵渡河追击，追到一横岗处，进入了贺拔岳的埋伏圈。义军过横岗一半人马的时候，贺拔岳命令伏兵出击，他也回军攻击，义军大败。贺拔岳下令，义军下马者不杀，义军为了活命纷纷下马，抓获三千人，尉迟菩萨也被生擒。贺拔岳又率军到渭水北岸，抓获义军步兵一万多人，并接收了义军的辎重。

万俟丑奴得到大将尉迟菩萨被擒的消息后，大惊，率军放弃岐州，向安定方向逃窜，在安定北的平亭扎下大营。尔朱天光这时也由雍州赶到岐州，和贺拔岳会师。

四月，尔朱天光率军到了汧水（千河，源出甘肃省，流经陕西省，入渭河）和渭水之间，命令就地休整，宣称："天气即将炎热，不适宜行军打仗，等到秋天天凉后再进军。"尔朱天光又把抓获的万俟丑奴的探子放走，他们把朝廷军队的情况报告给了万俟丑奴。万俟丑奴上当了，分散部队在距离平亭不远的细川耕田种粮，命太尉侯伏侯元进率领五千名士兵在险要地形安营扎寨，其他以千人以下为单位分别扎营。

尔朱天光得知义军兵力分散，一天傍晚，严令各军悄悄出发，次日黎明开始攻打侯伏侯元进的大营。尔朱天光顺利攻下，把所俘虏的义军全部遣散，各营纷纷投降。尔朱天光昼夜行军，来到了安定城下，万俟丑奴的泾州刺史侯畿长贵献城投降。万俟丑奴得到消息，从平亭逃走，奔向西北方向的高平。尔朱天光命贺拔岳率轻骑追击。

尔朱天光追到了平凉的时候，和义军首尾相接，万俟丑奴命令列阵，但还没有列阵完毕，勇将侯莫陈崇就单人独骑冲了进来，直奔万俟丑奴，活捉他于马上。义军一看首领被抓，立即四散奔逃。尔朱天光率军抵达高平，城中义军捉获万俟丑奴的太傅萧宝夤，献城投降。

万俟丑奴和萧宝夤被用囚车押送到了洛阳，有重兵看守，他们被放置在阊阖门外的闹市中，任由参观三日。萧宝夤是皇亲国戚，自然很多人替他求情，元子攸网开一面，下诏让萧宝夤在驼牛署自杀。萧宝夤年四十四岁。元子攸下令，把万俟丑奴斩首于闹市。

万俟丑奴的行台万俟道洛拒绝投降，转而前去投靠另外一路义军头领王庆云。七月，尔朱天光率军进入陇山进行围剿，设计擒住了王庆云、万俟道洛和一众义军，共约一万七千人。尔朱天光把他们全部活埋，把他们的家属赏赐给将士为奴。

秦州、东秦州、南秦州、河州、渭州、瓜州、凉州和鄯州全部被平定。这样一来，北魏的这场起始于523年，从北方六镇开始，蔓延至全国的大起义，到本年（530年），主要义军均已被平定，义军首领破六韩拔陵、胡琛、莫折念生、杜洛周、鲜于脩礼、葛荣、邢杲、韩楼、万俟丑奴等人悉数毙命。尔朱荣及其家族立下了汗马功劳，同时在平叛的过程中，尔朱家的实力迅速发展壮大，掌控了北魏的政权。

朝廷论功行赏，又加任尔朱天光为侍中、仪同三司，任命贺拔岳为泾州刺史，侯莫陈悦为渭州刺史，侯莫陈崇被封为临泾县侯。步兵校尉宇文泰追随贺拔岳入关，因战功被任命为征西将军、行原州事。

第七章

高欢平尔朱氏

第七十二节　诛杀尔朱荣（上）

太原王、天柱大将军尔朱荣虽然人在晋阳（今山西省太原市），却遥控指挥着朝廷，因为他在皇帝元子攸身边安置了大量的亲信，很多亲信还担任了朝廷的要职，架空元子攸。元子攸不懂得韬光养晦，他勤于政事，从早到晚，不觉疲倦，还亲自披览诉讼案件，审理冤狱。有人把这些消息报告给尔朱荣，尔朱荣非常不高兴。

元子攸准备重整朝纲，决定先从选人用人的吏部开始整治。吏部尚书李神儁，是十六国时期西凉王李暠的玄孙，元子攸和他商量怎么着手进行整顿。这时，曲阳县令空缺，尔朱荣向李神儁推荐一人接任，但李神儁认为这个人资历不够，不能胜任，所以就没有同意，而是任命了其他人。尔朱荣对于李神儁不听自己招呼深感愤怒，直接让他推荐的这个人带人驱逐了李神儁任命的县令，走马上任。李神儁为了自保，提出辞呈，尔朱荣命尚书左仆射、堂弟尔朱世隆兼管吏部。

尔朱荣提出起用北方人担任南方诸州的刺史，元子攸认为，这样一来南北诸州都要控制在尔朱荣的手里，所以没有同意。尔朱荣就让元天穆进宫，当面向元子攸汇报，元子攸仍然不同意。元天穆着急了，对元子攸说："天柱大将军立下汗马功劳，是国家的宰相，如果他要换掉所有官员的位置，恐怕陛下也无可奈何，如今只是任命几个人为刺史，怎么就不批准呢？"

元子攸勃然大怒，严厉地对元天穆说："天柱大将军如果不想为人臣子，朕也可以被取代；如果他还存有人臣的礼节，就没有随意任用天下百官的道理。"

元天穆无话可说了，他报告给尔朱荣后，尔朱荣非常愤恨，说道："他的天子的位置是谁给他的？如今竟然不听我的话！"

尔朱皇后是尔朱荣之女，她天性强势妒忌，不让元子攸接触别的后宫嫔妃。

元子攸让尔朱世隆前去劝导，尔朱皇后不听，说："天子之位，是我父亲设立的，他今天就这个样子，我父亲本来是自己要做天子的，今天还可以反悔。"尔朱世隆说："他这么做的话，我也可以封王了。"

元子攸在外被尔朱荣逼迫，在宫内受到尔朱皇后的约束，心情很郁闷，体会不到做皇帝的乐趣。唯一让他感到高兴的事是，群寇还没有被消灭，可以牵扯尔朱荣的精力。等到关陇被平定的消息传来的时候，元子攸高兴不起来，他对尚书令、临淮王元彧说："从今天开始，天下便没有贼寇了。"

元彧观察到元子攸满脸不高兴，说："恐怕贼寇平定之后，方是陛下忧虑的时候。"

元子攸担心别人认为他们的谈话内容奇怪，忙接话说："是啊，兵荒马乱之后，进行安抚，着实不易。"

尔朱荣见天下太平，上书说："参军许周劝臣得到九锡，我非常讨厌他的话，已经把他免职，遣送原籍。"尔朱荣这话的目的，是想暗示元子攸授予自己九锡。元子攸心里也明白，但他装糊涂，顺势对尔朱荣赞扬了一番，尔朱荣目的没有达到。

尔朱荣喜欢打猎，不分季节，不避寒暑，让士兵手拉手组成包围圈前进，队伍必须整齐，即使遇到险阻，也要保持队形，即便有一只鹿跑出去，也会有数人被处死。有一个士兵看见老虎后撒腿就跑，尔朱荣命令把他抓回来，对他说"你害怕是吗"，然后当场斩首。因此尔朱荣每次打猎，参与围猎的士兵如同上战场一般。有一次，尔朱荣又带人出去打猎，在一处深谷之中发现了一只猛虎，尔朱荣很兴奋，命十几个士兵空手前去擒拿，并告诫他们不许伤老虎的性命，结果士兵被咬死了数人，不断有士兵补充上来，把老虎累得筋疲力尽，终被擒获。尔朱荣每次出去打猎都兴高采烈，但随从内心都胆战心惊。

太宰元天穆劝尔朱荣道："大王功勋卓著，天下无事，应该勤修政事，与民休息，根据《礼经》，应该只在冬季狩猎，何必在盛夏驱逐野兽，损伤天地阴阳之气？"

尔朱荣捋起袖子说："胡太后自身不正，我拥立天子，是尽人臣的本分。葛荣之徒，本来就是奴才之辈，乘时作乱，犹如丧家之犬，擒获他们就行了。近来我受到国家大恩，却未能统一海内，怎么能说功勋卓著呢？我听说朝中大臣仍然放纵自己，今年秋天，我准备和兄台整顿兵马，到嵩山狩猎，到时让那些贪污的大臣进入围猎场和老虎搏斗。然后兵出鲁阳，穿过三荆，生擒诸蛮，充实六镇，回军之际，再扫平汾阳的稽胡。明年，挑选精骑，分兵渡过长江、淮河。萧衍如果投降，就封他做万户侯。如果他不投降，就以数千名骑兵径直渡河，把他生擒。然后和兄台奉迎天子，巡视四方，才能称得上功勋卓著。如今如果不频繁狩猎，兵士懈怠，到时候恐怕不能再用！"

城阳王元徽的王妃李氏，是元子攸舅舅的女儿，侍中李彧是元子攸的表兄弟，同时他的妻子是元子攸的姐姐丰亭公主元季望，所以他又是元子攸的姐夫。他们二人想扳倒尔朱荣，掌握朝廷大权，于是在元子攸面前放大尔朱荣的过错，更进一步劝元子攸除掉尔朱荣。侍中杨侃和尚书右仆射元罗等人也参与密谋。

当时尔朱皇后将要产子，尔朱荣请求入朝探视，元徽等人劝元子攸借机杀死尔朱荣，胶东侯李侃晞和济阴王元晖业说："尔朱荣必定是有备而来，不宜下手。"有人说应该立即诛杀尔朱荣的党羽，然后发兵抵御尔朱荣。元子攸迟疑不决，而洛阳城内，听说尔朱荣要率军前来，人心浮动，惊惧不安，中书侍郎邢子才等人溜出洛阳，向东逃跑。尔朱荣也向朝廷官员写信，任由他们选择去留。中书舍人温子升（著名学者）把尔朱荣的信拿给元子攸看，元子攸看过后，面色凝重。

武卫将军奚毅，是尔朱荣的亲信，元子攸对他也比较器重，但也不敢对他说准备铲除尔朱荣的事。奚毅好像也有所察觉，对元子攸说："一旦有事情发生，我宁愿为陛下而死，也不愿意侍奉契胡（尔朱荣所属的族）。"元子攸还是不敢对他说实话，他赞扬奚毅说："朕保证天柱大将军绝无二心，朕也不会忘记爱卿的忠诚之心。"

第七十三节　诛杀尔朱荣（下）

有人在尚书左仆射尔朱世隆的府门上贴上了一张字条，提醒他元子攸将对尔朱荣动手。尔朱世隆大惊，把字条密封后派人送给了尔朱荣，劝他不要来洛阳。尔朱荣见到密信后，不以为然，他认为天下兵马已尽归尔朱家所有，一众反贼都被他平定，区区朝廷几个人又能奈他何。他把密信撕碎扔到地上，并吐了一口唾沫，说道："世隆无胆，谁敢把我怎么样？"尔朱荣的太原王妃也劝他不要去洛阳，尔朱荣不听。

北魏永安三年（530）八月下旬，尔朱荣率领四五千名精骑从并州出发，南下洛阳。当时有各种传言，有人说"尔朱荣要反叛"，也有人说"天子要杀死尔朱荣"。九月初，尔朱荣到达了洛阳，元子攸准备立即杀死他，但考虑到尔朱荣的死党元天穆还在晋阳，恐怕会成为后患，因此隐忍未发。元子攸召元天穆进京。

有人告诉尔朱荣说："皇帝想杀死天柱大将军。"尔朱荣如实转告了元子攸，元子攸也镇静地对尔朱荣说："有人也对朕说王爷要加害于朕，岂能相信这些流言？"

话已经说开了，尔朱荣就不再多疑，每次进宫拜见元子攸，只不过带数十名随从，全都不拿武器。元子攸见尔朱荣这样，也准备停止自己的计划，但元徽劝他道："纵然他不反叛，也忍受不了他，何况还不能保证他不反。"

之前，长星（彗星）穿过中台星，扫大角星，古人迷信，尔朱荣就咨询擅长天文的高荣祖。高荣祖回答说："这是除旧布新之象。"尔朱荣很高兴。

他到达了洛阳，行台郎中李显和说："天柱大将军入京，哪能没有九锡，难道要太原王自己索要？可见天子是多么不识时务。"

都督郭罗察说："今年，过去的禅让文（在河阴的时候所写）就要派上用场了，何止九锡！"

参军褚光也说："有人说晋阳城上有紫气，不用担心不应到天柱大将军身上。"

尔朱荣带来的人不断侮辱皇帝身边的人，无所忌惮，因此这些事都传到了元子攸的耳朵里。

奚毅再次拜见元子攸，请求密谈，元子攸走下明光殿和他耳语了一番，体会到了奚毅的真心。奚毅告诉元子攸，尔朱荣准备乘皇帝出去狩猎的机会，逼迫他迁都。元子攸又把元徽、杨侃和李彧秘密召进宫中，告诉了他们奚毅所讲。尔朱荣的小女儿是元子攸侄子、陈留王元宽的王妃，尔朱荣曾经指着陈留王说："我终将得到这位女婿的协助。"元徽把这个情况报告给了元子攸，并说："尔朱荣担忧陛下终究会是他的祸患，倘若要立太子，为了贪权，他必定立个孩童，如果皇后不生太子，则会立陈留王。"

有一天，元子攸又梦到自己拿刀砍断了自己的十根手指头，从梦中惊醒，感到非常厌恶。元子攸把这个梦告诉了元徽和杨侃。元徽说："蝮蛇咬手，壮士断腕，包括割指，都是吉祥之兆啊！"

九月十五日，元天穆也到达了洛阳，元子攸和尔朱荣亲自到洛阳郊外迎接，然后和他们一同入宫，在西林园饮酒、射箭。酒至半酣，尔朱荣对元子攸说："近来侍官都不喜欢习武了，陛下应该率领五百名骑兵到郊外狩猎，这样也可以减少陛下裁决诉讼官司的辛劳。"元子攸一听，联想起了奚毅的话，内心大惊，对尔朱荣更加怀疑、恐惧。

元子攸终于下定决心要除掉尔朱荣，他招来中书舍人温子升，告诉他要准备杀死尔朱荣，并让他讲讲东汉末年董卓被铲除的经过。温子升是著名学者，通览史籍，他从前至后讲述了董卓被杀死的详细经过。听罢，元子攸感叹道："除掉董卓后，王允如果赦免了凉州人，后来不至于被逼自杀。"

沉思了一会儿，元子攸接着说："我的想法，爱卿已经知晓，即使是死，也要去做，而且不一定死，我宁愿像高贵乡公那样死去（曹魏第四任皇帝曹髦，准备除掉司马昭，反为司马昭所杀，死后被封为高贵乡公），也不愿像常道乡公那样生（曹魏第五任皇帝曹奂，把帝位禅让给了晋武帝司马炎，曹奂曾被封为常道乡公）！"

元子攸认为处死尔朱荣和元天穆以后，当即赦免他的党羽，他的党羽应该不会发兵复仇。

应诏（传达诏书）王道习说："尔朱世隆、司马子如和朱元龙，都是尔朱荣的死党，知道天下的虚实，也不能留。"

元徽和杨侃都说："如果杀了尔朱世隆，尔朱仲远（徐州刺史）和尔朱天光（雍州刺史）怎么会归顺朝廷？"

元子攸认为元徽和杨侃说得有道理。

元徽又说："尔朱荣经常佩戴腰刀，他发狠了会动刀伤人，到时请陛下起身避开他。"

九月十八日，杨侃等十几个人埋伏到明光殿东，伺机出手。当天，尔朱荣和元天穆一起前来，他们吃饭吃到一半时，就起身向元子攸告辞。杨侃等人上殿的时候，尔朱荣和元天穆已经走到大庭了，他们见时机不成熟，就没有动手。

九月十九日是元子攸丧亲的日子，九月二十日是尔朱荣丧亲的日子，都不方便饮乐。九月二十一日，尔朱荣进宫拜见元子攸，但很快就出去了，没有在宫中吃饭，到陈留王元宽家里喝得烂醉。不知道为什么，接下来的几天，尔朱荣都没有上朝。这样，元子攸等人的计划就泄露了，尔朱世隆赶紧劝尔朱荣先发制人，但尔朱荣自恃其勇，又一向轻视元子攸，认为他是无能之人，他对尔朱世隆说："你紧张什么？"

参加元子攸计划的这些人感觉到了害怕，元子攸也观察出来了，担心这些人中有人告密，因此手足无措。这时，元徽急中生智，说："就以皇后生下了皇子为由，召尔朱荣入宫，尔朱荣必定前来，到时候就可以杀掉他。"元子攸问道："皇后才怀孕九个月，这样说行吗？"元徽回答道："产妇不足月生产的太多了，他一定不会怀疑。"元子攸同意了。

九月二十五日，元子攸命令在明光殿东厢房埋下伏兵，然后派元徽前去召尔朱荣进宫，告诉他说是皇后产下儿子。元徽马不停蹄地赶到了尔朱荣府上，当时尔朱荣正和元天穆在玩樗蒲赌博，元徽把喜讯告诉了尔朱荣，并按照夷人的礼节，摘下了尔朱荣的帽子，翩翩起舞。这时，元子攸派来祝贺的另一拨文武官员，也进来催促尔朱荣速速进宫。尔朱荣也就不再怀疑，跟元天穆一同进了宫。

面临重大事变，元子攸得到尔朱荣要来的消息后，脸色都变了。温子升在旁说："陛下变色了。"元子攸赶紧让他拿来酒，喝了几口，一来壮胆，二来可以掩盖脸色。元子攸让温子升撰写赦免尔朱荣同党的诏书,诏书写完后,温子升拿着出门,正好碰上尔朱荣迎面而来。尔朱荣问温子升道:"你手里拿的是什么?"温子升镇定地回答道:"赦命。"尔朱荣也没有拿过来看,径直入内。

　　元子攸坐东向西,尔朱荣和元天穆在元子攸的右手边,坐北向南。这时,元徽进来了,他深施了一礼。这是信号,只见光禄少卿鲁安和典御李侃晞拿刀,从东门火速而入。尔朱荣久经沙场,喊了一声"不好",然后一跃而起,扑向元子攸的御座,准备控制元子攸。元子攸早有准备,他提前在膝盖上放了一把刀,他突然把刀拿了起来,刺向尔朱荣。尔朱荣没有料到元子攸有这一手,被刺中后翻身倒地。鲁安等人上来一顿猛砍,尔朱荣和元天穆都被杀死了,尔朱荣年三十八岁,元天穆年四十二岁。尔朱荣的长子尔朱菩提和车骑将军尔朱阳睹等三十人跟随尔朱荣进宫,也被伏兵杀死。

第七十四节　元子攸之死

　　孝庄帝元子攸设计铲除了奸雄尔朱荣。有人捡起了尔朱荣的手板（笏）呈给了元子攸，他看到手板上面书写了尔朱荣准备提拔和调走的人员名单，不是尔朱荣亲信的都将被调离元子攸身边。元子攸看罢，愤愤地说："贼子如果活过今日，就再也制服不了了。"得到尔朱荣被诛杀的消息后，文武百官纷纷到宫中朝贺。尔朱荣的妻子、北乡长公主率领尔朱荣的部下，焚烧了西阳门，转到河阴驻屯。元子攸又命河西酋帅纥豆陵步蕃率军攻打尔朱家的大本营秀容。

　　尔朱荣被杀的次日，北魏永安三年（530）九月二十六日，尔朱荣的堂弟尔朱世隆率军进攻黄河大桥，杀死了武卫将军奚毅，占据了黄河北岸的北中城。元子攸感觉到了害怕，派段育前去安抚，尔朱世隆斩段育。元子攸释放了之前被尔朱荣逮捕的高敖曹，任命他为直阁将军，任命他的哥哥高乾为河北大使，命他们到冀州召集人马，支援京师。他们兄弟二人和元子攸洒泪分别。

　　十月一日，尔朱世隆命尔朱拂律归（史书对此人无介绍）率领一千名精骑，身穿孝服，来到洛阳城下，索要尔朱荣的尸体。元子攸给尔朱世隆颁发免死铁券，尔朱世隆不理。元子攸拿出国库的财物招募勇士讨伐尔朱世隆，一天工夫就招募了万名勇士。勇士们出城与尔朱拂律归的人马战在一处。匈奴人骁勇善战，虽然十倍于敌，朝廷军队还是被打得大败。元子攸任命李叔仁为大都督，率众讨伐尔朱世隆。

　　十月六日，尔朱皇后产子，元子攸大赦，任命中书令魏兰根兼尚书左仆射、河北行台，定州、相州和殷州的兵马都受魏兰根的节制调度。

　　尔朱氏兵临城下，元子攸很着急，召集文武百官议事。大家面面相觑，没有人说话，这时候，通直散骑常侍李苗拂袖而起，说道："今天遇到些小蟊贼，就唐突如此！朝廷面临不测之忧，正是忠臣义士尽忠之日，臣虽然不是武将，也请赐给我一旅（五百人）之众为陛下切断河桥。"元子攸同意了。

李苗率领招募来的勇士从马渚小岛上乘船借助夜色掩护而下，纵火焚烧河桥，尔朱氏在黄河南岸的士兵发现大桥在燃烧，争先渡桥，很快，大桥断裂，很多人掉入河中淹死。尔朱氏攻来，援军不至，李苗带的人死亡殆尽，李苗纵身跳入河中而死。元子攸很伤心，追赠李苗为车骑大将军、仪同三司，封河阳侯，谥号为忠烈。尔朱世隆率军北去，攻克了建州，杀死了刺史陆希质，屠灭了其州城高都城（今山西省晋城市）。

汾州刺史尔朱兆得到叔叔尔朱荣被杀的消息后，率兵占领了晋阳，派人征召晋州刺史高欢率军前来。高欢以迁移过来的巴蜀人反叛尚未平定为由，拒绝前往。

尔朱世隆率军走到长子（今山西省长子县）时，尔朱兆前来相会。他们共同拥戴太原郡太守、行并州事、长广王元晔为帝。元晔为景穆帝拓跋晃曾孙、南安惠王拓跋桢之孙、扶风王元怡次子。元晔对尔朱兆、尔朱世隆等人加封了一番，不再细表。徐州刺史尔朱仲远（尔朱荣堂弟）率军杀向洛阳。

身在关中的尔朱天光，听说叔叔尔朱荣被杀后，召回了追击复叛的宿勤明达（万俟丑奴部下）的贺拔岳。他们商量后，认为最好的结果是元子攸主动逃出洛阳，他们拥立新君，把新君控制在自己手里。因此，当元子攸派使者来抚慰时，尔朱天光表示仍然效忠元子攸，但想入洛阳为尔朱荣申冤。同时尔朱天光又命人暗中警告元子攸要当心。

平州（治所范阳，今河北省涿州市）刺史侯渊是尔朱荣的亲信，范阳郡太守卢文伟乘侯渊外出打猎的机会，关闭了城门。侯渊率军南下，走到中山（今河北省定州市）的时候，被行台仆射魏兰根击退。

元子攸任命城阳王元徽兼大司马、录尚书事，让他总管朝中事务。元徽以为尔朱荣一死，尔朱家就如鸟兽散，但目前事态的发展完全出乎元徽的预料，他计无所出，又嫉妒贤能，别人的意见他不但不听，还劝元子攸也不要听。元徽为人吝啬，不舍得奖赏属下，因此属下都不肯真心效命。

尔朱仲远攻打西兖州（治所左城，今山东省菏泽市定陶区西），攻克州城，活捉了刺史王衍。元子攸任命车骑将军郑先护兼尚书左仆射，为行台，和东征都督贺拔胜一起迎击尔朱仲远。贺拔胜在滑台（今河南省滑县）战败，投降了尔朱仲远。

十二月一日，尔朱兆进攻丹谷（高都城东南），北魏军都督崔伯凤战死，都督史仵龙投降，行台源子恭撤退。尔朱兆率军追击，追到黄河大桥西的时候，尔朱兆发现上游水流减少，他让人骑马试着过河，探出水深刚到马的腹部。他命令部队全速过河。

十二月三日，突然刮起暴风，黄尘蔽日，直到尔朱兆的骑兵叩打宫门，禁卫兵才发现敌人已经来到近前，他们急忙拉弓放箭，但风太大，风吹起衣服，把弓都缠绕上了。禁卫兵无法拉开弓，认为是天助敌兵，于是四散奔逃。

尔朱兆入宫后，华山王元鸷因之前是尔朱荣的人，制止禁卫军的抵抗。元子攸见大势已去，赶紧逃走，逃到云龙门的时候，他看见元徽骑马逃走，赶紧呼喊，但元徽头也不回，加紧逃命。

元子攸被生擒，尔朱兆命令把他锁到永宁寺楼上，元子攸感觉天气寒冷，向尔朱兆要了一块头巾，但被拒绝。尔朱兆杀死了尔朱皇后所生的小皇子，强奸了嫔妃、王妃和公主，纵容士兵抢掠，又杀死了临淮王元彧，尚书左仆射、范阳王元海，青州刺史李延寔等人。

元徽逃出洛阳，前去投靠前洛阳县令寇祖仁。之前，元徽曾经提拔了寇家三个人为刺史。寇祖仁看上了元徽携带的一百斤黄金和五十匹马，以及朝廷对元徽的悬赏金，他把元徽杀死，将人头送给了尔朱兆。尔朱兆不但没有赏赐寇祖仁，反而把他抓获，又从寇祖仁家里搜出了三十两黄金和三十匹马，加上元徽的黄金和马匹，都收入了自己的囊中。

尔朱世隆也从长子来到了洛阳。尔朱兆骁勇善战，能徒手格斗猛兽，这次又攻下洛阳，立下头功，因此他质问堂叔尔朱世隆道："叔父久在朝廷，耳目甚多，为何让天柱大将军遭受此祸！"他手按宝剑，声色俱厉。尔朱世隆赶紧道歉，尔朱兆才原谅了他，但从此尔朱世隆恨上了这个侄子。尔朱仲远也从滑台赶到了洛阳。

这时，传来了纥豆陵步蕃南下的消息，尔朱兆不敢大意，决定回晋阳抵御，命尔朱世隆等人留在洛阳，处理朝廷事务。尔朱兆押解孝庄帝元子攸回到了晋阳。尔朱兆一走，尔朱世隆就和尔朱家的几个人商量，为了防止皇帝元晔的母亲干政，派刺客杀死了她，还贼喊捉贼，悬赏捉拿刺客。尔朱世隆又杀死了高道穆等人。

高欢向尔朱兆写信，规劝他不要伤害元子攸，但尔朱兆不听，于北魏建明元年（530）十二月二十三日，在晋阳城的三级佛寺缢死了元子攸。元子攸年仅二十四岁，谥号为孝庄皇帝，庙号为敬宗。

元子攸临终前，写了一首诗，诗云：

> 权去生道促，忧来死路长。
> 怀恨出国门，含悲入鬼乡。
> 隧门一时闭，幽庭岂复光。
> 思鸟吟青松，哀风吹白杨。
> 昔来闻死苦，何言身自当。

第七十五节　高欢收六镇降民

　　纥豆陵步蕃大军和尔朱兆大军在秀容展开大战，尔朱兆虽然非常勇猛，但谋略不足，大败后逃入晋阳。纥豆陵步蕃的势力更加强盛，他率军进逼晋阳，尔朱兆对纥豆陵步蕃军的战斗力感到恐惧，派人向高欢求援。

　　高欢接到尔朱兆的求援信后，和幕僚商议对策，幕僚都劝他不要增援，说不定尔朱兆是要借机报一箭之仇。高欢对他们说："尔朱兆现在形势吃紧，肯定不会有别的什么想法，我敢保证。"于是高欢率军北上增援尔朱兆。贺拔焉过儿平时颇受高欢信任，他建议军队应该缓缓前进，让纥豆陵步蕃和尔朱兆多斗些时日，消耗他们的实力。高欢听取了贺拔焉过儿的建议，他到一处就逗留一下，磨磨蹭蹭，到了汾河边上后，又以没有桥为由，没有渡河。尔朱兆屡战屡败，他向高欢告急，高欢这才开拔。

　　尔朱兆为了躲避纥豆陵步蕃，大军不断南移，纥豆陵步蕃率军紧追，到达了乐平郡（今山西省和顺县西北）。这时，高欢和尔朱兆也合兵一处，向纥豆陵步蕃发起进攻，大胜，一路向北追击，到达秀容境内的石鼓山，斩杀了纥豆陵步蕃。纥豆陵步蕃的部下四散奔逃。

　　尔朱兆十分兴奋，和高欢盟誓，结拜为兄弟。尔朱兆又只带了数十名骑兵，到了高欢的大营，和高欢通宵宴饮。

　　当初葛荣被灭后，他的部下逃入并州、肆州的达二十多万人，被尔朱荣的族人（契胡）欺负凌辱，苦不堪言，难以为继，大小变乱二十六次，均告失败，被屠杀过半，但变乱的举动并没有止息。尔朱兆很苦恼，就征求高欢的意见。

　　高欢说道："六镇叛军的残余部队，不可以全部杀光，王爷您应该让自己的心腹之人统领他们，他们中有犯罪者，就处罚他们的小头领，则犯罪的人就会大大减少了。"

尔朱兆连连点头，夸赞高欢道："你说得太对了！那么，由谁来统领他们呢？"

当时贺拔允也在座，他向尔朱兆提议由高欢来领导六镇的降民，高欢心里高兴，但怕引起尔朱兆的疑心，当即站起来挥拳打向贺拔允的嘴巴。贺拔允不备，牙齿都被打落了一颗。高欢发怒道："我们伺候天柱大将军（尔朱荣）时，毕恭毕敬，就如同天柱大将军的鹰犬一样。今日天下之事的决定权在王爷的手里，而阿鞠泥（贺拔允的字）竟然僭越妄言，请王爷杀之！"

这一招也真迷惑了尔朱兆，当时他也喝得有点高了，认为高欢是出于忠心，就把六镇降民交给高欢领导。高欢怕尔朱兆清醒后反悔，随即找了个借口出去，宣布道："我受王爷委托统领州镇兵，立即召集他们到汾河东岸接受号令。"

高欢命令在秀容南的阳曲川（今山西省阳曲县境内）设立大营，陈兵列队。六镇降民深受尔朱家的压迫，痛恨尔朱兆，但对出身六镇的高欢很有好感，于是统统到高欢处报到。

不久，高欢派骑兵参军刘贵向尔朱兆请求说："并州和肆州连年遭受霜灾和干旱，六镇降户没吃的，就到田里挖田鼠吃，面色不正，他们留在您的辖区之内，真是丢人现眼，不如让他们到山东（太行山之东）寻找吃的，待解决温饱之后，再作安排。"

尔朱兆表示同意。长史慕容绍宗劝他说："不可。如今四方纷扰，人怀异志，高欢雄才盖世，如果再让他手握重兵在外，就好比把云雨借给了蛟龙，将来想节制他可就难了。"尔朱兆说："我和高欢当时焚香发誓，不用担心！"慕容绍宗说："亲兄弟尚不可信，何况只是焚香叩头呢！"

当时尔朱兆的身边人全被高欢用重金收买，他们都说慕容绍宗和高欢过去有嫌隙，因此才会诋毁高欢。尔朱兆大怒，把慕容绍宗关押了起来，然后催促高欢速速上路。

高欢离开了晋阳，准备走滏口，正好在路上遇到了从洛阳北逃的北乡长公主（尔朱荣妻子），当时北乡长公主一行携带了三百匹马，高欢如获至宝，抢夺了这三百匹马，但也没有亏待北乡长公主，给了她等值的物品。

尔朱兆得到消息，知道高欢已经有了异心，赶忙释放了慕容绍宗，向他问计。

慕容绍宗说："王爷不要着急，高欢还在我们的掌握之中。"于是，尔朱兆亲自率军追击高欢，追到了襄垣（今山西省襄垣县）。正碰上漳水暴涨，过河大桥被冲塌，尔朱兆大军无法过河。高欢在对岸向尔朱兆叩头说："我借公主的马匹，并非有其他打算，是要用来对付山东的强盗罢了。大王听信公主陷害我的话，亲自前来，我不惜死在河中，就是怕我的这帮属下会叛乱。"

尔朱兆表示自己没有怀疑高欢的意思，他换乘了一匹轻马，渡河来到高欢营帐。尔朱兆拔出佩刀交给高欢，然后伸直脖子让高欢砍下去。高欢也很会表演，当即就掉泪了，对尔朱兆说："天柱大将军去世以后，贺六浑（高欢的字）还有谁可以倚仗？但愿王爷您活个千岁甚至万岁，我定当竭尽全力，效忠于您。今天如果不是旁人挑拨离间，王爷怎么忍心说出此言！"

尔朱兆闻听，把刀扔到了地上，唤人宰杀了一匹白马，和高欢立誓，事毕，在高欢的帐中留宿畅饮。当时高欢的姐夫尉景带领勇士埋伏在帐下，准备发动，活捉尔朱兆。高欢用嘴咬住尉景的手臂，制止了他。高欢说："今天杀了他，他的党羽必定逃回聚集，为他报仇，我军兵饥马瘦，无法与他们相匹敌。若英雄之辈乘机而起，会对我们的威胁更大，不如暂且放了他。尔朱兆虽然骁勇善战，但谋略不足，不足为患。"尉景等人罢手。

第二天，尔朱兆回到大本营后，召高欢前来饮酒，高欢骑上马就准备过去，长史孙腾拽着他的衣服不让他走。高欢醒悟，就没有过河。尔朱兆看高欢不肯过来，顿时大怒，在河对岸指着高欢大骂，然后悻悻地收兵回晋阳去了。

高欢接收了六镇的十多万名降民，实力大增。

第七十六节　元恭登基

尔朱世隆具有一定的行政管理能力，把洛阳城治理得井井有条，恢复了商业往来，盗贼也几乎绝迹。尔朱世隆和哥哥尔朱仲远等人商议，认为新任皇帝元晔和皇室关系已经疏远，而且名望不足，准备立一位皇室近亲作为皇帝。

仪同三司、广陵王元恭，是元羽（孝文帝元宏的亲弟弟）的儿子，是献文帝拓跋弘的亲孙子，而拓跋弘的父亲拓跋濬和元晔的爷爷拓跋桢是亲兄弟。元恭生于北魏太和二十二年（498），行为端正，喜欢学习，为人孝顺，逐渐升迁至正常侍，领给事黄门侍郎。当时元乂擅权，他为了避祸，称病不上朝，后来干脆装起了哑巴，居住在洛阳东的龙华寺，闭门谢客，中断和外界的往来。后来有人告诉孝庄帝元子攸，说元恭是装哑巴，包藏祸心，当时民间也有传说元恭有天子之气。元恭害怕了，西逃到了上洛山（今陕西省商洛市商州区境内），被洛州刺史擒住，送交京师，后来因为查无实据，又被释放。

关西大行台郎中薛孝通劝尔朱天光道："元恭是高祖（元宏）兄弟之子，素有声望，藏而不露，沉默寡言，经过多年磨难，如果迎奉他为皇帝，必天人和洽。"

尔朱天光认为薛孝通说得有道理，就和尔朱世隆等人商量，准备立元恭为帝，但又疑心元恭是不是真的哑巴了，如果真是哑巴了，还真不行，于是就派尔朱彦伯前去诚心拜会。尔朱彦伯见到元恭之后，告诉他尔朱兄弟的心意，并说了些威胁性的话。这时，元恭终于开口说话："天何言哉！（出自《论语》'天何言哉！四时行焉。百物生焉，天何言哉'，意思是上天不说话，四季照样轮替，百物自然生长）"尔朱彦伯把元恭的话汇报给尔朱世隆等人，他们都很高兴。

北魏建明二年（531）二月二十九日，元晔由晋阳到达邙山南（之前元晔为太原郡太守，郡府晋阳），尔朱世隆派人把拟好的禅让诏书拿给元晔签字认可。元晔没有办法，只得乖乖签字。元恭自然按照传统，让了三次才即位，大赦，改年号为普泰。黄门侍郎邢子才作大赦文，讲述元子攸屈杀尔朱荣的经过，元恭表态说："永安（元子攸年号）手剪强臣，并无不妥，因为上天还没有厌烦战乱，所以才会有成济之祸（成济杀死了曹魏皇帝曹髦）。"元恭又命左右取来纸笔，亲自撰写了赦令。元恭已经八年不说话了，今日才开口，朝野都非常高兴，把他作为明主，期望他能给天下带来太平的日子。

拥立元恭之事，尔朱世隆等人没有同尔朱兆商量。尔朱兆得知后大怒，准备发兵攻打尔朱世隆。尔朱世隆也很紧张，派尔朱彦伯亲自前去解释、致歉，尔朱兆才作罢。

尔朱兆南下时，防守太行丹谷的安东将军史仵龙、平北将军阳文义率军投降了他，防守河内的侍中源子恭又逃走了，尔朱兆才得以顺利进入洛阳。尔朱世隆向元恭请求封史仵龙和阳文义为千户侯。元恭说："他们二人对王爷有功，对国家无功。"元恭竟然没有批准。

幽安营平四州行台刘灵助（尔朱荣曾经很信任的术士），算出来尔朱氏将衰亡，于是自称燕王，宣称为元子攸报仇，并且对外散布谶纬书说"刘氏当王"，迷惑百姓，因此很多人跟随他。他率军南下，来到了博陵郡的安国城（今河北省安国市）。一个月之后，北魏大都督侯渊和骠骑大将军叱列延庆灭了刘灵助，砍下了他的人头送入洛阳。

尔朱兆派监军孙白鹞到冀州，以征调马匹为名，准备乘高乾、高敖曹兄弟送马之际，把他们抓捕，但这个阴谋被高氏兄弟识破，他们奇袭冀州州府信都，杀死了孙白鹞，活捉了刺史元崆，推举封隆之行州事，登坛宣誓，要讨伐尔朱氏。殷州刺史尔朱羽生率军五千人攻打信都。兵贵神速，高敖曹没有来得及穿上铠甲，即率领十多名精骑兵出城迎击。尔朱羽生被击败，退走。高敖曹骑马和用铁槊的功夫都冠绝当世，他的左右亲信无不以一当百，当时人们把他比作项羽。

晋州（治所平阳，今山西省临汾市）刺史高欢驻扎壶关（今山西省长治市壶关县）大王山，他率军东出，声称讨伐信都。高乾敬慕高欢有盖世雄略，亲自到滏口求见高欢，表示投靠，高欢很高兴。这时，赵郡（郡府广阿）太守、殷州大族李元忠也前来投靠高欢。

高欢率军过了太行山，对百姓秋毫无犯，路过田地的时候，高欢也亲自下马，牵马而行，百姓诚心归附。到达信都之后，高乾打开城门，迎接高欢入城。高敖曹当时征战在外，得知消息后，责怪哥哥懦弱，送给了高乾一套妇女的服装。高欢自降辈分，让世子高澄以孙子辈的礼节前去拜见高敖曹。高敖曹受感动，熄了怒气，跟随高澄回城。

　　尔朱世隆控制了洛阳后，变得随性起来，赏罚失度，任命他的亲信、尚书郎宋游道和邢昕代他处理政务。这两个人贪赃枉法，卖官鬻爵，引起了朝野的不满。当时，尔朱天光占据关右，尔朱兆占据并州和汾州，尔朱仲远占据徐州和兖州，尔朱世隆控制朝廷。但他们都贪暴不仁，尔朱仲远最过分，以谋反的罪名把辖区内的富户大族抓了起来，男人扔进河中淹死，女人和财物归他所有。四方百姓都非常痛恨尔朱氏。

第七十七节　高欢立元朗

北魏普泰元年（531）四月十四日，北魏朝廷任命高欢为大都督、东道大行台、冀州刺史。高欢决定起兵消灭尔朱氏，控制朝廷。镇南大将军斛律金、军主库（shè）狄干，高欢的小舅子娄昭及娄昭的姐夫段荣，完全支持高欢，他们几个都是猛将。

想打败尔朱氏，首先要征得六镇降民的大力支持。高欢伪造了一份文书，称尔朱兆将要把六镇降民配给契胡（尔朱氏种族）为私家部队，任他们驱使。六镇降民听说这个消息后，都非常忧虑、恐惧。高欢又伪造了并州（尔朱兆所据）的兵符，征调部队前去讨伐山胡。高欢聚集了一万多人，虚张声势，做出要出发的姿态。孙腾和都督尉景配合演戏，请求高欢五日后再走，如此两次，之后才启程。高欢亲自送他们到郊外，抹着眼泪同他们告别，众人号啕大哭，哭声震动原野。

感觉火候差不多了，高欢对他们喊话道："我与大家同为异乡客，义同一家，想不到上面如此发落我们，今天西去并州、汾州是一死，延误军期又是一死，配给契胡也是一死，这该当如何？"众人情绪都被调动起来了，大喊道："只有反了！"高欢又高声道："目前，造反是救急的办法，然而，我们应该推荐一个统帅，推荐谁好呢？"众人都推荐高欢。高欢说道："同乡之间，不好领导，葛荣就是这样。他虽有百万之众，但是没有法律约束，终于自取灭亡。今天大家推荐我为统帅，应该和之前有所差异，不许凌辱汉人，触犯军令者，是生是死，任我处罚。否则，我宁愿不做这个统帅，也不能被天下人耻笑。"众人都屈膝下跪，用额头触地，说："生死由您决定！"

第二天，高欢命令杀牛犒赏将士。六月二十二日，高欢正式在信都起兵，这时他还不敢对外公开说要反尔朱氏。

高欢秘密和李元忠商议，让他带兵逼近殷州，然后又命高乾假意前去解救，目的是混进州城。殷州刺史尔朱羽生果然相信了，打开城门让高乾等人入城。高乾生擒尔朱羽生后将他斩首，然后带着人头去见高欢。高欢大喜，对他们二人也放下心来，说："今天反意已决！"于是，他任命李元忠为殷州刺史，镇守广阿。

高欢上书元恭，历数尔朱氏的罪行，奏书到了尚书省，尚书令尔朱世隆收了起来，没有递交给元恭。

杨播、杨椿和杨津兄弟颇有声望，家族和睦，一门之中出了两个三公、七个太守、三十二个刺史。这时杨播已经去世；杨椿曾经官至太保，退休后和儿子杨昱居住在华阴（今陕西省华阴市）；司空杨津及杨氏数人在首府洛阳。杨播的儿子杨侃当年参与了孝庄帝元子攸诛杀尔朱荣的行动，后来被尔朱天光杀死。尔朱世隆还记着杨家的仇，他上书元恭，污蔑杨家谋反，请求抓捕，但元恭不准。尔朱世隆就自己开始行动，派兵包围了洛阳的杨津府，通知尔朱天光派兵包围杨椿府。他们大开杀戒，可怜杨家满门一百多口，不分老幼，全部被杀。光州（治所东莱，今山东省莱州市）刺史杨逸，是杨津的次子，也被尔朱仲远派人杀死。杨津最小的儿子（四子）杨愔，当时出门在外，侥幸得逃，他背负血海深仇，前去信都投靠高欢，进献讨伐尔朱氏的谋略，高欢十分欣赏他，任命他为行台郎中。

彭城王尔朱仲远和常山王尔朱度律得到高欢起兵的消息后，自恃强大，并不担心，但乐平王尔朱世隆感到恐惧。颍川王尔朱兆率领两万大军，出井陉，进逼殷州，李元忠自知不敌，弃城撤向了信都。尔朱仲远和尔朱度律率军进攻高欢。

孙腾建议高欢道："如今我们和朝廷断绝联系，我们的号令并不是朝廷授命，如果不取得权威授权，恐怕众将心情沮丧，离我们而去。"高欢迟疑再三，孙腾不断请求，高欢决定拥戴渤海郡（今河北省南皮县）太守元朗为帝。

元朗，字仲哲，是景穆皇帝拓跋晃的玄孙，自幼以聪明、悟性高著称。北魏中兴元年（531）十月六日，十九岁的元朗在信都城西称帝，改年号为中兴，任命高欢为侍中、丞相、都督中外诸军事、大将军、录尚书事、大行台，高乾为侍中、司空，高敖曹为骠骑大将军、仪同三司、冀州刺史，孙腾为尚书左仆射，魏兰根为右仆射。

十月十三日，尔朱仲远、尔朱度律和骠骑大将军斛斯椿、车骑大将军贺拔胜，车骑大将军贾显智，抵达阳平县（今河北省馆陶县）后扎营。尔朱兆过井陉关，号称十万，在广阿扎营。尔朱兄弟虽然来势汹汹，但并非铁板一块，他们互相猜忌。高欢采用窦泰的反间计，对外散布消息，"尔朱世隆兄弟密谋杀死尔朱兆"，"尔朱兆和高欢密谋杀死尔朱仲远"等，这就加重了尔朱氏之间的猜忌，他们徘徊不前。

　　尔朱仲远派斛斯椿和贺拔胜到尔朱兆大营，跟尔朱兆沟通、解释，尔朱兆率领三百名轻骑兵来到了尔朱仲远的大营。他们坐在帷帐之中，尔朱兆脸露不平之色，不停挥舞手中的马鞭，口中发出长啸声，眼睛凝视着远方。尔朱兆担心受到尔朱仲远的偷袭，突然从座位上起身，骑上战马，飞驰出营。尔朱仲远又派斛斯椿和贺拔胜前去追赶，想再解释一下，尔朱兆把二人捉住，押往大营。尔朱仲远和尔朱度律害怕受到尔朱兆的攻击，率军南奔。正在用人之际，尔朱兆并没有为难斛斯椿和贺拔胜。

第七十八节　韩陵之战

高欢准备对尔朱兆发起攻击，但尔朱兆骁勇善战，手下人数众多，高欢心里也没底，就征求亲信都督段韶（段荣之子）的意见。

段韶回答道："所谓众者，是能够获得众人誓死效命；所谓强者，是能够得到天下人的心。尔朱氏上弑天子，中屠公卿，下暴百姓，大王以正义之师讨伐叛逆，如滚汤浇雪，他们又有何众强之有！"

高欢说："话虽这么说，我们以小敌大，恐怕老天爷不帮忙也无法获胜。"

段韶说："听说过'小能敌大，小道大淫'（出自《左传》，意思是过小国能抵抗大国，是由于小国有道而大国邪恶），'皇天无亲，惟德是辅'（出自《尚书》，意思是老天爷公正无私，总是帮助品德高尚的人）。尔朱氏外乱天下，内失众英雄之心，智者不会给他们呈献谋略，勇者不会为他们拼命，人心已去，老天爷哪能不帮助您呢？"

北魏中兴元年（531）十月十五日，高欢大胜尔朱兆于广阿，俘虏了五千多人。

高欢率军攻打相州州府邺城，相州刺史刘诞顽强抵抗。高欢命令用木柱支撑向城内挖地道，然后人员撤出，烧毁柱子，地道塌陷后，城墙也倒塌了。

中兴二年（532）正月十七日，高欢的军队占领了邺城，活捉了刘诞。

高欢扶持的皇帝元朗，任命高欢为丞相、柱国大将军、太师，任命高欢十二岁的长子高澄为骠骑大将军。三月十三日，元朗率领百官进入了邺城。

大敌当前，尔朱世隆认识到了团结的重要性。因为他们撇开尔朱兆立了元恭，尔朱兆才生气，所以尔朱世隆主动降低姿态，向尔朱兆送上厚礼，并言辞谦恭，邀请尔朱兆到洛阳来主政朝廷，请元恭纳尔朱兆的女儿为皇后。尔朱兆这才由怒转喜。尔朱氏重新订立了誓约，恢复了之前和睦的状态。

斛斯椿私下对贺拔胜说:"天下人都怨恨尔朱氏,而吾等为之效力,离灭亡的日子不远了,不如我们起兵讨伐他们。"贺拔胜问道:"尔朱天光和尔朱兆各据一方,想要把他们全部消灭,很困难,去之不尽,必为后患,该怎么办?"斛斯椿回答道:"这容易办到。"

斛斯椿游说尔朱世隆,征召尔朱天光到洛阳,共同商讨讨伐高欢之计。尔朱世隆征召尔朱天光几次,尔朱天光都不来,于是他派斛斯椿亲自前去征召。斛斯椿到了长安,见到尔朱天光,劝他说:"高欢作乱,非王爷不能平定,王爷岂可坐视宗族被消灭?"

尔朱天光不得已,准备率军东出,他向雍州刺史贺拔岳问计,贺拔岳说:"王爷家里跨据三方(尔朱兆占据并州和汾州,尔朱天光占据关陇地区,尔朱仲远占据徐州和兖州),将士和战马都数不胜数,高欢一伙只是乌合之众,岂是对手?只要能勠力同心,将战无不胜。如果骨肉相疑,则自顾不暇,怎么能够制人呢?以下官所见,王爷不如据关中以固根本,派遣精锐之师与联军会合,进可以克敌,退可以自我保全。"

贺拔岳计策虽好,但尔朱天光不听。三月八日,尔朱天光自长安,尔朱兆自晋阳,尔朱度律自洛阳,尔朱仲远自东郡(今河南省滑县)分别开拔,在邺城会师后,号称有二十万大军,沿着洹水排兵布阵。朝廷派长孙稚为大行台,作为总督。

高欢命吏部尚书封隆之守卫邺城,他亲自率军屯驻邺城西北的紫陌,大都督高敖曹率领乡里及部曲王桃汤等三千多人跟随。高欢对高敖曹说:"高都督所率领的全部是汉人士兵,恐怕不足以成事,我准备分给你一千多名鲜卑士兵,到时候间杂使用,你认为如何?"高敖曹说:"我的部队,在一起练习已久,之前的战斗不输鲜卑士兵,今若让他们杂处,感情上不融洽,胜利了争功,退后了互相推责,就不烦劳您配备了。"

三月二十六日,尔朱兆率领轻骑三千人夜袭邺城,攻打西门,无法攻克,只好退走。

高欢战马不满两千匹,步兵不满三万人,和尔朱氏的兵力差距较大。他率军屯驻邺城西南的韩陵(位于今河南省安阳市东北),结圆阵。高欢命将士把牛和驴捆在一起,堵塞退路,于是将士都有了效死的决心。

尔朱兆望见高欢，远远地责备高欢背叛自己。

高欢回答说："本来我们可以齐心协力，共同辅佐皇室，但天子（指元子攸）何在？"

尔朱兆说："永安（元子攸年号）枉杀天柱大将军（尔朱荣），我只是报仇罢了。"

高欢说："我曾经亲耳听到过天柱大将军的谋划，你也在门口站立，怎么能说他没有谋反呢？且君杀臣，何报之有？今天我们就恩断义绝了！"

无须多说，双方展开大战，高欢率中军，高敖曹率左军，高欢的堂弟高岳率右军，和尔朱大军展开混战。高欢的中军战局不利，尔朱兆的攻势更强。高欢眼看就要支撑不住，这时，高岳率五百名精骑兵迎着尔朱兆的部队就冲了上去，别将斛律敦把逃散的兵丁重新集结起来，从尔朱军的后面杀了过来，高敖曹率领一千名精骑从栗园拦腰杀来。尔朱兆等人不敌，大败。

贺拔胜和徐州刺史杜德在阵前投降了高欢。尔朱兆用手捶打着胸口，对慕容绍宗说："不能用公言，才到了这个地步（慕容绍宗曾经劝尔朱兆不让高欢统领六镇降兵）。"尔朱兆准备以轻骑逃向西北的晋阳，慕容绍宗突然反转旗帜，吹响号角，收拢逃兵，然后才回军。

尔朱兆逃向了晋阳，尔朱仲远逃回东郡，尔朱彦伯得到尔朱度律等人战败的消息后，准备亲自率军守卫黄河大桥，但尔朱世隆不准。

第七十九节　高欢占洛阳

尔朱度律和尔朱天光准备逃回洛阳，大都督斛斯椿为人性情奸诈狡猾，看到尔朱家大势已去，就对都督贾显度和贾显智弟兄说："今天如果不捉住尔朱氏，恐怕我们会死无葬身之地了。"于是，他们夜晚在一个大桑树下盟誓，约定兼程抢先回洛阳。

尔朱世隆命外兵参军阳叔渊紧急赶往黄河大桥北岸的北中城，收拢败兵，依次安顿。

斛斯椿到达北中城下，无法进入，他游说阳叔渊道："尔朱天光的手下都是关中人，我听说他们准备抢掠洛阳后迁都长安，应该让我先入城，我们共同防备他们。"阳叔渊相信了斛斯椿的话，让他进入了北中城。斛斯椿随即控制了北中城，等尔朱度律和尔朱天光抵达城下的时候，斛斯椿不让他们入内。他们准备攻城，这天大雨下个不停，士马疲惫，箭也射不出去。他们只好放弃攻城，继续西逃，走到雷陂津的时候，被人活捉，送给了斛斯椿。斛斯椿让行台长孙稚到洛阳向皇帝元恭奏明情况，又派贾显智和张欢率骑兵袭击尔朱世隆，把尔朱世隆抓获。长孙稚到神武门向元恭奏报道："高欢的义军已经大胜，建立了功勋，请诛杀尔朱氏。"尔朱彦伯为人和气厚道，元恭就派舍人郭崇通知他逃走，但他没有逃出多远也被捉住了，和尔朱世隆一起被绑到阊阖门外斩首。斛斯椿进入洛阳后，把尔朱兄弟的头颅悬挂于府门前的大树上。他父亲见到后，对他说道："汝与尔朱氏约为兄弟，他们待你不薄，如今怎么忍心把他们的头颅悬挂于门前？不愧对天地吗？"斛斯椿就把尔朱世隆和尔朱彦伯的头颅，连同尔朱度律、尔朱天光，一起交给了高欢。

元恭派中书舍人卢辩前去邺城慰劳高欢，高欢让卢辩拜见元朗，卢辩抗议不从，高欢知道无法夺其志，就没有勉强。

北魏中兴二年（532）四月八日，骠骑大将军、行济州事侯景向元朗投降，被任命为尚书仆射、南道大行台、济州刺史。

尔朱仲远投降了南梁，他的帐下都督乔宁、张子期从滑台前来投靠高欢，高欢厌恶他们卖主求荣，命令把他们处斩。

尔朱天光率军东进之时，留下弟弟尔朱显寿镇守长安，征召秦州刺史侯莫陈悦与他同去。贺拔岳知道尔朱天光此去必败，因此想把侯莫陈悦留下来，和他一起图谋尔朱显寿以响应高欢，但不知道用什么办法才能把侯莫陈悦留下来。

宇文泰对贺拔岳说："今尔朱天光还没有走远，侯莫陈悦未必有二心，如果现在就把意图告诉他，恐怕会引发他惊慌恐惧。然而，侯莫陈悦虽然是主帅，却没有领导能力，如果先说服他的属下，他必定留下来。之后侯莫陈悦如果东进，就会错过和尔朱天光约定的期限，如果退兵，他肯定会担心引起人情变动，到时候再游说他，事情不会不成。"贺拔岳大喜，命宇文泰到侯莫陈悦的军中做游说工作，事情很顺利，于是侯莫陈悦决定和贺拔岳一起袭击长安。宇文泰率轻骑作为前锋，攻打长安，尔朱显寿弃城而走，逃到华阴的时候被生擒。高欢任命贺拔岳为关西大行台，贺拔岳任命宇文泰为行台左丞，领府司马，事无巨细，全部交给宇文泰打理。

尔朱氏在韩陵战败，尔朱世隆被杀后，他的弟弟、青州刺史尔朱弼准备南逃，投降南梁。为了防止部下生乱，他多次和部下割臂为盟。帐下都督冯绍隆，向来受到尔朱弼的宠信，他建议尔朱弼道："今天我们方同契阔（'死生契阔'，出自《诗经》，意思是无论生死都要在一起），应该割心前的血和众人盟约，展示更大的诚意。"尔朱弼听从，集合部下，亮开胸口让冯绍隆割血。冯绍隆用刀抵住尔朱弼的胸口，突然用力往里推，尔朱弼顿时毙命。冯绍隆又砍掉了尔朱弼的脑袋，送到了洛阳。尔朱氏的安东将军辛永也献出建州（治所高都城，今山西省晋城市），投降了高欢。

四月十八日，高欢和元朗来到洛阳北的邙山驻扎。高欢认为元朗和皇室血缘关系比较远，他派仆射魏兰根到洛阳抚慰，同时观察元恭是何等人物。高欢有拥戴元恭继续为帝之心。魏兰根发现元恭神采奕奕，精力充沛，预测元恭以后不会为人所制，于是就和高乾兄弟及黄门侍郎崔㥄一起劝高欢废掉元恭。

高欢召集文武百官，问他们该立谁为帝合适。太仆綦毋儁盛赞元恭贤明，应该掌管社稷，高欢欣然同意。崔悛勃然作色道："如果要说贤明，也得我家高王（高欢）一步步登上帝位再说，广陵王（元恭之前为广陵王）既然是被逆胡所立，怎么能够继续做天子？如果听了綦毋儁的话，我们的军队怎么能称为义军？"于是，高欢把元恭囚禁到了崇训佛寺。

高欢进入了洛阳，斛斯椿对贺拔胜说："今天下之事，就在我和君了，如果不先发制人，恐将为人所制。高欢初到，除掉他并不难。"贺拔胜说："高欢有功于当世，谋害他不祥。我几次与高欢聊了个通宵，回忆起很多往事，感慨万千。他也很感念兄台的恩情，何必要忌惮他呢！"斛斯椿很感动，就停手了。

当时诸王多逃匿，尚书左仆射、平阳王元脩，是广平王元怀之子，高祖元宏的孙子，性情沉稳敦厚，沉默寡言，现年二十三岁，是帝位的合适人选。高欢听说元脩躲藏在民间之后，就派斛斯椿寻访。

斛斯椿来找元脩平时亲近的员外散骑侍郎王思政，问元脩所在何处。王思政问道："我需要知道你问平阳王的用意。"斛斯椿回答道："准备立为天子。"王思政就告诉了斛斯椿元脩的住址。斛斯椿和王思政一起去见元脩。元脩看见他们，面部因紧张而变色。他问王思政道："你难道要出卖我吗？"王思政回答说："自然不是。"元脩又问道："敢保证吗？"王思政又回答说："事态百般变化，哪里保证得了！"斛斯椿骑快马飞报给了高欢，高欢带了四百名骑兵到毡帐中迎接元脩。高欢向元脩表达了赤诚之心，说着说着，泪湿衣襟。元脩谦虚地说自己寡德，恐难胜任。高欢连续拜了两次，元脩回拜。高欢出去准备皇帝御用之物，同时派人对元脩严加守卫。第二天，天还没亮，文武百官拿着马鞭来朝拜元脩（没有那么多朝服，就拿马鞭表达敬意）。高欢命斛斯椿奉上劝进表。斛斯椿进入元脩的帷帐门之后，弯腰低头，不敢再向前进。元脩命王思政把表呈上，看过之后，说："看来不得不称朕了！"高欢又命人撰写了禅让诏书，逼元朗签字，元朗签署。

北魏太昌元年（532）四月二十五日，元脩在洛阳城东郊称帝，登基仪式采用北魏在平城时候的旧制，用黑毛毡蒙住七个人，高欢在内，元脩被抬到黑毛毡上，面朝西方，给老天叩头，礼毕后进入洛阳，登上太极殿，接受群臣朝贺。

元脩任命高欢为大丞相、天柱大将军、太师，世袭定州刺史。

第八十节　高欢平晋阳

当初高欢在信都起兵的时候，尔朱世隆把在洛阳的高欢的老朋友司马子如外放到南岐州（治所固道，今陕西省凤县）任刺史，这次高欢占领洛阳，又把司马子如召了回来，任命他为大行台尚书，参与大事的谋划。

高欢对贺拔岳不放心，用调虎离山之计，征调他任冀州刺史。贺拔岳畏惧高欢，准备前去赴任。行台右丞薛孝通劝贺拔岳说："高王以数千个鲜卑兵大破尔朱氏百万之众，确实难以和他匹敌，然而多位将领，或过去职位比他高，或与他相同，现在俯首听他的，形势使然，非出于他们真心。他们有的人在朝中任职，有的在州镇任职，高王如果要除掉他们，则失去威望，留下他们，则是心腹之患。且尔朱兆虽然败走，但仍然占据并州，高王正内抚群雄，外抗强敌，怎么会离开他的巢穴，和明公争夺关中之地呢？如今关中豪杰都归心于明公，愿意为您贡献他们的才智，明公以华山为城墙，以黄河作为护城河，进可以兼并山（崤山）东，退可以仅用一丸泥轻易封住函谷关，为何要束手受制于人呢？"

还没等薛孝通的话说完，贺拔岳拉起他的手，说道："你说得太对了。"

不过，对高欢也不能置之不理，于是贺拔岳就写了一份信，言辞谦恭，但拒绝赴任。

北魏太昌元年（532）四月二十九日，高欢返回邺城，把尔朱度律和尔朱天光（三十七岁）送到洛阳斩首。

五月，元脩用鸩酒毒死了元恭，元恭年三十五岁，被隆重安葬。半年之后，元脩又杀死了被废黜的皇帝元晔、元朗以及自己的叔叔元悦，清除了几个对自己帝位最有威胁的人物。顺便交代一句，本年底，元脩纳高欢之女高氏为皇后。

七月十日，高欢率军西征，穿过滏口，进入太行山西。大都督厍狄干率军穿过井陉关，进入太行山西。元脩派骠骑大将军高隆之（高欢结拜弟弟）率领十万大军，和高欢会师，高欢让他担任丞相军司。高欢到武乡（今山西省榆社县）驻扎，威逼晋阳。尔朱兆自知不敌，命令军队在晋阳城大肆掳掠一番之后，逃向了老家秀容。高欢占领了并州（治所晋阳）。

高欢认为晋阳地势险要，东有太行、常山，西有蒙山，南有霍太山、高壁岭，北有东陉、西陉关，是四塞之地，决定在这里建立大丞相府，供居住。自此一直到北齐建国、亡国，晋阳都是重要的陪都。

尔朱兆逃回秀容后，命人把守关隘，又不断四处抢掠，高欢对外宣称要讨伐尔朱兆，但出兵后，很快就又回兵了，这样多达四五次，尔朱兆刚开始还严密戒备，后来认为高欢是虚张声势，绷紧的神经就开始松懈下来。高欢预计次年岁首之时，尔朱兆肯定会举办宴会庆祝，于是命都督窦泰率领精骑兵发动突袭，自己率大军随后出发。

窦泰率骑兵以一日一夜急行军三百里的速度，于北魏永熙二年（533）正月初，突然赶到了尔朱兆的宴会之处，当时尔朱兆正在和属下饮酒欢娱，疏于戒备，猛然间看见窦泰杀到，顿时乱作一团。尔朱兆等人赶紧逃走。窦泰追到了赤洪岭（离石山，今山西省方山县东北），尔朱兆属下或投降，或逃散。尔朱兆逃入深山之中，发现前方已经无路可走，命亲信张亮和奴仆陈山提砍下他的脑袋，然后拿着向窦泰军队投降。二人不忍心下手。尔朱兆于是杀死了自己的白马，在一棵树上上吊自杀，年龄不详。

慕容绍宗带着尔朱荣的妻子、儿女及尔朱兆的余众投降了高欢。因为是故旧，高欢厚待他们。之前尔朱兆逃回秀容，他的很多部属看到他大势已去，纷纷秘密向高欢写信，表示归附，只有张亮没有这么做，高欢很欣赏他，命他担任丞相府参军。

侍中斛斯椿听说高欢杀死了投降的乔宁和张子期的消息后，内心不安，因为乔宁和张子期之前深受尔朱仲远信任，他们是背叛了尔朱仲远投降的高欢，而他自己之前也深受尔朱氏厚待，又背叛了尔朱氏。不知以后会不会面临和他们二人同样的结局，斛斯椿焦灼不安。于是他和南阳王元宝炬、武卫将军元毗、元脩的嫡系王思政在一起密谋，劝元脩找机会除掉高欢。舍人元士弼也指高欢接诏书的时候，态度不敬。元脩很是不悦。斛斯椿建议元脩增加了数百名征召的勇士担任侍卫。元脩每次出宫游玩，斛斯椿都亲自安排部署警卫工作，严密戒备。从此，斛斯椿成为元脩的亲信，朝中大事，元脩只和斛斯椿研究决定。元脩认为关中大行台贺拔岳手握重兵，有和高欢对抗的资本，因此他和贺拔岳秘密联络，又派贺拔胜出任都督三荆等七州（七州为荆州、南荆州、东荆州、南雍州、西郊州、襄州和南襄州）诸军事，兼任荆州刺史。元脩准备以贺拔胜兄弟对抗高欢。高欢自然心知肚明，更加不满意元脩。

侍中、司空高乾在信都，正在为父亲守丧，还未期满（古人为父母守丧三年，其间需要辞掉官职），遇到高欢讨伐尔朱氏，他紧急参军，如今军事行动已毕，他向皇帝元脩请求辞职，继续回家服丧。元脩准许他辞掉侍中的职务，但仍然保留了他的司空职位，这出乎了高乾的预料，他以为元脩不会批准他辞职。没有了侍中的头衔，就无法进宫参与一些重大决策，因此他在家闷闷不乐。

元脩图谋高欢，需要更多的人手，因此他想拉拢高乾为己所用。一次，在华林园举行宴会过后，元脩单独留下高乾，对高乾说："司空几世都是忠良，近来又立下大功，相处的时候虽然是君臣，但情同兄弟，我们应该进一步盟约，以加深感情。"元脩显得很诚恳、急切，高乾以为是元脩不放心他，急忙回答说："臣以身许国，哪里敢有二心。"因为事发仓促，高乾也没有料到元脩会准备对高欢下手，没有坚决推辞，也没有把这件事告诉高欢。

等到元脩安置亲信警卫，高乾私下对亲信说："主上不亲近有功勋的贤臣，而召集一群无名之辈，还数次派元士弼、王思政往来关西，和贺拔岳密谋，又让贺拔胜担任荆州刺史。从表面上看是疏远了贺拔胜，实际上是树立朋党，使贺拔胜兄弟临近，主上是希望由亲信占据西方。灾祸就要发生，必然殃及我。"他把之前的情况秘密报告给了高欢。

高欢召高乾到并州当面商议对策，高乾便建议高欢逼元脩禅让，自己做皇帝。高欢赶忙用袖子捂住了高乾的嘴，说："不要乱说！今天让你重新恢复侍中之职，宫内之事就委托你了。"高欢就请求元脩恢复高乾侍中的职务。因为是在自己身边安插人，元脩没有批准。高欢多次请求，元脩仍然不批。

高乾就秘密报告高欢，请求出任徐州刺史。高欢请求元脩任命，因为是外放，这次元脩批准了，任命高乾为骠骑大将军、开府仪同三司、徐州刺史。高乾的司空之职，被咸阳王元坦取代。

第八章

东魏和西魏

第八十一节　双雄会

北魏正光（520 年七月至 525 年六月，魏孝明帝元诩的第三个年号）之前，阿至罗部落（高车别部）多依附于北魏。等到中原纷乱，阿至罗也背叛了北魏，丞相高欢很重视阿至罗，派人前去联络安抚，阿至罗再度归降，有十万户之多。

北魏永熙二年（533）三月初三，元脩下诏任命高欢为大行台，由他代表朝廷处理和阿至罗的关系问题。高欢准备给阿至罗送去数量可观的粮食和布匹，有人反对，认为这样做徒劳无益，高欢不听。以后的事实将会证明，高欢的这笔感情和物资投资绝对没有浪费，等到争夺河西的时候，他收到了阿至罗的回报。

高乾将去徐州赴任，元脩得到了高乾泄露他们之间秘密的消息，想到了一个搞掉高乾的办法。

元脩对高欢下诏："高乾与朕私下定有盟约，如今他反复两端。"高欢听后，对高乾脚踏两只船的行为也非常厌恶，随即取来高乾前前后后给他写的讨论时政的信，交给使者，送给了元脩。元脩收到使者递交的信，召见高乾，当着高欢使者的面儿，斥责高乾。高乾自我辩护道："陛下自己有异心，怎么反而说臣反复，陛下要加罪，我怎么能逃避得了？"于是，元脩赐高乾自尽，高乾年三十七岁。

元脩又密令东徐州（治所下邳，今江苏省睢宁县北古邳镇）刺史潘绍业杀掉高乾的三弟高敖曹。高敖曹之前已得知大哥高乾自尽，又得知潘绍业要来杀他，就在必经之路埋伏了勇士。潘绍业经过的时候，勇士一拥而上，把潘绍业活捉。高敖曹在潘绍业的袍领中发现了元脩的密令，于是他率领十几名亲信骑兵前去晋阳投奔高欢。高敖曹见到高欢后，痛哭流涕。高欢也抱着高敖曹的头哭泣道："是天子屈害了司空。"高乾的二弟高仲密当时为光州（治所东莱，今山东省莱州市）刺史，元脩令青州（治所东阳，今山东省青州市）刺史裴粲（不久被叛民杀害）

派人切断高仲密的退路。高仲密走小道，逃到了晋阳。

贺拔岳曾经派行台郎冯景前去晋阳拜会高欢，暗中探察晋阳的动静。高欢听说贺拔岳的使节到了，热情接待，还和冯景歃血为盟，和贺拔岳约为兄弟。冯景回来后，对贺拔岳说："高欢奸诈有余，不可信任。"府司马宇文泰自告奋勇，请求作为使节前去晋阳，观察高欢的为人，贺拔岳同意了。

宇文泰到了晋阳，拜见高欢。高欢见宇文泰身长八尺（约1.96米），额头宽广，美须髯，长发拖地，双手过膝，面有紫光，不由得吃了一惊，暗道："这小伙子相貌非同寻常。"本年，高欢三十八岁，宇文泰二十七岁，这也是两个人第一次见面。高欢想留下宇文泰，但宇文泰坚决要求回去复命，高欢只好放他走。宇文泰快马加鞭，疾驰关中。刚放走宇文泰，高欢就后悔了，派人急追，但追到潼关也没有追上。

宇文泰回到长安后，告诉贺拔岳说："高欢还没有篡位，就是忌惮明公兄弟啊！侯莫陈悦之徒，他并不在意。明公只要秘密准备，应对高欢并不难。如今，费也头掌握的骑兵不下一万人，夏州刺史斛拔弥俄突拥有精兵不下三千人，灵州（治所回乐，今宁夏回族自治区灵武市）刺史曹泥、河西流民纥豆陵伊利等人都手握强兵，他们拥护谁，尚未可知。明公如果率军靠近陇山，扼住其要害，用武力震慑他们，用恩惠招徕他们，就可以接收他们的兵马以壮我军。西边与氐人、羌人和睦相处，北边安抚塞外沙漠人士，然后回军长安，匡辅魏室，此是晋文公、齐桓公的壮举啊！"

贺拔岳听宇文泰分析得头头是道，大喜，再派宇文泰秘密进入洛阳。宇文泰向元脩报告了贺拔岳的打算。元脩听后也非常高兴，提任宇文泰为武卫将军，让他回去报告贺拔岳。

八月，元脩任命贺拔岳为都督雍华等二十州（雍州、华州、东华州、岐州、南岐州、豳州、原州、河州、渭州、泾州、夏州、东夏州、秦州、南秦州、梁州、南梁州、东梁州、巴州、益州、东益州）诸军事、雍州刺史。元脩又割了心前的血，派人送给贺拔岳。贺拔岳以牧马为名，率军西进，驻扎在了平凉（今甘肃省华亭县），接近陇山。斛拔弥俄突、纥豆陵伊利和费也头酋长万俟受洛干、铁勒酋长斛律沙门等人都归附了贺拔岳，只有曹泥归附了高欢。

贺拔岳认为夏州是边关要塞，想找一位良将为刺史来镇守，众人都说"宇文左丞（宇文泰）是合适人选"。贺拔岳说："左丞是我的左右手，怎么能让他离开我呢？"贺拔岳沉吟多日，还是没有找到合适人选，于是向元脩上表，推荐宇文泰为夏州刺史。元脩任命宇文泰为使持节、武卫将军、夏州刺史。

我们可以看到，无论是对贺拔岳的任命，还是对宇文泰的任命，都没有高欢出面干预的记载，这表明高欢对皇帝元脩的控制没有那么强。

第八十二节 贺拔岳之死

为了让部下更忠于自己，为自己卖命，高欢向元脩请求，分出自己封邑中的十万户，给追随自己讨伐尔朱氏的立功下属，元脩同意了。

贺拔岳和侯莫陈悦雄踞关右，是高欢的心头大患，他把这种担忧说给了下属听。右丞翟嵩说："我能离间他们，使他们互相残杀。"高欢大喜，命他携带厚礼前往。

高欢命长史侯景招降河西的流民首领纥豆陵伊利，但纥豆陵伊利拒绝投降。北魏永熙三年（534）正月初九，高欢亲自率军攻打纥豆陵伊利，把他生擒，然后把他们迁移到了河东地区。贺拔岳失去了纥豆陵伊利，元脩也失去了一支可以依靠的力量，这也让元脩感到不满，他责备高欢道："纥豆陵伊利没有侵扰，也没有叛变，是国家的忠臣，王爷突然带兵去征伐他，之前难道不能派人向朕先请示一下吗？"

贺拔岳失去了纥豆陵伊利，很气愤，准备攻打高欢的帮手、灵州刺史曹泥，他派都督、勇将赵贵前去夏州征询宇文泰的意见。宇文泰对赵贵说："曹泥占据孤城，和高欢距离遥远，且险阻重重，不足为虑。侯莫陈悦为人贪婪，而且不讲信用，应该先拿掉他。"

赵贵把宇文泰的话传达给贺拔岳后，贺拔岳因为和侯莫陈悦之间有盟约，不忍心动手，就没有听从宇文泰的话，他坚持要讨伐曹泥。贺拔岳邀约侯莫陈悦到高平相会，拟定征伐曹泥之计。而此时的侯莫陈悦已经被成功游说，投靠了高欢。慑于贺拔岳的强大，侯莫陈悦不敢公开动手，准备找机会谋害贺拔岳，这下正好是个机会。侯莫陈悦到达高平，和贺拔岳商议。贺拔岳对侯莫陈悦没有提防，多次与侯莫陈悦宴饮私语。贺拔岳的长史雷绍劝他要防备侯莫陈悦，但贺拔岳不听。

贺拔岳让侯莫陈悦率军先行，到达河曲（灵州西，黄河转弯处）的时候，侯莫陈悦派人请贺拔岳到大营商讨军事大计。两人正在讨论，侯莫陈悦突然说肚子痛，要上茅厕，然后起身离开了。这是信号，侯莫陈悦的女婿元洪景当时也在现场，迅速拔出佩刀砍向贺拔岳。事发突然，贺拔岳没有防备，命丧当场，年龄不详。

贺拔岳所带的随身侍卫四散奔逃。侯莫陈悦派人到贺拔岳的军中宣布说："我接受旨意，只取贺拔岳一人，与尔等不相干，请诸位不要惊慌。"众人听了，都不敢擅动。这时，侯莫陈悦可能担心接收了这些人后不好统领，怕他们造反，总之没有把他们纳入自己的部下。侯莫陈悦回了陇山，驻扎到了水洛城（今甘肃省庄浪县）。

贺拔岳的部众陆陆续续回到了平凉。都督赵贵向侯莫陈悦请求归还贺拔岳的尸体安葬，侯莫陈悦准许。除去了贺拔岳，侯莫陈悦的将士都很高兴，频频向他表示祝贺，只有行台郎中薛憕私下对亲近者说："侯莫陈悦才能和谋略都不足，又杀害了良将，我们从今天起说不定哪天就会为人所掳，何贺之有！"

刚刚失去主帅，贺拔岳的旧部骚动不安，很多将领都认为都督寇洛年龄最大，要推荐他统领军队。寇洛素无威望和谋略，有自知之明，推辞不就。这时，赵贵说："宇文夏州（宇文泰，夏州刺史）英略冠世，远近归心，赏罚分明，士卒誓死效命，如果把他迎接过来，拥戴他为帅，大事可成。"

有的将领认为应该把贺拔胜迎接回来作为主帅，有的认为应该报告朝廷，再作定夺，众将犹豫不决。

都督杜朔周说："远水不救近火，今日之事，非宇文夏州不能胜任，赵贵将军的提议很对。请允许朔周骑快马向宇文夏州告哀，并把他迎接回来。"

猛将梁御、若干惠、怡峰、刘亮、王德等人也同意迎接宇文泰，于是众将让杜朔周飞驰夏州迎接宇文泰。

杜朔周见到宇文泰后，失声痛哭，宇文泰忙问他原因。他据实禀告，宇文泰也很难过。他召集将佐研究去留问题，前太中大夫韩褒说："这是老天授予的机会，又有什么可疑虑的？侯莫陈悦不过是井底之蛙，如果明公前往，必能擒之。"

众人认为："侯莫陈悦在水洛城，距离平凉不远，如果已经收编了贺拔公的部众，攻打他就会非常困难，不如暂且留在此地，以观其变。"

宇文泰说："侯莫陈悦杀害了元帅，应该乘势占据平凉，而今却退据水洛城，我看出他没有多少能耐。世上难得到而又容易失去的，就是时机啊，如果不早点儿去，众人之心可能瓦解。"

夏州头等望族、都督弥姐元进（羌人，弥姐是复姓）准备秘密响应侯莫陈悦，宇文泰得到这个消息，跟帐下都督蔡祐商议，准备捉拿弥姐元进。蔡祐建议说："弥姐元进可能会反咬一口，不如直接杀了他。"

宇文泰说："你能决大事。"

于是宇文泰召集弥姐元进等人来议事。宇文泰对他们说："侯莫陈悦谋乱，我当与大家勠力共讨之，众位之中似乎有不同意见者，这是为何？"

这时，蔡祐身披铠甲，手持大刀进入帐中，怒视在座将领，说："朝谋夕异，还做什么人？今天我就砍断此奸人的脑袋！"

众将领都被震住了，赶紧叩头说："请把那个人给指出来。"

蔡祐走到弥姐元进面前，大声呵斥他，手起刀落，把弥姐元进当场斩首，并诛杀了他的同党。宇文泰于是和众人立誓共讨侯莫陈悦。宇文泰对蔡祐的表现很满意，对他说："我把你当作儿子看待，你能把我作为父亲对待吗？"其实就年龄而论，宇文泰只年长蔡祐一岁。

宇文泰和亲信轻骑飞驰平凉，命杜朔周率众先行占据弹筝峡（平凉西北）。当时百姓惶恐不安，很多人逃走，军士准备争抢掠夺，杜朔周说："宇文公正要讨伐叛逆，安抚百姓，为什么要助纣为虐呢？"于是，他安抚百姓，打发他们离开，远近心悦诚服。宇文泰得知后，嘉奖了杜朔周。

杜朔周，本姓赫连，他是十六国之一胡夏国君赫连勃勃的后人，他的曾祖为了避难改姓杜，宇文泰让他改回旧姓，取名叫达，杜朔周以后就叫赫连达。

高欢得到贺拔岳被杀的消息后，大喜，命侯景前去招抚贺拔岳的部下。宇文泰走到安定，跟侯景相遇，对侯景说道："贺拔公虽死，宇文泰尚存，卿所来为何？"

宇文泰威风凛凛，口气严厉，侯景不觉吸了一口凉气，脸色难看，回答说："我似箭一样，任由人射出。"侯景不敢前往平凉，收兵返回。

宇文泰到了平凉后，痛悼贺拔岳。

第八十三节　宇文泰定秦陇

高欢派侯景和散骑常侍张华原、义宁太守王基慰劳宇文泰，宇文泰自然不接受，还准备把他们扣留。宇文泰对侯景他们说："留下来则共享荣华富贵，不然，明年今日就是你们的忌日。"

张华原临危不惧，回答说："明公竟然以死亡威胁使者，华原不惧。"宇文泰其实只是吓唬一下他们，并没有真要他们命的意思，看恐吓手段不好用，就放他们回去了。

张华原见到高欢后，建议他说："宇文泰乃英雄豪杰，请在他立足未稳的时候把他消灭。"

高欢微微一笑，说道："你没有见到贺拔岳和侯莫陈悦吗？我当用计，不费吹灰之力就把他除掉。"

元脩得到贺拔岳被杀的消息，派武卫将军元毗前去慰劳贺拔岳的部众，征召他们回洛阳，并同时征召侯莫陈悦。等元毗到达平凉的时候，众人已经拥戴宇文泰为元帅，侯莫陈悦既然归附了高欢，也没有应召。

宇文泰向元脩上表，让元毗交给元脩，表中说："陛下的臣子贺拔岳突然被杀害，都督寇洛等人让臣权且掌管军权。诏书召贺拔岳部众入京，今高欢的军队已经到达河东，侯莫陈悦还驻扎在水洛城，士卒多是关西人，留恋故乡，如果逼令他们赶赴京师，侯莫陈悦在后追赶，高欢在前拦截，首尾受敌，情势就会非常危险。臣为国捐躯，心甘情愿，但恐怕会使得国家衰败，人民遭殃，损失就会更大。请陛下容许多停留些时日，让臣慢慢做将士的工作，然后再东进。"

宇文泰还和元毗及诸将宰杀牲口，进行盟誓，共保皇室。宇文泰不想率众去洛阳，这套说辞合情合理，元脩也无话可说，又听元毗说宇文泰已经发誓保卫皇室，因此就顺水推舟任命宇文泰为大都督，统领贺拔岳的部下。

西凉开国君主为李暠，李暠生李歆，李歆生李重耳，李重耳在西凉灭亡后，出仕北魏，官至弘农太守。李重耳生李熙，官至金门镇将，曾率领豪杰镇守黑城（今内蒙古自治区武川县），护卫北魏首都平城，抵御北方草原柔然的侵犯，因而在武川定居安家。李熙生李天锡（一作李天赐），官至宿卫统兵的武官幢主。李天锡生李虎。李虎少有大志，喜欢读书，重情轻财，深得贺拔岳的喜爱。贺拔岳镇守陇右，任命李虎为左厢大都督。

贺拔岳遇害，众将推举宇文泰为首领，李虎不同意，就去投奔荆州的贺拔胜，劝说贺拔胜前去接收贺拔岳的部众，贺拔胜不听。李虎听说宇文泰统领了贺拔岳的部队后，就离开荆州准备投靠宇文泰，走到阌乡（今河南省灵宝市西）时，被高欢的别将抓获，送到了洛阳。元脩早就了解到李虎是一员勇将，精于骑射，他正要图谋高欢，是用人之际，见到李虎后大喜，任命李虎为卫将军，重重赏赐，让他去向宇文泰报到。

宇文泰给侯莫陈悦写信，信中责备他说："贺拔公有大功于朝廷。你名微德薄，贺拔公推荐你为陇右行台，高欢专权，你和贺拔公同受密旨，屡次结盟。而你依附国贼，结为同党，危及宗庙社稷，嘴上的血还没有干（指的是歃血为盟），匕首已经出鞘。而今我和你同受诏书还京，今天是进是退，就看你的了。你若率军自陇山向东迈步，我也从北道同去。如果你首鼠两端，不及时奉诏，违抗旨意，国有国法，我将枕戈坐甲，我们不日就能相见（指出兵讨伐）。希望你考虑清楚利害关系，不要后悔。"

元脩向宇文泰征询安定秦陇（今甘肃省南部）之策。宇文泰上表回答说："应该把侯莫陈悦召入京师任职，或者让他到更遥远的瓜州、凉州一带任职，不然，终究会成为祸患。"

原州（治所高平）刺史史归，过去一直受到贺拔岳的信任和优待，但河曲之变的时候，他反而成了侯莫陈悦的同伙。侯莫陈悦还派部属王伯和和成次安领兵两千人帮助史归镇守原州。宇文泰决定先拿下原州，他派都督、勇将侯莫陈崇率领一千名轻骑前去偷袭。侯莫陈崇乘夜色掩护，率领十多名精骑兵直达高平城下，其余将士埋伏在附近的路边。史归看见侯莫陈崇只带了这么几个人，心里蔑视，就没有戒备。侯莫陈崇冲上城墙，控制了城门。高平县令李贤和弟弟李远穆已经投降了宇文泰，他们在城中作为内应，于是，内外喊杀声一片，伏兵四起，史归、王伯和和成次安被活捉，被送往平凉。宇文泰表奏元脩，任命侯莫陈崇为行原州事。

永熙三年（534）三月，宇文泰亲自率军讨伐侯莫陈悦，抵达原州，集结各路兵马。宇文泰向将士喊话，讲明了要讨伐侯莫陈悦的理由，全军将士无不愤慨，摩拳擦掌。

南秦州（治所骆骆城，今甘肃省西和县南）刺史李弼劝侯莫陈悦说："贺拔公没有罪，但明公害死了他，又不能收纳他的部众，他们奉宇文夏州为主帅之后，声言为旧主报仇，其势不可当，明公应该解除武装，表示诚挚的道歉！不然，必引来大祸。"侯莫陈悦没有接受。

四月，宇文泰命兄长宇文颢（已去世）的二儿子、都督宇文导留守原州，然后他率军入陇上。宇文泰军令严明，对百姓秋毫不犯，百姓大喜。大军通过木峡关（高平西南），当时积雪深达两尺，宇文泰命令克服困难，加速行军，要出其不意，攻其不备。

侯莫陈悦得到消息后，深感意外，怀疑军队中有奸细通风报信，将士也人人自危。他留下一万名将士镇守水洛城，然后亲自率军撤退到了略阳（今甘肃省秦安县东北）。宇文泰抵达水洛城，守军开城投降。宇文泰率数百名轻骑兵杀向略阳，侯莫陈悦又放弃略阳，逃奔至上邽（今甘肃省天水市），他向连襟（他们的妻子是姐妹）李弼求助。李弼预料到侯莫陈悦必败，因此秘密派人去见宇文泰，请求充当内应。这时，侯莫陈悦又放弃了上邽，逃入了南部山区，派兵占据险要地势。

李弼对侯莫陈悦的部下说："侯莫陈公准备回秦州（治所上邽），你们为什么不收拾行装上路？"因为李弼是侯莫陈悦的连襟，大家都相信了他的话，纷纷前去上邽。但李弼事先派人控制了城门，待他们入内，李弼立即献城投降了宇文泰。宇文泰任命李弼为秦州刺史。

当天入夜，侯莫陈悦率军准备偷袭，但这时他的军队发生夜惊，将士四散奔逃。侯莫陈悦为人猜忌，兵败后，他不允许昔日侍卫接近自己，他和两个弟弟及儿子，以及当初谋杀贺拔岳的七八个人，放弃军队逃走。数日之内，他们往来徘徊，不知道究竟要去向哪里。有人建议侯莫陈悦去投灵州的曹泥，侯莫陈悦答应了。他骑着骡子，其他人步行，准备走山（六盘山）中小道投奔灵州。这时，宇文泰派来的原州都督贺拔颖也接近了。侯莫陈悦看见了追兵，再看一眼自己的骡子，知道跑不掉了，找到了路边的一棵树上吊自杀，年龄不详。

宇文泰进入上邽后，打开了侯莫陈悦的仓库。里面金银财宝堆积如山，宇文泰分文不取，全部拿来赏赐给了将士。

豳州刺史孙定儿，是侯莫陈悦的同党，拥有数万名将士，他据城抗击宇文泰。宇文泰命都督刘亮偷袭豳州，孙定儿认为宇文泰大军尚远，防守松懈。刘亮在安定不远处的山上竖起一面大旗，然后率领二十多名精骑兵突入城中。孙定儿正在饮酒，突然看见刘亮进来，大为惊骇，不知所措，遂被斩。刘亮神色镇定，指着城外高岭上的大旗，命令两个骑兵说："去召大军来！"孙定儿的将士被慑服，无人敢挪动脚步。

宇文泰又派军平定了氐人、羌人、吐谷浑的变乱，平定了秦陇地区（今陕西、甘肃之地）。

第八十四节　元脩高欢反目

夏州长史于谨建议宇文泰游说皇帝元脩迁都关中，这样宇文泰可以挟天子以令诸侯，宇文泰赞同。

高欢得知宇文泰平定秦陇之后，派人携带厚礼，并用甜言蜜语，希望和宇文泰加深友谊。宇文泰不接受，把礼物和书信密封，派都督张轨献给了元脩。侍中斛斯椿问张轨道："高欢准备谋乱，路人皆知，现在所能依靠的，唯在西方，不知道宇文公和贺拔公比怎么样？"张轨回答道："宇文公文足以经国，武能定乱。"

元脩命宇文泰派两千名骑兵镇守东雍州，又命宇文泰率军稍稍东移，做出援助洛阳的声势。之前，高欢命都督韩轨率军一万人进入蒲坂，援助侯莫陈悦，雍州刺史贾显度派舟船帮助韩轨。宇文泰得到消息后，任命都督梁御为雍州刺史，派他去接收长安。梁御率领五千名骑兵自平凉东下，游说贾显度说："魏室衰落，天下鼎沸，高欢志在逞凶叛逆，距离灭亡不远，宇文夏州英姿不凡，谋略出众，准备扶大厦于将倾，匡扶京师洛阳。公不于此时建立功业，心怀犹豫，恐怕大祸不日临头了。"贾显度觉得梁御说得句句在理，就出城迎接梁御。梁御遂不费一兵一卒进驻长安。

元脩任命宇文泰为侍中、骠骑大将军、开府仪同三司、关西大都督、略阳县公，赐予他代表皇帝任命官员的权力。于是，宇文泰任命寇洛为泾州刺史，李弼为秦州刺史，张献之为南岐州刺史。前南岐州刺史卢侍伯不接受宇文泰的命令，宇文泰亲自出兵把他擒住。

侍中封隆之对高欢说："斛斯椿等人在洛阳，一定会制造祸端。"封隆之和仆射孙腾都要娶元脩的妹妹平原公主，平原公主选择嫁给了封隆之。孙腾很气愤，就把封隆之说给高欢的话学给斛斯椿听，斛斯椿又禀告了元脩。封隆之很害怕，私自逃回了家乡。高欢得知后，把他召到了晋阳。这时，孙腾因为杀死了御史，怕受到惩处，也到晋阳投奔高欢。领军娄昭因病辞职回到晋阳，元脩就让斛斯椿兼任领军。高欢的亲信几乎都回到了晋阳。

华山王元鸷担任徐州刺史，高欢命大都督邸珍剥夺了他的军事权力，架空了元鸷。建州刺史韩贤、济州刺史蔡儁，都是高欢的嫡系。建州是晋阳入洛阳的要道，元脩命裁撤了建州，韩贤的职务也自动免除。元脩又命御史弹劾蔡儁，准备让汝阳王元叔昭取代他，高欢提议由汝阳王接替自己弟弟高琛定州刺史的职务，元脩没有同意。元脩又增加了忠于朝廷的宿卫兵八百多人。

元脩准备攻打晋阳，为了麻痹高欢，他对外宣布要亲自率军讨伐南梁。北魏永熙三年（534）五月十日，元脩征调河南各州的兵马，在洛阳举行盛大的阅兵式，元脩亲自穿军服检阅军队。

元脩为了进一步麻痹高欢，给他下了一份密诏，诏书上说："宇文泰和贺拔胜有异志，我假称南征，其实是为了防备他们，王爷应该声援朕，看过此诏后，马上焚毁。"

高欢洞悉了元脩的意图，给元脩上书说："荆州、雍州有野心，臣已经秘密派军三万人，渡过黄河西进；又派恒州（治所平城，今山西省大同市）刺史库狄干等将领率军四万人从来违津（平城西，确址未详，疑在今内蒙古自治区乌拉特前旗至清水河县之间黄河上）渡河，攻打夏州；领军将军娄昭等率军五万人，讨伐荆州；冀州刺史尉景等率山东士卒七万人、精骑五万人，讨伐江左。他们已经部署到位，等候将令。"

元脩意识到高欢知晓了他的真实用意，做了充分的应对准备，因此不敢发动军事行动。元脩命大都督源子恭驻守阳壶城（今山西省垣曲县东南古城镇南），汝阳王元暹驻守石济（今河南省卫辉市东）。元脩命仪同三司贾显智为济州刺史，接替蔡儁，蔡儁拒绝交权，元脩更加恼怒。

中军将军王思政劝元脩道："高欢之心，昭然若揭。洛阳非用武之地，宇文泰心向王室，不如去投奔他，之后回到旧都平城，到时候不愁不能克制高欢。"

元脩深表同意，他派散骑侍郎柳庆去往高平拜会宇文泰，讨论时事。宇文泰表示要奉迎皇帝御驾。柳庆就回到洛阳复命。元脩对于去关中有隐隐的担忧，私下问柳庆说："朕准备投向荆州，你认为如何？"

柳庆回答道："关中地形优越，宇文泰才能和谋略都可以依靠，荆州不是险固之地，距离南梁太近，臣愚以为不可。"

元脩又征求阁内都督宇文显和的意见，宇文显和也劝他西去。

当时元脩广召州郡兵，东郡太守裴侠率军到达洛阳，王思政问他道："今权臣擅命，王室地位卑微，该怎么办？"

裴侠回答道："宇文泰被三军拥戴，居百二之地（关中地势险固，两万人可抵挡百万雄兵），他自己的兵马武器，怎么会随便交给别人统领？如果前去投奔，无异于避开了滚水，又跳入了火海。"

王思政又问道："如您所说，那该怎么办？"

裴侠又回答道："如果攻打高欢，立马就会招来祸患，西投有将来之隐患，所以说到关中去，应该再好好斟酌一下。"

王思政赞同裴侠之言，把他推荐给了元脩，元脩任命裴侠为左中郎将。

当初高欢认为洛阳久经战乱，准备迁都邺城。元脩说："高祖（元宏）定鼎河、洛，为万世之基，王爷如果还想保住社稷，就应该遵守祖制。"高欢这才作罢。现今高欢又考虑要迁都邺城，而且付诸实际行动。他派三千名骑兵镇守建兴郡，增加河东和济州兵马，命令各州把收购的存粮（和籴）运往邺城。

元脩下诏书给高欢说："王爷如果马首向南，问九鼎轻重，朕虽然不懂军事，然为社稷宗庙大计，想不制止都不可能。决定权在王爷手里，非朕能够定夺。为山九仞，功亏一篑，希望我们能够互相珍惜。"

第八十五节　元脩投宇文泰

广宁郡（今山西省寿阳县西）太守任祥到京师洛阳朝见，元脩提拔他兼任尚书左仆射、开府仪同三司。元脩正是用人之际，希望用超常规提拔来笼络人心。但任祥是高欢的人，他获得提拔不但不高兴，反而非常害怕。他弃官而走，渡河后，据郡城等待高欢大军南下。元脩干脆下令从北部来的官员来去自便。

元脩任命宇文泰兼任尚书仆射、关西大行台，并承诺把妹妹、冯翊长公主嫁给宇文泰为妻。元脩对在洛阳办事的宇文泰帐内都督杨荐说："你回去后告诉行台，让他派骑兵接我。"他又任命杨荐为直阁将军。杨荐见到宇文泰后，转告了元脩的话，宇文泰任命骆超为大都督，率轻骑一千人前往洛阳，又派杨荐和长史宇文测出关候迎元脩。

高欢召自己的弟弟、定州刺史高琛守卫大本营晋阳，命长史崔暹辅佐高琛。高欢率军南下，并对众将士宣告说："孤遇到尔朱荣擅权，在四海之内首倡大义，奉戴主上，情谊感动人神，却横遭斛斯椿的污言陷害，把诚信守节之人当成了反叛的首领，今天南下，只诛杀斛斯椿一人而已。"高欢以猛将高敖曹作为前锋。高欢懊悔不已地说："早听人劝，怎么会有今天之举动？"司马子如说："本来建议立年幼的，就是这个原因啊！"

宇文泰也向州郡发出檄文，列举高欢的罪状，他亲自率军从高平出发，前锋屯驻在恒农。贺拔胜也率军北上，仅仅越过了荆州边界，便不再前进，驻扎在了汝水。

北魏永熙三年（534）七月九日，元脩亲自率领十多万大军，防守黄河大桥，命斛斯椿为前锋，在邙山之北扎营。斛斯椿请求率两千名精骑夜渡黄河，对高欢的疲惫之师发起突击。元脩刚表示同意，黄门侍郎杨宽劝元脩说："斛斯椿若渡河攻击，万一立功，是灭了一个高欢，又生出一个高欢啊！"元脩动摇了，命令斛斯椿停止行动。斛斯椿叹息道："最近天象异常，今天主上又相信谗言，不采用我的计策，难道这是天意吗？"

宇文泰听说后，对左右说："高欢几日之内便行走了八九百里，此乃兵家大忌，应该在这个时候攻打他。而主上以万乘之尊，不敢渡河决战，却固守渡口，且黄河长达万里，很难防御，如果一处失守，则大势已去。"宇文泰以大都督赵贵为别道行台，自蒲坂渡河，直指并州，准备抄高欢的后路。他又派大都督李贤率领一千名精骑，赶赴洛阳。

元脩派斛斯椿和行台长孙稚，大都督、颍川王元斌之镇守虎牢。行台长孙子彦（长孙稚之子）镇守陕城，贾显智、斛斯元寿镇守滑台。

高欢命窦泰进攻滑台，韩贤攻击石济。窦泰也是一员猛将，有勇有谋，他和贾显智在长寿津（今河南省濮阳县西）遭遇。贾显智派人给窦泰送信，准备投降高欢，然后率军撤退。贾显智的军司元玄发觉情况不对，飞驰回京，请求支援。元脩派大都督侯几绍率军前往，和窦泰大战于滑台东，贾显智率军投降窦泰，侯几绍战死。

北中郎将田怙勾结高欢，高欢秘密率军抵达了野王（今河南省沁阳市），元脩得知后，处死了田怙。高欢继续进军，抵达黄河北十几里地的时候，再派人向元脩表示忠诚，元脩不回信。七月二十六日，高欢率军渡过黄河。

大敌当前，元斌之竟然还和斛斯椿争夺指挥权。元斌之一气之下抛弃军队，返回了洛阳，对元脩谎称："高欢的大军已经抵达。"元脩派人把斛斯椿召了回来，自己率南阳王元宝炬、清河王元亶、广阳王元湛，由五千名骑兵保护，出洛阳，屯驻于瀍河西岸。元宝炬门下的和尚蕙臻携带玉玺，手持千牛刀紧随。

众人都知道元脩将要西奔，很多人留恋故土，到夜里的时候，逃亡者过半，连元亶和元湛都跑了。武卫将军独孤信单人独骑前来追随元脩，元脩赞叹道："将军辞别父母，舍弃妻子儿女，'乱世识忠臣'，此言非虚！"

七月二十八日，元脩开始向西投奔长安，在崤山山道中，和宇文泰派来的大都督李贤相会。

七月二十九日，高欢进入洛阳，把大营安在永宁寺，派遣领军娄昭等人追赶元脩，奉迎他东还洛阳。长孙子彦守卫不住陕城，弃城而逃。高敖曹也率精骑追赶到了陕城西，没有追上。

元脩用鞭子猛抽座下战马，战马驮着元脩狂逃，他们一行人没有粮食，甚至连汤水都喝不上，两三天内，随从官员只有涧水可喝。元脩一行到达湖城（弘农郡西）的时候，王思村的村民拿出野菜、馒头以及茶水、酒浆呈献给元脩。元脩大喜，特别下令免去王思村十年的税负。元脩一行继续西行，抵达湖城西的稠桑的时候，潼关大都督毛鸿宾献上美酒和美食，随行官员才得以酒足饭饱。

高欢召集在洛阳的文武百官议事。高欢问他们道："作为臣子侍奉主人，挽救危局，如果在一起处事的时候不能谏言，分手的时候不能随从，形势一片大好的时候争权夺利，形势危急的时候则推卸责任、争相逃窜，臣子的气节在哪里？"

众大臣面面相觑，无言以对。尚书左仆射辛雄回答道："主上和亲信预谋之事，我等事先并不知情。待到主上西行，如果即行追随，恐怕会被作为奸党一伙。留下来等待大王，又被以不追随蒙受责难，我等进退都无法逃避罪责了。"

高欢怒道："你等作为大臣，当以身报国，群小用事，你等有一句谏言没有？国家之事到了今天这般田地，罪行应该归到谁的头上？"

高欢下令，把辛雄和开府仪同三司叱列延庆、兼吏部尚书崔孝芬、都官尚书刘廞、兼度支尚书杨机、散骑常侍元士弼等人逮捕后处死。

崔孝芬的儿子崔猷，从小路入关，元脩任命他为奏门下事。

高欢推举清河王元亶为大司马，临时行使皇帝职权。

第八十六节　东魏建国

宇文泰派赵贵和梁御率重装骑兵两千人前去奉迎元脩。元脩和他们沿着黄河西行，对梁御说道："此河东流，而朕西上，如果能再回到洛阳，拜谒祖庙，这是爱卿等人的功劳啊！"说着说着，元脩和左右都伤感流涕。

宇文泰准备皇帝法驾和仪仗队伍，在东阳驿（今陕西省渭南市东阳水附近）拜见元脩。宇文泰脱下帽子，流着泪对元脩说道："臣不能遏制叛逆，使至尊迁移，是臣的罪过。"

元脩说道："爱卿的忠贞节操，远近闻名。朕德行不够，居于高位，却才能不足，今日相见，厚颜至极，今天就把社稷委托给爱卿了，爱卿应当勤勉尽力。"

将士都高呼万岁。元脩进入了长安，以雍州刺史府作为皇宫，任命宇文泰为大将军兼雍州刺史、尚书令，军国大事全部交给他处理。元脩又设置了两个尚书，分别掌管机密之事，让毛遐和周惠达担任。元脩兑现承诺，把妹妹冯翊长公主嫁给了宇文泰，任命他为驸马都尉（魏晋以来，和公主成亲的都拜为驸马都尉）。

北魏永熙三年（534）八月十一日，高欢故作姿态，亲自率军出发，要迎回元脩，于十八日到达恒农。他派行台仆射元子思率侍从官员前往长安迎接元脩。

九月二十九日，高欢攻克潼关，活捉守将毛鸿宾，继续进军华阴长城（战国时魏国所筑），龙门（今山西省河津市）都督薛崇礼献城投降。

荆州刺史贺拔胜，派长史元颖行荆州事，镇守南阳，他亲自率军西上关中，到达淅阳（今河南省淅川县东南）的时候，得到了高欢进入华阴的消息。他准备退回去，行台左丞崔谦劝他道："今皇室颠覆，主上蒙羞，明公应该加速行军，到天子所在朝见，然后和宇文行台勠力同心，以大义宣召天下，天下哪个人不望风响应？今若舍弃时机而退，恐怕人人离心，机会一失，后悔莫及！"贺拔胜不听，率军返回。

高欢退军，屯驻河东，他命行台长史薛瑜镇守潼关，命大都督库狄温镇守风陵（今山西省运城市芮城县西南黄河北岸风陵渡镇南），在蒲坂津西岸修筑堡垒。又任命薛绍宗为华州（治所武乡，今陕西省大荔县）刺史，华州处于对敌最前沿。又任命高敖曹行豫州事。

高欢自晋阳发兵到现在，已经给元脩上书四十次，元脩一概不予理睬。高欢决定东还。他命行台侯景率军攻打荆州。荆州城民邓诞在城内起兵，活捉了元颖，以响应侯景。这时，贺拔胜也率军赶到，侯景率军攻击，贺拔胜大败，只率领数百名将士南下投降了南梁。

元脩还在洛阳的时候，派阁内都督赵刚召东荆州（治所泚阳，今河南省泌阳县）刺史冯景昭率军入援京师，冯景昭没来得及发兵，元脩已经西行入关了。冯景昭召集府中文武官员讨论该何去何从，司马冯道和建议原地等待高欢的安排。赵刚说："明公应该率军赴天子所在。"沉默良久，无人搭话。赵刚拔出佩刀扔到了地上，说："明公如果想做忠臣，请斩冯道和，如果想做叛逆，请把我杀了。"冯景昭感悟，立即起兵赶赴关中。侯景率军逼近穰城，东荆州城民杨祖欢聚众响应侯景，截断冯景昭的道路，冯景昭战败，赵刚逃入蛮人之中。

十月，高欢回到洛阳，派僧人道荣到长安向元脩递交奏疏，书中说："陛下如果从远方赐给我一纸号令，承诺回到京师，臣当率文武百官，打扫皇宫恭迎。如果归还无期，则皇家七庙不能没有人主祭，邻邦万国也需有朝拜的主人，臣宁负陛下，也不能负社稷。"元脩仍然不答复。

高欢于是召集文武百官和元老，商议立新君。当时清河王元亶出入都以皇帝的规格，不可一世，高欢厌恶他，于是立了元亶的世子元善见为帝，元善见本年十一岁。

十月十七日，元善见在洛阳城东北登基为帝，史称孝静帝。北魏正式分裂，史称洛阳（不久迁邺城）的魏为东魏。不过，这时在关中以元脩为帝的魏，仍称为北魏。

宇文泰率军攻克潼关，斩守将薛瑜，俘虏了七千多人，然后回军，元脩任命宇文泰为大丞相。东魏行台薛脩义渡河占领了杨氏壁（今陕西省韩城市），北魏司空参军薛瑞把他击退，夺回了杨氏壁，宇文泰派南汾州刺史苏景恕驻防杨氏壁。

东魏任命赵郡王元谌为大司马，咸阳王元坦为太尉，开府仪同三司高盛（高欢堂叔祖）为司徒，高敖曹为司空。高欢之前就有迁都邺城的想法，这次他以洛阳距离长安和南梁比较近为由，宣布迁都，给了三天准备时间。

十月二十七日，元善见以及四十万户百姓仓促上道，高欢命令没收文武百官的马匹，尚书丞朗以上非陪驾官员，一律骑驴。高欢处理完洛阳的善后事宜，回到了晋阳，改司州为洛州，以尚书元弼为洛州刺史，镇守洛阳。高欢以行台尚书司马子如为尚书左仆射，与尚书右仆射、侍中高岳、孙腾留守邺城，共同处理朝政。他还发放了一百三十万石粮食救济新迁来邺城的百姓。

十一月十一日，元善见到达邺城，居住在相州刺史府，改相州为司州，改相州刺史为司州牧，魏郡太守为魏尹。

第八十七节　西魏建国

丞相宇文泰认为元脩有主见，他过去不听高欢的话，也必定不会听由自己摆布，便有意要换个傀儡皇帝。元脩将三个堂妹纳为情人，不允许她们出嫁，封她们为公主。平原公主元明月，是南阳王元宝炬的亲妹妹，丞相宇文泰游说元氏诸位亲王，把元明月骗出来交给了他，宇文泰乘机把元明月杀害。元明月很漂亮，深得元脩的欢心，元脩为此非常愤怒，掩饰不住自己的情绪，有时气得拉弓射箭，有时气得捶打桌案，因此跟宇文泰的关系出现裂痕。

北魏永熙三年（534）十二月十五日，宇文泰命人在元脩的酒中下毒，元脩喝下后中毒身亡，年二十五岁。宇文泰召集群臣商议立新皇帝事宜，大多数人主张立广平王元赞，元赞是元脩的哥哥元悌的儿子。侍中、濮阳王元顺在别室流着泪对宇文泰说："高欢逼走先帝，立幼主以利用他专权，明公应该反其道而行之。广平王元赞年幼，不如拥立年长的君主。"

宇文泰认为元顺说得有道理，就拥立本年二十八岁的元宝炬为帝，元宝炬辞让了三次后才答应。元宝炬生于北魏正始四年（507），是北魏孝文帝元宏的孙子，京兆王元愉的儿子，他的母亲叫杨奥妃，出自弘农大族杨氏。当年元愉在冀州起兵反抗当权的高肇，并自立为帝，但不久兵败被杀，杨奥妃也被处死，元宝炬和兄弟妹妹被关在了宗正寺，后被释放。元宝炬后被元脩任命为太保兼尚书令。

西魏大统元年（535）正月初一，元宝炬在长安城西登基称帝，史称魏文帝。西魏开始正式建国，元宝炬成为西魏第一任皇帝。元宝炬命令大赦，改年号为大统，这个年号他一直用了十七年，直至去世。至此，东魏、西魏和南梁呈新的三国并立之势。

渭州（治所襄武，今甘肃省陇西县东南）刺史可朱浑道元之前和侯莫陈悦友善，帮助侯莫陈悦。侯莫陈悦被宇文泰打败身死后，宇文泰率军进攻可朱浑道元，经过苦战，仍不能攻克州城，于是就和可朱浑道元结盟后退兵。可朱浑道元世代生活在怀朔镇，为部落首领，他本人自幼和高欢相识，交情匪浅，加上可朱浑道元的母亲和哥哥都在邺城，他也有东归之心，因此经常和高欢有信件来往。可朱浑道元有勇有谋，宇文泰对他很是忌惮，又得知可朱浑道元经常和高欢有书信来往，他准备再次发兵攻可朱浑道元。可朱浑道元感觉这次无法抵挡宇文泰的进攻，于是率领部属三千多户，自渭州出发，向西北渡过乌兰津（今甘肃省靖远县西北），数次击退敌兵，经过河州、源州，逃向了灵州（治所回乐，今宁夏回族自治区灵武市西南）。

灵州刺史曹泥的女婿刘丰，与可朱浑道元交情深厚，把可朱浑道元送到了云州（治所盛乐）。高欢得知可朱浑道元到来后，派平阳太守高嵩携带一枚金环赏赐给了可朱浑道元，并赠送了大量的粮食和物资，迎接他回晋阳。可朱浑道元到达晋阳后，将元脩遇害的消息告诉了高欢。高欢又将消息报告了元善见，命令发布讣告，全国穿丧服哀悼。

西魏骁骑大将军、仪同三司李虎等人，招抚了敕勒部落酋长费也头牧子，联手攻打灵州，灵州刺史曹泥率军抵抗了四十天后，出城投降。

元宝炬任命宇文泰为都督中外诸军事、录尚书事、大行台，封安定王。宇文泰坚决推辞王爵及录尚书事，被改封为安定公。元宝炬又任命斛斯椿为太保，元赞为司徒。

元宝炬立乙弗氏为皇后，长子元钦（母亲为乙弗皇后）为皇太子。乙弗皇后先祖为吐谷浑的酋长，后乙弗皇后的高祖乙弗莫瓌率领部落归降北魏，后人追随元宏迁居洛阳。乙弗皇后为人宽宏大量，有仁爱之心，生性节俭，不妒忌，深得元宝炬的宠爱。

第八十八节　高欢家事

东魏天平二年（535）正月十五日，东魏丞相高欢率军攻打盘踞在云阳谷（今山西省西部），自称皇帝近十年的稽胡（匈奴别部）酋长刘蠡升，大胜。

高欢回到大本营晋阳后，一个婢女向他报告世子高澄和高欢的爱妾郑大车有染。高澄是高欢和原配娄昭君的长子，出生于北魏正光二年（521），自幼聪明，北魏中兴元年（531）被立为渤海王世子，北魏中兴二年（532）被任命为侍中、开府仪同三司。也就在本年，高澄娶了后来成为皇帝的元善见的妹妹冯翊长公主为妻，当时高澄十二岁，但容貌神态如同成人。郑大车出身荥阳郑氏，为北朝高门，早年嫁给广平王元悌为妃，后元悌被太原王尔朱荣杀死，郑大车遂成为高欢的小妾。高欢对她非常宠爱。

高欢起初还不相信，又有两个婢女出来做证，高欢暴跳如雷，怒打高澄一百军棍，打得高澄皮开肉绽，然后将他关押起来。高欢把自己关在屋里生闷气，连娄昭君前往探望也拒绝见面。

高欢纳元脩的皇后尔朱英娥（尔朱荣之女）为妾，生下了儿子高浟，高欢非常喜欢尔朱英娥，高澄又有了这样的丑事，他就准备废掉高澄的世子之位，立高浟为世子。有人密报给高澄，高澄顿觉事态严重，向和高欢有深交的尚书左仆射司马子如求救。司马子如前去看望高欢，假装不知道此事，请求拜见王妃娄昭君。高欢对司马子如也没有隐瞒，就把高澄和郑氏有染的事情告诉了司马子如。司马子如苦笑道："我的儿子司马消难也和我的小妾有染，所谓家丑不可外扬，这件事需要掩盖。王妃和王爷是结发夫妻，她常以娘家的钱财来资助王爷。王爷在怀朔镇被施以杖刑，背部被打得没有完肤，王妃昼夜在床边侍奉。后来为了躲避贼子葛荣，王妃和王爷逃奔并州，当时贫苦，王妃亲自点燃马粪取暖做饭，还亲自为您缝制靴子，患难的恩情怎么能够忘记呢？你们夫妻感情和睦，女配至尊（娄昭君和高欢生有二子二女，二女分别嫁给了孝武帝和孝静帝，长子为高澄，次子为高洋），男承大业。而且娄领军（娄昭君弟弟娄昭，当时担任领军将军，掌管宿卫军）的功劳，不宜动摇。女子如草芥一般，何况奴婢之言，不必相信！"

司马子如的这番话打动了高欢，况且目前强敌在侧，他也不想因为家事影响了自己的大业，因此他派司马子如做深入调查。司马子如见到高澄，抱怨说："男子汉大丈夫，为何因畏惧威严，而自我诬陷。"高澄瞬间明白了，司马子如要为自己翻案了。司马子如叫来那两个做证的奴婢，强迫她们承认自己做了伪证，然后胁迫告发的那个奴婢自杀，对外说是这个奴婢自尽。处理完之后，司马子如去见高欢，报告他说："这几个奴婢果然说的是假话。"高欢大喜，马上召见娄昭君和高澄。娄昭君远远看见高欢，一步一叩头，高澄也是且拜且进，父子、夫妇相对而泣，和好如初。高欢命摆下酒宴款待司马子如。高欢说道："成全我父子的，是司马子如啊！"高欢赐给司马子如一百三十斤金。

高欢一家人和好了，只是可怜了那个告密的奴婢，成了牺牲品。

高欢的次子名叫高洋，字子进，生于北魏孝昌二年（526）。娄昭君怀上高洋的时候，每当夜晚降临，就会看到有红光照耀卧室。娄昭君私下感觉非常奇怪。高洋身上长有鳞片状的皮肤，双重足踝，不像其他孩子一样喜欢玩耍。他性格深沉，有肚量。晋阳有一位和尚，同人讲话的时候时而清醒，时而糊涂，时人无法揣度他，称他为阿秃师。高洋曾经和几个小伙伴去见阿秃师，向阿秃师询问自己将来能当什么官，拿到什么俸禄。轮到高洋的时候，阿秃师只是用手指再三指向天空，口中并不讲话。小伙伴都感觉很奇怪。高洋虽然内里聪明，但外表看起来有些愚钝，众人很看不起高洋。高澄经常耻笑高洋，他对外人说："此人亦能得富贵，怎么能用相法做出合理解释。"唯独高欢很看重高洋，他曾经对长史薛琡说："此儿的见识超过我。"

高欢曾经测试诸子的观察能力，分别交给他们一团乱丝，让他们理出头绪。其他兄弟都在忙着整理乱丝，只见高洋把刀拔了出来，把乱丝斩断，嘴里说着："乱者须斩。"这也就是俗语"快刀斩乱麻"的出处。高欢对高洋的表现很满意。

元善见任命高洋为骠骑大将军、开府仪同三司，封太原公。

第八十九节 "陈赵"

东魏天平二年（535）二月，东魏都城迁到了邺城，东魏朝廷派尚书右仆射高隆之征发十万名壮丁，拆除了洛阳的宫殿，把可用的材料运送到了邺城。半年后，又征发七万六千名壮丁到邺城修建新皇宫。新修的邺城南城，长达二十五里。

高欢假意要把女儿许配给自称皇帝的叛民首领刘蠡升为妻。刘蠡升信以为真，防守松懈，高欢乘机派军偷袭，大获全胜，杀死了刘蠡升，俘虏了他的部属五万多户，解除了西部的威胁。

高欢呈报皇帝元善见后，任命高澄为大行台、并州刺史。并州州府晋阳是高欢的大本营，这个位置让亲生儿子担任，他才最放心。但高澄不想在父亲眼皮子底下工作，他想到朝廷任职。高澄亲自向高欢请求，高欢不准。高澄又委托丞相主簿孙搴代为请求，高欢这才准许。元善见下诏，任命高澄为尚书令、领军将军、京畿大都督。孙搴文采好，通晓鲜卑语和汉语，深得高欢的信任。

高澄到达邺城后，刚开始朝野都认为他只是一个十几岁的少年，对他有些轻视，但高澄到任后，执法严峻，处事果断迅速，朝野震惊，对高澄变得恭敬顺从。

司马子如和尚食典御高季式（猛将，高敖曹四弟）请孙搴喝酒，他们喝得很尽兴，孙搴大醉，竟然醉死，年五十二岁。高欢亲自吊唁，司马子如叩头请罪。高欢对他说："你折了我的右臂，你要寻找一个合适的替代人选还我。"司马子如推荐了中书郎魏收。这个魏收，就是以后撰写了《魏书》的魏收，字伯起，小名佛助，钜鹿郡下曲阳县（今河北省晋州市）人，出生于北魏正始四年（507）。魏收勤奋好学，才华横溢，文笔华丽，机警敏捷，与温子升、邢邵并称"北地三才子"。高欢任命魏收为主簿。

过了一段时间，高欢对高季式说："爱卿醉杀了我的孙主簿，司马子如推荐的魏收处理文书的能力并不如我意，司徒（高敖曹）曾经称赞一个人严谨细密，这个人是谁？"高季式向高欢推荐司徒记室陈元康，道："他能在夜里写书，是一名干练的部属。"于是高欢召见陈元康，当即授予他大丞相功曹，掌管机密事宜，不久又升陈元康为大行台都官郎。陈元康出生于北魏正始四年，字长猷，冀州广宗（今河北省威县东）人，通晓文史。当时高欢谋划大业，军务繁多，他向陈元康咨询，陈元康无所不知。高欢有一次外出，命陈元康在后跟随。高欢在马上发布指令九十多条，陈元康扳手指头细数，全能记起。

陈元康和功曹赵彦深同掌机要，时人称他们为"陈赵"。赵彦深和陈元康同龄，南阳郡宛县（今河南南阳）人，生性聪明机敏，擅长文书。陈元康的权势在赵彦深之上，因为他性格柔和谨慎，高欢非常信任他。高欢对人说："此人（陈元康）人才难得，是上天赐给我的。"

再交代一下同时期的西魏，西魏丞相宇文泰因战事连年不止，官民疲惫不堪，命有司参考斟酌古今有关治国条例，制定了方便现实治理需要的二十四条新制，奏请皇帝元宝炬后颁布施行。

宇文泰任用苏绰为行台郎中。苏绰字令绰，京兆郡武功县（今陕西省武功县西）人，出生于北魏太和二十二年（498），他年少时就非常好学，博览群书，尤其擅长算术。宇文泰和苏绰长谈后，任命他为大行台左丞，参与机要事务，从此以后，宇文泰对他宠信有加。苏绰开始制定文书的流转程序，并制定了"朱出墨入"的记账方法，就是用红色与墨色区别收支情况。这一方法沿用了一千多年。

宇文泰注重打击贪污等腐败行为，他的大舅哥、秦州刺史王超世贪污腐化，宇文泰亲自向元宝炬报告，要求依法严惩。元宝炬命王超世自杀。

阁内都督赵刚从蛮人地区逃出来，拜见东荆州刺史李愍，劝他归降西魏。李愍同意了，赵刚得以到达长安，宇文泰任命赵刚为左光禄大夫。

第九章

高欢大战宇文泰

第九十节 小关之战

西魏皇帝元宝炬下诏，列举了高欢的二十条罪行，并宣布说："朕将亲率六军，与丞相（宇文泰）扫除凶恶丑陋之人。"高欢也发布檄文，把宇文泰等人列为叛逆之徒，并扬言："今分派诸将，领兵百万，择日西讨。"

东魏天平三年（536）正月二十二日，高欢亲自率领一万多名骑兵，突袭西魏的夏州。高欢命令部队携带足够的水和干粮，饿了就吃干粮，渴了就喝水，不生火做饭，四天就到达了夏州。高欢命令把铁槊捆绑在一起作为云梯，乘着夜色掩护，东魏士兵进入了统万城，活捉了西魏夏州刺史斛拔俄弥突。高欢做斛拔俄弥突的工作，劝他归降，斛拔俄弥突同意了，高欢让他继续留任夏州刺史，并命都督张琼率军镇守夏州。高欢把斛拔俄弥突的部落五千多户强行迁走，然后班师。

投降西魏的灵州刺史曹泥，和女婿、凉州刺史刘丰再叛西魏，投降东魏，西魏派大军包围灵州州城回乐，用河水灌城，只差四尺就要把城池淹没了。高欢命阿至罗部落的骑兵三万多人援救灵州，攻击西魏军的后背，西魏军撤走。高欢亲自迎接曹泥和刘丰，并护送他们的部属五千户而归，任命刘丰为南汾州（治所定阳，今山西省吉县）刺史。

高欢又命阿至罗部落进逼西魏秦州（治所上封，今甘肃省天水市）刺史万俟普。万俟普之前被高欢优待，他和儿子万俟受洛干、豳州刺史叱干宝乐、右卫将军破六韩常及其他将领共三百多人，投降了东魏。宇文泰得到消息，率轻骑兵追赶，追赶了一千多里，没有追上，于是率军返回。

之前，贺拔胜和独孤信不敌东魏进攻，投降了南梁，现在贺拔胜通过萧衍的亲信做通了工作，和部属卢柔返回了长安。宇文泰任命卢柔为从事中郎，和苏绰共同掌管机要。

东魏和南梁不时发生冲突，互有胜负，高欢准备对西魏大举用兵，就派使节出使南梁，请求和好，南梁皇帝萧衍同意了。

十二月十一日，高欢亲自率领各路大军对西魏发起攻击，他命司徒高敖曹攻打上洛（今陕西省商洛市），派大都督窦泰攻打潼关（今陕西省潼关县）。这时，西魏的关中地区发生大饥荒，出现了人吃人的现象，死者十之七八。

天平四年（537）正月，高欢率军抵达了蒲坂，命令修建了三座浮桥，摆出了准备渡过黄河的架势。宇文泰率军驻扎广阳（今陕西省西安市临潼区），召集众将领，对他们说道："贼子高欢今天从三面进攻我们，又修建浮桥，展示渡河的决心，他此举其实是为了牵制我军，使窦泰顺利西进。如果长时间与他们相持，高欢的计谋就会得逞，此非良策。高欢自起兵以来，常使窦泰为先锋，窦泰率领的是一支劲旅，屡次打胜仗，而变得骄傲起来，今天如果偷袭他，必能取胜。打败了窦泰，高欢就会不战自退。"

众将不解，对宇文泰说："贼人就在近前，舍近而袭远，一旦有个差池，悔之晚矣！不如分兵抵御。"

宇文泰说："高欢曾经两次进攻潼关，我军都没有越过灞上。今天他率军大举前来，肯定认为我们只能自守，有轻视我们的心理，我们乘机偷袭他们，何患不克？贼人虽然建造了浮桥，但也不能径直渡过。不出五日，我必定能拿下窦泰，尔等勿疑！"

苏绰和中兵参军达奚武同意宇文泰的意见。

正月十四日，宇文泰返回长安，众将的意见仍然不能统一。宇文泰隐瞒了他的计谋，征询他的侄子、直事郎中宇文深对战局的看法。宇文深回答说："窦泰，是高欢的猛将，今若我军攻蒲坂，高欢据守而窦泰救援，我们腹背受敌，此危险之计。不如挑选精锐士兵，轻装上阵，秘密出小关（潼关左）。窦泰性格急躁，必定前来决战，高欢行事谨慎，必不能及时救援，我军急攻窦泰，必可擒获。擒住窦泰后，高欢就会变得沮丧，我们回师攻击，可以取得最后的胜利。"

宇文泰大喜道："这正合我意。"于是他对外宣称要守卫陇右。

正月十五日，宇文泰率军秘密东进，于正月十七日凌晨抵达小关。窦泰突然得到西魏大军抵达的消息，立即率军从风陵渡河。宇文泰兵出马牧泽（小关东北），攻打窦泰。两军展开血战，西魏军大胜，窦泰大军损失殆尽，窦泰自杀，年三十八岁。宇文泰命割下窦泰的首级，送到了长安。此战中，西魏骠骑大将军李弼作战十分勇敢，斩杀了很多东魏士兵，宇文泰特别把自己的坐骑和窦泰的盔甲送给了李弼。

高欢认为河上冰薄，不能赶去救援，命拆除浮桥后撤退，命薛孤延殿后。薛孤延率军阻截西魏军，两军交锋，他身上被砍了十五刀，佩刀也被砍断，侥幸逃出，留得一命。

宇文泰凯旋。

高敖曹从商山转战前进，所向无敌，于是向上洛发起攻击。上洛城民泉岳和弟弟泉孟略及杜窋等人密谋翻城响应，洛州刺史泉企得知后，杀死了泉岳兄弟。杜窋逃走，投降了高敖曹。高敖曹以杜窋为向导，率军攻城。高敖曹一马当先，身中三箭，翻身落马，昏死了一会儿方又上马，脱掉头盔，巡视城池。泉企坚持抵抗了十几日，城池终被攻破，泉企和儿子泉元礼、泉仲遵被俘。高敖曹以杜窋为洛州刺史。高敖曹伤势很重，说："恨不见季式（高季式，高敖曹四弟）做刺史。"高欢得到消息，立即任命高季式为济州刺史。

高敖曹准备继续进军，攻打蓝田关（今陕西省蓝田县），高欢派人告知他："窦泰全军覆没，人心恐惧动摇，宜速速回军，道路艰险，贼兵势大，你能拔身即可。"高敖曹不忍心抛弃军队，率军力战，全军撤回。泉仲遵因为伤重没有随行，泉元礼中途逃跑，他们结交豪侠，袭杀了杜窋。西魏任命泉元礼世袭洛州刺史。泉企后来死在了邺城。

第九十一节　沙苑之战

东魏丞相高欢到汾阳县的天池（今山西省宁武县南）视察，得到了一块奇石，上面有字，能隐约看清写着"六王三川"。高欢不解，询问行台郎中阳休之。阳休之是大学问家，上知天文，下知地理。他拍高欢的马屁道："六者，大王之字（高欢字贺六浑）；王者，当君临天下。黄河、洛水、伊水称为三川；泾水、渭水、洛水（关中的洛水），也称为三川。大王若承受天命，终将会取得关、洛之地。"

高欢说道："世人说闲话的时候，常说我有造反之心，何况听到你的这番话之后呢！你说话要谨慎，不要在外妄言。"

行台郎中杜弼也劝高欢接受禅让称帝，被高欢用木棍打出。

这时，投降南梁的西魏大都督独孤信和都督杨忠向萧衍请求北返，萧衍批准了。独孤信和杨忠回到了长安。西魏朝廷任命独孤信为骠骑大将军、侍中、开府仪同三司。丞相宇文泰特别欣赏杨忠的勇猛，把他留在了帐下。

东魏天平四年（537）八月十四日，宇文泰以守为攻，率领李弼等十二位将领攻打东魏。宇文泰以北雍州刺史于谨为先锋，命他攻打盘豆（槃豆，在今河南省灵宝市西北枣乡河入黄河处东岸）。东魏守将高叔礼不敌，城破，西魏军俘虏了东魏军一千多人。于谨率军继续前进，进攻东魏恒农，当时连日天降大雨，宇文泰命令冒雨进攻，终于生擒了东魏陕州刺史李徽伯，俘虏了将士八千多人。

西魏军又攻下了东魏的邵郡（郡府白水县，今山西省垣曲县东南）和正平郡（今山西省新绛县）等地。

九月，高欢亲率大军二十万人西征，出壶口逼近蒲津（今山西省永济市西约十三公里处）。高欢命高敖曹率领三万军队攻打河南。当时关中饥荒，宇文泰冒险夺取恒农就是为了得到粮食，他率领一万名将士在恒农征收了五十多天的粮食，听说高欢将要渡河的消息，他率军入关，于是高敖曹率军包围了恒农。

高欢的右长史薛琡建议高欢道："西部贼人连年饥馑，所以冒死夺得陕州，不过是为了取得粮食。如今敖曹已经包围了陕城，粮食不能运出，只需在诸条道路上布置士兵，不与他们野战，等到夏季收割麦子的季节，他们的人民就饿死得差不多了，何愁元宝炬、宇文黑獭（宇文泰字黑獭）不降？希望您不要渡河。"

侯景也劝高欢道："今次用兵，声势浩大，万一不胜，仓促之间不能轻易再度会合。不如把大军分为两个梯次，一个先行，一个紧随。前军如果取得胜利，后军全力进发。前军如果失败，后军予以接应。"

高欢全然不听，从蒲津渡过了黄河。

宇文泰派人去告诫处于要冲的华州（治所武乡）刺史王罴，要他加强戒备。王罴对使者说："老罴当道卧，貉子哪得过？"不久，高欢率军抵达城下，对王罴喊话道："何不早降？"王罴大呼道："此城就是王罴的墓地，死生在此，想死的就过来吧！"高欢知道此城不容易拿下，就率军渡过洛水，在洛水南的许原（今陕西大荔县北）西扎下大营。

宇文泰抵达了渭水南岸，之前征召的诸州兵马都还没有到达。宇文泰准备攻打高欢，诸将认为兵力相差悬殊，会寡不敌众，都请求待高欢再往西来的时候，观察形势再做决定。宇文泰对他们说道："如果高欢抵达长安城下，则人心就会大变，如今他们远道而来，立足未稳，可以发动攻击。"宇文泰命令在渭水上搭建浮桥，令军士携带三天的干粮，轻装渡过了渭水，又令把辎重从渭水南往西运送。

十月一日，宇文泰率军抵达了沙苑（今陕西省大荔县南洛水与渭水间一大片沙草地，东西八十里，南北三十里），距离东魏大军只有六十里远。面对即将到来的大战，因为兵力差距大，西魏诸将内心都十分恐惧，唯独宇文深（宇文泰族侄）一人向宇文泰表示祝贺。

宇文泰问他祝贺的原因，宇文深说："高欢镇抚河北（黄河之北），很得人心，如果他固守河北之地，不容易击败他。如今他率孤军渡河远征，并不是将士期望的。唯独高欢以失去窦泰为耻辱，不听劝阻任性用兵，这就是所说的忿兵，可以一战而擒获他们。事情和道理已经明摆着，为什么不贺呢？请赐给我一个符节，征调王罴的军队截断高欢的退路，使他们成无漏网之鱼。"宇文泰同意了。

宇文泰命须昌县公达奚武窥探高欢军营。达奚武是一员勇将，只带了三名骑兵，都换上高欢将士的服装，天黑的时候，在距离东魏军营寨数百步的时候下马。探听得东魏军的军号，他们上马遍访大营，好像夜晚的巡察人员，碰到有不守法者，往往用鞭子抽打他们。他们详细摸清了东魏军军营情况后返回。

高欢听说宇文泰率军前来，率军前去相会。斥候告知宇文泰，高欢将至，宇文泰召集诸将商议对策。李弼说："敌众我寡，不可在平地布阵迎敌，据此东十里有渭水转弯（渭曲）之地，可以先行占据，等待敌军。"宇文泰同意了，背着渭水在东西列阵，李弼为右翼，赵贵为左翼。宇文泰命令将士持武器隐藏在芦苇丛中，约定以鼓声为号，听到鼓声后，一起杀出。

晡时（下午三时到五时），东魏军抵达了渭曲，都督斛律羌举建议道："黑獭举全国之兵而来，准备决一死战，譬如狂犬一样，也能伤人，而且渭曲芦苇很高，土地泥泞，不好用力，不如缓行，与他们相持，然后秘密派精锐之师偷袭长安，攻下他们的巢穴，则黑獭会不战而被擒。"将领们对斛律羌举的计策不能形成一致意见。高欢也举棋不定，问道："如果纵火焚烧芦苇，如何？"侯景有轻敌之心，回答说："应当生擒黑獭向百姓展示，如果他和众人一样被烧死，谁又会相信？"侯景这句话，致使高欢错失机遇。

这时，大将彭乐斗志旺盛，请求出击，说："我众贼寡，一百个对付一个，何愁不可？"高欢同意了。

东魏军看见西魏军偏少，争相前去进攻西魏军的左翼，不成队形。两军正面接触，宇文泰亲自播鼓助威，西魏将士操起武器，从芦苇丛中奋勇杀出，于谨率领六路人马支援左翼，右翼的李弼率铁骑从侧面对东魏军发起冲击。东魏军被分为两段，西魏军越战越勇，大破东魏军。

李弼的弟弟李檦，身高不足五尺（约 1.54 米），胆识过人，非常勇敢，每次跃上战马冲锋陷阵，都蜷缩到马鞍和铠甲之间。东魏军望见他，都说："避开此小儿！"宇文泰感叹道："胆气和果敢如此，何必是八尺之躯！"

西魏征虏将军耿令贵杀伤多人，盔甲和下衣上全是血迹，宇文泰说："看到他的盔甲和下衣，就知道令贵之勇猛，何必要数他砍下了多少个首级！"

彭乐乘着酒醉冲入了西魏军阵之中，西魏军向他一顿乱刺，彭乐腹部中招，

▲ 彭乐

肠子都流了出来。彭乐忍住疼痛，把肠子塞进体内，继续战斗。高欢准备收兵之后再做下一步战斗，他让张华拿军人名册到各处营帐点名，几乎无人响应。张华回来，向高欢直言说："众将士都已经逃散，各营都空了。"高欢非常不甘心，待在原地不肯离开，阜城侯斛律金说："如今众心离散，不能再用，应该迅速向河东转移。"高欢坐在马上，还是一动不动，斛律金扬鞭照着高欢的马屁股上就是一鞭，战马拖着高欢疾驰。入夜，高欢到达了渡口，但船舶距离河岸较远，无法靠岸，他骑上骆驼，蹚水到了船边，这才渡过黄河。

沙苑之战，东魏军被杀、被俘将士八万人，丢弃铠甲兵器十八万多件。宇文泰追击高欢，直到河岸边才作罢。宇文泰在俘虏的东魏军将士里，挑选了两万人留为己用，其余的全数放回。都督李穆建议宇文泰道："高欢已经被吓破了胆，应该速速追击，可以捉住他。"宇文泰知道以目前的实力不足以彻底击败高欢，稍有不慎，可能会被高欢反噬。他没有接受李穆的意见，率军回到了渭水南岸。这时，他之前征调的各州兵马才刚抵达，宇文泰命每名将士在沙苑栽植一棵柳树，宣扬胜利成果。

侯景建议高欢道："黑獭刚刚得胜，会产生骄傲心理，必定不会严密戒备，我愿意率领精骑二万人，直接拿下他。"高欢没有立即答应，他把侯景的话告诉了娄昭君。娄昭君说："如果真如侯景所言，侯景岂有再回来的道理？得黑獭而失去侯景，对我们又有什么好处？"于是高欢没有同意侯景采取行动。这也说明，在高欢夫妻的眼中，侯景也是怀有二心之人。

西魏皇帝元宝炬加授宇文泰为柱国大将军，李弼、独孤信、梁御、赵贵、于谨、若干惠、怡峰、刘亮、王德、侯莫陈崇、李远和达奚武等十二位大将也各有封赏。

围攻恒农的高敖曹得到沙苑兵败的消息后，退守洛阳。

第九十二节　西魏夺河南

西魏在沙苑之战中获得大胜之后，乘机扩大战果，命行台宫景寿向洛阳进发，意图夺取洛阳，但被东魏洛州（治所洛阳）大都督韩贤击败。这时又出了意外。州民韩木兰等人作乱，韩贤把他们镇压了下去，一个叛民在一群尸体中装死，韩贤亲自检查尸体，顺便收拾铠甲武器，走到这个装死叛民处，这个叛民一跃而起，突然攻击韩贤，韩贤被砍断小腿，不治而亡。

西魏再命行台、冯翊王元季海和独孤信率领两万大军进攻洛阳；命洛州（西魏洛州，州府上洛，今陕西省商洛市）刺史李显攻打三荆地区；命贺拔胜和李弼围攻蒲坂。

贺拔胜和李弼到达河东郡的时候，蒲坂人敬珍和敬详率领六个县的十多万户人家投降了他们。防守蒲坂的是东魏秦州刺史薛崇礼，别驾（刺史佐官）薛善打开城门投降西魏，薛崇礼被擒。宇文泰抵达蒲坂，派军占领了南汾州、绛郡等地。

东魏行晋州（治所平阳）事封祖业慑于西魏军的强大压力，弃城逃跑。仪同三司薛脩义坚守城池，摆下空城计，吓走了西魏仪同三司长孙子彦。高欢任命薛脩义为晋州刺史。

独孤信率军抵达了新安（今河南省渑池县），东魏大都督高敖曹率军北渡黄河。独孤信逼近洛阳，东魏洛州刺史、广阳王元湛放弃洛阳，投奔邺城。独孤信入洛阳，在金墉城扎营。当时洛阳已经破败不堪，房屋倒塌，百姓四处逃散，皇宫之前也被高欢命人拆除，把石材运到了邺城。

东魏颍州（治所长社，今河南省长葛市）长史贺若统抓获了刺史田迄，献城投降了西魏，西魏都督梁回入城据守。前通直散骑侍郎郑伟起事，抓获了东魏梁州（治所大梁城，今河南省开封市）刺史鹿永吉。前大司马从事中郎崔彦穆攻打荥阳，抓获了太守苏淑，和广州（治所鲁阳，今河南省鲁山县）长史刘志，投降了西魏。

东魏天平四年（537）十一月，东魏行台任祥率将军尧雄、赵育、是云宝等人攻打颍川。宇文泰派大都督宇文贵和乐陵公怡峰率领两千人马前去救援。东魏军走到阳翟（今河南省禹州市）时，尧雄等人的军队距离颍川只有三十里，任祥率领四万大军紧随其后。西魏军诸将认为东魏军人数太多，己方人数太少，不可交锋。宇文贵说："尧雄等认为我军兵少，必不敢前进，到时他与任祥合兵一处，攻打颍川，城池必危。贺若统有差池，我辈坐在这里做什么？今天进入颍川，有城池作为屏障，又出其不意，必破之！"于是他命令急行军，进入了颍川，背城结阵，等待东魏军。尧雄等人赶到，两军交战，西魏军大胜，尧雄逃走，赵育投降，东魏军被俘虏了一万多人，但被西魏军全数放回。任祥得到尧雄失败的消息，不敢前进，宇文贵和怡峰乘胜逼近，任祥退守宛陵，宇文贵追击，任祥大败。是云宝杀死了东魏阳州（治所宜阳，今河南省宜阳县）刺史那椿，献出城池，投降了西魏。

西魏都督韦孝宽攻克了东魏的豫州，生擒了东魏行台冯邕。韦孝宽是南北朝史的重要人物，对他做一简要介绍。

韦孝宽，名叔裕，字孝宽，出生于北魏永平二年（509），为京兆杜陵（今陕西省西安市南）人，世代为关中大姓，年轻的时候以孝行于世。他的父亲韦旭，死在南幽州刺史的任上，被追赠为司空、冀州刺史，谥号为文惠。韦孝宽为人沉静聪敏，温和端正，广泛涉猎经史。萧宝夤在关中作乱的时候，他参与征伐有功，被任命为国子博士，行华山郡事。大都督杨侃镇守潼关，任用韦孝宽为司马，杨侃很欣赏韦孝宽，把女儿嫁给了他。后来韦孝宽历任宣威将军、给事中、析阳郡太守、弘农郡太守等职。

西魏荆州刺史郭鸾率军进攻东魏的东荆州，刺史慕容俨顽强抵抗了二百多天，伺机大败郭鸾军。当时东魏河南（黄河以南）诸州大多被西魏夺走，只有东荆州获得保全。

东魏大都督贺拔仁进攻西魏的南汾州（治所定阳，今山西省吉县），南汾州刺史韦子璨献城投降，宇文泰大怒，把韦子璨灭族。东魏大行台侯景在虎牢厉兵秣马，打算收复河南诸州，西魏的梁回、韦孝宽、赵继宗都放弃城池西归。侯景向广州发动进攻，正在进攻的时候，得到了西魏救兵将要到达的消息，侯景召集众将商议对策，行洛州事卢勇主动请缨，要求前去探察敌情，侯景同意。卢勇率领一百名骑兵抵达了大隗山（今河南省新密市南），和西魏军遭遇。当时天将黑，卢勇命将士在树上多插旌旗，入夜之后，他把骑兵分为十队，吹响号角，奋勇前冲，擒获了西魏仪同三司程华，斩杀了仪同三司王征蛮后而回。西魏广州守将骆超遂献城投降，高欢任命卢勇行广州事。

于是，南汾州、颍州、豫州和广州四个州又回到了东魏的怀抱。

第九十三节　邙山之战

当初，柔然可汗郁久闾阿那瓌对北魏比较恭敬，但随着柔然实力增强，加之北魏内乱、分裂，郁久闾阿那瓌就改变了态度，不时出兵骚扰边境地区。高欢和宇文泰都想拉拢郁久闾阿那瓌，高欢还把常山王元晕（zhì）的妹妹兰陵公主嫁给了郁久闾阿那瓌，宇文泰也把一位公主嫁给了郁久闾阿那瓌，柔然于是停止对他们的骚扰。宇文泰为了进一步争取柔然，说服皇帝元宝炬，罢黜了乙弗皇后，让她做尼姑，然后迎娶了郁久闾阿那瓌的女儿，并封为皇后。郁久闾皇后嫉妒心强，仍然不肯放过出家为尼的乙弗皇后。元宝炬不得已赐死了乙弗皇后，但不久郁久闾皇后也因病去世。

东魏的侯景和高敖曹把西魏的独孤信围困在了洛阳的金墉城，高欢率领大军支援。侯景命令放火，洛阳城内顿时一片火光，官府和民居被烧毁的十有七八。独孤信向西魏朝廷求援。当时西魏皇帝元宝炬也想入洛阳祭拜祖先陵墓，就和丞相宇文泰一起率军东进，以李弼和达奚武率一千名骑兵作为先锋，又命尚书左仆射周惠达辅佐太子元钦镇守长安。

东魏元象元年（538）八月三日，宇文泰抵达了洛阳西北的毂城。侯景准备结阵等待，但仪同三司莫多娄贷文不同意，他要求率军主动出击，侯景极力劝阻。莫多娄贷文是一员猛将，曾斩尔朱兆，他不听侯景劝阻，和另一勇将可朱浑道元率领一千名骑兵杀出，入夜，在孝水（今河南省洛阳市西）遭遇了李弼和达奚武。李弼命令士兵擂鼓呐喊，虚张声势，又命令一部分骑兵在马尾巴上系上树枝，打马狂奔，扬起尘土。莫多娄贷文望见西魏军势大，回马逃走，李弼追击，斩莫多娄贷文。可朱浑道元独骑逃走。李弼和达奚武把俘虏的东魏士兵送往恒农。

宇文泰率军继续前进，到达了瀍水（流经今河南省洛阳市南）东岸，侯景等人乘夜撤除了对金墉城的包围而去。宇文泰率轻骑追击侯景，到了黄河边上。侯景结阵迎敌，东魏军北据黄河大桥，南接邙山（位于今河南省洛阳市北）。侯景不愧是一员狡猾的名将，阵势坚固，还预留了北归之路。两军展开混战，宇文泰的坐骑中箭后发狂，把宇文泰甩落马下。东魏军赶到，宇文泰的左右护卫皆被打散，情况危急，都督李穆急中生智，翻身下马，用马鞭抽打宇文泰的背部，嘴里骂道："无能的小子，你的司令官在哪里，你为什么单独留在此地？"东魏追兵因此以为宇文泰是普通士兵，没有理会，从他身边走过。李穆把战马让给宇文泰骑上，然后他们一起逃离了战场。

西魏大军到来后，士气再次振作，他们发起进攻，勇破东魏军，东魏军北逃。大都督高敖曹有项羽之勇，轻视宇文泰，命令竖起大旗，撑起伞盖。西魏军望见之后，精锐尽出，攻向高敖曹。高敖曹全军覆没，他逃向了河阳南城（黄河大桥南岸城堡，北岸就是北中城）。南城守将、北豫州刺史高永乐，是高欢的堂侄子，之前和高敖曹结怨，他关闭城门，不让高敖曹入内。高敖曹仰头大喊，请求放下一条绳子，但无人理会。于是高敖曹拔出佩刀，用力砍向了大门，希望能砍破大门入内，西魏追兵赶到，高敖曹就躲藏到了桥下。西魏追兵看见高敖曹的奴仆手拿金丝带，就追问高敖曹在哪里，这个奴仆吓破了胆，不敢隐瞒，用手指了指桥下。高敖曹知道这次逃不掉了，奋然抬头，说道："来吧，有了我的头，你们就可以得到开国公的位置。"西魏军一拥而上，高敖曹被杀，年四十八岁。高敖曹不但是一员猛将，还具有一定的文化水平。弟弟高季式在外任济州刺史时，他想念弟弟，写下《赠弟季式诗》一诗：

> 怜君忆君停欲死，天上人间无可比。
> 走马海边射游鹿，偏坐石上弹鸣雉。
> 惜时方伯愿三公，今日司徒羡刺史。

高欢得到大将高敖曹被杀的消息，如失肝胆，痛惜不已，他杖责高永乐二百大棍，追赠高敖曹为太师、大司马、太尉、录尚书事、冀州刺史，谥号为忠武。

邙山之战，面对西魏军的攻势，东魏各军纷纷渡过河桥向北逃走，唯独勇将万侯受洛干率领的军队原地不动，他冲西魏大军大喊道："万俟受洛干在此，想来的尽管放马过来！"西魏军被他的声势镇住了，纷纷撤走，高欢嘉奖万俟受洛干，把他的大营所在地命名为回洛。《旧唐书·地理志》记载，孟州河阳县"有回洛故城"。

当日（八月四日），东魏、西魏大军又投入战场进行了大战，战场绵延很远，从早晨打到了傍晚，缠斗数十回合，尘土飞扬，如大雾般弥漫，面对面都很难辨认清楚对方。西魏独孤信和李远在右翼，赵贵和怡峰在左翼，都进展不顺，又找不到元宝炬和宇文泰的所在，他们都惊慌失措，抛弃部队而逃。李虎和念贤为后军，得知独孤信等人逃走后，他们也都撤退。宇文泰看到这仗没法打下去了，于是命人焚烧了大营后，留长孙子彦镇守金塘城后，回军。

西魏大都督王思政每次征战都喜欢穿破衣破甲，这次战斗他身受重伤，昏死在地，东魏军看他穿戴破旧，也就没有在意，后来王思政的属下雷五安回来，边哭边喊地寻找他，王思政才得以逃生。西魏平东将军蔡祐从马上战到了马下，他杀伤了东魏军数人，东魏军重重包围了蔡祐，蔡祐手持弓箭，左右开弓，东魏军应声倒地。东魏军认为蔡祐已经无法突围，于是挑选了一名穿着厚厚的铠甲，手持长刀的勇士前去单挑蔡祐，在只距蔡祐十步远的时候，蔡祐这才放箭，东魏勇士倒地而亡。东魏军恐惧，纷纷后退，蔡祐趁机逃出。

元宝炬到达恒农的时候，恒农守将已经弃城而逃，之前被关押在恒农的东魏将士趁机占领了城池，宇文泰率军攻击，重新夺回了恒农，杀死了领头的数百人。不久，蔡祐退到了恒农，夜里来见宇文泰，宇文泰惊魂未定，对蔡祐说："承先（蔡祐字承先），你还活着，我就无忧了。"宇文泰被惊吓得睡不着觉，把头枕在了蔡祐的腿上，这才感觉安全了些。蔡祐每次作战，总是身先士卒，但等到评功的时候，其他将领纷纷争功，他不发一言。宇文泰每到这时都赞叹着说："承先口不夸功，我当替他申请。"宇文泰命王思政镇守恒农。不久，王思政认为玉壁（玉壁位于东魏西魏交界的交通要道，在今山西省稷山县城西南五公里处）地势险要，地理位置非常重要，他向宇文泰请求让他自行筑城防守，宇文泰同意，任命他为都督汾晋并州诸军事，并州刺史，镇守玉壁。

留在关中，之前被西魏俘虏的东魏将士，听说西魏兵败，预谋作乱，李虎等人到达长安后，不知该如何应对，为了安全起见，他与太尉王盟、仆射周惠达保护着太子出长安，驻扎到渭水北岸。沙苑之战中被俘虏的东魏都督赵青雀和雍州叛民头目于伏德联手造反，他们和咸阳太守慕容思庆分别收拢降兵，抵抗西魏退回的军队。华州刺史宇文导引兵入咸阳，杀死了慕容思庆，擒获了于伏德，南渡渭水，和宇文泰会师，攻打赵青雀，大胜。西魏太保梁景睿和赵青雀同谋，被宇文泰处斩。元宝炬回到了长安，宇文泰返回大本营华州。

高欢率领七千名骑兵从晋阳出发，到达了孟津，还没有渡河，得到了西魏军已经逃走的消息，于是渡过黄河。他派别将追赶西魏军直到崤山，没有追上而回。高欢攻打金墉城，长孙子彦弃城而逃，高欢命人把城中房屋全部焚毁，将金墉城拆毁，才回军。金墉城为魏明帝曹叡所筑，已有二百年的历史，至此被高欢摧毁。

本年（538年）年底，西魏车骑大将军是云宝攻击洛阳，东魏洛州刺史王元轨弃城而逃。西魏都督赵刚也攻取了广州，于是，襄州、广州以西州郡重归西魏。西魏南兖州刺史韦孝宽又占领了宜阳，安定了崤山、渑池一带。

第九十四节　府兵制

东魏和西魏经过了几场大战，都损失比较大，元气大伤，短时间内双方都没有能力再发起一次新的战争，都转而加强对内政的治理，为下一次冲突积蓄力量、创造条件。

高欢对徐州刺史房谟、广平郡太守羊敦、广宗郡太守窦瑗、平原郡太守许惇等清正廉洁、政绩突出的官员进行了表彰，号召其他官员向他们学习。高欢还实施了以下改革措施：命校书郎李业兴修订了北魏时期的《正光历》，颁布了《兴光历》；颁布了新法《麟趾条例》；统一以四十尺作为一匹绸缎的标准；命各州在沿河有桥的地方建立粮仓，方便运输，及时供给军队和救济灾民；在幽州、瀛州、沧州、青州等沿海的地方，晾晒、煮海水制盐，增加收入；对贪赃枉法的太尉尉景（高欢连襟）予以降职，震慑他人。

宇文泰在大本营华州（治所武乡）设立学校，让丞、郎等一些可塑之才白天上班，晚上上课，提高自身文化素质和业务能力。有人说这是中国历史上最早的夜校。在长安城的阳武门放置纸笔，征求百姓对政府的意见建议。大行台度支尚书兼司农卿苏绰制定了《六条诏书》（一是清心，二是敦教化，三是尽地理，四是擢贤良，五是恤狱讼，六是均赋役），宇文泰奏报元宝炬后颁布施行。又在二十四条新法条的基础上，新增加了十二条，共三十六条。

宇文泰深知，自己的军事实力弱于高欢，如果不对军事制度进行一些改革，非但不能和高欢中原逐鹿，甚至关中都难保，因此，西魏大统八年（542）三月间，宇文泰在苏绰的协助下，参照周典，开始设置六军，由六位柱国大将军各领一军，每位柱国大将军督率两位大将军（十二大将军），十二大将军各自又统率开府将军（骠骑大将军、开府仪同三司的简称）两人，为二十四军。这就是中国历史上非常著名的"府兵制"的开端，有必要做简要介绍。

当时西魏仿制过去的鲜卑八部，设置了八位柱国大将军。其中宇文泰总领百官，督率中外各军，而广陵王元欣作为皇室代表，管理宫中事务，并不领军。其他六位柱国大将军各自统领一军，他们是李弼、独孤信、赵贵、于谨、李虎（李渊祖父）和侯莫陈崇。李弼、独孤信、赵贵、李虎和侯莫陈崇均来自武川镇。

十二大将军是广平王元赞、淮安王元育、齐王元廓、章武郡开国公宇文导、平原郡开国公侯莫陈顺、高阳郡开国公达奚武、阳平公李远、范阳郡开国公豆卢宁、化政郡开国公宇文贵、博陵郡开国公贺兰祥、陈留郡开国公杨忠和武威郡开国公王雄。

二十四军之下，每军又辖两个团，每团有仪同将军两人，这样六军就成为四十八个团和九十六个仪同府，这就是史书上说的"合为百府"。

其组织结构是：柱国大将军—大将军—开府将军—仪同将军。

历史上关于府兵制的资料非常少，给后世研究这一制度造成了困难。综合当代各位专家的研究成果，府兵制大致有以下特点。一是士兵属于军府，军民分治，士兵不纳入地方户籍，免除赋役。二是"兵仗、衣驮、牛驴及糗粮、旨蓄，六家共备"，将士需要的物资，由六柱国自己想办法筹措解决，办法或找宗族及管辖内的富人捐助，或掳掠，或屯田等。但重要的作战装备，仍然由朝廷供给，史料上说，"甲、槊、戈、弩，并资官给"。

兵的总数不超过五万人，平时主要担任禁卫的任务，禁卫分为两班轮值，上班的那半个月守卫宫阙，昼夜不断巡查；下班的那半个月也不能闲着，由军官教习怎么作战，并接受检阅。

刚开始，府兵主要是鲜卑兵，后来为了扩充兵源，加入了关陇地区豪族的子弟，再后来进一步选取百姓中有材力者编入府兵的军籍。这就是后世所说的关陇军事集团，之前提到的蔡祐、韦孝宽等勇将就是关陇土著。

史学大师陈寅恪说："府兵制初建，是鲜卑兵制，是部酋分属制，是兵农分离制，是特殊贵族制。"

需要说明的是，府兵制是当时的一种主要兵制，还存在其他的兵制作为辅助，比如州郡兵等。府兵制盛行了两百余年，在唐玄宗天宝年间（742—755年）被停废，唐贞元二年（786）和贞元三年（787）又议复府兵，但因战乱没有果断实行。

第九十五节　东魏夺洛阳

　　高欢率领大军自汾州、绛郡出发，大营绵延长达四十里，对西魏发动了新一轮的攻击，宇文泰命东道行台王思政坚守玉壁，阻截高欢。

　　高欢给王思政写信诱降，他信中对王思政说："你如果归降，就授予你并州刺史的位置。"王思政不为所动，回信说："可朱浑道元当年投降，为什么不给他做并州刺史呢？"

　　东魏兴和四年（542）十月六日，高欢命令包围了玉壁，围攻了九日，没有攻下。当时天降大雪，雪后气温下降，士卒挨饥受冻，死伤多人。高欢看这仗没法打下去了，就退兵了。

　　东魏御史中尉高仲密先前娶了吏部郎崔暹的妹妹为妻，后来迷恋美貌而聪明的李昌仪，就休了崔暹的妹妹，娶了李昌仪为妻。高仲密选用下属（御史），多用亲戚老乡，引起了大将军高澄的不满，他奏报元善见之后，要求重选。当时崔暹正受高澄信任，高仲密怀疑是崔暹从中作梗，因此对他怀恨在心。

　　一天，高澄见到了李昌仪，被她的美艳吸引，当即就要非礼，李昌仪不从，衣服都撕碎了，终于挣脱了高澄的魔爪。李昌仪把这件事告诉了高仲密，高仲密长吁短叹，对高澄深恨不已。不久，高仲密出任北豫州（治所虎牢）刺史。高仲密到任后，越想越气，阴谋叛变。高欢耳目众多，他对高仲密产生了怀疑，于是派遣奚寿兴接管了虎牢的防务，只让高仲密负责民事。高仲密设计宴请奚寿兴，奚寿兴没有防备，在席间被高仲密设的伏兵生擒。

　　西魏大统九年（543）二月十二日，高仲密宣布叛变，投降了西魏，西魏任命他为侍中、司徒。高仲密写信给自己的四弟，驻守永安戍（今山西省霍州市）的高季式，让他有思想准备。高季式接信后大惊失色，骑快马奔向晋阳，向高欢请罪。

高欢对他和过去一样。

宇文泰亲率大军接应高仲密，以李远为先锋，到达了洛阳，又派于谨攻打柏谷，顺利攻下。三月二日，西魏大军包围了黄河大桥的南城。高欢亲率十万大军到达了黄河北岸。宇文泰退到瀍水上，命人从上游顺流放下火船，要烧毁黄河大桥。东魏阜成侯斛律金派行台郎中张亮准备了一百多艘小艇，上面载满了长锁链，待火船将要抵达的时候，用钉子把火船钉到锁链上，然后拉向岸边。黄河大桥遂安然无恙。

高欢率军渡过黄河，在邙山之中结阵，过了数日也不前进，准备和宇文泰打消耗战。宇文泰命把辎重留在瀍西，入夜登上邙山，准备袭击高欢。这时，东魏斥候向高欢报告说："贼人距离此地四十多里，吃饱了战饭而来。"高欢说："他们自当渴死。"高欢下令严守阵地，等待西魏军的到来。

三月十八日黎明，东魏和西魏两军展开大战，东魏猛将彭乐率领数千名骑兵为右翼，冲入西魏军的北军，彭乐像高敖曹一样勇猛，西魏军四散奔逃，彭乐进入了西魏军的军营。这时，有不明情况的人去报告高欢，说彭乐阵前投降，高欢暴跳如雷。不一会儿，西北有尘土扬起，彭乐的使者来向高欢报捷，俘虏了西魏的临洮王元柬、蜀郡王元荣宗、江夏王元昇、钜鹿王元阐、谯郡王元亮以及其他官员共计四十八人。高欢大喜，命令各路大军乘胜出击，大破西魏军，斩首三万多人。

高欢命彭乐追击宇文泰。宇文泰上天无路，入地无门，他急中生智，对彭乐说道："你就是彭乐吧？真是个傻小子，今天没有了我，明日哪里还能有你，为何不速速回营，收藏好你的金银财宝？"彭乐有勇无谋，认为宇文泰说得有道理，于是收了宇文泰的一袋金子而回。

彭乐见到高欢后，对高欢说："黑獭从刀下漏过，已经被吓破了胆。"高欢对彭乐得胜感到高兴，但又对彭乐放走了宇文泰十分恼怒。他让彭乐趴在地上，抓着他的头发，连连撞向地面，嘴里数落着他在沙苑时的败仗。高欢咬牙切齿地拿着刀向下试了三次，终于没有砍下。彭乐这时也醒悟过来了，对高欢说："请给我五千名骑兵，我再为大王把宇文泰捉来。"高欢愤怒地说："你把黑獭放走，究竟是什么意思？现在为什么又说要把他捉来？"高欢命人取来三千匹丝织品压到彭乐的背上，再赏赐给他，以此来侮辱他。

第二天，两军再战，宇文泰坐镇中军，赵贵为左军，若干惠为右军，西魏中军和右军合击东魏军。东魏军大败，步兵全被西魏军俘虏。高欢翻身落马，属下赫连阳顺下马把坐骑交给了高欢。高欢上马逃走，随身侍卫步兵加骑兵只有七个人，西魏追兵赶到，高欢亲信都督尉兴庆对高欢喊道："大王赶快离开，兴庆腰里还有一百支箭，足以杀死一百名贼人。"高欢说："事毕，任命你为怀州刺史。你如果战死，就任用你的儿子。"尉兴庆回答说："我儿年龄还小，希望大王任用我的哥哥。"高欢答应了。尉兴庆奋力抵抗西魏军，弓箭用尽后被杀。

有投奔西魏的东魏军士告诉了西魏军高欢之所在，宇文泰悬赏招募了三千名勇士，他们手拿短兵器，让大都督贺拔胜率领，发起冲击。贺拔胜和高欢早年就在北镇相识，这次在队伍里认出了高欢，他手持大槊，带领十三名骑兵追击了数里。前后相交，贺拔胜的大槊砸向了高欢，贺拔胜嘴里喊道："贺六浑（高欢乳名），贺拔破胡（贺拔胜的字）今天就要宰了你！"高欢吓得几乎断气。说时迟那时快，东魏河州刺史刘洪徽搭弓放箭，射死了贺拔胜的两名骑兵，东魏武卫将军段韶也射中了贺拔胜的坐骑，白马当时倒地而死，贺拔胜落马，待侍从把副马牵过来的时候，高欢已经逃走。贺拔胜叹息道："今天没有携带弓箭，这是天意啊！"

西魏大将赵贵率领的左军发起了五次冲锋，均遭受挫折，东魏兵士气重振，宇文泰亲自率军发起攻击，进展也不顺利。黄昏来临的时候，西魏军开始撤退，东魏军追击。独孤信和于谨收拢散兵从东魏军背部发动攻击，东魏军受到惊扰，西魏诸军才得以保全。若干惠在夜间才撤退，东魏军追击，若干惠不慌不忙，下了马，命令埋锅造饭。餐毕，若干惠对左右说："在长安死，在这里死，有什么不同吗？"然后，他命令竖起大旗，吹响号角，收拢散兵，慢慢回军。东魏追击的骑兵怀疑若干惠设有伏兵，不敢进逼。宇文泰遂率军进入潼关，驻扎在渭水上。

高欢率军追击到陕城，宇文泰派大将达奚武抵抗。行台郎中封子绘对高欢说："统一东西，就在今日。过去魏武帝（曹操）平定汉中，没有乘胜取巴蜀，失误在迟疑不决，后悔莫及，请大王不要犹豫。"

高欢赞成封子绘的话，他召集众将商议。

诸将都认为："这里的野外没有青草，人困马乏，不可深入太远。"

陈元康说："两雄交锋，年数已久，今天很幸运取得大捷，这是老天赐给的机会，机不可失，应当乘胜追击。"

高欢问陈元康道："如果遇到伏兵，我怎么能过得去？"

陈元康回答道："大王之前在沙苑战败，他们也没有设伏兵。今天他们失败奔逃，失魂落魄，哪里会有这么深远的谋略？如果放弃不追，必成后患。"

关中地势险要，易守难攻，高欢用兵谨慎，没有听从陈元康的意见，只是派大将刘封生率数千名骑兵追击宇文泰，他自己率领大军东还。宇文泰之前召王思政自玉壁出发，镇守虎牢，王思政还没有抵达，宇文泰就败退回来了。宇文泰又命他镇守恒农。刘封生率军抵达恒农城下，得知守将是王思政后，很忌惮，不敢进攻，也引军东归。

西魏军战败，宇文泰请求自贬，元宝炬不准。当时西魏将领里只有耿令贵、王胡仁和王文达有些战功，其他人均无功。宇文泰赐王胡仁改名为王勇，耿令贵改名为耿豪，王文达改名为王杰，表彰他们的战功。

此战西魏军损失巨大，原有鲜卑兵已远远不够用，为了抵抗东魏军，宇文泰命令招募关陇地区贵族子弟入伍，扩充府兵。

宇文泰派间谍进入虎牢送密信，命守将魏光坚守。间谍在半路上被东魏的大将侯景抓获，侯景把宇文泰的信改为："宜速去。"魏光见信后，连夜逃走。侯景占领了虎牢，把美女李昌仪送到了邺城。北豫州和洛州重归东魏。

高澄穿着盛装去见李昌仪，对她说道："今日如何？"李昌仪沉默不语，高澄遂占有了她。至于高仲密的下落，史书缺乏记载。

第九十六节　东魏四贵

这些年，因为和南梁关系相处和睦，所以高欢才能专心对付宇文泰。为了进一步加强联系，高欢又命散骑常侍李浑前往南梁访问。为了防备柔然南下突袭，高欢模仿古人，在肆州的北山，西自马陵（地名已不可考），东到土墱寨（今山西省宁武县盘道梁），修筑起了长城，四十天后完工。

高欢长年生活在晋阳，他让亲信孙腾、司马子如、高岳（高欢堂弟）和高隆之共同处理邺城朝廷的事宜。这四个人的权力变得炙手可热，奔走他们之门的人络绎不绝。他们贪污受贿，卖官鬻爵，徇私枉法，拉帮结派，把朝廷搞得乌烟瘴气。为了抑制他们，东魏武定二年（544）三月八日，元善见任命高澄为大将军兼领中书监，把门下省掌管的重大事项移交到中书省，也就是把侍中、给事中等人掌管的事情交给中书监（令）掌管，加重高澄的权柄。文武百官的奖赏和惩罚都要禀告高澄后实施。

孙腾有次拜见高澄，没有尽到礼数，待孙腾坐定后，高澄招呼左右把他从座位上揪了起来，用刀环敲打他，让他站立到门外。太原公高洋在高澄面前拜见高隆之，因为之前高欢认高隆之为堂弟，所以高洋称呼高隆之为叔父，高澄发怒，大骂高洋。高欢对朝廷重臣说："儿子渐渐长大，公等应该避让他。"于是公卿以下官员见到高澄无不敬畏。大将厍狄干娶了高欢的妹妹，他是高澄的姑父，从定州来邺城，在高澄府外站了三天，高澄才接见了他。

高澄准备在皇帝元善见左右安插一名心腹，就提拔中兵参军崔季舒为中书侍郎，因为中书省负责呈递奏章和下达诏书。高澄每次给元善见上书，崔季舒都对文辞进行修饰。元善见给高欢父子下诏书的时候，也经常和崔季舒讨论措辞。元善见说："崔中书，是我的乳母啊！"

高欢禀报元善见之后，准备任命司州中从事宋游道为御史中丞。御史中尉一职位置非常重要，高澄坚持请求让亲信崔暹担任此职，高欢最后同意了，任命崔暹为御史中尉，宋游道为尚书左丞。崔暹对司马子如、咸阳王元坦和并州刺史可朱浑道元提出弹劾，弹劾他们徇私枉法；宋游道也弹劾司马子如、元坦、孙腾、高隆之、侯景、元羡等人。高澄命令把司马子如下狱，司马子如惊惧，一夜之间白头。因为司马子如是高欢故旧，也为他们家庭调解过矛盾，被宽大处理，仅被免职，剥夺爵位。元坦、元羡也被免职。

过了一段时间，高欢见到了司马子如，看到司马子如非常憔悴，就召唤他到自己的身边来，把他的脑袋放到自己的膝盖上，亲自为他寻找虱子，还赐给他美酒百瓶、羊五百只、米五百石。高欢父子表演了一场公私分明的好戏。

高欢还给朝廷权贵写信说："崔暹居宪台（御史所居官署），咸阳王、司马令（司马子如之前任尚书令）皆是我布衣之交，论关系亲近，没有人能超过他们二人，但他们同时获罪，即使是我也没有办法援救他们，各位不能不谨慎小心！"

但这也引起了权贵的反扑。因为宋游道根基不深，高隆之就拿他开刀，诬陷他有不臣之言，论罪当死。宋游道虽然没有被治死罪，但也被免职。高澄对宋游道说："爱卿还是要早点儿跟我到并州，不然，他们终究会杀了你。"于是，宋游道追随高澄到了晋阳，被任命为大行台吏部郎。

北魏末丧乱以来，户口严重不实，徭役税负不均，东魏朝廷以太保孙腾、司徒高隆之作为钦差大使，到各州督导人口统计工作，最后竟然查出了没有户籍的人口六十多万，命令他们皆还本乡。

武定三年（545）正月，东魏开府仪同三司尔朱文畅（尔朱荣之子）和丞相司马任胄、都督郑仲礼等人密谋，准备利用正月十五高欢观看"打簇戏"的机会，刺杀高欢，拥戴尔朱文畅，但消息泄露，他们全被处死。因为尔朱文畅的姐姐尔朱英娥和郑仲礼的姐姐郑大车，都是高欢的小妾，高欢没有追究其兄弟们的责任。

第九十七节　突厥可汗

吐谷浑国（位于今青海省）位于西魏西南边境，受到西魏的军事压迫，吐谷浑可汗主动向东魏靠拢，高欢也投桃报李，建议元善见娶吐谷浑可汗之女，希望能借吐谷浑之力，侵扰西魏的西南边境。东魏武定三年（545）二月十一日，元善见娶了吐谷浑可汗慕容夸吕的从妹容华。

宇文泰也在找帮手，他派酒泉的匈奴人安诺槃陀到突厥国（位于今新疆维吾尔自治区北部）进行访问，希望和突厥结为友好关系。突厥本是西方的一个小国，可汗姓阿史那氏，世代居住在金山（阿尔泰山）之南，是柔然国的铁匠。《北史》中关于突厥，是这样记载的。

突厥，其先祖生活在西海（天山北麓）的西边，单独为部落，大概是匈奴人的一个分支，姓阿史那。后来为邻国所灭。当时有一个小孩儿才十岁，兵士看他年龄太小，不忍心杀死他，就把他的手脚砍断，丢弃在了沼泽地中。小孩儿正好被一头母狼发现，母狼用肉喂他。小孩儿长大后，和母狼交合，母狼怀孕了。灭了小孩儿部落的国家首领，听说这个小孩儿还存活在人间，又派人来杀他。来人杀死了这个已经长大的小孩儿，看见母狼卧在旁边，准备把母狼也杀了。这时如有神灵相助，母狼被投在了西海之东，落在了高昌国（今新疆维吾尔自治区吐鲁番市高昌区东南）西北的山上。母狼躲藏在山中，生下了十个男孩儿，每个男孩儿一个姓氏，阿史那就是其中之一。他最有才能，成了部落酋长。所以，突厥军旗上都有狼头的图像，以示不忘本。

另一种说法是，突厥本来是平凉的杂胡，姓阿史那氏。北魏太武帝拓跋焘灭北凉沮渠氏的时候，阿史那率领部落五百家投奔了柔然。世代居住在金山之南，是柔然的铁匠。金山形似兜鍪（móu）（头盔），突厥因以为号。

还有一种说法是，突厥的祖先出自索国，在匈奴的北部，他的部落酋长叫阿谤步，兄弟一共七十人，其中一个叫伊质泥师都，是狼所生。

到阿史那土门担任酋长的时候，突厥的实力才开始强大，经常骚扰西魏的西部边境。等到安诺槃陀到达突厥的时候，部落的族人都非常高兴，说："大国使者到来，我们国家就要兴盛了。"阿史那土门也是突厥的第一任可汗，被称伊利可汗。

宇文泰又和柔然可汗郁久闾阿那瓌商议，准备联合攻打东魏。高欢得到消息，非常担忧，他派行台郎中杜弼出使柔然，希望柔然能把公主许配给世子高澄，以政治联姻强化自己的军事力量，化解被联合攻击的风险。郁久闾阿那瓌看不上高澄，对杜弼说："要高王自己迎娶才行。"高欢犹豫不决，王妃娄昭君对他说道："这是利于国家的大计，请您不要再迟疑了。"高澄、尉景也都劝他。于是高欢派镇南将军慕容俨前往下聘礼。

武定三年（545）八月，高欢亲自动身前往下馆（今山西省太原市南）迎接柔然的公主。柔然公主抵达晋阳后，娄昭君又腾出正室的房间让她居住。娄昭君以大局为念，深明大义，这让高欢非常感动，他向娄昭君跪拜致谢。娄昭君说道："她一定会发觉的，王爷以后不要再过来了。"

郁久闾阿那瓌派弟弟郁久闾秃突佳作为送客，随公主前来，并对他说："等看到外孙出生后再回来。"柔然公主性情严肃，不会故意说讨高欢喜欢的话。有一次，高欢得病了，不准备前往柔然公主的住处就寝。郁久闾秃突佳因此十分生气，高欢不想得罪他，不得已抱着病体，乘车前往公主处就寝。高欢和柔然公主并没有生下子女。

第九十八节　玉壁之战

宇文泰调任并州（西魏的并州，州府玉壁）刺史王思政担任荆州刺史。因为玉壁处于和东魏斗争的最前沿，需要得力人员守卫，宇文泰征求王思政的意见，王思政推荐晋州刺史韦孝宽。宇文泰同意了。

东魏武定四年（546）八月，高欢准备再次大举进攻西魏，他命令各地军队在晋阳集中。殿中将军曹魏祖劝高欢道："时机不可，今年八月，西方为王，以暮气沉沉之气逆朝气蓬勃之气，对客方不利，对主方有利，大军如果一定要进击，伤大将军。"高欢不听。

九月，东魏大军围困了玉壁，军营绵延数十里，高欢命令前去挑战，韦孝宽坚守城池，闭门不出。高欢命令昼夜不停攻城，韦孝宽灵活抗拒。玉壁城中没有水源，靠汾水（流经玉壁城北）供应，高欢命令在汾水上游开挖工程，使汾水改变流向，不使水流进玉壁城池。一夜之间，工程就宣告完成。高欢又命在城南筑起土山，准备居高临下，攻入城池。城内对着土山地方，早先有两座高楼，韦孝宽命令在上面再加些木材，使之高于东魏军筑的土山，还在上面放置很多防御工具，来抵御东魏军。

高欢派使者喊话韦孝宽道："虽然你把楼加高到了天山，我也会穿到地下来拿下你。"高欢又命挖掘了十条地道，用术士李业兴的"孤虚法"（战阵之法，避孤击虚），集中攻击城的北部，北部为天险之地，无法加高。韦孝宽命令开挖长沟，阻断东魏军的地道，选派精壮士兵守卫。每当地道挖到沟边时，西魏军就发动攻击，杀死挖地道的东魏士兵。韦孝宽又命在沟外存储柴火，一旦发现地道内有东魏士兵，就在地道内填入木材，用火点燃，用兽皮缝制的车子往里吹风，风一吹，东魏军立即被烧焦。

高欢又命令用攻城车撞击城墙，撞到之处，一一摧毁。韦孝宽命令用布缝制成帷幔，随着攻城车攻击的方向张开，帷幔卸掉了攻城车的一部分力量，攻城车无法撞破城墙。东魏军把易燃的松树枝、麻秆等绑到长杆上，浇上油，用火点燃，准备烧毁帷幔。韦孝宽命令制作长钩，钩尖锋利，东魏的火杆烧来时，西魏军的钩就伸了过来，把松枝、麻秆全部钩掉。

高欢又命在玉壁城四面挖掘了二十条地道，用木柱子支撑，然后用火烧毁支柱，柱子烧毁后，地道也会坍陷，城墙跟着坍塌。韦孝宽命在城墙坍塌的地方，竖起木栅栏抵挡，东魏军无法攻入。高欢攻城的办法用尽。韦孝宽防守有力，又夺取了东魏军筑起的土山。

高欢用尽了所有的攻城方法，玉壁城依然屹立在那里，犹如铜墙铁壁。

高欢没有办法，就派仓曹参军祖珽游说韦孝宽道："君独守孤城，而西方又没有援军救援，恐怕城池最终不能保全，为何不投降呢？"

韦孝宽回答道："我方城池坚固，防守严密，兵丁和粮草充足，攻城辛劳，守城清逸，哪有十天半月就需要救援的！我反而担忧的是尔等劳师动众，恐怕有不能返回的危险。孝宽乃关西男子汉大丈夫，必不会做降将！"

祖珽又对城中众将士喊话道："韦城主享受高官厚禄，这么做或可理解。但你们为什么要随着他跳到汤火之中？"

高欢命令把悬赏告示射入城中，告示上说："能斩城主投降的，拜太尉，封开国郡公，赏赐绸缎一万匹。"

韦孝宽捡到告示后，在告示背面亲笔题字："能斩高欢的，赏赐和这上面的一样。"然后他将告示射了回去。

东魏军围攻了玉壁五十多天，士卒战死、病死者多达七万人，被埋葬于一个大坑之中。高欢的计谋已经用尽，体力也损耗殆尽，旧病又被引发，难以支撑下去。这时，一颗流星坠入了高欢的大营，士卒受到惊吓，惊惧不安。仗没法打下去了，十一月一日，高欢命令撤兵。高欢命大将段韶保护太原公高洋（高欢次子，二十一岁）出镇邺城，征召世子高澄（二十五岁）到晋阳会面。

高欢从玉壁返回了晋阳，当时军中有谣言说高欢已被韦孝宽用"定功弩"射死，西魏军听说这个消息，也对外宣告说："劲弩一发，凶徒立毙。"高欢得到禀告后，为了稳定军心，拖着病体，勉强坐在座位上接见了众位高官。

高欢让大将斛律金（敕勒人）高声吟唱《敕勒歌》，歌中说：

敕勒川，阴山下，天似穹庐，笼盖四野。

天苍苍，野茫茫，风吹草低见牛羊。

高欢也跟着合唱。他回想起了儿时牵着父母的手在一望无尽的大草原放马牧羊的日子，回想起了儿时的伙伴。唱着唱着，高欢悲伤不已，痛哭流涕。这也是《敕勒歌》这首北朝民歌第一次出现在历史记载中。

韦孝宽因为防守玉壁有功，被西魏任命为骠骑大将军、开府仪同三司，封建忠公。韦孝宽和王思政都是汉人，相比于六镇将帅善于野战，汉人将帅更善于守城。

顺便交代一句，本年，宇文泰的得力助手苏绰病逝。

第九十九节 高欢去世

东魏司徒、河南大将军、大行台侯景，右腿稍短，走路看起来有点不协调，也不擅长骑马射箭，但他足智多谋。当时高敖曹、彭乐等人勇冠三军，威望很高，但侯景轻视他们，说："这些人如野猪一般来回乱窜，不懂得天下大势。"（意思是他们有勇无谋）

侯景曾经对高欢说："请给我三万兵马，我将会横行天下，我要渡江生擒萧衍老儿，让他做太平寺的住持。"（萧衍笃信佛教，太平寺在邺城）高欢让侯景统领十万人马，专治河南（黄河以南）之事，高欢非常倚重侯景，把他视作自己的另一半。

侯景资格很老，当年和高欢平级，投奔了六镇起义的队伍，后来高欢才成了侯景的领导。侯景向来看不起高澄，他曾经对司马子如说："高王在，我不敢有异心。高王不在了，我不能和这个鲜卑小儿共事。"（侯景是羯人，高欢是汉人，因为长期生活在北方，被鲜卑化了，侯景以为高氏是鲜卑人）司马子如听到侯景这么说，赶紧捂住了他的嘴。

高欢病情加重，高澄担心一旦父亲病亡，侯景就难以控制，就假冒高欢写信给侯景，征召他。但侯景为人非常狡猾，之前就和高欢有过约定，说："如今我手握重兵在外，容易为人所诈。您给我写信的时候，请多加一个小点，作为记号。"所以高欢给侯景的信，都是在固定的地方多加一个小点。这次侯景收到的信，没有小黑点，侯景顿时明白，这是有人冒充高欢给自己写信，于是他推辞不去。侯景又得到了高欢病重的消息，他采用行台郎中王伟的计谋，拥兵加强防卫。

卧在病床上的高欢对在旁伺候的高澄说道："我虽然生病了，但你的面容也不至于如此忧虑，这是为何？"

高澄还没有来得及回答，高欢接着说："是不是担心侯景反叛？"

高澄回答道："对。"

高欢接着说："侯景专制河南，已经有十四年之久了，常怀有不想受约束之志，只有我能制服得了他，不是你能驾驭得了的。如今四方未定，我一旦去世，你不要对外发布哀告。库狄干是鲜卑老人，斛律金是敕勒老人，他们性情耿直，终不会负你。可朱浑道元和刘丰生，从远方来投我，也必无异心。潘相乐是有修养之人，心胸宽厚，你们兄弟能够得到他的辅助。韩轨自小憨厚刚直，应该对他多加宽容。彭乐的真实心意难以捉摸，应该多加防备。要说能抵抗侯景的，唯有慕容绍宗，我故意没有让他显贵，就是要把他留给你。"

高欢又说："段韶忠诚仁厚，智勇双全，亲戚（段韶叫高欢姨父）之中，唯有此子堪称人才，军国大事，你应该和他商量。"

高欢喘了一口气，最后说："邙山之战，我不听陈元康之言，把祸患留给了你，死不瞑目。"

东魏武定五年（547）正月初一，出现了日食。高欢用微弱的气息说："出现日食，是因为我吗？这样我也就死而无憾了！"正月八日，高欢去世，年五十二岁。

高欢性格深沉，思维缜密，整日一副严肃的面孔，外人猜测不到他的想法，在掌握机会和权变方面，他能千变万化，如有神助。他驾驭军队，法令严肃。他听讼断狱，明察秋毫，谁都不敢欺瞒。他提拔下属，看重能力，只要能够胜任的，不问出身，有虚名无实际能力的，都不予任用。他崇尚俭朴，刀剑、马鞍、缰绳没有金玉的装饰。他年轻时能豪饮，自从担当大任后，每次饮酒不过三杯。他知人善任，结交士人，保全故旧，每当抓获敌国的忠义之臣时，多不治罪。因此文武官员都乐于被他驱使。

高澄秘不发丧，这个消息只有行台左丞陈元康知晓。

第十章

北齐、北周建国

第一百节　侯景叛东魏

　　侯景敏锐地嗅到了政治气氛的不寻常，东魏武定五年（547）正月十三日，侯景在黄河南反叛，诈降西魏。颍州刺史司马世云献城响应侯景。侯景设计诱捕了东魏豫州刺史高元成、襄州刺史李密、广州刺史暴显等人。侯景又派两百名士卒，车辆上装满了兵器，在黄昏来临时进入西兖州，准备夜里突袭州府，占领城池。但他们的行踪被西兖州刺史邢子才发现，被全部抓获。邢子才立即用加急文书通知东方各州，让他们加强防备，侯景的计谋遂不能得逞。

　　之前崔暹曾经弹劾过侯景，加之崔暹也弹劾过不少权贵，他们都嫉恨崔暹，因此认为是崔暹逼反了侯景，要求诛杀崔暹。高澄也准备牺牲崔暹来争取侯景。

　　陈元康劝高澄道："如今虽然四海未清，但各项法律制度已定，数位将领领兵在外，如果只是为了取悦他们而枉杀无辜，使得典章制度遭到废弃，岂止是上负天神，且何以下安黎民百姓？晁错的旧事，应该引以为鉴，请明公慎重处理。"高澄认为陈元康说得有道理，停止了杀崔暹的想法，命司空韩轨都督诸军讨伐侯景。

　　西魏任命侯景为太傅、河南道行台、上谷公。侯景又派其行台郎中丁和来出使南梁，向南梁皇帝萧衍上表说："臣与高澄有过节，请允许我以函谷关（位于今河南省新安县）以东，瑕丘以西的豫州、广州、郢州、荆州、襄州、兖州、南兖州、济州、东豫州、洛州、阳州、北荆州和北扬州等十三个州归降，唯有青州和徐州，仅需写封书信而已，且黄河以南，皆臣所执掌，取来易如反掌。得到二州后，再图河北之地。"

　　萧衍命文武官员讨论，当时绝大多数官员认为近些年他们和东魏交好，接纳东魏的叛徒，并不合适。但萧衍认为，有了侯景就可以肃清北方，于是任命侯景为大将军，封河南王，都督河南河北诸军事、大行台，秉承皇帝旨意而便宜行事。

萧衍还命人向侯景供应粮草。以后的事实将证明，萧衍的这个决定要了他的老命。

高澄担心侯景之叛引起连锁反应，准备外出巡视安抚，命段韶守卫晋阳，把军国大事委托给了段韶。高澄又命丞相功曹赵彦深为大行台都官郎中。高澄又命陈元康模仿高欢的笔迹，书写了数条指令，交给了段韶和赵彦深，命他们在自己出发后，按照时间先后，遵照实行，以示高欢还没有死。高澄临出发的时候，握着赵彦深的手，流着泪说："我把母亲和弟弟托付给你，希望你能明白我的心意。"

四月六日，高澄抵达了首府邺城，拜见皇帝元善见，元善见还不知道高欢去世的消息，他设宴款待高澄。高澄在宴席间还跳起了舞，迷惑众人。

高澄派武卫将军元柱等人率领数万部队，昼夜兼程，偷袭侯景，在颍川北和侯景遭遇。元柱的军队被打得大败。韩轨率领的大军赶到，把侯景包围在颍川。侯景恐惧，因为南梁的援军未到，他向西魏求援，愿意割让四个州给西魏。西魏荆州刺史王思政率领军队一万多人，出鲁阳关（今河南省鲁山县），向阳翟（今河南省禹州市）进发。元宝炬接受宇文泰建议，任命侯景为大将军兼尚书令，派李弼和赵贵率领一万人马，赶赴颍川。

侯景担心萧衍责怪他向西魏投降，就派中兵参军柳昕到建康向萧衍解释，说之所以向西魏求援，是因为危急当头，迫不得已，并表示危机解除后，再图宇文泰。萧衍对侯景很信任，回复他要见机行事，不用过多解释。

韩轨正在包围颍川，得到西魏军李弼和赵贵率军前来支援侯景的消息，解除包围，率军返回邺城。包围解除后，侯景设宴款待李弼和赵贵，准备在宴席上拿下李弼和赵贵，收编他们的军队。赵贵怀疑侯景的用心，没有赴宴，还准备把侯景骗到大营拿下。李弼认为这样做是为东魏去掉一个强敌，就制止了赵贵。这时，南梁的援军，司州刺史羊鸦仁的长史邓鸿率领的军队也挺进到了汝水，李弼遂率军返回长安。

王思政率军进入颍川，王思政乃名将，侯景认为和他在一起会有不测之忧，就以外出争夺土地为由，率军进驻悬瓠。

侯景再打主意，又向西魏求援，宇文泰再派军支援，同时征召侯景到长安觐见。侯景亲自拜访西魏援军的各位将领，希望他们能为己所用，但阴谋被发觉，援军返回。只有西魏将军任约率领一千多人归附了侯景。

侯景不肯去长安，他给宇文泰写信说："我耻于和高澄并行，又如何能与老弟并肩！"宇文泰大怒，把前后派出的全部援军召回，并撤销了之前给侯景的官职和封号。

高澄任命弟弟高洋为京畿大都督，留下镇守邺城，因为他认为高洋不堪大用，特别任命黄门侍郎高德政辅助高洋。

六月十二日，高澄回到了晋阳，对外发布了高欢的死讯，此时距离高欢去世已经半年出头。

元善见身穿丧服，亲自哀悼高欢，以高规格的礼仪安葬了高欢，赠相国、齐王，赐给"九锡"的特殊待遇。元善见任命高澄为使持节、大丞相、都督中外诸军、录尚书事、大行台，封渤海王。高澄集军政大权于一身。

到本年八月的时候，高欢的假灵柩葬在了漳水之西。他们秘密在成安县（今河北省成安县）的鼓山石窟佛寺之旁，挖掘洞穴，把高欢的真灵柩放置其中，用石头堵塞了洞口，为了防止泄密，把参与挖掘的石匠全部杀死。

三十年后，等到北齐灭亡之后，一个知道这个秘密的石匠的儿子，挖开了洞口，把随葬的金银财宝搜刮之后逃走。

第一百零一节　高澄当权

有人告诉高澄说："侯景有意北归。"恰好这时，侯景的部将蔡道遵投奔东魏，说："侯景知道错了，在反思悔过。"侯景的母亲和妻子孩子都在邺城，高澄就给侯景写了一封信，告诉他全家无恙，若北归，终身让他做豫州刺史，把他的爱妻、爱子送回到他身边，并对他的手下文武官员全不追究。侯景复信拒绝。

东魏孝静帝元善见是个帅哥，文武双全，容貌很好，膂力过人，能挟着石狮子越过宫墙，射箭百发百中，爱好文学，态度优雅从容。从史书的描写来看，元善见几乎是个完美的人。当时朝野都认为他有魏孝文帝元宏的风采，大将军高澄对此既嫉妒又担忧，担心朝野倾心于元善见，动摇高家的地位。

高欢在世的时候，对元氏皇帝外表上是毕恭毕敬的，做得很到位。高澄当权之后，对元善见傲慢无礼，派中书黄门侍郎崔季舒监视元善见，元善见的大小事宜都得告知崔季舒。高澄还写信给崔季舒说："那家伙比之前怎么样？痴傻的程度是不是减轻了一些？你要留心观察。"

元善见有一次在邺城东郊狩猎，驱马追赶猎物，奔驰如飞，监卫都督（高氏设置，监视宿卫军）乌那罗受工伐（乌那罗为三字姓）跟随在后，呼喊道："陛下不要跑了，大将军会不高兴的。"

高澄曾和元善见一起喝酒，高澄举起酒杯对着元善见说："臣澄劝陛下酒。"哪有做臣子的这么敬酒的？元善见忍不住，愤愤地说道："自古没有不亡之国，朕何必如此苟且偷生！"高澄大怒道："朕？朕？狗脚朕！"高澄命崔季舒照着元善见就揍了三拳，然后拂袖而去。第二天，高澄觉得对元善见做得太出格了，就命崔季舒向元善见致歉。元善见也表示了歉意，赐给崔季舒一百匹绸缎。崔季舒不敢接受，向高澄请示，高澄命他收取其中的一段。

元善见不堪羞辱，暗自吟诵谢灵运的诗道："韩亡子房奋，秦帝鲁连耻。本自江海人，忠义感君子。"子房就是张良，是战国时期的韩国人。鲁连就是鲁仲连，是齐国人。散骑常侍、侍讲荀济了解元善见的胸臆，和祠部郎中元瑾、长秋卿刘思逸、华山王元大器、淮南王元宣洪、济北王元徽等人密谋，准备除掉高澄。

元善见用暗语问荀济道："爱卿准备何日开讲？"他们对外宣称要挖土在宫中垒土山，实际上是向城北挖掘地道。挖到千秋门的时候，守卫士兵觉察到地下有响动，就禀告了高澄。

高澄率军入宫，见到元善见后也不施礼，径自坐下，怒气冲冲地对元善见说："陛下为什么要造反？为臣父子之功劳，永存社稷，哪里有负陛下之处？这主意必定是陛下左右嫔妃之流所为。"从这句话判断，高澄还不想对元善见直接下手，因为时机不到。高澄准备杀死胡夫人和李嫔妃。

元善见也态度严肃地说："自古以来只听说过臣反君，没有听说过君反臣的，王爷自己要造反，何必怪罪于我！我杀了你则社稷安，不杀则存亡是随时随刻。我自身尚且不顾惜，何况是嫔妃！如果你要谋逆，快慢你说了算！"高澄理屈，下床叩头，大哭请罪。高澄在宫中畅饮，夜深了才出宫回家。三日后，高澄命把元善见幽禁在了含章殿。

东魏武定五年（547）八月二十八日，荀济等人被绑缚大街，被烹杀。

高澄怀疑自己的咨议参军温子升（大才子）知晓元瑾等人的阴谋，但知情不报，对他怀恨在心。当时温子升正在为高欢撰写碑文，高澄就暂时没有追究。等到碑文写成以后，高欢命人把温子升关押到了晋阳的监狱，不供给他饮食。温子升被活活饿死。高澄又命令把温子升的尸体丢弃在道旁，把他全家老小罚没为奴婢。太尉长史宋游道把温子升的尸体收葬，高澄没有怪罪他，还对宋游道说："我近来和京师官员通信，论及朝中人士，他们认为你喜欢交结朋党，将是一个祸患。今天才知道，卿是重旧情、崇尚节义之人。"

处理完邺城的事情后，高澄回到了晋阳。

南梁既已接纳了侯景，就中断了和东魏十二年之久的友好关系。有了侯景这个帮手，萧衍觉得实力大增，他以萧渊明为都督，率师北伐。萧渊明命在泗水流经寒山（今江苏省徐州市东南）之处修建大坝，阻截河水，准备使大水倒灌上游的彭城，然后和侯景成掎角之势。

高澄任命高岳为大都督，率军救援彭城，又准备让潘相乐作为副帅。陈元康反对说："潘相乐不善于随机应变，不如慕容绍宗，而且先王留有遗言，明公请和慕容绍宗推心置腹，侯景不值得忧虑。"慕容绍宗出镇在外，高澄准备召他回来，但朝中刚经历了斗争，又担心他受到惊吓后叛变。陈元康又说："慕容绍宗知道元康受厚爱，近来派人送来金银财宝，我准备安抚他，就接受了，还给他热情回信，我保证他没有异心。"高澄点头。

十月二十二日，高澄任命慕容绍宗为东南道行台，和高岳、潘相乐同行，救援彭城。

第一百零二节　寒山之战

侯景刚开始听说是韩轨率军前来，他说："吃猪肠那小子，能有什么作为？"又听说高岳要来，他说："高岳的兵精，但他本人一般。"东魏诸将都被侯景轻视。等到听说慕容绍宗要来了，侯景紧张了。他敲打马鞍，面露惧色，说："谁教的让那鲜卑小儿派慕容绍宗前来？若是如此，高王难道还没有死？我们应该谨慎才是。"慕容绍宗现年（547年）四十七岁，是十六国第一名将慕容恪之后，容貌威严，不苟言笑，为人深沉，有胆识。

慕容绍宗率领十万大军，抵达了彭城附近的橐（tuó）驼岘。

十一月十三日，慕容绍宗率领一万名将士，进攻南梁将军郭凤的大营。两军交战时，箭如雨下，慕容绍宗假装败退，引诱南梁军进入埋伏圈，然后命令攻击。慕容绍宗大胜，南梁军伤亡加失踪的共有数万人，都督萧渊明等南梁数名将领被俘。萧渊明先被送到了邺城，元善见又把他送到了晋阳，高澄对他非常优待。

慕容绍宗率军攻打侯景，侯景避而不战，率辎重数千辆、马匹数千匹、将士四万人，退守涡阳。慕容绍宗率领将士十万人，旌旗迎风飘扬，盔甲耀眼，擂鼓震天，队列整齐，依次前进。侯景派人问慕容绍宗："明公是准备送客，还是准备决一雌雄？"慕容绍宗回答说："准备与明公决胜负。"于是，慕容绍宗顺着风向布阵。战不逆风，等到风停后，侯景出战。慕容绍宗对将士说："侯景诡计多端，喜欢偷袭对手背部。"他命令部队防备，正如慕容绍宗所言，侯景命令皆穿半身铠甲，手拿短刀，冲入东魏阵中。侯景军队目视下方，专砍东魏军的腿部和马腿，东魏军不敌，被打得大败，显州刺史张遵业被擒。

慕容绍宗和刘丰生奔向谯城，裨将斛律光和张恃显责怪慕容绍宗。慕容绍宗对他们说："我久经沙场，还没有碰到像侯景这样难以战胜的对手，你们试试看！"

斛律光披挂上马，准备出战，慕容绍宗告诫他说："勿要渡过涡水。"斛律光和张恃显在涡水北布阵，斛律光骑轻骑向对岸放箭。侯景在对岸冲斛律光喊道："你为求功勋而来，我害怕死亡而去，我是你父亲（斛律金）的老朋友，为什么要射我？你为什么不渡河南来，是慕容绍宗教你的吧？"侯景命他的部将田迁放箭射斛律光的战马，田迁是神射手，一箭出去，正中斛律光战马的胸部。斛律光又换了一匹战马，隐藏在树后，田迁再放箭，又中战马，斛律光大惊，退入军中。侯景生擒了张恃显，又把他放了。斛律光逃回了谯城，慕容绍宗冲他说："今天感觉如何，还要责怪我吗？"

段韶在涡水布阵，秘密潜入上风头放火，侯景率军冲入水中，然后出水逃走，草地都被蹚湿了，火势被阻截。

侯景和慕容绍宗相持了数月，侯景的粮食眼看用尽，之前投降侯景的颍州刺史司马世云又投降了慕容绍宗。慕容绍宗率领五千名精骑夹击侯景，侯景为了使将士增加对东魏的仇恨，哄骗他们说："你们的家属，都被高澄杀了。"将士们信以为真。慕容绍宗得到消息，从远处大呼说："你们的家属全在，若你们北归，官职待遇如旧。"慕容绍宗为了证实自己所言非虚，摘掉头盔，披散头发，面向北斗发誓。侯景的将士本来就不愿意投奔南方，听慕容绍宗这么说，部将暴显等人率各自部下投降了慕容绍宗。侯景军心瓦解，争渡涡水，踩踏而死的难以胜数，河水都被阻塞。

侯景和亲信数人骑马自硖石（今安徽省凤台县西南）渡过淮河南下，收拢散兵，总共聚拢了八百多人。侯景南逃，路过一座小城池，有人在城上骂他道："跛子，你意欲何为？"侯景听到有人骂他瘸子，大怒，攻破了城池，杀死了骂他的那个人后继续南逃。侯景又派人送信给慕容绍宗说："我如果被擒，明公还有什么用处？"慕容绍宗就放他走了。这句话几年前宇文泰也和追他的彭乐说过，彭乐放跑了宇文泰。侯景继续南下，投奔了南梁。

东魏大军攻克了悬瓠、项城等地，恢复了侯景叛逃前的领土。高澄派人出使南梁，准备恢复往日关系，萧衍表示同意，这引起了侯景的恐惧。他担心自己被萧衍送回北方，于是冒险向建康进攻，奇迹般攻入了建康，将萧衍活活饿死，使南方陷入了一片混乱之中，这是后话。

第一百零三节　长社之战

为了进一步肃清河南之敌，东魏武定六年（548）四月十三日，高澄命太尉高岳和行台慕容绍宗和大都督刘丰生，统率十万大军，对西魏都督河南诸军事王思政据守的颍川长社发起进攻。

王思政命令偃旗息鼓，隐藏士兵，仿佛一座空城。高岳自恃兵多，认为一战就可以攻下长社，他命令擂动战鼓，从四面开始攻城。这时，王思政招募勇士，从城中突然杀出，东魏军不备，引起了混乱，败退。高岳这才意识到攻城不会一蹴而就，于是命令安营扎寨，又在地势高的地方修筑了土山，居高临下监视城内的动静。东魏军使用云梯和装载木材后点燃的车子，昼夜不停地攻城。王思政也制造了火器，借助风势投到了土山上，放火箭烧毁了东魏军的攻城云梯和其他设备。王思政招募勇士用吊篮从城上吊下，对东魏军发动攻击，东魏军溃散，防守土山的士兵也弃土山而逃。王思政又在土山上建立了岗楼，便于守卫。

高澄不断派兵增援高岳，但一年过去了，仍然没有拿下颍川。刘丰生建议堵塞洧（wěi）水（源出今河南省登封市阳城山，流经长社城北）灌城，水到之处，城墙多处崩塌。高岳把将士分成数十个分队，轮流发起攻击，这样东魏军能得到应有的休息，但西魏军不断迎击，将士就会疲惫。王思政身先士卒，冒着飞矢流石，和士卒同甘共苦。城中多处涌水，河水高出地平面不少，锅台都被水漫过，西魏军把锅用铁链悬挂起来做饭。宇文泰派大将军赵贵督西魏东南各州兵马援救颍川，但长社以北一片汪洋，军队无法靠近。

东魏派数名神箭手乘坐大船，靠近颍川城墙，居高临下射击，城池很快就要攻陷了。慕容绍宗和刘丰生一同视察洧水大战，突然看见东北方向尘土飞扬，就一起进入舰船躲避。很快，一阵暴风刮来，遮蔽了太阳，天昏地暗，船山的缆绳被刮断，战船顺风漂向了长社。西魏军大喜，等船到城墙边上的时候，他们用长铁钩钩住战船，用力拉，然后照着船上乱箭齐发，船上士卒纷纷倒地。慕容绍宗知道这次在劫难逃，仰天长叹，然后投河自尽，年四十九岁。之前，慕容绍宗就晚上不断做噩梦，醒来后他感觉不痛快，就对左右说："我二十岁以后，就长了蒜发（花白头发），昨天蒜发突然脱落了。按道理推断，蒜者，算也，我的阳寿难道将近？"没想到一语成谶。

刘丰生跳入水中，拼命游向土山，但被上面的西魏军射死。王思政命令打捞慕容绍宗的尸体，连同刘丰生的，予以安葬。消息传来，东魏军痛惜不已，士气消沉，高岳不敢再派兵攻城。

陈元康建议高澄道："王爷自辅政以来，还没有建立不世之功。虽然打跑了侯景，但这是内部战争，如今颍川破城在即，请大王亲征，立下此功。"高澄很赞赏陈元康的话，于是亲自率领十万大军南下，攻打长社。高澄亲自监督修建洧水堤坝，但堤坝三次决口，高澄大怒，命令把修筑河堤的工人和泥土一同投入决堤口，堵塞水流。

长社被围一年多了，城中食盐用尽，城中居民出现头晕、乏力、呕吐、腹胀、肌肉疼痛等症状，死亡者达十之八九。这时又从西北刮起了一场大风，吹动水面，拍打城墙，城墙本来就在水中泡了些时日，经受不住压力，轰然倒塌。高澄大喜，对城内说："有能生擒王大将军者，封侯；若王大将军有半点儿损伤，亲近左右皆斩。"

城中到处是水，已经无法立足，王思政率众将士上到之前东魏军修筑的土山上。面对如此困境，已经凶多吉少，王思政对众将士说道："我已经气力用尽，无计可施，唯有一死以谢国家。"王思政仰天大哭，朝着西方拜了两拜，然后拔剑准备自尽。都督骆训劝他说："明公常对训等人说：'你们提着我的人头出降，不但能得到富贵，还能保全全城百姓。'今日高丞相已经有令在先，您不顾惜自己，难道不可怜士卒之死吗？"众将士急忙上前拉住王思政的手，他无法挥剑。

高澄观察到了土山上的情况，派通直散骑常侍赵彦深到了土山上，赠给王思政一把白羽毛扇，又拉着他的手，表达了高澄非常欣赏王思政的意思，然后牵着他的手下了土山。王思政见到高澄后，高澄命他不必跪拜，又对他非常礼敬。王思政初入颍川的时候，手下有八千名将士，如今只剩下三千名，但始终无人背叛他。高澄把王思政剩余的人马分散开，配给远方的部队。

高澄把颍州改为郑州，因为长社已经被大水毁坏，把州府迁到了颍阴（今河南省临颍县西北），郑州下辖许昌、颍川和阳翟三个郡。

在长社之战进行的过程中，南梁内部也打得一塌糊涂。侯景经过血战，冒险攻入了建康，将皇帝萧衍活活饿死。萧衍年八十四岁，在位四十八年。侯景另立萧纲为帝。

第一百零四节　高澄遇刺

　　高澄认为二弟高洋愚钝，很轻视他，甚至耍弄他。高洋的妻子李祖娥有时候买的衣服、饰物，也被高澄抢走。李祖娥气愤不过，不肯交出，高洋就从旁相劝道："这些东西还能买到，既然兄长想要，就不要吝惜了。"高澄都觉得不好意思了，就不拿了，高洋也就收回去了，并不做过多推辞。

　　高洋每次退朝回家，就闭门谢客，在阁楼里静坐，很多时候面对妻子也能一天不说话。高洋有时候裸露上身，有时候脱掉鞋袜光着脚，来回奔腾跳跃。李祖娥很奇怪，问他原因。高洋回答说："随便玩玩。"其实高洋是在锻炼身体。

　　高澄抓获了南梁徐州刺史兰钦的儿子兰京，让他到后厨做杂活。兰钦奉上厚礼，要求把儿子赎回去，高澄拒绝。兰京多次当面向高澄请求南返。高澄不许，还拿木棍打他，训斥他说："你再敢提这样的要求，我会杀了你。"兰京是公子哥，自然受不了这个罪，就与他的同伙六个人密谋作乱。

　　高澄在邺城的时候，居住在城东的柏堂，宠爱琅邪公主元玉仪，不愿意让人打扰他和琅邪公主的二人世界，常把侍卫派遣在外面。东魏武定七年（549）八月八日，高澄屏退左右，和散骑常侍陈元康，吏部尚书、侍中杨愔，黄门侍郎崔季舒等人在一起密谋让元善见禅让的有关事宜，并草拟百官名单。这时，兰京进来送吃食，高澄让他退下，并对身边的几个人说："昨天晚上梦见这奴才用刀砍我，应该立即把他杀了。"兰京还没有走远，听到了这话，于是他拿了一把短刀放到送食物的盘子上，用布蒙上，再次进入柏堂，说送食物过来了。高澄大怒道："我没有让你送食物，你为什么要进来？"兰京猛地从盘子里抽出短刀，大声说："来杀你！"高澄跳下床去，扭伤了脚，就躲到床下。兰京来到床边，捅死了高澄，高澄年二十九岁。

　　杨愔狼狈逃走，把一只靴子都跑丢了。崔季舒躲到了茅厕里。陈元康用身体遮挡高澄，与兰京争夺刀子，也被刺伤，肠子都流了出来。库直王纮不惧利刃，和兰京搏斗。纥奚舍乐在和兰京的打斗中被杀。

事发突然，内外震惊。太原公高洋在城东的双堂得到消息后，面不改色，从容指挥处置。他率人进入柏堂，讨伐兰京等人，把他们剁成了肉酱。事毕，高洋缓步走出，对外面的人喊话道："下人造反，大将军被刺伤，并无大碍。"

平时高洋韬光养晦，装作反应迟钝，这次他处变不惊，众人都很惊异。高洋秘不发丧。陈元康身受重伤，他写了一封信辞别母亲，又谈了些对朝政的看法，让功曹参军祖珽做了记录，夜里就去世了，年四十三岁。高洋命就地埋葬陈元康，对外说陈元康外出了，还假意任命陈元康为中书令，王纮为领左右都督。

朝廷重臣认为精兵都在并州，劝高洋早点儿去晋阳。高洋犹豫不决，夜里和杨愔、杜弼、崔季舒和高德政等人商议后，终于下定决心。高洋召大将军督护唐邕，率领部分将士，镇守四方。唐邕一会儿工夫就完成了部署，高洋从此对他非常倚重。

天下没有不透风的墙，何况这么大动静，高澄死亡的消息逐步泄露了出去。元善见听到消息后，对左右亲信说："大将军如今被杀，好像这是天意，权力应当交还给皇室了。"高洋把太尉高岳、太保高隆之、开府仪同三司司马子如、侍中杨愔留在邺城，让他们处理朝政，其余重臣全随他赶赴晋阳。

八月十一日，高洋在昭阳殿拜见元善见，高洋的随从卫士有八千人，皆身穿铠甲，跟高洋登上台阶的有二百多人。他们挽起衣服，手握刀柄，如临大敌，向元善见示威。高洋命司仪人员传话给元善见说："臣有家事，必须前往晋阳。"高洋向元善见拜了两拜，然后出去了。元善见面容失色，目送高洋离开，说："此人好像容不得朕，朕不知道要死在哪天！"

晋阳的旧臣、老将素来轻视高洋。高洋到晋阳后，大会文武官员，神采飞扬，言辞敏捷，思维广阔，众人都很吃惊。高澄政令施行起来有不方便的，高洋都一一改正。高隆之、司马子如等人非常厌恶崔暹，在高洋面前告崔暹和崔季舒的状，高洋命令鞭打他们二百下，发配边疆。崔暹和崔季舒都深受高澄倚重，高洋借机打击旧势力，建立自己的嫡系势力。不过后来高洋又迁崔季舒为将作大匠，再迁侍中。

东魏武定八年（550）正月八日，元善见任命太原公高洋为丞相、都督中外诸军、录尚书事、大行台，封齐郡王。

第一百零五节　高洋建北齐

　　高洋的记室高德政，跟随高洋十几年了，是高洋的心腹，两个人无所不谈，言无不尽。金紫光禄大夫徐之才、北平太守宋景业，精通天文图谶一类的书籍，他们认为太岁在午，应当有革命发生。他们二人通过高德政游说高洋称帝。宋景业更在书信中说："《易稽览图》上说'《鼎》，五月，圣人君，天与延年齿，东北水中，庶人王，高得之'，经考证，东北水就是渤海，高得之，意思是高氏将得天下。"

　　高洋闻听他们的话后，大喜，禀告了母亲娄昭君。谋朝篡位非同小可，娄昭君不答应，他对高洋说："你的父亲像龙，你的哥哥像虎，他们还认为天位不能擅自窃据，终身称臣，你算什么人物，准备做舜禹禅让之事？"高洋把娄昭君的话告诉了徐之才。徐之才说："正因为比不上父兄，所以才应该早登尊位。"

　　帝位的诱惑力太大，高洋决定采用鲜卑的传统做法，铸自己的铜像，看能不能铸成，能铸成就说明这是天意，不能铸成就暂时放弃。结果，高洋真的铸成了！高洋派开府仪同三司段韶去征求大将、肆州刺史斛律金的意见，斛律金反对，并亲自到晋阳劝高洋放弃。斛律金认为是宋景业先提出禅让之事的，应该把他砍头。高洋又召集重臣到娄昭君处议事。娄昭君还是不同意，对众人说："我儿天性软弱直爽，高德政不安分，一定是他教我儿这么做的。"

　　高洋认为还没有形成广泛共识，就派高德政到邺城暗察各位公卿大臣的看法。高德政还没有返回晋阳，高洋已经按捺不住，率军东进。走到平都城（今山西省和顺县西）的时候，他再次召集文武大臣，征求对禅让的看法，没有一个人再敢提反对意见。

　　长史杜弼说："关西宇文泰，是我国的劲敌，如果接受禅让，恐怕他们挟魏天子以令天下，自称义兵东进，大王该如何应对？"徐之才说："宇文泰跟大王争夺天下，肯定也想做大王要做的事，即使他很倔强，也不过是追随大王称帝罢了。我们必须先知先觉，不要在后面学着他人。"杜弼不说话了。

高德政到了邺城，含蓄地劝告各位公卿大臣迎立高洋，但众人没有反应。

开府仪同三司司马子如赶到辽阳（今山西省左权县），劝高洋不要称帝。高洋又打退堂鼓了，准备回军。仓丞李集对他说："大王所来何事，而今为什么又要回去？"高洋命李集到东门办事，然后派人杀死了他，还赏赐了李集家里人绸缎十匹，于是返回了晋阳。

高洋回到晋阳后，时常不高兴，徐之才、宋景业等人不断送上阴阳杂说，劝说他应该及早接受天命，高德政也常常劝他。高洋命术士李密卜卦，卜到了大横，李密说："这是汉文帝刘恒的卦。"高洋又命宋景业卜卦，卜到了乾之鼎。宋景业说："乾，君也。鼎，五月卦也。适宜在仲夏受禅。"有人告诫说："五月不可入官，冒犯了，要死在位置上。"宋景业说："大王是天子，已经是最高官职了，哪能不终老于这个位置呢！"高洋闻听，大喜，再度从晋阳出发，赶赴邺城。

高德政把记录的邺城逐项事情报给高洋，高洋命侍卫陈山提骑快马携带高德政的这些事项，还有密信，送给了杨愔，让他准备禅让的礼仪，并监视元氏诸王。陈山提到达邺城后，杨愔召集太常卿邢邵、七兵尚书崔棱、度支尚书陆操、詹事王昕、黄门侍郎阳休之、中书侍郎裴让之等在一起商议有关礼仪。秘书监魏收草拟九锡、禅让、劝进等诏书。为防意外，杨愔把元氏宗室亲王引入北宫，留置到了东厢房。

东魏武定八年（550）五月六日，元善见任命高洋为相国、统领百官，授予九锡。高洋抵达了前亭（今山西省和顺县西八十里仪城村西），他的坐骑突然跌倒，高洋很不高兴。到了平都城之后，高洋停滞下来，不肯再前进。高德政和徐之才苦劝高洋，道："陈山提先去邺城做安排的时候，恐怕消息已经走漏了。"

高洋命司马子如和杜弼乘车和陈山提一起到邺城，观察动静。他们到了邺城后，大家都认为事情已然如此，都不敢反对。高洋到达邺城后，征召民夫，送给他们建筑用具在城南集合。高隆之不理解，问道："准备用他们做什么？"高洋勃然变色道："我自有安排，你为什么要问，想灭族吗？"高隆之赶紧道歉而出。高洋命民夫修筑祭祀用的神坛，准备器物。

五月八日，司空潘相乐、侍中张亮和黄门侍郎赵彦深等人请求进宫奏事，东魏孝静帝元善见在昭阳殿接见了他们。

张亮说："五行交替运行（木代水，火代木，土代火，金代土，水代金），循环往复，有始有终，齐王（高洋）圣明，万方归心仰慕，希望陛下效法尧舜。"

元善见收起笑容，严肃地说道："此事推让很久了，我愿意逊位。"紧接着，他又说道，"如此的话，应当制作诏书。"

中书郎崔劼（jié）和裴让之说："已经制作完成。"杨愔呈递了上来。

元善见签署完毕，说："准备怎么处置朕？"

杨愔回答说："在北城设有馆舍。"

元善见缓步走下皇帝宝座，向东厢房走去，嘴里吟诵范晔《后汉书》中的句子："献生不辰，身播国屯，终我四百，永作虞宾。"大意就是，献生（汉献帝刘协）不得其时，迁徙流亡，国家破亡，四百年江山终于他手，永远做虞舜的宾客。

有关部门请元善见立即动身出宫前往别的官邸入住。元善见说："古人对旧簪子破鞋子还有感情，朕想和六宫告个别，可以吗？"

高隆之回答说："今日之天下还是陛下之天下，何况是六宫。"

元善见步行进入后宫，与众位嫔妃告别，宫内一片哭声。

李嫔妃吟诵曹植的诗道："王其爱玉体，俱享黄发期。"

直长赵道德（高洋嫡系）已经备好车马在东阁等候。元善见登车，赵道德快步向前，推着元善见上车。元善见斥责他说："朕顺应天命，你算什么东西，竟敢如此逼人！"赵道德仍然不肯松手。元善见乘坐的车子驶过云龙门，王公大臣拜别，高隆之落泪。

元善见入北城，住在了司马子如的南宅（司马子如在晋阳有宅子，所以称邺城的宅子为南宅）。元善见派太尉、彭城王元韶等奉玉玺印绶，禅位于高洋。

五月十日，二十二岁的齐王高洋在邺城南郊即皇帝位，大赦，改年号为天保。齐国正式建立，为了区别历史上的其他齐国，史称高洋建立的齐国为北齐。

高洋封元善见为中山王，特别准许他不行臣子之礼。追尊父亲高欢为献武皇帝，庙号太祖，后改为高祖；哥哥高澄为文襄皇帝，庙号世宗；尊母亲娄昭君为皇太后。

高洋恢复了停发了许久的各级官员的俸禄。

高洋又对高氏皇族和功臣十七人晋封王位，他们是：高岳为清河王，高隆之为平原王，高归彦为平秦王，高思宗为上洛王，高长弼为广武王，高普当为武兴王，高瑗为平昌王，高显国为襄乐王，高叡为赵郡王，高孝绪为脩城王，厍狄干为章武王，斛律金为咸阳王，贺拔仁为安定王，韩轨为安德王，可朱浑道元为扶风王，彭乐为陈留王，潘相乐为河东王。

不久，高洋又封弟弟高浚、高淹、高浟、高演、高涣、高淯、高湛、高湝、高湜、高济、高凝、高润、高洽等人为王，不再一一细表。

第一百零六节　百保鲜卑

高洋为太原公的时候，娶了赵郡（今河北省赵县）年轻貌美的李祖娥为妻，后生下了儿子高殷和高绍德。高洋又纳了大将段韶的妹妹为妾。高洋登基称帝后，需要确立一位皇后，本来这个不应成为问题，立原配李祖娥就行了，但问题就在于李祖娥是汉人，而段氏是鲜卑人。因为朝中权贵大多是鲜卑人，高隆之和高德政为了讨权贵开心，争取他们更多的支持，就说汉人女子不能成为天下之母，应该另选择更合适的人选。出身弘农大族杨氏的杨愔是汉人，他向高洋建议应该按照汉魏的旧制，立李氏为皇后。高德政仍然坚持要求废掉李氏，立段氏。高洋经过权衡，决定立李祖娥为皇后。

北齐天保元年（550）六月九日，高洋封李祖娥为皇后，段氏为昭仪。封六岁的长子高殷为太子。

作为新登基的皇帝，高洋励精图治，也想有一番作为。他跟前的红人赵道德，要找黎阳郡（今河南省鹤壁市浚县）太守房超办私事，就派人携带了亲笔书信去找房超。房超为人正直，见信没有拆开，直接命人把送信者乱棍打死了。

高洋听说了这个事后，对房超的做法很欣赏，就命境内各太守县令（长）都准备了木棒，专门棒杀那些受委派的说情者。过了一段时间，都官郎中宋轨上书说："判处信使死刑，而委派信使的幕后之人，又该如何重判？"高洋认为宋轨说得有理，就取消了这个规定。

高洋从六军中挑选了一批强悍的鲜卑勇士，他们武力超群，每人都可以以一当百，临阵对敌的时候，都抱着视死如归的决心，高洋称他们为"百保鲜卑"。又从汉人中挑选了勇力绝伦者，称他们为"勇士"，戍卫边疆。

乘着南梁混乱之际，西魏丞相宇文泰命令仪同三司杨忠率军攻打南梁，夺取了义阳、随郡、安陆等地，把汉水以东的土地，全部归属了西魏。

高洋篡夺了元氏江山的消息传来，宇文泰五味杂陈，这是自己想做但没敢做的事情，让高洋抢了先。宇文泰也认为这是号召天下群雄消灭高氏的一个好机会，于是决定亲自率军讨伐高洋。他命齐王元廓（元宝炬第四子）镇守陇右，任命秦州刺史宇文导（宇文泰已去世的哥哥宇文颢的次子）为大将军、都督二十三州诸军事，驻扎在咸阳（今陕西省泾阳县），镇守关中。

西魏大统十六年（550）九月十日，宇文泰率领大军从长安出发，东伐北齐。当时天降大雨，一连下了多日，西魏军中很多马、驴等牲口死亡，宇文泰命在弘农北（今河南省三门峡市灵宝市东北黄河沿岸）修建跨黄河大桥，然后北渡黄河，到达了建州。

高洋闻听宇文泰亲自率领大军前来，也亲自率军迎战，驻扎在晋阳的东城，军容盛大，整齐划一。

宇文泰叹息一声道："这是高欢还没死啊！"大雨还没有停止的迹象，宇文泰从蒲坂撤军。黄河南洛阳以东、黄河北平阳（今山西省临汾市）以东的所有州郡，遂入北齐领土。

第一百零七节　高洋破契丹

　　高洋接到举报，称太尉彭乐密谋反叛。高洋大怒，命令把彭乐抓了起来。彭乐位居三公，位高权重，为了堵住天下悠悠之口，高洋命令经过简单审讯定罪后，即公布彭乐的罪行，并于北齐天保二年（551）二月十八日把彭乐处决。彭乐是一员猛将，但因为在邙山之战中放走了宇文泰，高欢质疑他的忠心，差点把他杀了，临死前还告诫高澄要提防彭乐。高洋干脆杀了彭乐，以绝后患。

　　高洋命司马子如接替了彭乐的太尉职务。前文说过，司马子如曾被高欢撤职，但因为他是高家的老朋友，不久又被起用，在高洋篡位的过程中立功，被封为须昌县公，不久又提拔为司空。但司马子如还要求高洋封他为王爵，高洋很愤怒，免去了他的职务，直到这次，他又被任命为太尉，比司空排名还靠前。

　　高洋每次外出巡视，都要把已被罢黜的元善见带在身边，防止有人利用元善见生事。元善见这时的身份是中山王，王妃太原公主是高洋的姐姐（或妹妹），生怕高洋借机谋害元善见，就每次也跟着，亲自照顾元善见的饮食。高洋一时也找不到下手的机会。

　　天保二年（551）年底，高洋宴请太原公主，太原公主不能不去。等她离开后，高洋立即命人用鸩酒毒死了元善见和他的三个儿子。元善见年二十八岁，被埋葬于邺城的漳水北。后来，高洋又命挖了元善见的墓穴，把他的棺木投入漳水之中，并把元氏历代祖先的牌位都从七帝寺取出来烧了。不久，高洋把太原公主嫁给了杨愔。这年三月，年四十五岁的西魏皇帝元宝炬去世，宇文泰没有借机登基称帝，而是扶持了元宝炬的儿子元钦继位。

　　铁勒（敕勒、高车）部落率军南下攻打柔然汗国。突厥部落酋长阿史那土门率军截击，大破铁勒部落，俘虏了五万多人。阿史那土门自恃强大，向柔然求婚。

柔然可汗郁久闾阿那瓌大怒，认为阿史那土门出身低贱，竟敢提出如此无礼要求，就派人对阿史那土门说："尔，乃是我的铁匠，竟敢如此说话！"阿史那土门闻听，大怒，杀死了使者，和柔然断绝了关系。阿史那土门又向西魏求婚，宇文泰把长乐公主许配给了他。反正公主是元家的，宇文泰也用不着客气，也犯不着得罪正在走上坡路的阿史那土门。

阿史那土门率军攻打郁久闾阿那瓌，大胜，郁久闾阿那瓌自杀。郁久闾阿那瓌的太子郁久闾庵罗辰，跟堂叔郁久闾登注俟利及登注俟利的儿子郁久闾库提，率部投降了北齐。留在故土的柔然人推荐郁久闾登注俟利的次子郁久闾铁伐继可汗位。阿史那土门取得了空前的胜利，自称伊利可汗，这也是突厥汗国的第一任可汗，他的妻子称为可贺敦，子弟称为特勒。突厥势力日渐增强，柔然免不了被消灭的命运，大草原将要更换主人。

这时的南方，篡位称帝的侯景被以陈霸先为首的勤王军消灭，南梁派人分别告知了北齐和西魏。高洋派大将潘相乐和郭元建率军进攻南梁的秦郡，被陈霸先击退，北齐郡被杀死一万多人，被擒一千多人。高洋军事上没有占到便宜，转而派人向南梁祝贺消灭了侯景。西魏大将达奚武趁机夺取了南梁的南郑。

高洋留下了郁久闾庵罗辰，派人送郁久闾登注俟利及其儿子郁久闾库提返回了柔然。柔然可汗郁久闾铁伐不久被契丹部落杀死，郁久闾登注俟利继可汗位。郁久闾登注俟利不久又被部落大人郁久闾阿富提杀死，酋长们又拥立郁久闾库提继可汗位，他是柔然的第十七任可汗。

这时，突厥可汗阿史那土门去世，他的儿子阿史那科罗继承了可汗位（乙息记可汗）。

柔然其他部落又拥戴郁久闾阿那瓌的叔叔郁久闾邓叔子继可汗位。突厥可汗阿史那科罗攻打郁久闾邓叔子，在沃野镇北的木赖山击败了邓叔子。不久，阿史那科罗去世，他没有选择自己的儿子阿史那摄图继位，而选择了弟弟阿史那俟斤继可汗位。阿史那俟斤外形和面目都和常人不同。他性格刚强，作战勇猛，足智多谋，善于用兵，邻国都非常畏惧他。

契丹部落（位于今内蒙古自治区西辽河上游）侵犯北齐边境。北齐天保四年（553）十月八日，高洋率军讨伐契丹，到达了平州（治所肥如，今河北卢龙县西北三十里潘庄镇），西行穿过曹操当年征乌桓时开凿的"长堑"（长达五百多里），命司徒潘相乐率领五千名精骑从东道穿越青山（今辽宁省义县东）。

高洋抵达了昌黎城（今辽宁省朝阳市），命安德王韩轨率领四千名精骑兵切断契丹的后路。高洋命加速行军，奔袭契丹的王庭，他兴致大发，披散头发，裸露上身，指挥昼夜不停行军，急行军一千多里。翻山越岭的时候，高洋率先垂范，走在将士的前面，饿了吃肉，渴了喝水，豪迈之气更盛。十月十五日，北齐军和契丹军遭遇，北齐军发起攻击，大破契丹军，俘虏了十万多人、牲畜数百多万头。

潘相乐也在青山大破契丹别部。

十月二十日，高洋登临了碣石山（位于今河北省昌黎县北四公里处），瞭望了一望无垠的沧海（渤海）之后，返回了晋阳。

突厥再攻击柔然，柔然抵挡不住，向北齐投降。高洋亲自从晋阳率军出发，迎接柔然，迎击突厥。高洋废掉了郁久闾库提，任命郁久闾庵罗辰为可汗，把他们安置在了马邑川，并供给生活用品。高洋率军攻打突厥，突厥大败后投降，并承诺每年向北齐进贡。高洋班师。

高洋命太师斛律金从显州道，常山王高演从晋州道，他自己率军从离石道（今山西省吕梁市离石区），三路大军讨伐石楼（吐京，今山西省石楼县，周边多悬崖峭壁）的山胡（匈奴别部），大胜。高洋命令把山胡十三岁以上男人全部斩首，女人和十二岁以下男子赏赐给军人为奴，石楼宣告平定。石楼的山胡被击败并遭到残忍的屠杀，附近的山胡被震慑住了，纷纷投降。

作战的过程中，北齐的一位都督受伤，他的什长（五人为一伍长，十人为什长，百人为百夫长）路晖礼没有能把他救出，高洋命令把路晖礼处决，并挖出了他的五脏，命令九个人分食，然后又把路晖礼的肉连同污秽之物全部吃尽。高洋的暴虐之路从此开始。

第一百零八节　九命

　　宇文泰派大将军尉迟迥率开府仪同三司原珍等一万两千人以及一万匹战马，从散关出发，攻打南梁的益州（治所成都）。尉迟迥是鲜卑人，先祖是拓跋氏的分支，号称尉迟部，以尉迟为姓。他的父亲娶了宇文泰的姐姐，因此他也是宇文泰的外甥。尉迟迥长得一表人才，而且善于用兵打仗。他志向远大，乐善好施，喜欢和士人打交道，在朝野有一定的威望。尉迟迥娶了金明公主（元宝炬之女）为妻，被授予驸马都尉，封西都侯。后来他跟随舅舅宇文泰收复弘农（恒农），攻克沙苑，立有战功，逐渐升迁至尚书左仆射，兼任领军将军。宇文泰对尉迟迥这个外甥也很倚重。尉迟迥率军包围了成都五十天，又击退了南梁的援军，迫使南梁的永丰侯萧㧑（huī）献城投降。宇文泰任命尉迟迥为大都督益潼十二州诸军事、益州刺史。

　　北齐拥有广大的中原地区，南梁拥有正朔的光环，宇文泰认为如果要和这两个国家争雄，必须建立一套不同的制度。他之前就准备对西魏的官制进行改革，让苏绰具体研究制定，中途苏绰去世，宇文泰就把这件事交给了儒学大师卢辩。

　　卢辩依照周朝的官制制度，制定了"九命"的官制，把官员分为了九等，改九品为九命，以第一品为九命，第九品为一命。柱国大将军，大将军为右正九命；骠骑、车骑等大将军，开府、仪同三司，雍州牧，为右九命；骠骑、车骑等将军，左、右光禄大夫，州户口在三万以上的州刺史，为正右八命；征东、征西、征南、征北、中军、镇军、抚军等将军，左、右金紫光禄大夫，大都督，州户口在两万以上的州刺史，京兆尹，右八命。以下的不再罗列。

　　尚书元烈是皇室宗亲，深受皇帝元钦的信任，他密谋杀死宇文泰，还政元氏，但消息走漏，宇文泰处死了元烈。元钦对元烈之死耿耿于怀，口出怨言，密谋诛

328

杀宇文泰。临淮王元育和广平王元赞垂泪相劝，元钦不听。

到本年（554年）的时候，宇文泰的长子宇文毓才二十一岁，其他儿子年龄更小，宇文泰认为他们难当大任。宇文泰一共弟兄四个，他是老小，三个哥哥宇文颢、宇文连和宇文洛生均已不在人世。宇文连和宇文洛生没有留下子嗣。宇文颢有三个儿子——宇文什肥、宇文导、宇文护，宇文什肥被高欢杀死，宇文导现年四十四岁，宇文护现年四十二岁，都出镇在外。宇文泰就把女婿作为自己的心腹委以重任，他的女婿清河公李基（十二大将军之一李远的儿子）、义城公李晖（八柱国之一李弼的儿子）、常山公于翼（八柱国之一于谨的儿子）都担任武卫将军，掌管宿卫兵。

宇文泰的耳目遍布宫中，元钦准备除掉宇文泰的计划也被宇文泰的亲信发觉，宇文泰废掉了元钦，把他软禁在了雍州的一处宅院之中。几个月后，宇文泰又把元钦鸩死。元钦的皇后是宇文泰的长女，两人十分恩爱，元钦为此不纳后宫嫔妃。宇文皇后甘愿随夫而去，也饮鸩酒而亡。

宇文泰拥立了元钦的弟弟元廓（时年十八岁）为帝。宇文泰命令皇族改回拓跋姓，在五年前下令的基础上，再度命令九十九个改为单姓的改回原来的复姓，此距元宏命令改姓仅过去五十八年。北魏之初辖三十六个小国，大姓九十九个，后来为数不少的被消灭或者没有留下后代。宇文泰仿制鲜卑旧制，把功劳最高的将军三十六人作为三十六姓，再往下排，把军功稍逊的九十九个将军作为九十九姓，他们所统率的士卒也都改成他们的姓。比如李弼改姓"徒河"，杨忠改姓"普六茹"，李虎改姓"大野"等，不再一一列举。但为了叙述方便，我们以后还用他们的汉姓。

宇文泰希望通过此举，来唤起军人的民族意识，增强军队的战斗力。

第一百零九节　魏收撰《魏书》

东魏武定二年（544 年，皇帝为元善见，丞相为高欢）十一月，时为散骑常侍兼中书侍郎的魏收，撰写国史（《魏书》），到本年（554 年）三月才终于编写完成，共历时十年。此时已经物是人非，高欢去世，元善见被毒杀，北齐已经取代了东魏，魏收也被提拔为现在的中书令。

高洋曾经鼓励魏收说："你要秉笔直书，朕终不会像魏武帝那样诛杀史官（北魏太武帝拓跋焘杀崔浩）。"

魏收和房延祐、辛元植、刁柔、裴昂之、高孝幹等人参考梳理前人成果，甄别考证，查漏补缺，接续后事，终于撰写完成了《魏书》。《魏书》共一百二十四卷，其中本纪十二卷，列传九十二卷，志二十卷，列传和志篇幅过长，又分为上下两卷或上中下三卷，实共一百三十一卷。

魏收选用的房延祐等人也并非合格的史学人才，参与修史者的宗族姻亲多被写入，并加以美化。魏收性情急躁，写史的时候不能做到公平公允，对于和他有过节的人，他就刻意减少收录这个人的善言善举。魏收常说："什么东西，竟敢给我魏收脸色，抬举他能让他升上天，贬低他能让他没入地。"

魏收得到过阳休之的帮助，他对阳休之说："感激不尽，无以为报，当为卿作佳传。"阳休之的父亲阳固任北平太守时，因为贪赃、滥用暴力被中尉李平弹劾，并被判刑。魏收作传的时候写道，"阳固为北平太守，甚有惠政，因处理公事不当被免官"，又说"李平对他非常敬重"。

当时很多人投诉魏收写史不公，高洋就命魏收在尚书省和各大族子孙共同辩论，有的说遗漏了他的家世职位，有的说他的家族不见记载，有的说对他的家族有妄加诽谤之言，魏收都一一辩解。中书舍人卢潜上奏道："魏收诬陷欺罔一代，论罪当诛。"尚书左丞卢斐、顿丘李庶是山东的望族，也都因自己家世记载问题说《魏书》不是直笔。魏收上书高洋说："臣结怨强族，将会被刺客刺杀。"高洋大怒，以卢斐、李庶及郎中王松年诽谤国史为由，命令鞭打他们二百下，发配到兵器工厂。后卢斐和李庶死在监狱之中，卢潜也被收监。但这仍然不能让很多人屈服，仍称《魏书》为"秽史"。

但也有说魏收好话的，比如左仆射杨愔和右仆射高德政，二人权倾朝野，和魏收关系也比较好，魏收就为他们的家族作了传。二人都不言《魏书》不实，还把一些投诉信压了下来，不予呈报，终高洋在世的时间，没有再对《魏书》进行讨论。

之前投降被高洋立为柔然可汗的郁久闾庵罗辰，又背叛了北齐，高洋亲自率军攻打，郁久闾庵罗辰率众北逃。北齐天保五年（554）四月，郁久闾庵罗辰又率军攻打北齐的肆州（治所九原），高洋亲自率军从晋阳出发征讨，但行进到恒州的时候，柔然军吓得四散奔逃。高洋率领两千多名骑兵殿后，夜宿黄瓜堆（今山西省山阴县东北黄花梁）。这时，柔然大军数万名铁骑突然冒了出来，高洋并不慌张，安卧床上，到了天明才起身，泰然自若，分析形势，率军奋起直击。柔然军大败，高洋突出重围，柔然撤退，高洋率军追击，被杀死的柔然军的尸体绵延有二十多里。郁久闾庵罗辰的妻子和儿女以及三万多名手下，都被活捉。

高洋命都督高阿那肱（突厥人）率领数千名骑兵，阻截柔然军的退路。当时柔然军队的势力依然很强，高阿那肱嫌高洋给他的兵力太少，请求增派人手，高洋不但不给，反而减少了之前的一半兵力，命他速速攻打。高阿那肱没有办法，率军勇敢出击，大胜。郁久闾庵罗辰率领数名亲信，冒险攀上悬崖才侥幸得逃。

第一百一十节　斗法

高洋命令征发民夫一百八十万人修建长城，防备突厥等侵扰，长城从幽州（治所蓟县，今北京市）夏口（居庸关）直到恒州，全长九百多里。高洋命堂弟、定州刺史、赵郡王高叡率军监督修建工作。高叡是高洋亲叔叔高琛的儿子，是高洋的堂弟，身高七尺（约 2.1 米），仪表堂堂，非常能干。高洋把这个任务交给他也很放心。

北齐天保六年（555）六月二十三日，高洋又亲自率领大军对柔然发动了攻击。七月一日，到达了武川镇的白道（今内蒙古自治区呼和浩特市北部），这里也是高家的故乡，白道是土默川（敕勒川）平原通往大后山的一条蜿蜒曲折的小道，长约九十里，是兵家必争之地。高洋命令把辎重物资存放在这里，然后率领五千名轻骑兵搜寻柔然军队。七月四日，两军在怀朔镇（今内蒙古自治区固阳县）遭遇，高洋一马当先，冒着飞箭流石，经过连番恶斗，大败柔然，一直追到沃野镇（六镇中最靠西的镇），抓获了柔然酋长和部众两万多人、牛羊数十万头。高洋班师。

当时有个著名的道士叫陆修静，率弟子从南梁投奔北方，他用金银财宝结交朝廷大臣，希望让他们游说高洋，让他可以在北齐境内设坛弘道。高洋对此很疑惑，就召集佛教和道教徒中的十名知名人士进行斗法。

当时道士动用法术，让和尚的衣盂或飞或转，让木头或横或竖。和尚不会法术，都沉默以对。于是，大家都争相拜陆修静为师。道士们也欢欣雀跃，鼻孔朝天，炫耀道术，还高呼说："沙门现一，我当现二。"

高洋命上统法师和陆修静比试，上统法师命人去找自己的好友云显，当时云显已经喝得大醉，被两个人扶着到了现场，被安排在上座。

云显站起来，笑着对道士们说："我饮酒大醉，耳中听闻说'沙门现一，我当现二',此言虚实？"

道士回答说："是的。"

于是云显把一条腿跷起来站立，说："我已现一，卿可现二。"

把两条腿都跷起来，谁也没有这个本事，道士们当然也做不到。

云显命人取来稠禅法师的衣盔让道士们施法。道士们一同念咒，但衣盔丝毫不动。高洋感觉奇怪，命人把衣盔拿起来，结果十个人都抬不起来。云显让把衣盔放置到木头上，又让道士们念咒，木头自然是一动不动。

道士们面面相觑，无计可施，但仍然从言辞上抬高自己说："佛家自号为内，内则小也。诏令我道家为外，外则大也。"云显应声说："如果是这样，则天子处内，定小于百官了。"陆修静和他的徒弟都哑口无言。

高洋目睹了他们的比试，下诏取缔了道教，命令道士剃头做和尚。很多道士不服从命令，被杀死四个人以后，这才听命。

第一百一十一节　佳人难再得

　　侯景被消灭后，萧绎（萧衍第七子）在江陵（今湖北省江陵县）即位，属下劝他回旧都建康，萧绎拒绝。萧绎给宇文泰去信，要求按照旧地图重新划分疆域，这引起了宇文泰的不满。宇文泰派于谨、宇文护和杨忠率领五万大军，对南梁发起进攻。

　　萧绎是个文人，并没有多少军事才能，当西魏军打来的时候，他正在给大臣讲解《老子》。当时南梁的主力军由王僧辩和陈霸先带领，正在泾州与北齐的大将段韶等人战斗，因此西魏军进展顺利，攻下了江陵。萧绎一把大火把自己收藏的书籍十四万卷全部焚烧。这次焚书对中国古典文化造成了极大的损失，是中国历史上的三大焚书事件之一。第一次是秦始皇的焚书坑儒，第二次就是这次，第三次是乾隆焚书。这次焚书事件发生在南朝梁承圣三年（554）十二月。西魏生擒萧绎后，把他闷死。萧绎终年四十七岁。宇文泰又扶植萧詧（chá）（萧衍的孙子）为帝。

　　南梁太尉王僧辩和仪同三司陈霸先拥戴江州（治所寻阳，今江西省九江市）刺史、晋安王萧方智行使皇帝职权，萧方智从寻阳抵达建康，即梁王位。

　　高洋派清河王高岳率军援救江陵，进攻西魏的安州（治所安陆，今湖北省安陆市）。高岳抵达义阳（今河南省信阳市）的时候，江陵已经被西魏军攻占。高岳继续南下，南梁的郢州（治所夏口，今湖北省武汉市）刺史陆法和献城投降，高洋命慕容俨驻防郢州，命高岳回军。

　　高洋封之前被东魏俘虏的南梁贞阳侯萧渊明为帝，命上党王高涣（高洋七弟）率军护送萧渊明回国。高洋派使者给王僧辩送信，让他迎接萧渊明。王僧辩起初拒绝，但当北齐军队先后攻克了南梁的谯郡、东关（今安徽省含山县西南）后，王僧辩感到恐惧，不听陈霸先的劝告，迎接萧渊明到达了建康。南朝梁天成元年（555）五月二十七日，萧渊明在建康称帝，封萧方智为皇太子，封王僧辩为大司马，陈霸先为司空。

这时，南梁有两个皇帝，一个是北齐扶植的傀儡皇帝萧渊明，另一个是西魏扶植的傀儡皇帝萧詧。在建康的朝廷内部发生了流血政变，陈霸先起兵杀死了王僧辩，推翻了萧渊明，又拥戴萧方智登上了帝位。萧方智任命萧渊明为司徒。陈霸先为了不触怒北齐，向北齐写信称臣，北齐派代表和他在历阳盟誓。后来，陈霸先和北齐闹翻，经过几番战斗，陈霸先驱逐了北齐在建康的势力。

北齐平秦王高归彦幼年丧父，因他的父亲高徽资助过高欢，高欢就让现在的清河王高岳收养了高归彦。但高岳对高归彦并不关心，对他感情很淡薄，这深深地刺痛了高归彦，埋下了仇恨的种子。高洋称帝后，任命高归彦为领军大将军，对他非常信任。高岳认为高归彦会感激他的收养之恩，目前高归彦是高洋身边的红人，因此高岳很依赖高归彦，但高归彦在高洋面前多次说高岳的缺点，这使高洋对高岳有了成见。

高岳也是北齐名将，数次带兵出征，屡立战功，颇有威名，但他生活奢侈，贪酒好色。高岳在邺城南建造府第，在议事厅后面留了一条小巷。高归彦得知后，就向高洋禀告说："清河王建房子，竟敢模仿皇宫，还建造了永巷，只差没有阙（皇宫大门前两边供瞭望的楼）了。"高洋听了后，很恼火，心里更加疏远高岳。

高洋很喜欢舞女薛氏，把她纳入了后宫，但高岳之前曾通过薛氏的姐姐大薛氏把薛氏带到府中过夜。高洋听说了这件事情。某夜，高洋驾临薛氏家，大薛氏请求高洋让她的父亲做司徒，高洋正对大薛氏有气，闻听此言，暴怒，命人把大薛氏悬挂了起来，用锯把她残忍地锯死了。高洋命高岳承认和薛氏有奸情。高岳誓死不认，高洋更加暴跳如雷。

北齐天保六年（555）十一月二十二日，高洋派高归彦给高岳送去了鸩酒。高岳辩解自己无罪，高归彦对他说："你喝下后，可以保住全家性命。"高岳为了全家老小，接过鸩酒，饮后而亡，年四十四岁。高洋按照王爷的礼仪安葬了他。

薛氏很漂亮，舞跳得也很好，高洋很宠爱她，但过了些时日，对她的宠爱有所衰减，又突然想起她和高岳有过床第之欢，顿时暴怒，命人把薛氏斩首，把薛氏的头颅藏在了自己的怀中。高洋出宫到邺城东的山上饮酒。刚开始推杯换盏，高洋突然探手把薛氏的头颅掏了出来，扔到了盘子里。高洋命令肢解了薛氏的尸体，又把她的大腿骨做成琵琶弹奏，举座大惊。高洋玩累了，就把薛氏的头颅、大腿骨收了起来，对着这些东西，流着泪说："佳人难再得！"（西汉音乐家李延年有《佳人曲》："北方有佳人，绝世而独立。一顾倾人城，再顾倾人国。宁不知倾城与倾国，佳人难再得。"）

高洋把薛氏的尸体收拾了一下，放到了车上，披头散发，哭着喊着，在车后步行跟随。

第一百一十二节　突厥灭柔然

柔然第十七任可汗郁久闾庵罗辰被高洋打得狼狈北逃之后，在史书里就失去了踪迹，柔然余众在沃野镇拥戴郁久闾邓叔子为可汗，他也是柔然的第十八任可汗。西魏恭帝二年（555）年底，突厥可汗阿史那俟斤进攻柔然，柔然屡战屡败，无法坚持，郁久闾邓叔子就率残余部众投奔了西魏。至此，立国约一百五十四年的柔然被消灭，突厥汗国取代柔然占据了广袤的大草原。

当时突厥的势力已经相当强大，向西击败了哒哒，向东击走了契丹，向北吞并了契骨，威势征服了塞外诸个国家。这时，突厥的领土东到辽河，西到西海，东西长约万里，北达瀚海沙漠以北五六千里。阿史那俟斤倚仗他的强大，要求宇文泰杀死郁久闾邓叔子及其部众。刚开始宇文泰不答应，阿史那俟斤就不断派使者前去说服、施压。宇文泰自然不愿意和阿史那俟斤闹翻，但也不想直接杀死郁久闾邓叔子，于是下令把郁久闾邓叔子和他的部众共三千多人交给了突厥的使者，使者在长安西城南的青门把柔然人全部杀死。

宇文泰暗中提示淮安王拓跋育，上书皇帝拓跋廓，按照古代制度，把自己降为公爵。本年已经十九岁的拓跋廓明白了宇文泰的意图，把皇室全部王爵降为公爵。

宇文泰认为汉魏的官制非常烦琐，他对官制的改革想法一直没有停止，他想施行《周官》，先后让苏绰（已去世）和卢辩制定官制。卢辩依照《周礼》建立了"六官"，设置了公、卿、大夫、士，并规范了朝廷礼仪制度，让车辆、服饰、器物、用具等多依据古礼，改革汉、魏的制度。

六官是指《周礼》中的天官府、地官府、春官府、夏官府、秋官府和冬官府。府置长官卿一人，称为六卿，六卿主持朝廷日常政务。天官府长官为大冢宰，地官府长官为大司徒，春官府长官为大宗伯，夏官府长官为大司马，秋官府长官为大司寇，冬官府长官为大司空。六卿以大冢宰为首，听命于大冢宰，但这里有个先决条件，就是皇帝下诏"百官总己以听于冢宰"的时候，大冢宰才总领六官。否者，六官是平行关系。

西魏恭帝三年（556）正月初一，西魏设置了六官，任命宇文泰为太师兼大冢宰，李弼为太傅兼大司徒，赵贵为太保兼大宗伯，独孤信为大司马，于谨为大司寇，侯莫陈崇为大司空。其余文武百官也按照《周礼》设置。

宇文泰的大夫人为冯翊公主（北魏孝武帝元脩的妹妹），生下了宇文觉（本年十五岁），他的小妾姚夫人生下了宇文毓（本年二十三岁）。宇文泰一共十三个儿子，其中老大是宇文毓，老二宇文震已去世六年，老三为宇文觉。宇文毓的妻子是独孤信的长女。

宇文泰准备立世子，他对众位公卿说道："我准备立嫡子（宇文觉）为世子，但担心会引起大司马（独孤信）的猜度，这该怎么办？"

因为这是宇文泰的家事，大家都不愿意插手。如果言语不当，说不定会弄得家破人亡，前朝这样的例子很多，所以大家都沉默不言。

过了一会儿，尚书左仆射李远（在沙苑之战中立有大功）说："立子立嫡不立长，立略阳公（宇文觉）为世子，明公有何疑虑？若是担心独孤信反对，请让我先杀了他。"李远说罢，从座位上拔刀而起，宇文泰赶紧也站了起来，制止他说："何至于此！"独孤信当时也自我解释说赞成李远的意见，李远这才住手。在场的公卿大臣这时也都表示赞成李远的意见。

会议解散以后，李远向独孤信跪拜道歉道："面临如此大事，不得不如此，请您谅解。"独孤信把他搀扶起来，感谢他说："今日有赖您，才决断了如此大的议题。"

于是，宇文泰立宇文觉为世子。宇文觉继位后，提拔李远为柱国大将军，这是后话。

第一百一十三节 残暴高洋

北齐天保七年（556）三月二十三日，高洋命仪同三司萧轨等人率领十万大军，对南梁发动攻击，大军跨过秦淮河，在玄武湖（位于今南京市玄武区）畔，被南梁大将侯安都、萧摩诃、吴明彻等人击败，损兵折将。

高洋征调全国壮丁和工匠三十多万人，整修和扩建邺城的铜雀台、金虎台和冰井台。这三台是曹操所建。

高洋即位之初，留心政务，务求简约，待人坦荡，任人唯贤，人人争先效力。又能以法律严厉约束大臣，如有违法的，即使是开国重臣、皇亲国戚也不饶恕，朝野肃然。至于军国大计，他能当机立断。每次投入战斗的时候，他亲自冒着飞箭流石，所向披靡。

但是，几年之后，高洋渐渐陶醉在自己的功业里不可自拔，纵情酒色，肆意施暴。有时候，他亲自和歌伎一起唱歌跳舞，通宵达旦；有时候，他披头散发，穿着少数民族花花绿绿的服装；有时候，他袒胸露背、涂脂抹粉；有时候，他骑上没有马鞍和缰绳的驴、牛、骆驼、白象等动物，尽情撒欢；有时候，他让崔季舒（天保初年，高洋迁为将作大匠，再迁侍中）、刘桃枝背着他行走，自己用手拍打着腰鼓。重臣贵戚的府第，不分早晚，他随时进出，游走市井时，或坐在大街上，或卧在小巷中。他在盛夏之日暴晒身体，在隆冬之日脱衣奔走。随从不堪其烦，但高洋乐在其中。

修建三台的木头高二十七丈，两栋建筑之间相距二百多尺，做活的工匠在上面干活都觉得胆怯，都在腰里系上绳子以防万一。但高洋不怕，他登上最高处，快速行走，没有恐惧之色，还不时跳舞，合着节拍，来回旋转。旁观者无不瞠目结舌，心惊肉跳。高洋曾经乔装打扮，在大街上问一个妇人说："你感觉当今天子

▲ 北齐校书图 | 北齐 | 杨子华（传）| 美国波士顿美术馆藏

图中所绘，是北齐天保七年（556），高洋命樊逊和文士高乾和、马敬德、许散愁、韩同宝、傅怀德、古道子、李汉子、鲍长暄、景孙及梁州主簿王九元、水曹参军周子深等十一人，借邢子才、魏收的家藏古籍，刊定国家收藏的《五经》诸史的情景。

怎么样？"这个妇人也没认出是高洋，就随口说："他疯疯癫癫的，哪里像天子！"高洋大怒，当即杀死了这个妇人。

娄太后因为高洋酒后发狂，举起手杖敲他道："什么样的父亲生什么样的儿子！"高洋酒醉了，说："我要把这位老母亲嫁给匈奴人。"娄太后大怒，不再说笑。高洋要逗乐母亲，就趴到地上，用身体把床顶翻，娄太后跌落在地，伤着了身体。高洋酒醒后，感到非常愧疚，他堆起柴火点燃，准备跳到火堆里。娄太后大惊，亲自去拉高洋，不让他跳，并勉强笑了笑，冲着他说："你昨天是喝醉了。"高洋命人在地上铺上席子，让平秦王高归彦手拿木杖处罚他。高洋自述自己的罪行，袒露上身接受处罚，他对高归彦说："杖上没有血，我就会杀了你。"娄太后舍不得，亲自上前抱住高洋。高洋流泪苦苦请求接受处罚，娄太后看他执意请求，于是改为打脚板五十下。高洋穿上衣服，向母亲跪谢，悲伤不已。因为这件事，高洋宣布戒酒，但过了十天之后，就坚持不住了，又恢复如初。

一次醉酒后，高洋来到皇后李祖娥家里，用响箭（鸣镝，冒顿单于发明）射李祖娥的母亲，嘴里还说着："我醉酒后连太后都不认识，何况这个老婢女！"

高洋信任杨愔，虽然任用他为尚书右仆射这样的高官，但高洋上茅厕也让他擦屁股。高洋曾用马鞭抽打杨愔的脊背，鲜血染透了杨愔的袍服。高洋曾经用小刀抵住杨愔的小腹，要捅进去。崔季舒当时在旁，赶紧假装演戏人的话说："老小公子恶我。"高洋听到后，就把刀收了起来。有一天，高洋又把杨愔放到棺材中，把棺材放在丧车上，做出出殡的架势。估计棺材上有孔，不然杨愔会被闷死。

高洋又曾经手持大槊骑马奔驰，用大槊在左丞相斛律金的胸前刺了三次。斛律金纹丝不动，高洋于是赏赐给他锦缎千匹。

高家的女人，不分关系亲疏，很多都与高洋有过淫乱的关系。高洋还把她们赐给左右亲信，又采用多种方法侮辱她们。彭城王高湝（高洋同父异母的五弟）的母亲为太妃尔朱英娥，曾经是北魏孝庄帝元子攸的皇后。高洋要和她有床笫之私，尔朱英娥不同意，高洋亲手把她杀死。皇后李祖娥的姐姐，是前乐安王元昂的夫人，长得很漂亮，高洋和她多次有染，还准备把她纳为昭仪。但他担心元昂不同意，就把元昂召了过来，让他趴在地上，用鸣镝朝着元昂射了一百多支。元昂血流如注，流的血又凝结起来，多达一石，元昂失血过多而亡。李祖娥得知后，痛哭绝食，乞求把皇后之位让给姐姐，娄太后也出面制止，高洋这才放弃。

高洋有一次从一众官员中把都督韩哲喊了出来，韩哲并无罪行，但高洋无缘无故就把他斩首了。

高洋准备了煮牲畜用的大锅、长锯、锉刀、石碓等物品，放置于大庭。高洋每次喝醉，动不动就杀人，这成为他的固定娱乐节目。杀人后，又把尸体肢解，或放到火堆里焚毁，或投入水中喂鱼。杨愔想到了一个方法，可以避免无辜人员受到伤害。他把大牢里的死囚犯，转移到厅堂左右的小屋内，称呼他们为供御囚，高洋每次要杀人的时候，就把他们推进去。如果哪个供御囚三个月内不被杀死，说明命大，杨愔就会把他释放。

开府参军裴谓上书高洋，极力劝阻。高洋对杨愔说："这是个傻子啊，怎么敢这样说话？"杨愔想保护裴谓，就回答道："他是想让陛下杀了他，在青史留名。"高洋果然上当，说："这小人，我偏不杀他，他焉能成名！"

高洋和左右饮酒，说："乐哉！"都督王纮说："有大乐，也有大苦。"高洋感觉奇怪，问王纮道："怎么讲？"王纮回答道："彻夜宴饮，不体悟国亡身死，可以说是大苦。"高洋大怒，命令把王纮绑了起来，准备杀死他，但念及他当初为救高澄拼死和人搏斗，就又把他放了。

高洋到邺城的东山游玩宴饮，突然想到关陇之地（西魏）还未平定，怒火中烧，把酒杯扔到了地上。他立即召魏收前来撰写诏书，昭告全国，将要率军西进。但实际上并未成行，因为这时的西魏和北齐实力相当，北齐出军已经讨不到便宜。

又一日，高洋流着眼泪对群臣说道："黑獭（宇文泰）不听我的命令，该怎么办？"都督刘桃枝回答说："臣愿意率领三千名骑兵，杀入长安，把他擒来。"高洋嘉奖他，赐给锦缎一千匹。赵道德也说："东西两国，势均力敌，你可以把他擒来，他同样也可以把你擒走，刘桃枝妄言该诛，陛下怎么能够滥发赏赐？"高洋说："道德所言极是。"他把这一千匹锦缎又赐给了赵道德。高洋准备骑马入漳水，道路险峻，赵道德急忙抓住缰绳，高洋大怒，准备杀死赵道德。赵道德说："臣死无遗恨，我当于地下禀告先帝，说此儿嗜酒癫狂，不可救药。"这句话触动了高洋，他沉默了一会儿，罢手。过了几日，高洋对赵道德说："我饮酒过量的时候，你要用杖痛打我。"等高洋真饮酒过量的时候，赵道德正准备用杖打他，高洋赶紧逃跑。赵道德追赶他，嘴里还喊道："你是什么人，竟做出这种事？"

典御丞（管理宫中事务的官员）李集当面劝谏，把高洋比作夏桀、商纣王。高洋大怒，命人把李集绑了放到流水中，过了好一会儿才把他拉出来。高洋问他道："我跟夏桀、殷纣王比，怎么样？"李集仍然不屈服，回答道："他们二人不如你残暴。"高洋又命令把他沉入水中，如此者四，李集仍旧对答如初。高洋大笑道："天底下竟然还有如此痴人，我今天才知道龙逄（谏桀而死，是中国历史上第一个以死谏君的忠臣）、比干（谏纣王而死）并非识时务的俊杰。"高洋把李集放了。过了一会儿，高洋又召见李集，看李集好像还要有所谏，命令把他推出去腰斩。高洋要杀要放，没有人能够预测。

高洋残暴不仁，朝野内外充满了各种怨恨。高洋素来记忆力惊人，对事情分析研判的能力比较强，处罚严厉，因此文武百官战战兢兢，不敢胡来。高洋把政事委托给杨愔处理，杨愔统揽要务，匡正朝局，所以当时人都说天子昏于上，但政治清明于下。杨愔言辞温和，风度翩翩，神采奕奕，为朝野所看重。杨愔年轻的时候全家被尔朱氏屠灭，只有他侥幸逃出一条性命。后来归附高欢，又被谗言离间，他不得不逃到一个小岛上。高欢派人把他找了回来。杨愔担任高官后，凡对他有一顿饭之恩的，都厚厚回报；过去曾经想害他的，他也不予追究。他拒绝拉帮结派，轻视财物，重仁义，前后获赠的数万财物，都散给族人。他家的架子上、箱子里，只有书数千卷。他负责选拔官员二十多年，任人唯贤。

第一百一十四节　北周建国

西魏太师、安定公宇文泰向北方巡视，渡河北上，至于是哪条河，史书上没有交代。宇文泰在回京途中，走到牵屯山（笄头山，位于今宁夏回族自治区固原市南）的时候，他患病了，病势加重。他命人骑快马传召中山公宇文护。宇文泰的三位兄长已经去世，亲侄子也只剩宇文护了，宇文泰非常欣赏宇文护，曾经对人说："此儿（宇文护）的志向有点像我。"

宇文护接到通知，快马加鞭赶去见宇文泰，走到泾州（治所安定，今甘肃省泾川县）的时候，见到了宇文泰。宇文泰对宇文护交代后事道："我的身体我清楚，已经到了目前的状况，肯定时日无多了。我的孩子们都还小（共十三个儿子，十二个在世，长子宇文毓二十三岁，世子宇文觉十五岁），贼寇还未消灭，天下之事，就托付给你了，你应该尽心尽力来完成我的心愿。"宇文护本年四十四岁。

西魏恭帝三年（556）十月四日，宇文泰病逝于冯翊郡云阳县（今陕西省泾阳县西北），年五十岁。从530年宇文泰跟随尔朱天光和贺拔岳入关算起，已经过去了二十六年。宇文泰精明果断，知人善任，德刑并用，驾驭群雄的能力非常强，英豪们都乐意为他效命。他性情质朴，不喜欢虚假浮夸，处理政事干脆利落，崇尚儒学，喜欢按古代人的做法行事，设置"六官"等都依照夏商周的制度施行。西魏占据关中，和东魏（包括北齐）比，处于劣势地位，宇文泰苦心经营，多方经略，达到了目前和北齐势均力敌的程度。他创建了府兵制，为之后北周军事上占据优势，直至消灭北齐奠定了基础。

宇文护秘不发丧，直到抵达长安后，才公布宇文泰去世的消息，并全国哀悼。十月五日，世子宇文觉继承老爹的位置，为太师、柱国、大冢宰，出镇同州。同州之前称华州，州府为武乡，这是宇文泰的大本营，他经常居住于此，遥控朝廷。

同时，武乡东濒黄河，和蒲坂相望，北齐进攻的时候，也方便接应。

宇文护虽然受了托孤之重，但也仅是靠血缘关系和宇文泰对他的欣赏，之前宇文护并没有显赫的战功。虽然是宇文泰亲口下令让宇文护辅政，朝廷王公大臣也各有打算，不肯服从宇文护。宇文护对现状很担忧，大司寇于谨对宇文泰忠心耿耿，性情又比较沉稳，宇文护就找他商量对策。于谨对宇文护说："我素来蒙受丞相（宇文泰）恩遇，这份感情深入骨髓，今日之事，我必以死来争取。若众人确定了方略，明公请务必不要辞让。"

第二天，朝廷召开大会，于谨说道："昔日魏室倾危，人人怀有问鼎之心，丞相立志匡救帝室，挥动衣袖，拿起兵器，才使国祚中兴，百姓安居乐业。今老天降祸，丞相突然抛弃百官而去，世子虽然年幼，但中山公（宇文护）亲如丞相之子，他深受托孤重任，军国大事，理应有中山公掌管。"说话的时候，于谨表情非常严厉，让众人感觉谁敢反对，于谨就会立即和他拼命。于谨是六大柱国之一，位高权重，听他这一席话，在座的都非常震惊，没人敢言语。

宇文护赶紧接过于谨的话说道："这是我们的家事，我虽然平庸愚昧，哪里敢推辞。"于谨和宇文泰是平辈，平时宇文护也经常向于谨施礼，今时不同往日，于谨起身对宇文护说："明公如果统领军国大事，谨等一众人等便有了依靠。"说罢，于谨向宇文护跪拜了两次。迫于于谨的压力，各位王公大臣也都向宇文护拜了两拜，于是这件事就这样定下来了。

宇文护约束内外，安抚文武，人心渐渐安定下来。

之前，宇文泰经常说："我得胡力。"当时人们都不知道是什么意思，到今天才算明白，"护""胡"同音，"胡力"是"护力"。

宇文泰被安葬在成陵（今陕西省富平县北）。西魏皇帝拓跋廓（宇文护的命令）封宇文觉为周公，把岐阳（今陕西省凤翔县）之地封给宇文觉。这里也是周朝兴胜之地，宇文泰辅佐西魏，仿制周制，宇文护让拓跋廓将此地封给宇文觉，用意已经很明显了。

仅仅十三天之后，也就是西魏恭帝三年（556）十二月三十日，这天是除夕，拓跋廓上朝，派民部中大夫、济北公拓跋迪把皇帝的印绶献给宇文觉，把帝位禅让给了周公宇文觉。宇文觉象征性推辞，文武百官再三劝进，太史又陈述祥瑞降临，宇文觉这才接受。至此，自386年建立的北魏正式终结，共立国一百七十一年。为了区别历史上的其他朝代，后人习惯称宇文氏建立的国家为北周。一个多月后，拓跋廓被杀死，年仅二十一岁。

北周闵帝元年（557）正月初一，宇文觉即位，他不称帝，称天王，这也是复古的表现。宇文觉焚烧柴火祭天，接受文武百官的朝拜。宇文觉追尊父亲宇文泰为文王，庙号太祖，追尊母亲元氏为文后。宇文觉大赦天下，封拓跋廓为宋公。

这天，槐里（今陕西省兴平市）献上了四只赤雀。百官向宇文觉上书说："今魏朝历法终结，周室接受天命，木承于水（北魏为木德），正合五行运行次序，采用夏朝历法，遵循圣人之道。文王（宇文泰）在世时曾经出现玄气的祥瑞，有黑水的预兆，衣服的颜色应该采用黑色。"宇文觉批注。于是，黑色成了北周最尊贵的颜色，官员的服装是黑色，军旗也是黑色，更为这个复古政权蒙上了一层神秘的面纱。

宇文觉任命大司徒、赵郡公李弼为太师，大宗伯、南阳公赵贵为太傅、大冢宰，大司马、河内公独孤信为太保、大宗伯，柱国、中山公宇文护为大司马，提拔宇文毓、达奚武、豆卢宁、李远、贺兰祥、尉迟迥等人为柱国。

宇文觉封元胡摩为皇后。她是元宝炬的第五个女儿。

第十一章

内乱

第一百一十五节　宇文护弑宇文觉

宇文泰当年建立府兵制，实际领军的是六位柱国大将军李弼、独孤信、赵贵、于谨、李虎和侯莫陈崇，宇文觉即天王位时，除李虎去世外，其他五位都健在。他们和宇文泰同资历，其中赵贵和侯莫陈崇属于贺拔岳集团，独孤信属于贺拔胜集团。在贺拔岳被害后，赵贵竭力拥戴宇文泰为统领，功劳最大。如今，朝廷大权旁落在后生宇文护的手中，赵贵愤愤不平，和独孤信、万俟几通、叱奴兴、王龙仁、长孙僧衍等人商量要除掉宇文护。到了要发动的时候，独孤信劝阻赵贵，赵贵中止了行动。但这件事被开府仪同三司宇文盛（宇文化及的爷爷）知道了，他向宇文护告密。

北周闵帝元年（557）二月十八日，赵贵入朝，宇文护命令把赵贵、万俟几通、叱奴兴、王龙仁、长孙僧衍等人逮捕斩首。因为独孤信曾经制止赵贵，宇文护免去他的死罪，将他免职。宇文护通过诛杀赵贵，在朝廷立威，震慑了文武大臣，强化了自己的领导地位。赵贵大冢宰的位置落到了宇文护的头上，宇文护又任命宇文家的嫡系贺兰祥为大司马。

宇文护对赋闲在家的独孤信还是不放心。因为独孤信名望一向很高，宇文护不愿意公开处决他，就逼迫独孤信在家中自杀。独孤信死时五十五岁。独孤信的三个女儿非常有名，长女是日后北周明帝宇文毓的皇后，次女是唐高祖李渊的母亲，小女独孤伽罗为隋文帝杨坚的皇后。

宇文觉性格刚强果敢，又非常勤政，他对宇文护把持朝政深深不满。天官府司会中大夫李植是柱国大将军李远的儿子，他在宇文泰时期深受重用，参与朝政，军司马孙恒也久居重要位置。宇文护执掌大权，李植、孙恒和天官府宫伯中士乙弗凤、贺拔提等人，担心宇文护不容他们，劝宇文觉道："宇文护诛杀了赵贵后，权势日盛，众臣甚至包括老将，都争相投靠他，大小政事都由宇文护裁决。依微臣观察，宇文护将不守臣节，这种状况会不断滋长，愿陛下早做打算。"宇文觉表示赞同。

乙弗凤说："以先王（宇文泰）的圣明，尚且让李植、孙恒参与朝政，今日如果提拔重用他们，没有什么事情是办不成的。而且宇文护常说他辅佐陛下，仿效周公辅佐周武王那样，但周公摄政长达七年，陛下岂能受制于人七年！"

宇文觉越听越气，更加信任他们。他又多次带领武士在后院操练，练习擒拿捆绑的技术。李植又把宫伯张光洛引入他们的团伙，但张光洛向宇文护告了密。于是，宇文护任命李植为梁州（治所南郑，今陕西省汉中市）刺史，孙恒为潼州（治所涪城，今四川省绵阳市）刺史，将他们调离京师，分化他们。

宇文觉经常思念李植他们，多次想召回他们。宇文护流着泪劝说道："天下至亲，莫过于兄弟，若兄弟尚且互相怀疑，他人又有谁可以相信？太祖认为陛下年轻，所以把后世托付于臣，臣情系家国，愿意竭尽全力。若陛下能够亲自处理天下大事，威服四海，臣虽死犹生。但恐怕除去臣之后，使奸人得志，非但不利于陛下，亦将使社稷倾覆，使臣无脸见太祖于九泉之下。臣之所以敢冒犯天威，是因为不想有负太祖之托付，保国家鼎祚之安罢了。况且臣既然为陛下的兄长，位至宰辅，又有何求？愿陛下勿信谗臣之言，疏离骨肉之情。"

宇文护越说越伤心，过了好一会儿才止住眼泪。宇文觉被打动了，停止了召李植他们回京的想法，但仍然怀疑宇文护。

乙弗凤等人更加紧张，加紧密谋，选定了日子准备以宇文觉的命令召集王公大臣入宫赴宴，在席间诛杀宇文护，但这个消息又被张光洛密报给了宇文护。宇文护大怒，召集柱国贺兰祥、领军尉迟纲等人商议对策。贺兰祥等人劝宇文护废掉宇文觉。当时尉迟纲统领禁军，宇文护派他入宫召乙弗凤等人议事，等他们出宫后，尉迟纲命令把他们一一逮捕，送交宇文护，并遣散了宿卫兵。宇文觉觉得事情有变，独坐内殿，命令嫔妃、宫女拿兵器护卫。宇文护命令贺兰祥逼迫宇文觉退位，并把他幽禁在之前的略阳公府中。

宇文护召集王公大臣开会，流着泪对他们说道："宇文觉即位以来，荒淫无度，亲近小人，疏离猜忌骨肉，大臣重将，他准备全部剪除，如果他们的阴谋得逼，社稷必将倾覆。我如果死了，有何面目去见先王？今日宁负略阳公，不负社稷。宁都公（宇文毓，宇文泰长子，二十四岁）年龄、德行兼具，仁孝慈悲，四海归心，万方属意，今天准备废昏立明，公等以为如何？”自然无人敢反对，大家纷纷说："此乃明公之家事，我们唯命是听。"

于是，宇文护命令把乙弗凤等人斩于宫门之外，孙恒也被诛杀。当时李植的父亲李远镇守重镇弘农（恒农），宇文护为防万一，同时召李远和李植入朝。李远久经历练，怀疑事情有变，思考了很久，决定赴京。他说："大丈夫宁为忠鬼，怎么能作叛臣呢？"于是他出发了。等李远到了长安，宇文护认为李远名气很大，准备放过他。他们见面后，宇文护对李远说："明公之子有异谋，非但要杀害宇文护，而且要使社稷宗庙倾危。叛臣贼子，依理说我们同样痛恨，明公应该早下决断。"他把李植交给了李远。

李远很疼爱儿子，李植又为自己辩护，说自己没有参与此事，李远相信了他。第二天，李远带着李植去拜见宇文护。宇文护以为李远已经处死了李植，就说："阳平公为何要亲自过来呢？"左右对他说李植也在门外。宇文护大怒道："阳平公不相信我啊！"宇文护召见他们，竟让宇文觉和李植当面对质。李植词穷，对宇文觉说："定下这个计谋，本来是打算安定社稷，有利至尊，事已至此，还有何可说？"李远一听，瘫坐在座位上说："如果如此，诚然罪该万死。"于是，宇文护命令处死了李植，逼令李远自杀。李远终年五十一岁。李植的弟弟李叔谐、李叔谦、李叔让也被杀害，其余的因年幼被放过。

一个多月后，宇文护杀害了宇文觉，宇文觉才十六岁。王后元胡摩被发配到尼姑庵做尼姑。

九月二十七日，宁都公宇文毓在宇文护的使者及众将士的护卫下，从岐州抵达长安，于二十八日即天王位。

顺便说一句，同年十月，建康的南梁皇帝萧方智把宝座"禅让"给了陈王陈霸先，南陈建立。

▲ 陈霸先

第一百一十六节　高洋杀二王

北齐从西河（今山西汾阳之"西河"）的总秦成（城堡名，不可考）修筑长城，东到渤海，前后修筑了东西长达三千多里的长城，每十里设置一个岗哨，在重要地点设置州或者镇，共设置了二十五所。为了加强对大本营晋阳的防护，之后北齐又在长城内修筑了第二座长城，从库洛枝东到鸣纟戍，长四百多里。北齐修筑长城的规模，在秦汉之后、明朝之前属第一。

当初有术士说"亡高者黑衣"，所以高欢每次外出都不愿意见到僧人。高洋在晋阳，问左右说："何物最黑？"左右回答说："没有比漆更黑的了。"高洋就开始避讳"漆"字及读音相同的字。七弟高涣力能扛鼎，武艺高超，人才出众，高欢很忌讳他，因为"七""漆"同音。高洋决定除掉七弟高涣，他派库直都督破六韩伯昇到邺城召高涣，高涣和破六韩伯昇等人走到邺城西的紫陌桥，觉得势头不对，就杀死了破六韩伯昇逃走，渡黄河南下，被人捉住后送到了邺城。

高洋为太原公的时候，和三弟高浚去拜见大哥高澄，当时高洋流鼻涕，高浚就斥责左右说："为什么不给我二哥擦鼻子？"因此高洋记恨他。高洋继位后，任命高浚为青州刺史，封为永安王。高浚爱好打猎，聪明仁厚，官吏和百姓都很喜欢他。高浚因高洋嗜酒，私下对亲近的左右说："二哥过去稀里糊涂，但登基以来，大有长进，如今因酒败德，朝臣不敢谏言，大敌未灭，我很是担忧，准备亲自到邺城面谏，不知道他能否听我的话。"有人把高浚的话密报给高洋，加重了高洋对他的反感。高浚到达邺城后，陪高洋到东山游玩，高洋来了兴致，裸露上身，和宫女做狐狸掉尾巴的游戏。高浚看不下去了，劝谏说："这不是人主应该做的！"高洋听了，很不高兴。高浚又把杨愔召唤到无人的地方，批评他不劝阻高洋。当时高洋比较忌讳大臣和诸位亲王交往，杨愔内心恐惧，就把这事告诉了高洋。高洋暴怒道："小人向来让人难忍。"高洋酒也不喝了，启程回宫。不久，高浚回到了青州，又上书规劝高洋。高洋下诏征召高浚。高浚恐怕到了邺城凶多吉少，就称病不去。高洋又派使者来收押高浚，高浚前往邺城的路上，青州老幼哭着送行的达数千人。

高浚到了邺城，高洋命令把他和高涣都装到铁笼里，放置到邺城北城的地牢里，吃喝拉撒睡，全在铁笼内解决。

北齐北豫州（治所虎牢）刺史司马消难，是司马子如（已去世）的儿子，看到高洋日渐凶残，恐怕日后灾祸降临到自己头上，就暗中谋划，笼络人心。司马消难的妻子，是高欢的女儿，两人感情并不好，高氏就到高洋那里诉苦。高洋对司马消难心中开始不满。高涣逃跑的时候，大家都怀疑他投了司马消难，恰好司马消难的堂侄子司马瑞任尚书左丞，和御史中丞毕义云有仇，毕义云就派人到北豫州巡视。司马消难非常恐惧，就投奔了北周，被任命为小司徒。

高洋的疯狂进一步加剧。北齐天保九年（558）四月，北齐大旱，高洋到邺城东南的西门豹（战国人，曾为邺县县令，开凿十二条渠）祠庙求雨，仍然没有降雨，高洋命令把西门豹祠庙摧毁，并挖开了西门豹的墓地。

历时两年的邺城三台整修工程完工，高洋把铜雀台改名为金凤台，把金虎台改名为圣应台，把冰井台改名为崇光台。高洋巡视三台，持槊刺向都督尉子辉。高洋本来是开玩笑，没想到失了手，尉子辉倒地毙命。

高洋的六弟常山王高演和高洋是一母同胞，时常规劝高洋节制饮酒，也多次被殴打威胁，死里逃生。

皇太子高殷（高洋长子）温和开朗，喜欢读书，礼贤下士，关心时政，颇有美名。但高洋认为高殷很像汉人，不像自己。其实高洋的祖先是鲜卑化的汉人，所以高洋认为自己是鲜卑人，高殷的母亲李祖娥也是汉人，看来高殷受母亲的言传身教比较大。高洋召高殷到金凤台，让他手刃死囚犯，高殷面露哀怜之色，连砍了几次，都不能砍断死囚犯的脖子。高洋大怒，用马鞭抽打了高殷几下。高殷才十四岁，受到了惊吓，从此变得口吃胆怯，精神恍惚。高洋多次喝醉的时候说："太子性情懦弱，社稷责任重大，我终会把位置传给常山王。"太子少傅魏收担心太子的地位，对杨愔说："太子，国之根本，不可动摇，至尊三杯酒下肚之后，就说要传位给常山王，让众大臣生有二心。如果至尊说的是真的，就应当决定。如果是戏言，恐怕只会让国家陷入不安定之中。"杨愔把魏收的话告诉了高洋。高洋自然是酒后戏言，不会把宝座传给常山王高演，因此之后也就不这样说了。

高洋北筑长城，南阻南梁，士兵和战马死亡者数以十万，又修筑三台，造成国库空虚，钱粮供应不上，他就减少官员俸禄，裁减军人粮饷，裁撤州郡县镇戍的官员，节省开支。

高洋到北城地牢中看望三弟永安王高浚和七弟上党王高涣，突然引吭高歌，并让高浚等人合唱。高浚和高涣非常恐惧、悲伤，不知道高洋的意图，合唱中不免声音颤抖。高洋也伤感起来，并流下了眼泪，准备将两个弟弟释放。随行的长广王高湛（高洋九弟）和高浚素来不和，他对高洋说道："猛虎安可出穴！"高洋沉默不语。高浚和高涣一听，悲愤万分，呼喊着高湛的小名说："步落稽，老天不会放过你的。"高洋认为高浚和高涣都富有韬略，恐为后患，就亲自用槊刺高浚，又命卫士刘桃枝朝着笼子里乱刺。大槊每次刺进去，高浚和高涣就用手拉住折断，号啕大哭。他们空有一身的本领，在铁笼中无处施展。高洋命往铁笼里投掷木柴，点燃，用火烧死了高浚和高涣，并用土石把他们埋住。

高洋把高浚的妻子陆氏赐给了参与行动的仪同三司刘郁捷，把高涣的妻子李氏赐给了冯文洛。很快，高洋得知高浚生前对陆氏并不喜欢，就撤销了命令。

第一百一十七节　高殷登基

北齐天保十年（559）二月二十八日，高洋到甘露寺（今山西省左权县）闭关悟道，交代不允许打扰他，只有军国大事才允许汇报。

高洋的心腹、尚书左仆射崔暹去世，高洋亲自到他府上吊唁，高洋问崔暹的妻子李氏道："你很想念崔暹吗？"李氏回答道："是的。"高洋又说道："既然这样，我让你去探望他。"说罢，高洋手起刀落，把李氏斩首，将头颅抛到了墙外。

胶州（治所东武，今山东省诸城市）刺史杜弼性格刚直，做过高洋的长史，规劝高洋不要夺位，高洋对他心存不满。又一次，高洋问他道："治国该用什么人？"杜弼直爽地回答说："鲜卑人善于骑马射箭，治国应该用中原人。"高洋听后很不痛快，认为他嘲讽自己。高德政居于高位，杜弼以老臣自居，不服他，多次在朝堂之上指责高德政，高德政怀恨在心，数次在高洋面前诬告杜弼。这年（559年）夏季的一天，高洋又喝醉了，想起杜弼，越想越生气，就派人到胶州杀死了杜弼。杜弼年六十九岁。酒醒后，高洋后悔了，派人去追赶使者，但已经晚了。

高德政和杨愔同为尚书仆射，都是高洋心腹，同掌朝政，但高德政是高洋同族老乡，在高洋夺位之时，态度更为坚决，因此杨愔嫉妒他。高洋酗酒后行事不合法度，高德政多次规劝。有一次，高洋召高德政同饮，高德政拒绝喝酒，反而再次进谏道："陛下对我说不久就要戒酒，却比以往更甚。对江山社稷怎么交代，对太后怎么交代？"高洋听后很不高兴，对左右说："高德政常常以精神道义逼人。"高德政感到害怕，称病躲到了佛寺之中，作为自保之计。

高洋问杨愔道："我很担心德政的病情，他的病怎么样啦？"杨愔认为打击高德政的机会到了，就回答说："陛下如果任命他为冀州刺史，他的病自会痊愈。"高洋同意，传下诏书，任命高德政为冀州刺史。高德政正想离开朝廷避祸，见到诏书后立即起身。高洋得到回报后大怒，召见高德政，对他说道："听说你病了，我给你扎针。"高洋亲自用针刺高德政数下，高德政血流满地。高洋又命人把高德政拖下去，命刘桃枝砍去他的脚指头。刘桃枝和高德政一向关系不错，他不忍下刀。高洋起身站到台阶上，斥责刘桃枝道："你的人头就要落地！"高洋命人呈上大刀，准备亲自动手，刘桃枝赶紧动手，砍下了高德政的三根脚指头。高洋怒气仍未消，命令把高德政囚禁到了门下省，到了夜里才命人用轿把他抬回家。第二天，高德政的妻子把储藏的金银财宝铺摆到床上，准备寄存到亲友家中，这时高洋突然到来，目睹了这一幕。高洋大怒道："这些宝物我的府中都还没有！"他又追查这些宝物的来源，得知是从前元氏皇族那里得来的，就命令把高德政、他的妻子及儿子高伯坚，一同拖出去斩首。

太史上奏说："今年（559年）当除旧布新。"高洋问彭城公元韶说："汉光武为何能够中兴？"元韶是高欢的女婿，娶了高欢的长女永熙皇后（元脩的皇后，改嫁元韶），他不明白高洋这么问的意图，就回答说："是因为没有把姓刘的都杀尽。"高洋认为他说得很对，于是下令诛杀了元世哲、元景式等前朝皇族二十五家，并把元韶等十九家关押了起来。元韶被关在京城附近的地牢里，不供给食物，元韶饿极了，就把衣服撕烂吞下，最后还是被饿死了。高洋前后杀了元氏共七百二十一人，把他们的尸体投入漳河（流经邺城）之中。百姓从漳河中捕鱼，从鱼肚子里发现了人的指甲，因此很长一段时间都无人吃鱼。

高洋又想到一个折磨元氏的新玩法。他让元黄头和很多囚犯一起，用竹席做成翅膀，像鸟一样从金凤台向西展翅飞下，飞得最远的免死。元黄头飞到了邺城西的紫陌，飞得最远，仍然被交给御史中丞毕义云，最终被饿死。当时只有开府仪同三司元蛮（常山王高演岳父）、祠部（掌祠祀、医药、赠赐等）郎中元文遥等数家得到赦免。高洋又下诏："民间有父亲或祖父改称元姓的，或者假冒被收养改作元姓的，不管辈分远近，都允许改回本姓。"

高洋嗜酒成性，酒精中毒很深，得了重病，不能进食。他自知命不久矣，就对李祖娥说："人必有一死，没有什么可惋惜的，但可怜正道（太子高殷，时年十五岁）尚幼，恐怕有人会夺了他的位置。"他又对六弟、常山王高演说："夺位就夺，但不要开杀戒。"高洋命尚书令杨愔、领军大将军高归彦、侍中燕子献（妻子为高欢养女淮阳公主）、黄门侍郎郑颐接受遗诏辅佐新君。

十月十日，高洋在晋阳死去，年三十一岁。十月十九日，朝廷对外发布高洋驾崩的消息，群臣号啕大哭，但除了杨愔，无人掉泪。杨愔老泪纵横，浑身颤抖，泣不成声。

同一天，高殷即皇帝位，大赦天下，尊皇太后娄昭君为太皇太后，尊母亲李祖娥为皇太后。他任命右丞相斛律金为左丞相，常山王高演为太傅，长广王高湛（高洋九弟）为太尉，段韶为司徒，平原王高淹（高洋四弟）为司空，高阳王高湜（shí）（高洋十一弟）为尚书左仆射，河间王高孝琬（高洋大哥高澄的嫡长子）为司州牧，燕子献为尚书右仆射。

高阳王高湜（母亲为游氏）以言语滑稽、善于拍马屁而得宠于高洋，常服侍在左右，听高洋命令拿木棒捶打诸位王爷，娄昭君怀恨在心。高洋去世后，太皇太后娄昭君指使人揭发高湜的罪行，命令把他杖打了一百多下，高湜伤重而死。

高洋的灵柩被运回邺城，埋葬在武宁陵，庙号高祖，后改为显祖，谥号文宣皇帝。

第一百一十八节　大丞相高演

北齐乾明元年（560）二月十七日，高殷任命高演为太师兼录尚书事，主掌了朝政。娄昭君和高欢一共生下了六子两女，分别为高澄、高洋、高演、高淯（已去世）、高湛、高济、永熙皇后和太原长公主。高演自幼聪明，有成大器之才，很受娄昭君的疼爱，高洋死后，因为太子高殷年幼，娄昭君有意让在宫中处理丧葬事宜的三子高演继位，但无果，高殷这才继位。高殷守丧，不能处理政事，他下诏命高演住到昭阳殿的东厢房，需要向皇帝请示的事情都先过高演之手。辅政的杨愔等人，认为高演和高湛地位太高，恐怕不利于天子，内心对他们猜忌。过了不久，高演出宫回到了自己的府第，从此很多诏书就不再向他请示。

有人劝高演说："凶猛的飞鸟离开了巢穴，鸟卵就有被别的动物吞食的隐患，今天王爷不宜频繁出宫。"中山郡太守阳休之（大学者）拜见高演，高演拒见。阳休之对王晞说："昔日周公早上读一百篇文章，晚上见七十个士人，还担心自己做得不到位，录（录尚书事）王有什么猜疑的，而拒绝接见宾客。"

之前，高殷登基后准备返回邺城，因为晋阳是高氏的大本营，当时都议论说常山王高演必留在晋阳主持大局，但辅政的杨愔等人准备让高演跟随入京，留下长广王高湛镇守晋阳，后来又怀疑高湛，就命他们二人一同回邺城。辅政大臣又任命王晞为并州（治所晋阳）长史，高演等人离开晋阳的时候，王晞到郊外送行，高演恐怕被人察觉，拉着王晞的手嘱咐"努力，珍重"，然后打马而去。

平秦王高归彦这时主管禁卫军，杨愔秘密宣布高殷命令，留下五千名禁卫军在晋阳防备不测。这个命令当时高归彦并不知情，到达邺城数日后，高归彦才得知，他对杨愔私自调动自己的军队深感不满。

领军大将军可朱浑天和（可朱浑道元之子）娶了高欢的女儿东平公主，他担忧高殷皇位不保，多次说："如果不诛杀二王（高演和高湛），少主没有安全之理。"燕子献也献计，让太皇太后娄昭君迁居到北城，把政权交给皇太后李祖娥。

自天保八年（557）以来，封官赏爵泛滥，杨愔上表请求纠正，并首先自我要求解除开府仪同三司的职务及王爵，其他很多人的职务和封爵也被免除。这影响了大家的切身利益，大家都痛恨杨愔，而心向高演和高湛。高归彦也反水，把杨愔的计谋告诉了二王。

第一百一十九节　宇文护弑宇文毓

宇文护上书皇帝宇文毓，请求归还治理朝廷的大权，宇文毓同意了，开始亲自处理政务，但军国大事还是归宇文护统管。当年宇文泰设置了十二军，这时也全部归宇文护统率，没有他的手令，军队不能擅动。守卫宇文护的军队人数多过了皇宫。北周把都督诸州军事改为总管，州总管这个称号自此开始。

北周境内连降大雨，给农作物造成了损害，古人迷信，以为是施政不当，触怒了上天，于是北周明帝三年（559）六月三日，宇文毓命众大臣上呈密信，直言相谏。

左光禄大夫乐逊上书，列举了四件事，并给出了建议。他认为："一是近来太守、县令任职时间太短，但朝廷又要求他们尽快做出成效，造成他们施政过于刚猛。今关东百姓陷于困顿之中，如果不平和地施政，使境外得知，怎么能吸纳敌国人民投奔我们？二是过去魏都洛阳，一时繁荣昌盛，权臣竞相奢靡，致使祸乱交加，天下颓败。近来官员的衣服、器物有追求奢华的倾向，工匠务求做工奇巧，微臣担心这等风气蔓延，有损政治风气。三是遴选官员，应该与大家商量，这不是机密大事，不用保密。四是高洋据山东（崤山以东），不会短时间内把他制服，譬如下围棋，都争着先下，若一子下得不当，就给对方造成有利局面。所以应该舍弃小利而经营大局，先保住疆域，不宜贪图边陲的一小块地方，不能轻举妄动。"宇文毓对他进行了嘉奖。

隐士韦夐（xiòng）（韦孝宽的哥哥）为人淡泊，生活简朴，朝廷十次征召他为官，他都不赴任，宇文泰很敬重他，也不勉强他。宇文毓对韦夐礼敬更重，称他"逍遥公"。晋公宇文护把韦夐请到府第，向他请教政事。宇文护的府第建得富丽堂皇，韦夐仰视大厅，叹息道："沉溺酒色之中，房屋高大富丽，只要占了一项，就没有不衰败的。"宇文护听后很不高兴。

骠骑大将军、开府仪同三司寇儁（道士寇谦之的侄孙），年少时就好学，品行端庄。他的家人曾经买东西，多拿了五匹绢，寇儁知道后，说："得到财物而失去品行，我可不想这样。"他找到卖布的人，把五匹绢还给了人家。寇儁和睦宗族，和他们同甘共苦，依礼仪教育子孙。自大统中叶以来，他称年老有病，不再上朝。宇文毓诚恳地派人去请他，寇儁不得已入宫。宇文毓让他同席而坐，向他询问北魏往事，又派给他御用车辆，让他在自己面前上车，把寇儁送了出去。宇文毓对左右说道："这样的事，只有积善的人才能享受到。"

天官御正中大夫崔猷认为："圣人沿袭和变革，应该因时制宜。今天子称王，不足以威服天下，请遵照秦汉旧制称皇帝，建年号。"于是，北周武成元年（559）八月十五日，宇文毓开始称皇帝，改年号武成。

宇文毓精明能干，对事情体察入微，宇文护非常忌惮他，就派膳部中大夫李安（因烹饪技艺高超获得宇文护提拔）在宇文毓进食的糖饼中放置了毒药。宇文毓吃了几口后，感觉不对劲，知道遭了暗算，但已经无力回天。

武成二年（560）四月十九日，宇文毓病重，口述了五百多字的遗诏，用最后的气力说："朕的儿子年幼（宇文毓一共三个儿子，长子宇文贤仅仅两岁），不能担当大任，鲁公（宇文毓四弟宇文邕，年十八岁）是朕的爱弟，为人心怀仁慈，宽宏大量，在海内外颇有名声，能够光大我周家的，必是他啊！"

四月二十日，宇文毓病逝，年仅二十七岁，被葬于昭陵（位于今陕西省咸阳市渭城区底张街道），谥号为明皇帝，庙号世宗。

四月二十一日，宇文邕登基称帝，大赦天下。宇文邕小字祢罗突，是宇文泰和姬叱奴氏所生。

▲ 宇文邕

第一百二十节　高演登基

北齐大丞相高演认为首席智囊王晞书生气太重，恐怕和他走得太近引起武将的不满，所以故意在众人面前疏远他，白天不和他说话，夜里则派车把他接入府中密谈。

一次，高演和王晞密谈，问道："近来王侯重臣相迫甚急，说我违背天意不祥，很可能有变乱发生，我准备把他们绳之以法，你看怎么样？"

王晞回答说："朝廷近来疏远皇族外戚，殿下仓促之间所做的，已非人臣之事（指杀害辅政大臣），芒刺在背，戟已经架在脖子上，还上下疑心，怎么能够长久？且天道无常，盈亏轮替，神机变化，灵感通微方能感应成功。殿下谦让，轻视神器，便是违背了天意，使先帝基业衰败。"

这自然是高演想要的答案，他内心欢喜，但故作严肃地对王晞说道："卿竟敢说这些大逆不道的话，我要把你法办！"

王晞说："我认为天时人事，已经目标一致，所以才敢冒犯雷霆，不惧斧钺之刑。今日吐露肝胆，或许神明也会称赞。"

高演说："拯救灾难，匡扶时政，等待的是圣哲，你怎么敢私下乱发议论？不要再多说了！"

丞相从事中郎陆杳将要出使，临别时握着王晞的手说："相王（高演）器宇轩昂，天下归心，称颂他的话到处都能听到，朝野没有异心。"陆杳希望王晞说服高演早登大位。王晞把陆杳的话告诉了高演，高演说道："若朝野都有如此期盼，赵彦深朝夕陪伴左右，为何没有听到他的议论，请爱卿把你的意思试探一下他。"王晞找机会把话告诉了赵彦深，赵彦深说："我近来为这个消息感到吃惊，每次想开口的时候都心惊胆战，弟既然也这么说，我当冒死展示忠肝义胆。"于是他和王晞一同劝说高演。

高演拿定主意后，就去向母亲、太皇太后娄昭君禀报，赵道德（高洋亲信）对高演说："相王不效仿周公辅佐成王，却要夺取骨肉的位置，不怕后世议论篡夺吗？"娄昭君说道："道德所言极是。"这事就暂时搁置了。但没过多久，高演禀告娄昭君道："今天下人心未定，恐怕发生突然事件，应该早定名分。"这时，王公大臣、将领、封疆大吏也纷纷上表要求高演登基，娄昭君本就希望高演继位，为了防止不测事件发生，娄昭君下定了决心。

北齐皇建元年（560）八月三日，太皇太后娄昭君下令，废掉高殷的皇帝之位，贬为济南王，另居别处宫殿。娄昭君命常山王高演登基，告诫高演道："不要让济南王有所闪失。"高演登上了皇帝宝座，大赦，改年号为皇建。高演把太皇太后娄昭君改为皇太后，前皇太后李祖娥改称文宣皇后（高洋谥号为文宣皇帝），居住的宫殿名为昭信宫。新皇登基，自然要对朝野奖赏一番，不必细表。高演把王晞、阳休之和崔劼引为心腹。

高演沉着机敏，颇具见识和气度。他自年少时就在官府工作，深谙政府法令和人事，继位以后更加勤勉，力主改革高洋时期的社会弊端，亲力亲为，时人佩服他的精明，但又抱怨他管得太细。高演曾经问中书舍人裴泽，外界对于他施政的看法。裴泽直率地回答："陛下聪明公允，自可远比古代圣贤，但有识之士都说陛下过于细碎，帝王的气度还不够宏大。"高演笑笑，说："正如你所说，朕初掌天下，考虑得还不够全面，所以才会如此。但如果不这么做，恐怕以后又会被说疏漏。"之后，裴泽备受宠遇。

有一天，高演问库狄显安："显安，你是我姑妈的儿子（库狄显干的父亲库狄干娶了高欢的妹妹乐陵长公主），今天我们叙叙家常，免去君君臣臣那一套，你可以说说我的不足之处。"

库狄显安说："陛下的谎话比较多。"

高演问："是这样的吗？举个例子。"

库狄显安说："陛下过去见文宣皇帝（高洋）用马鞭打人，常常认为这是错误的。今天陛下也这么做，难道过去说的不是谎话吗？"

高演握着库狄显安的手致歉，继续让他直言。

厍狄显安接着说："陛下做事太细，不像个帝王，更像个小吏。"

高演说："我也深知这一点，但国家不守法度的日子太长了，我要好好整顿整顿，达到无为而治。"

高演又问王晞。王晞回答说："厍狄显安说得很对。"

群臣进言，高演都能虚心接纳。

高演非常孝顺，皇太后娄昭君生病了，他非常担心，行走都小心翼翼，面容憔悴，在床前伺候，衣不解带长达四十天。娄昭君病情稍微加重，高演就守在病房外，娄昭君的饮食和药物，高演都亲自端进去。娄昭君心脏疼痛，难以忍受，高演站在床前用手掐自己的手掌想代替母亲的疼痛，以致鲜血都流到了袖子外面。高演对诸位弟弟非常友爱，没有君臣之间的猜忌和隔阂。

高演封元氏为皇后，封世子高百年（皇后元氏之子）为太子。

第一百二十一节　高湛登基

　　高演和高湛一同起兵诛杀杨愔等辅政大臣时，高演是领导者，高湛是实际执行者。当初为了鼓励高湛尽力，高演对他说"事成以你为皇太弟"，就是让高湛做接班人。如今高演登上了帝位，封自己五岁的儿子高百年为皇太子，固定了接班人的身份，这让高湛深感不满。

　　高演身在晋阳，留高湛执掌首府邺城的军务，让族侄高元海执掌邺城机要。帝位稳固之后，高演着手削弱高湛的兵权。高演免去和高湛关系较近的库狄伏连的领军职务，任命他为幽州刺史，任命斛律羡为领军。领军执掌禁卫军，位置十分重要，高湛对高演的这项任命公开抵制，他留下库狄伏连，不让他赴任，也不准斛律羡就任领军职位。高湛和高孝瑜（高澄的二儿子）为掩人耳目，假装外出打猎，实际在野外商议对策，日头西沉才回到城里。之前有童谣传唱："中兴寺内白凫（fú）翁，四方侧听声雍雍，道人闻之夜打钟。"当时丞相府在北城原中兴寺内；凫翁，就是雄鸡，"白雄鸡"和高湛的小名"步落稽"读音相似；道人，是指前废帝、现济南王高殷的小名；打钟，就是将被攻击的意思。当时太史也奏报高演，北城有天子气，平秦王之前是辅政大臣，后来倒戈投靠了高演，他怕高殷东山再起后找自己算账，于是就劝高演除掉高殷以绝后患。高演就命高归彦到邺城召高殷前往晋阳。

　　高湛认为自己主兵邺城，一个很重要的原因是看守高殷，如果高殷到了晋阳，自己掌握邺城军权的必要性将会降低，高演会进一步剥夺他的兵权。高湛向高元海求保全之计，高元海说："皇太后万福，至尊又非常孝顺，殿下不必多虑。"高湛对他的回答不满意，说道："这岂是我推诚置腹所要的答案？"高元海就请求让他回府中思考一个晚上再给答案。高湛不让他回府，把他留在了自己的后堂过夜。

高元海彻夜不眠，绕着床慢慢踱步。天刚微微亮，高湛就走了进来，冲他说："你的神机妙计想得怎么样啦？"

高元海回答道："夜里想出了三个对策，但恐怕都不能使用。一是请殿下仿效西汉梁王（刘武）的办法，只带几个亲信随从，骑快马到晋阳面见皇太后，请求皇太后垂怜，然后拜见主上，请求解除兵权，有生之年不再参与朝政，必定安如泰山，这是上策。二是应当上表，说'权势太盛，恐怕受到诽谤陷害'，请求调任青州或齐州刺史，地势偏远，安守本分，并不会招致非议，这是中策。"说到这里，高元海停止了。

高湛很着急，急问下策，高元海说："我说了恐怕会被灭族。"高湛逼他说。

高元海又说："济南王（高殷）承袭宝座，主上假借太后的命令而夺取，今召集众文武，展示这道假令，逮捕斛律羡，诛杀高归彦，尊奉济南王复位，号令天下，以正义讨伐叛逆，短时间内就可以开创万世之基业。"

高湛一听很高兴，准备采用高元海所说的下策，但他又担心晋阳兵多将广，所以迟疑不决，最后没有采用高元海的计策。

高湛让术士郑道谦卜卦。郑道谦说："举事不利，静止则吉。"高湛又召曹魏祖询问国事。曹魏祖回答："国家当有大凶。"当时有林虑（今河南省林州市）潘姓县令，能根据天象变化预测人事。他找到高湛，秘密对高湛说："至尊不久将驾崩，殿下为天下主。"高湛将潘县令软禁在王府，等待预言应验。高湛又让数位巫师占卜，都说不需要举兵，自会有大庆。高湛定下心来，这才派数百名骑兵护送济南王前往晋阳。

北齐皇建二年（561）九月，高演派人携带鸩酒去见济南王高殷，命他喝下。高殷不肯喝，使者便亲自动手把高殷掐死。高殷年十七岁。

当初高演承诺不杀高殷，如今却杀死了他，高演很后悔和内疚，内心备受煎熬，不久就患病了，接连服用汤药。这时，有个赵姓尚书令史，说在邺城看见文宣帝（高洋）和杨愔、燕子献等人向西走去，说约好了要去报仇。高演和毛夫人竟然也见到了相似的情景，高演受到惊吓，精神变得恍惚。

高演外出打猎，一只野兔突然窜了出来，高演的坐骑受惊，把高演摔倒在地，他肋骨摔断了。皇太后娄昭君亲自前来探望儿子高演，娄昭君也听到了风声，就询问高殷的下落，连问了三次，高演无法回答。娄昭君明白了怎么回事，愤怒地对高演说道："是你杀了高殷吧？不听我的话，你该死啊！"说罢，娄昭君站了起来，头也不回地走了。

十一月二日，高演派遣尚书右仆射赵郡王高叡传达圣旨，认为太子年幼（六岁），要征召长广王高湛承继大统。高演又给高湛写信说："百年无罪，你可以随意安置他，但不要仿效前人杀了他。"当天，高演在晋阳宫病逝，年二十七岁。临死的时候，他深恨自己不能为太后养老送终。

高叡先派黄门侍郎王松年飞奔至邺城，传达高演的遗命。高湛怀疑其中有诈，派心腹到殡葬所察看，心腹确信无误后回来复命，高湛大喜，飞驰赶赴晋阳。他派河南王高孝瑜先行入宫，把禁卫军换上自己的人。高湛到了晋阳，在崇德殿宣布了高演驾崩的消息，皇太后娄昭君命人宣读遗诏，斛律金率领文武百官劝进，高湛依照惯例让了三次才接受。

十一月十一日，二十五岁的高湛在晋阳登基，大赦，改年号为太宁。高湛任命彭城王高浟为太师、录尚书事，平秦王高归彦为太傅，尉粲为太保，平阳王高淹为太宰，博陵王高济为太尉，段韶为大司马，丰州刺史娄叡（娄太后侄子）为司空，赵郡王高叡为尚书令，任城王高湝为尚书左仆射，并州刺史斛律光为右仆射，改封太子高百年为乐陵王。

高湛封王妃胡氏为皇后，封皇后之子高纬为皇太子。胡皇后是汉人，是北魏兖州刺史胡延之的女儿。

第一百二十二节　高归彦反北齐

　　高归彦因迎接高湛即位有功，被高湛任命为太傅，领司徒，并允许他带私人卫士三人、携带佩刀进入宫廷。高归彦是高欢的堂弟，比皇帝高湛高一辈。高归彦是父亲高徽在长安和王氏产下的私生子，高徽早年有恩于高欢，所以高欢得势后派人找到高归彦，加以厚待。

　　高归彦随高湛从晋阳入邺城后，权臣贵戚争相请客送礼巴结他。高归彦所到之处，满座都投来倾慕的目光。高归彦身居高位，志得意满，随意发言凌辱他人，旁若无人。高湛也对高归彦逐渐反感，这时，仪同三司高元海、御史中丞毕义云和黄门侍郎高乾和等人也不断在高湛面前揭高归彦的短处，说："高归彦权势镇主，必为祸乱。"高湛又想到高归彦曾经背叛高岳、杨愔、高演等人，对高归彦更加猜忌，准备外放他。

　　高湛召魏收在御前作诏书，准备给高归彦加个右丞相的职务。魏收对高元海说："至尊就是以右丞相的职位登上的宝座，今天因为高归彦威名太盛，准备外放他，怎么能再加上这个封号呢？"他们都劝说高湛。高湛就任命高归彦为太宰、冀州（治所信都）刺史，草拟诏书后，命高乾和缮写。当日，高湛命令禁卫军不准高归彦进入宫中。当时高归彦在家饮酒作乐，昏睡了一夜，第二天要入宫参拜，到了宫门才知道实情。他大吃一惊，返回家里。他上书高湛，请求外放。高湛命令他早点出发，另外赏赐他金钱、绸缎、鼓吹、医药等物，样样齐备，以示安慰。高湛命令武官督将以上官员全部到邺城东的清阳宫送行，自始至终，除了赵郡王高叡，没有人敢和高归彦说话。高叡和高归彦交谈了很长时间，众人都躲得远远的，谁也没有听到他们在说些什么。

　　高元海、毕义云和高乾和等人外放了高归彦，另一个高湛跟前的红人又引起了他们的注意，他叫和士开。和士开本姓素和氏，字彦通，清都尹临漳县（今河北省临漳县）人，祖上是在西域做生意的人。和士开的父亲和安，深得高欢欣赏，被任命为仪州刺史。和士开年幼时就很聪明，被选为国子学生。他思维敏捷，学业上进步很快，被同学推崇。高湛任长广王的时候，征召和士开为府行参军。

高湛非常喜欢握槊的游戏，和士开精于此游戏，两人玩得非常开心。和士开还会弹奏胡琵琶，善于察言观色，因此受到高湛的宠信，不断得到提拔，升迁至给事黄门侍郎。高元海、毕义云和高乾和感觉地位受到了威胁，准备在高湛面前揭发和士开，意图使高湛疏远和士开。和士开听到了风声，在高湛面前揭发高元海等人结交朋党、擅权坐大。高乾和被高湛疏远，毕义云向和士开行贿，得以出任兖州刺史。

北齐河清元年（562）四月二日，皇太后娄昭君去世，年六十二岁。高湛不肯穿白色丧服，仍穿红色衣服，不久又登上三台开始宴乐，官女送上的丧服被他扔到了台下。和士开请求乐队停止奏乐，高湛发怒，抽了和士开耳光。

平秦王高归彦到达冀州后，内心不安，有了叛逆的想法，打算乘高湛去晋阳的时候攻入邺城。郎中令吕思礼把高归彦的阴谋密报了朝廷，高湛派大司马段韶和司空娄叡率军讨伐。高归彦在冀州南部设置了私人驿站，听说大军将至，立即关闭城门固守。冀州长史宇文仲鸾、司马李祖抛、别驾陈季璩、中从事房子弼和长乐太守尉普兴等五人不肯听从高归彦，都被杀死。高归彦自称大丞相，有部众四万人。

都官尚书封子绘是冀州人，父亲和祖父都曾经任冀州刺史，在冀州颇得人心。高湛派他到信都城下，绕城巡视，向城内喊话，晓以利害。城内官吏和百姓不断有人出城投降，城中大小事都在朝廷军队掌握之中。

高归彦登上城楼，向城下喊话道："孝昭皇帝（高演）驾崩之日，六军百万之众都在我的掌握之中，我却动身到邺城迎接陛下（高湛），当时不反，今日岂有异心？我深恨高元海、毕义云和高乾和迷惑圣上，嫉妒忠良，只要杀了此三人，我就在城上自刎。"朝廷军队开始攻城，不久城破，高归彦单人独骑狼狈北逃，逃到交津（今河北省武强县东）时被朝廷军队抓获。高归彦被锁上了铁链，押送到了邺城。

高湛命刘桃枝把高归彦牵入宫中，命朝廷大臣讨论高归彦的罪行，众人都说罪不可赦。

七月二十七日，高归彦被装到一辆囚车上，嘴里被塞上木条，双臂被反绑身后。刘桃枝用刀子抵到高归彦的脖子上，乐鼓队敲锣打鼓在后跟随。高归彦和子孙十五人在刑场被处决。

高湛任命封子绘为行冀州事。

高湛想起高归彦陷害养父高岳的旧事，把高归彦的家眷连同仆人共一百多人，赐给高岳家做仆人。

高湛提拔段韶为太傅，娄叡为司徒，平阳王高淹为太宰，斛律光为司空，高叡为尚书令，高孝琬为左仆射。

第一百二十三节　宇文邕视学

　　北周武帝宇文邕任命大冢宰宇文护都督中外诸军事,命五府(地官府、春官府、夏官府、秋官府、冬官府)听命于天官府(长官为大冢宰),事无巨细,都由宇文护决定后再报给他。宇文护的权柄更重。

　　这时传来夏官军司马中大夫贺若敦进攻南陈失败的消息,宇文护大怒,把贺若敦贬作平民。贺若敦是隋朝名将贺若弼的父亲,简要介绍一下。

　　贺若敦是鲜卑人,父亲贺若统曾任东魏颍州长史,他逮捕刺史田迅后投降了西魏。当时西魏文帝元宝炬任命他为右卫将军、散骑常侍、兖州刺史,封当亭县公。贺若敦年少时就有才干,善于骑马射箭。贺若敦和独孤信在洛阳被东魏包围时,贺若敦拉动三石大弓,箭无虚发,冲出重围。独孤信很惊奇,就向宇文泰推荐了他,宇文泰召贺若敦到麾下,任命为都督,封安陵县伯,食邑四百户。贺若敦升迁至金州都督、七州诸军事、金州刺史等,于559年入朝担任夏官军司马中大夫。这次军事失利,他被削职为民,但不久又被起用。

　　北周保定三年(563)正月,梁国公侯莫陈崇跟随宇文邕视察原州。当夜,宇文邕突然赶回长安,随行官员感到奇怪。侯莫陈崇私下对亲信常昇说:"我过去曾听术士说,晋国公(宇文护)今年不利。陛下车驾今夜突然返回,无非晋公死了啊!"但常昇没有做好保密工作,把侯莫陈崇的话告诉了别人,于是就传扬开来,自然传到了宇文邕和宇文护的耳朵里。

　　正月二十日,宇文邕在大德殿召集文武大臣议事,当着群臣的面责备侯莫陈崇。侯莫陈崇非常惊恐,跪倒请求责罚。当天夜里,宇文护派军队包围了侯莫陈崇的府第,逼他自杀,然后按照生前职位应该享有的礼仪安葬了他。

　　二月二十七日,宇文邕下诏说:"大冢宰晋国公,论辈分是我的堂兄,论职务是国家首辅，自今日开始，诏书及各类文件不得直接称呼晋国公的名字。"宇文护对这项特殊礼仪一再推辞。

宇文邕准备视察太学，任命时年七十一岁的太傅、燕国公于谨为三老（掌教化）。于谨强烈推辞，但宇文邕拒不批准，还赏赐他一个延年手杖。

四月二十五日，宇文邕亲临太学。于谨进门的时候，宇文邕在屏风和大门之间迎拜，于谨回拜，有关官员在正中央的位置摆上了三老座椅，面朝南。太师、晋国公宇文护登上台阶，在座位旁摆上几案，于谨也登上台阶，面向南挨着几案坐下，接着，大司寇、楚国公豆卢宁登上台阶，俯身把于谨的木屐摆正。随后宇文邕也登上了台阶，站在画有斧头的屏风前面，面向西方。这时，有关官员送上饮食，宇文邕跪着铺摆酱碟，亲自卷起袖子拿刀切肉。于谨用餐后，宇文邕又亲自端来漱口水，跪着让于谨漱口。之后，有关官员撤去了宴席。宇文邕面向于谨站立，请教治国之道。于谨也站立了起来。

宇文邕说道："我不才，担当天下重任，不知道治理国家要诀，公请指教。"

于谨回答道："木材经过墨绳的测量后才能削直，君主虚心纳谏才能够圣明。自古明王圣主，皆虚心纳谏，然后知得失，天下遂安，请陛下谨记。"

于谨接着说："为国之本，在乎忠信，所以古人说可以没有粮食，没有兵丁，但信用不可失。国家兴废，莫不是因为忠信，愿陛下笃守忠信，万不可丢失。"

于谨又说："治国之道，必须有法。法者，国家之纲纪，纲纪不可不正，正纲纪在于赏罚分明。如果有功必赏，有罪必罚，则有善行者日益增多，为恶者日益减少。如果有功不赏，有罪不罚，则天下将善恶不分，百姓将手足无措。"

于谨还说："言行是立身之基本，言出必行，言行应该相互一致，愿陛下三思后再发言，深思熟虑后才行动。如果不加思考，必有过失，天子之过，事情没有大小，就像日食月食那样，天下人没有不知道的，愿陛下慎重。"

于谨说完，宇文邕再次跪拜接受，于谨也跪拜回礼。仪式进行完毕，宇文邕才从太学离开。顺便交代一句，夏商周之后到目前，视学、养老、乞言之礼，唯有东汉明帝刘庄和宇文邕举行过。

北周还对服兵役的制度进行了改革，每年由之前的八个梯队改为十二个梯队轮换，也就是每个士兵每年服役一个月。

北周还改革了刑律，制定了法律二十五篇，规定刑罚共分五级：一是杖刑，十棍到五十棍；二是鞭刑，鞭打六十下至一百下；三是徒刑，从一年到五年；四是流刑，从二千五百里到四千五百里；五是死刑，有磬（吊死）、绞、斩、枭、裂。每级又分五等，共二十五等。

第一百二十四节　和士开得宠

北齐帝高湛对美貌的嫂子李祖娥（高洋皇后）垂涎三尺，李祖娥不从，高湛威胁她道："你若不从我，我就杀死你的儿子。"李祖娥一共两个儿子——高殷和高绍德，高殷已经被害，目前仅剩高绍德了。高湛威胁杀死高绍德，李祖娥害怕了，只好任由高湛摆布。

过了一段时间，李祖娥怀上了高湛的孩子，肚子渐大，不敢出去见人。高绍德听到了风声，来拜见母亲。他走到大门口，李祖娥不让他进去，高绍德生气地说："儿难道不知道吗？姐姐（鲜卑人称呼母亲为姐姐）肚子大了，所以不见我。"李祖娥大为惭愧。后来李祖娥生下了一个女儿，没有抚养就把她扔掉了。

高湛得知，手提大刀，怒骂李祖娥道："你杀了我的女儿，我就杀了你的儿子。"然后，他当着李祖娥的面，用刀环捣死了高绍德。李祖娥无法阻止，大哭不止。高湛越发愤怒，脱光了李祖娥的衣服，对着她身上乱打一通。李祖娥哭天喊地。高湛命人把李祖娥装到一个绢制的袋子里，李祖娥的血渗透袋子，淋漓不止。高湛命人把袋子扔到了沟渠里，过了很久李祖娥才苏醒过来。高湛良心发现，命人用拉车把她送到妙胜寺做了尼姑。李祖娥生性喜欢佛法，从此专心做尼姑。后来北齐为北周所灭，李祖娥去了关中，隋朝建立后才回到老家赵郡。

外放的兖州刺史毕义云写信给高元海，议论时事。高元海入宫时，这封信从衣服中掉落，被给事中李孝贞（李祖娥堂弟）捡了。李孝贞把这封信的内容奏报给了高湛。高湛本来就认为高元海志大才疏，庸俗不堪，自此开始疏远高元海。他任命李孝贞兼中书舍人，同时征召毕义云返朝。这时，和士开又揭发高元海。高湛大怒，用马鞭抽打了高元海六十下，斥责道："你昔日叫我造反，以弟弟反兄长，何其不义！以邺城的兵马对抗并州的兵马，又何其不智！"高湛外调高元海为兖州刺史。

高湛非常宠信和士开，外出视察或者在宫内宴饮，片刻都不能离开和士开。和士开有时多日不能回家，或者一天之内数次被召唤入宫。和士开在路上磨蹭一会儿，高湛就等不及，连派骑督催促。和士开百般谄媚，受到的宠爱日益增加，高湛先后赏赐给他的钱物数不胜数。和士开每次侍奉左右，言谈举止极其猥琐，夜以继日，没有君臣之间应有的礼节和距离。

和士开经常对高湛说："自古帝王，最后都化为灰土，尧舜或者桀纣，又有何分别？陛下应该趁着年轻体壮，尽情享乐，随心所欲，一日的快活生活可胜过千年的普通生活，把国事分别托付给大臣，又何须考虑不能够办好，不需要把自己搞得又苦又累。"

高湛听后非常高兴，委托赵彦深掌管人事，元文遥掌管财政，唐邕掌管地方军队，白建掌管骑兵，冯子琮和胡长璨掌管太子宫。高湛三四天一上朝，只在奏折上寥寥数笔批示而已，很少发言，很快就散朝回后宫。

高湛经常让和士开和胡皇后面对面坐着玩握槊的游戏。

河南王高孝瑜（高澄长子）劝谏说："皇后是天下之母，不可和臣子的手相触碰。"

高孝瑜又劝谏说："赵郡王高叡，他的父亲死于非命（高叡父亲高琛和高欢的妾通奸，被高欢乱杖打死），不可和他亲近。"

高孝瑜同时得罪了和士开和高叡，他们联手陷害高孝瑜。和士开密告高孝瑜生活奢侈，超过应有的限度。高叡对高湛说："山东（太行山之东）百姓只听说有河南王，没听说有陛下（高湛经常生活在山西的晋阳）。"高湛开始忌恨高孝瑜。

有个叫摩女的尔朱御女（御女，后宫第六级，共有八十一名），之前侍奉皇太后，高孝瑜和她私通，有一次他们借机偷偷交谈，有人报告给了高湛。高湛暴怒。

北齐河清二年（563）六月二十八日，高湛连灌高孝瑜三十七杯酒，高孝瑜大醉。高孝瑜体形肥大，腰带达十围，高湛命侍从娄子彦将他弄到车上送了出去。在车上，娄子彦给高孝瑜灌下了鸩酒。车子行驶到邺城南西华门的时候，高孝瑜药性发作，浑身燥热憋闷，跳水而死，年二十七岁。高湛追赠高孝瑜为太尉、录尚书事。在宫中的王公大臣都不敢吭声，只有河间王高孝琬（高孝瑜三弟）大哭着走出了宫门。

第十二章

名将凋谢

第一百二十五节　周突联军攻齐

当初，北周准备联合突厥攻打北齐，给突厥可汗阿史那俟斤（第三任可汗）开出的条件是，迎娶阿史那俟斤的女儿为北周的皇后，并派天官御伯大夫杨荐和夏官左武伯王庆携带重礼，前往报聘。北齐听说后，担心他们联合起来，也派出使节携带厚礼前往突厥（瀚海沙漠）求婚。

阿史那俟斤看到北齐的礼物更为厚重，就准备把杨荐等人逮捕后送交北齐。杨荐得到消息后，求见阿史那俟斤，并责备他道："太祖昔日和可汗建立睦邻友好关系，蠕蠕（柔然）数千人投降我国，太祖把他们全部交给可汗处置，以使可汗称心如意。为何今天打算背信弃义，难道不愧对鬼神吗？"杨荐说得在理，又把鬼神都搬了出来，阿史那俟斤面色凝重，沉默了好一会儿，说道："你说得对，我意已决，当和你们共同平定东方贼人，然后送女儿过去。"杨荐很高兴，回国复命去了。

宇文邕召集文武大臣商议和突厥联合攻打北齐事宜。公卿大多说："齐国拥有天下一半的国土面积，国富兵强，如果从漠北进入并州，道路极其艰险难行，并且齐国大将斛律光骁勇，不容易对付。如果要攻打他们的巢穴，非十万大军不可。"唯独柱国大将军杨忠说："师克在和，不在人多，一万名骑兵足够了，斛律光那小子，又有什么能耐？"

北周保定三年（563）九月二十七日，北周任命杨忠为元帅，率大将军杨纂、李穆、王杰、尔朱敏和开府拓跋寿、田弘、慕容延等将军及一万名骑兵，会同突厥大军，从北路进攻北齐。又派大将军达奚武率领三万人马，从南路攻打北齐。两军约定了在晋阳会师的日期。

杨忠留下尔朱敏守卫什贲（今内蒙古自治区北什拉召附近），在黄河边机动巡逻，杨忠率军出武川（今内蒙古自治区武川县西）。杨忠的祖上曾经任北魏武川镇司马，所以杨忠路过祖上故居的时候，祭奠了先人，然后让将士饱餐战饭，连拔北齐二十多座城池。北齐军队坚守陉岭（今山西省代县西北句注山）的关隘，杨忠率军攻克，继续南下。这时，突厥可汗阿史那俟斤和酋长阿史那地头、阿史那步离率领十万名骑兵前来会合。联军从恒州分三路进攻北齐。当时大雪已经下了数十天，寒风凛冽刺骨，南北千里的地面上积雪达数尺。

高湛从邺城率领大军亲征，星夜兼程。十二月二十八日，高湛抵达晋阳。大将斛律光率三万人马进驻平阳，抵御达奚武的军队。

十二月二十九日，联军逼近晋阳。高湛发现敌军人数众多，旌旗招展，战马嘶鸣，他害怕了，穿上军装，率领晋阳宫的女人准备向东逃走。赵郡王高叡和河间王高孝琬抓住马的缰绳固谏。高孝琬请求把防务交给高叡处理，必能保周全。高湛同意了，命六军全部听命于高叡，让并州刺史段韶负责军事事宜。

保定四年（564）正月初一，高湛登临晋阳北城，向敌人展示实力。北齐军军容整齐，突厥军感到了害怕，责怪周军说："你们说齐国内乱，所以我们才来讨伐，今看到齐人眼神锐利，坚定如铁，如何能够抵挡得住？"突厥军队开始打退堂鼓。

北周军队以步兵为先锋，从西山而下，抵达了离晋阳大约两里的地方。北齐将领要求出城迎击北周军。段韶说："步兵气势有限，今积雪又厚，迎战不是上策，不如严阵以待，他们疲惫，我们安闲，必能破之。"待到北周军来到城下，北齐军集中全部精锐力量，呐喊着冲了出来。突厥军大为惊骇，撤退到西山上，不肯和北齐军交战。北周军只有一万多人，不是北齐军的对手，大败，前锋全部被北齐军消灭，残余部队连夜逃走。突厥军急忙向塞外撤退，放纵士兵抢掠，晋阳以北七百多里，人畜遭殃，鲜有活口。段韶率军追击，也不敢强逼。

突厥军退到陉岭。地上上冻湿滑难行，突厥军把军毯铺在地面上，艰难前行，军马没有吃的，在寒风中饥饿难耐，膝盖以下的毛不是被雪磨光，就是被它们自己啃光。等到达长城的时候，战马死亡殆尽。突厥军把长槊折断，作为手杖，一步一步，小心翼翼地往前走。

达奚武率军抵达了平阳，还不知道杨忠已经败退的消息，斛律光给他写信说："鸿雁已经飞翔于辽阔的天空，猎者还在水草丛生的沼泽地苦寻。"达奚武接信后明白了意思，也率军撤退。斛律光率军追击，进入了北周的领土，俘获了两千多人后回军。

斛律光到晋阳拜见高湛，高湛还没有从惊吓中缓过来，他抱着斛律光的头大哭。任城王高湝劝道："何至于如此！"高湛这才停止。

高洋主政的时候，北周常常害怕北齐军渡河西进，每年冬天结冰的时候，就严阵以待，并敲碎冰层，防止北齐军突袭。到现在高湛主政了，他宠信小人，朝政腐败，每到冬天的时候，换成北齐军敲碎冰层防止北周军突袭了。斛律光对这种情况深感忧虑，他说："我国常有吞并关陇的志向，今日到这种地步，怎么还能只顾留恋在声色之中呢？"

第一百二十六节 《兰陵王入阵曲》

高湛之前命人修订刑律，这时，修订工作完成了。刑罚共有五种：一是死刑，分车裂、枭首、斩首和绞刑；二是流放边关当兵；三是徒刑，从一年到五年；四是鞭刑，从四十鞭到一百鞭；五是杖刑，从十杖到三十杖。刑罚共有十八等。

高湛认为前太子高百年的存在对自己是个长久的威胁，于是在北齐河清三年（564）六月，杀死了才九岁的高百年。高百年的妻子斛律氏是大将斛律光的女儿，是个烈女，绝食而死。

当初，宇文泰追随贺拔岳到了关中，派人接来了留在晋阳的侄儿宇文护，但宇文护的母亲阎氏和宇文泰的妹妹都滞留在晋阳，后来高欢把他们发配到了中山宫（今河北省定州市，十六国的后燕曾经定都在此）为奴。宇文泰去世，宇文护当权后，曾经秘密派人前去北齐寻找母亲和姑姑，但没有结果。

这时，北齐派使者到达了北周的玉壁，希望和北周通商。宇文护为了寻找母亲和姑姑，就派夏官军司马下大夫尹公正到玉壁，向北齐使者表达他的意思，使者很高兴，答应帮助寻找。宇文护因为上次进攻晋阳失败，准备再和突厥联合进攻北齐，于是同时放风，施加军事压力。高湛果然很害怕，答应把宇文护的母亲和姑姑送回北周。为了表示态度，他派使者先行送宇文护的姑姑回长安，留下了宇文护的母亲，准备要挟宇文护，得到更多利益。经过多次沟通，高湛最终还是派人送回了宇文护的母亲。当阎氏抵达北周边境的时候，文武百官举行了盛大的庆祝仪式，宇文邕为此大赦天下，又对阎氏进行了厚重奢华的赏赐。

这时，突厥又通知北周，要再度联合进攻北齐，同时突厥还骚扰北周的幽州。宇文护因为母亲刚从北齐回来，不愿落下个背信弃义的名声，所以不准备马上进攻北齐，但是又忌惮突厥会发怒进攻自己。不得已，宇文护征调二十四军（六柱国十二大将军统领的府兵）和左右翼禁卫军及秦陇巴蜀的禁卫部队，还有羌人、匈奴人共约二十万人。

十月十三日，宇文邕赐给元帅宇文护皇帝专用的斧钺，还亲自到沙苑慰劳大军。宇文护这次要进攻北齐的重镇洛阳，亲率大军抵达了潼关，派柱国大将军尉迟迥率十万精锐大军作为先锋，向洛阳进发；派大将军权景宣率领荆襄之兵进攻悬瓠；派少师杨㯹（biǎo）率军一万人进攻轵（zhǐ）关（今河南省济源市城西二十二公里处）。宇文护为中路军，权景宣为南路军，杨㯹为北路军。杨㯹之前多次和北齐军交手，战无不胜，所以很轻视北齐军。他率军深入北齐境内，不设防。十一月二十日，北齐太尉娄叡突然率军杀到，大破杨㯹军，杨㯹投降了北齐。北周北路军失败。北周南路权景宣率军包围了悬瓠。十二月，北齐豫州刺史王士良放弃悬瓠投降，接着，北齐永州刺史萧世怡也献出州府楚王城（今河南省信阳市北）投降。权景宣派郭彦镇守豫州，派谢彻镇守永州，把王士良和萧世怡及一千多名兵将送往长安。尉迟迥率领的前锋部队进抵洛阳城下，采用建土山、挖地道等方式猛攻，但三十天过去了，仍然无法攻克。宇文护命令截断河阳至洛阳的道路，阻挡北齐援军前进，然后和尉迟迥一起进攻洛阳。北周军数量众多，诸将都认为北齐军一定不敢出战，所以只派斥候侦察，防守并不严密。

高湛派兰陵王高长恭和大将军斛律光援救洛阳，他们到达邙山下后，畏惧北周军队强大，不敢前进。兰陵王是一位传奇人物，也是中国历史上的四大美男之一，他是高澄的第四个儿子，本名高肃，族名高孝瓘，字长恭，出生于公元541年，现年二十四岁。他容貌俊美，武艺高强。因为他外貌美，每次和敌人对垒的时候，敌人都以为他是奶油小生，投来轻蔑的微笑。高长恭很生气，就找人制作了一些面容狰狞的面具，每次打仗的时候都戴上，让别人看不见他的真面目。

高湛召来并州刺史段韶，对他说道："洛阳危急，今准备派你前去救援，但突厥在北方虎视眈眈，也需要镇守抵御，这如何是好？"段韶回答道："突厥侵扰边境，不过是皮肤之痛，周军的进逼，才是心腹之患，请派我前行。"高湛很满意段韶的回答，说："朕也是这个意思。"于是，他命段韶率领一千名精骑从晋阳出发。高湛随后也出发，援救洛阳。段韶等人日夜兼程，用了五天就渡过了黄河，碰上连日有雾的阴天。雾气散开后，十二月八日，段韶到达洛阳，他率三百名骑兵，和诸将登上邙山，观察周军的形势。抵达太和谷（今河南省洛阳市东北）后，和北周军队遭遇，段韶派人通知各营，召集骑兵严阵以待。当时段韶为左军，兰陵王高长恭为中军，斛律光为右军。北周军对北齐军的到来深感意外，惊惧不安。段韶遥问北周军道："宇文护刚得到他的母亲，就来侵略，这是为何？"北周军回答："老天派我们前来，这有什么好问的？"段韶说："天道赏善罚恶，应当是派你们来送死的吧！"

话不再多说，北周军以步兵在前，上山迎战。段韶且战且退，引诱北周军上前，准备待他们力气用尽的时候，再行攻击。北周军果然上当，穷追。段韶是骑兵，他们是步兵，不一会儿就气喘吁吁。段韶命令下马交战，两军短兵相接，北周军大败。兰陵王高长恭率五百名骑兵冲入北周军中，杀得北周军人仰马翻。高长恭抵达洛阳城西北角的金墉城下，因为他戴着面具，城上的人也不知道他是谁。北周军涌来，情势危急，高长恭摘下面具，守军一看是兰陵王到了，赶忙派弓弩手下城支援。这时，包围洛阳的北周军军心瓦解，拼命逃走。自邙山到穀水的三十里间，堆满了北周军抛弃的帐篷、辎重和武器。北齐武士唱歌歌颂兰陵王。他们唱的曲子就是《兰陵王入阵曲》，唐朝的时候，这首曲子传到了日本，得到了很好的保留，流传到现在。

齐公宇文宪、同州刺史达奚武和庸公王雄殿后，边战边退。王雄飞马冲入斛律光阵中，斛律光左右逃走，当时身边只剩一个仆人和一支箭。王雄手按长槊，距斛律光仅有一丈左右，他冲斛律光喊道："我爱惜你是一员大将，不愿杀你，我定当生擒你去见我家天子。"斛律光拉弓放箭，正中王雄前额。王雄扑在马上逃走，到达军营的时候，已经不治而亡。王雄是一员大将，他的死让北周军更为惊恐。宇文宪亲自到各处抚慰，人心才稍安。宇文宪准备收拾残兵，明日再战，达奚武劝阻，于是他们回军。中路军和北路军全部败退，南路的权景宣也放弃豫州撤退。三路大军撤退，之前派往沃野镇接应突厥的柱国大将军杨忠也班师回朝。

宇文护没有做统帅的才能，加上这次出征也并非他的本意，因此大败，他和各位将领向宇文邕请求，得到了宽恕。

北齐获胜，高湛对将士大加封赏，不再细表。

第一百二十七节　怪人祖珽

北齐著作郎祖珽，是范阳郡遒县（今河北省涞水县北）人，东晋名将、"闻鸡起舞"的主人公祖逖的老乡。祖珽出生年月不详，他的父亲曾经任东魏护军将军。祖珽自小脑子很灵活，面部表情丰富。他博览群书，写得一手好文章，文风豪放飘逸，年轻的时候就美名远扬。他最开始担任的是秘书郎，经过考核，成绩优异，被任命为尚书仪曹郎中。

祖珽曾为冀州刺史万俟受洛撰写《清德颂》，文章引经据典，高雅华丽。高欢看过后很高兴，从此知道了祖珽这个人，当时高洋担任并州刺史，就任用祖珽为开府仓曹参军。祖珽记忆力惊人，高欢曾经口述给祖珽三十六件事，祖珽出门后凭记忆记录，竟没有遗漏一件事，同僚大为赞叹。高欢护送兰陵公主（华山王元骘的妹妹）和亲柔然，大才子魏收写了《出塞》和《公主远嫁诗》两首诗，祖珽和了两首诗，非常优美，被时人传诵。

然而，祖珽性格粗疏轻率，不能遵规守纪、廉洁从政。仓曹虽然只是一个州的内设机构，但这是个实惠的权力部门，负责征收山东的税负。祖珽把权力发挥到了极致，大肆贪污，积累了丰厚的家产。祖珽会弹胡琵琶，还会亲自谱曲，他召集城中有共同爱好的年轻人唱歌跳舞，到歌伎、舞伎家里寻欢作乐。他经常和陈元康、穆子容、任胄、元士亮等人为声色之游。他们几个曾经在祖珽家里留宿，祖珽拿出山东产的大文绫和连珠孔雀罗等一百多匹作为赌资，让几名美女玩掷樗蒲的赌博游戏取乐。参军元景献是已故尚书元世儁的儿子，他的妻子是司马庆云和博陵长公主（孝静帝元善见的姑姑）所生，非常美貌，也比较风流，祖珽用重金把她召来，跟他们玩乐。祖珽常说："丈夫一生不负身。"

后来，祖珽为高欢的中外府功曹。高欢大宴群僚，丢失了一只金杯，窦泰当时在座，命令参加宴会者都摘下帽子，挨个儿检查，然后在祖珽的发髻上找到了金杯，但高欢没有问他的罪。祖珽又盗取官粟三千石，被鞭打二百，发配到军工厂做苦工。后来，祖珽被高澄起用为秘书丞，当时有南方人拿《华林遍略》到邺城求见高澄，请求购买。这类资料性书籍价值比较高，出价也比较贵，高澄就把很多才子召来，分开抄写，一天一夜就把六百二十卷的《华林遍略》抄完了。高澄把书退了回去，说："不需要。"祖珽偷出数卷，用贩卖所得来赌博。事发，新账老账一起算，祖珽被判处绞刑，但被从轻发落，削职为民。高洋在位的时候，虽然憎恶他多次犯法，但爱惜他的才华，让他到中书省值班。中书省负责上情下达，是权力中枢机关。

高湛为长广王的时候，祖珽知道他有取得帝位的意图和实力，就拼命巴结高湛，曾经献给他胡桃油，用来作画，并借机对高湛说："殿下骨相奇特，孝徵（祖珽字孝徵）曾经梦见殿下乘龙上天。"高湛闻听，非常高兴，说道："如果有那一天，定让老兄大富大贵。"高湛后来登上帝位，没有忘记自己的承诺，提拔祖珽为中书侍郎，再任散骑常侍。祖珽和和士开狼狈为奸，溜须拍马，同受高湛的宠信。高湛让祖珽弹奏胡琵琶，让和士开跳舞，每个人赏赐他们锦缎一百段。

祖珽私下对和士开说："您受到陛下的宠爱，无与伦比，但万一陛下有一天驾崩，您如何善终？"和士开觉得祖珽说得不无道理，一朝天子一朝臣嘛，于是和士开就求计于祖珽。祖珽建议道："应该游说主上说'文襄（高澄）、文宣（高洋）、孝昭（高演）的儿子，都不得立，应该让皇太子早登大位，确定君臣名分'。事成之后，皇后、少主都会感激您，此乃万全之策啊！请您在陛下面前提一提，我当从外面支援您，上表奏议。"和士开当即答应。需要说明的是，高洋的儿子高殷曾经短暂即位，但被高演赶下了台。

巧的是，这时天空出现了彗星，祖珽收买了太史，太史上奏说："彗星的出现，预示着除旧布新，会有更换主子的事情发生。"祖珽也即时上奏说："陛下虽贵为天子，但还没有达到极贵的程度，应该传位太子，以上应天道。"他还附带说了北魏献文帝拓跋弘把位置让给太子拓跋宏（元宏），自己做太上皇的事。高湛之前经过和士开的游说，对此也有过考虑，加之祖珽的游说，也就同意了。但需要说明的是，拓跋弘让位给拓跋宏，有迫不得已的成分，是冯太后所逼。

北齐天统元年（565）十月二十四日，高湛命太宰段韶"持节"，持皇帝玺绶，传位于太子高纬。高纬在晋阳宫登基，立太子妃斛律氏（斛律光二女儿）为皇后。高纬本年才九岁，已经娶妻了。

文武大臣又向高湛奉上了太上皇帝的尊号，军国大事都需要奏报高湛。高湛派黄门侍郎冯子琮和尚书左丞胡长璨辅佐高纬，出入宫中，专管陈奏事宜。

其他人事任命，不再一一细表。

第一百二十八节　斛律金去世

　　北齐河间王高孝琬（高澄第三子）怨恨和士开等人向高湛进谗言，害死了自己的大哥高孝瑜。他扎起草人，用箭射击。和士开得到消息，联合祖珽向高湛告状说："草人代表陛下啊！之前，突厥侵略并州，高孝琬把头盔脱下放到地上，说：'我不是老妇人，不用戴着这个东西！'这话其实是在讽刺陛下（高湛面对强敌，准备逃走）。还有歌谣说：'河南种谷河北生，白杨树上金鸡鸣。'河南、河北之间，就是指河间。高孝琬准备设金鸡大赦（天鸡声动为有赦）。"高湛顿时对高孝琬猜忌起来。

　　碰巧当时高孝琬得到一颗佛牙，放置在宅内，晚上会发出光亮。高湛听说后，命人搜查高孝琬的府第，在镇库内搜到了挂到长槊上的幡数百个，高湛以为这是谋反的用具，命人立即收押高孝琬。高孝琬有一名姓陈的妾，平时得不到他的宠爱，这时站出来诬陷高孝琬，说："孝琬常在陛下的画像前哭泣。"其实，这幅画像是高湛的大哥高澄的，两人是亲兄弟，也有几分相像。高湛大怒，让武士赫连辅玄倒拿鞭子，抽打高孝琬。高孝琬忍受不住疼痛，大喊"叔叔"。高湛说："你敢喊我叔叔！"高孝琬说："臣是神武皇帝（高欢）嫡孙，文襄皇帝（高澄）嫡子，魏孝静皇帝（元善见，皇后为高欢次女）的外甥，为什么不能喊叔叔？"高湛大怒，命人打断了高孝琬的两条腿。高孝琬失血过多而亡，年二十六岁。

　　高孝琬的五弟、安德王高延宗大哭哥哥，眼泪流尽后，竟然流出了血。他也扎起了一个草人，用鞭子边抽打边讯问，说："为何杀死我的兄长？"他的仆人告发，高湛命人把高延宗抓来，让他趴在地上，然后用马鞭抽打了两百下。高延宗几乎被打死。

　　高湛赐侍中、中书监元文遥姓高，不久又任命他为尚书左仆射。从北魏末年以来，县令（长）一职多用权贵的家奴担任，文人以担任此职为耻。元（高）文遥认为，县令（长）直接接触百姓，是治民的关键所在，因此建议改革遴选办法。他秘密选择了王公贵族家的子弟，报请高湛同意后，下诏书征召他们，但又担心他们不肯到任，动用关系说情，因此把他们全部召集到神武门，让赵郡王高叡宣读诏书，一一点名，宣布任命，厚加赏赐后遣送赴任。北齐的士人做县令（长），从此开始。

北齐左丞相、咸阳王斛律金的长子斛律光为大将军，次子斛律羡任幽州刺史，孙儿斛律武都（斛律光长子）任梁兖二州刺史，其他孙子也大都封侯，一门显贵。门中出了一个皇后（高纬的妻子，斛律光次女），两个太子妃（斛律光长女为高百年妃子；高纬为太子时的妃子，目前已是皇后），娶了三位公主（斛律光的儿子斛律武都、斛律世雄、斛律恒伽都娶了公主为妻），在齐国内，三代显贵，无家族能比。

斛律金是老臣宿将，高演登基以来，对他更加优待，每次朝会的时候，总让他乘坐步挽车到大殿台阶前下车，或者派羊车迎接他。然而，斛律金对这种境况没有感到高兴，反而有些担忧。他曾经对儿子斛律光说："我虽然没有读过什么书，但听闻古今外戚很少有能够保全全族的。家有女儿被陛下宠爱，则被诸权贵忌妒；若不被宠爱，则被天子憎恶。我家靠的是军功获得的富贵，何必借助女儿受宠！"

北齐天统三年（567）六月十二日，斛律金去世，享年八十岁。高湛在西堂祭奠，高纬在晋阳宫祭奠，追赠斛律金假黄钺、使持节、都督朔定冀并瀛青齐沧幽肆晋汾十二州诸军事、相国、太尉公、录尚书、朔州（北齐朔州即北朔州，治所招远，今山西省朔州市）刺史，酋长、王爵照旧，谥号为武。又赠给斛律家钱百万。

本年八月，高湛任命东平王高俨为司徒。高俨才十岁，是太上皇帝高湛和胡太后的次子。高俨特别受高湛和胡太后的宠爱，当时兼任京畿大都督，又兼任领军大将军，还兼任领御史中丞。为了显示御史中丞的特殊性，北魏的旧制规定御史中丞外出，和皇太子分路而行，不必避让。当王公和御史中丞外出相遇时，王公必须远远地停车，给驾车的牛解开绳套，让车辕着地，等御史中丞走过后，才能重新套牛驾车行驶。如果动作慢了，御史中丞的卫队就会用红棒殴打王公的车夫。但这种制度在迁都邺城后废除，高湛宠爱高俨，命令恢复了这一制度。高俨从北宫出来，将要去御史中丞府赴任，京畿步骑兵、领军官属、中丞和司徒的仪仗、车驾都一同随从，场面甚是壮观。太上皇帝高湛和胡太后在华林园东门外设立帷帐张望，派使者骑马奔向高俨的仪仗队，不能进入。使者说是奉诏，话音未落，仪仗队的红棒已经打来，把使者的马鞍击碎，坐骑受惊，把使者掀翻在地。高湛哈哈大笑，认为非常精彩，命令高俨停车，慰劳了好一会儿。当时邺城万人空巷，百姓全都出来围观。

高俨长期待在宫中，坐在含光殿处理公务，他的叔叔们还要向他跪拜行礼。高湛有时前去晋阳宫，就让高俨留守京师邺城。每次高俨给高湛送行的时候，都依依不舍，或送到半路，或干脆送到晋阳才回来。高俨的吃喝玩等用度，都和皇帝哥哥高纬相同，由国库供给。高俨有一次在高纬居住的南宫见到了冰冻的新鲜李子，气呼呼地回到了北宫，说："尊兄有，我为何没有？"从此，如果高纬比高俨先得到新奇物件，属官和工匠一定会受到惩罚。

高俨年龄不大，但性格刚毅果断，他曾经对太上皇帝高湛说："尊兄懦弱，凭什么能统率左右？"高湛常常夸赞高俨的才能，有废高纬立高俨之意，胡太后也劝他这么做。但他们态度并不坚决，不久便中止了。

第一百二十九节　于谨、杨忠去世

北周任命贺若敦为中州刺史，镇守函谷关。贺若敦自恃有才，不肯巴结权贵，当年和他资历差不多的大都当了大将军，而自己进步缓慢，加上之前受过不公正待遇，他对朝廷使节常常抱怨。使节回京回禀后，宇文护大怒，把贺若敦召回，逼迫他自杀。贺若敦临死时对长子贺若弼说："为父平生志在平定江南，今无果而终，你必须完成我的志向。我管不住嘴巴，招致灾祸，汝应当谨记。"说罢，贺若敦用锥子把贺若弼的舌头刺出了血，告诫他铭记自己的话。后来，贺若弼果然率兵攻灭了南陈，完成了父亲的遗愿，但遗憾的是，最终贺若弼还是因言获罪致死。

北周信州（今重庆市奉节县东）蛮酋长冉令贤和向五子王等起兵占据巴峡（今重庆市以东江面的石洞峡、铜锣峡和明月峡），声势浩大，两千多里烽烟四起。北周武帝宇文邕命开府仪同三司陆腾督开府仪同三司王亮、司马裔，将他们平定，俘虏了一万多人。冉令贤和向五子王皆被斩首。

南陈内乱，湘州刺史华皎起兵反叛，投降北周，请求北周派军支援。偏安江陵的南梁明帝萧岿是北周的傀儡，也请求北周派军攻打陈国。宇文护准备派兵，天官司会中大夫崔猷认为前几年东征北齐，军士伤亡过半，元气还没有恢复，不宜出兵。宇文护不理，派襄州总管、卫公宇文直督柱国陆通、大将军田弘、权景宣、元定等率军相助。陈国派大将淳于量、吴明彻迎战。两军交战，北周联军大败，宇文直和华皎逃跑江陵，元定愤懑发病去世，南梁大将军李广被擒。吴明彻乘机挥师西山，占领了南梁的河东郡（今湖北省松滋市西北）。宇文直把战败的责任推给了南梁的柱国胤亮，要求萧岿问罪胤亮。萧岿明知胤亮无罪，但不敢违背宇文直的命令，于是把胤亮斩首。陈国又夺取了北周的沔州（治所甑山，今湖北省汉川市东南）。

之前，北周派陈国公宇文纯等人率领仪仗队、警卫、宫女等一百二十人的庞大队伍，前往突厥，迎接突厥公主。但突厥可汗阿史那俟斤准备撕毁婚约，另与北齐订立婚约，于是他扣留了宇文纯一行长达三年之久，不许他们回国。一天，阴云密布，电闪雷鸣，狂风大作，十几天不停，摧毁了突厥数顶帐篷。阿史那俟斤以为是上天惩罚他背信弃义，于是准备了丰厚的嫁妆，把自己的女儿交给了宇文纯，让他护送回长安。

北周天和三年（568）三月八日，宇文纯等人护送阿史那公主到达长安，宇文邕亲自出宫迎接。

三月二十三日，燕国公于谨去世，年七十五岁。于谨功高权重，但他为人谦恭，每次上朝，随从不过两三个骑兵，朝廷每有大事，都和他商量。于谨竭力尽忠，使国家获益，在功臣中格外受到亲信，礼遇隆重，始终受到信任。于谨教育子孙，务必做到恬静谦逊，不追逐名利，他的子孙繁盛，大多显达。宇文邕亲自吊唁于谨，特别加授他使持节、太师、雍恒等二十州诸军事，雍州刺史，谥号为文。于谨下葬的时候，包括王公在内的文武百官都到郊外送葬。

本年（568年）七月九日，随公杨忠也去世了，享年六十二岁。杨忠生病期间，宇文邕和宇文护多次前去看望，并追赠他为太保、同朔等十三州诸军事、同州刺史，以前官职照旧，谥号为桓。他的儿子杨坚继承了他的爵位。杨忠一共五个儿子、三个女儿，五个儿子分别是杨坚、杨整、杨瓒、杨嵩和杨爽。

至此，当年领军的六大柱国李弼、独孤信、赵贵、于谨、李虎和侯莫陈崇，已经全部去世。当年的十二大将军元赞、元育、元廓、宇文导、侯莫陈顺、达奚武、李远、豆卢宁、宇文贵、贺兰祥、杨忠和王雄，十人已去世，元赞不知所终，仅剩达奚武在世。时过境迁，当年入关的武川军团已经人才凋零，本地的关陇豪族慢慢成了主导力量。

第一百三十节　高湛去世

祖珽得宠于皇太后胡氏和当今皇帝高纬，野心膨胀，立志要做宰相。祖珽之前就和黄门侍郎刘逖（著名诗人）关系要好。祖珽要做宰相，先要搬开绊脚石，秘密撰写了赵彦深、高文遥（元文遥）和和士开的罪状，让刘逖帮忙递上去。这几个人都是太上皇帝高湛的红人，刘逖害怕，不敢递上去。很快，这个消息就泄露出去了，赵彦深几个人赶忙前去觐见高湛，自我辩护，同时揭发祖珽的罪行。

高湛大怒，命人把祖珽捉来，质问他道："为什么要诋毁我的士开？"

祖珽也厉声回答道："臣由士开推荐才得以任职，本没有毁掉他的意思。陛下今天既然问臣，臣不敢不回答实情。士开、文遥和彦深等人专权，控制朝廷，和吏部尚书尉瑾内外勾结，结为朋党，卖官鬻爵，大肆受贿，天下有歌谣讥讽他们。若被别有用心的人知道，传遍四面八方，我们该如何应对？陛下不在意，微臣唯恐大齐基业堕落啊！"

高湛说："你竟敢诽谤我！"

祖珽说："不敢诽谤，但陛下抢夺人女。"

高湛说："因为她们饥饿，所以我收养了她们。"

祖珽说："为何不开仓救济，非要买来放入后宫？"

高湛暴怒，用刀环击打祖珽的嘴巴，卫士也棍杖齐下，准备把祖珽当场击毙。

祖珽大喊道："不杀臣，陛下扬名；杀了臣，臣扬名。如果陛下在乎名声，就不要杀臣，臣为陛下炼制金丹。"

最后一句话打动了高湛，他命令卫士住手。

祖珽说："陛下有一个范增，却不能用他。"

高湛又生气了，说："你自比范增，要把我比作项羽吗？"

祖珽回答说："项羽的本事别人未必能比得上，只是天命不属于他罢了。项羽乃布衣，率乌合之众，历时五年成就霸业。陛下凭借父兄的资本，才有今天，臣以为项羽不宜被轻视。臣何止和范增相比，即使张良也不能和臣比。张良作为太子师傅，还需要借助'四皓'（刘邦准备废掉太子刘盈之位，吕后求助张良，请来了"商山四皓"，即东园公、夏黄公、绮里季、甪里先生四位高人，才保住了太子之位），才定了汉朝储君的位置。臣并非辅政大臣，是疏远之人，但竭力尽忠，劝陛下禅位，使陛下被尊位太上皇帝，子居君位，对于您和儿子都保住了福祚。区区张良，何值一提！"

高湛闻听，越发愤怒，命人抓土去堵祖珽的嘴巴。祖珽边吐边说，并不屈服。高湛命令鞭打祖珽两百下，发配到兵器厂劳动，不久又把他发配到了光州（治所东莱，今山东省东莱市）。光州刺史李祖勋厚待祖珽。光州别驾张奉礼领悟朝中权臣意图，上书说："祖珽虽是流犯，但常常和刺史对坐交谈。"高湛下令说："牢掌。"张奉礼理解说："牢者，地牢也。"于是，他命令挖一深坑，把祖珽放置在内，严加防范，枷锁不离祖珽的身子，家人亲戚都不能探视。夜里，他们点燃蔓菁子用来照明，祖珽的眼睛因此被熏瞎了。

高湛决定缓和陈国及北周的关系，派使者到两国访问，得到友好回应。

高湛在晋阳患病，尚书左仆射徐之才出身医学世家，医术高超，为高湛诊治，高湛病愈。和士开奏报高湛，任命徐之才为兖州刺史。

高湛返回邺城后，旧病突然发作，急速派人骑快马去接徐之才。徐之才还在路上的时候，高湛已经病重，把后事交代给了和士开。他握着和士开的手，用微弱的气息说："不要辜负我啊！"北齐天统四年（568）十二月十日，高湛病逝，年三十二岁，谥号为武成皇帝，庙号为世祖，安葬于永平陵。

和士开封锁高湛去世的消息，到了第三天仍不公布，黄门侍郎冯子琮（胡太后妹夫）询问他这样做的原因。和士开回答说："神武皇帝（高欢）、文襄皇帝（高澄）驾崩的时候，都秘不发丧。今至尊年少，恐怕王公怀有二心，我准备把他们全部集中到凉风堂，然后和他们讨论后定夺。"冯子琮知道士开一向和太尉、录尚书事、赵郡王高叡及领军娄定远不和，他担心和士开假传遗诏，把高叡派到地方任职，然后再夺取娄定远掌管的禁卫军，这样小皇帝就会陷于危险之中。于是，

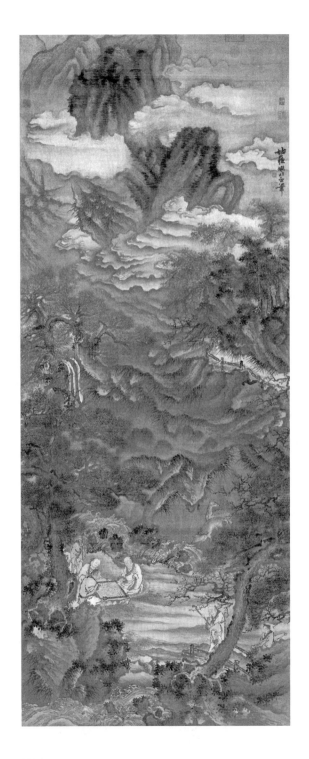

冯子琮对和士开说道："至尊是先皇传的位，群臣中大富大贵者都深受至尊父子的恩惠，只要大臣的职位不变动，王公必然没有异议。时移世易，今时不同往日，且明公多日不出宫门，太上皇帝驾崩之事，朝野都在散播，如果久拖不决，恐怕会引发其他变化。"

和士开觉得冯子琮说得很有道理，就对外发布了高湛去世的消息。皇帝高纬命令大赦。

元文遥认为冯子琮是胡太后的妹夫，皇帝高纬才十二岁，怕他怂恿胡太后垂帘听政，于是他跟高叡、和士开商量一番，外放冯子琮为郑州（治所临颍，今河南省临颍县西北）刺史。

定州（治所中山，今河北省定州市）刺史、博陵王高济，是高湛的十二弟，他对人说："按照次序，也该我做皇帝了。"高纬得到消息后，派杀手刺杀了高济，并以礼安葬了他。

第一百三十一节 "八贵"内斗

之前，北齐侍中、尚书右仆射和士开，深受高湛的信任和亲近，他可以毫无顾忌地出入高湛的卧房，这样也就和胡太后接触多了，胡太后对他很欣赏，让他做了情人。高湛逝世后，和士开是托孤重臣，高纬也对他非常尊重，和士开的权力更大，他和司空娄定远、录尚书事赵彦深、尚书左仆射元（高）文遥、开府仪同三司唐邕、领军綦连猛、高阿那肱、杜长粲同时受宠，掌握大权，时人称他们为"八贵"。

和士开并没有显赫的功劳，是因受到恩幸才有目前的权势滔天，引起了皇室宗亲等人的疑虑和强烈排斥。太尉、赵郡王高叡，大司马冯翊王高润，安德王高延宗和娄定远，元文遥联合向高纬进言，要求把和士开调到地方任职。

正巧胡太后在前殿宴请朝廷大臣，高叡当着胡太后的面，指责和士开道："和士开不过是先帝的一个弄臣，是城墙中的狐狸、祭坛下的老鼠（人们不能因抓狐狸而毁坏城墙，抓老鼠而毁坏祭坛），收受贿赂，祸乱宫廷，我等不能装聋作哑，所以冒死陈奏。"

胡太后自然不悦，质问高叡等人道："先帝在世时，王爷等人为什么不说？今日要欺负我们孤儿寡母吗？只管喝酒，不要多言。"

高叡等人不肯罢休，要求治罪和士开，言辞越来越严厉。仪同三司安吐根说："臣是外国商人，很荣幸能和诸位大臣同列，既蒙受大恩，哪里敢再顾惜生命，依今天形势，不外放士开，朝野不会安定。"

胡太后说："改日再议，王爷等人先走吧。"

高叡等人情绪很激动，有的把官帽扔到了地上，有的拂袖而去，说话嗓门很大，无所顾忌。

高叡等人又来到了云龙门，让元文遥进宫奏请。元文遥进出了三次，胡太后仍然不肯听从。

左丞相段韶让胡长粲（胡太后的哥哥）向高叡等人传胡太后的话说："太上皇帝还没有下葬，事情过于匆忙，请王爷等人再考虑考虑。"高叡等人认为有道理，拜谢。

胡长粲回宫复命，胡太后对他说："成全妹妹母子全家者，是兄长之力呀！"胡太后又对高叡等人厚加赏赐，然后打发他们走了。

胡太后和皇帝高纬向和士开征询对策。和士开说道："先帝在群臣当中最受厚爱，陛下正是守丧之际，大臣却有了觊觎之心，今天如果把臣外放，正是剪除了陛下的左膀右臂。不妨这样对高叡说：'文遥和士开，都受先帝重用，怎么能一去一留？可以都让他们出任州刺史，等安葬先帝后，再派遣。'高叡等人认为臣真的要外任，内心一定欢喜。"

胡太后和高纬就依照和士开所说，对高叡等人说了。高叡等人信以为真，因为同时把他们阵营中的元文遥也一起外放了，虽然对他们是个损失，但只要能赶走和士开，他们也认了。高纬下诏任命和士开为兖州刺史，元文遥为西兖州刺史。丧事已毕，高叡等人催促和士开上路，胡太后想让和士开过了"百日"再走，高叡不许。几天之内，胡太后多次替和士开说话。宦官中有人知道胡太后的心思，就对高叡说："太后既然有此意思，殿下何苦相逼？"高叡说："我承受重托，今陛下年幼，怎么能使奸邪在侧？如果不坚持正义，有何面目面对苍天。"高叡入宫见胡太后，苦劝。胡太后命人给高叡倒酒。高叡严肃地说道："今天讨论的是国家大事，不是为了喝酒！"说罢，高叡拂袖而去。

娄定远为人贪婪，和士开认为可以从他这里打开突破口，于是他拉上两名美女和用珍珠穿成的帘子前去拜会娄定远。和士开谦逊地对娄定远说道："今诸位权贵要杀士开，承蒙王爷（娄定远为临淮王）关照，保全了我的性命，任用为刺史。今天前来告别，特送上美女两名、珠帘一挂。"娄定远闻听大喜，问和士开道："还想回来吗？"和士开故意回答说："我在官内始终不能心安，今日得以外任，正合我的本意，我不愿再回来，请王爷保护，让我长时间担任大州的刺史，我就心满意足了。"娄定远信以为真。和士开拜别，娄定远把他送到了门口，和士开说："今天就要外出任职，我想和太后和陛下拜别一下。"娄定远准许。

和士开得以进宫见到了胡太后和高纬，对他们说道："先帝驾崩之日，我愧不能以死相随。我观察权贵的意图，他们想让陛下做济南王（高殷）的下场，臣外出任职之后，朝中必有大变，臣有何面目见先帝于地下！"说罢，和士开失声痛哭。高纬和胡太后闻听，也都开始哭泣，问道："可有什么计策？"和士开回答说："臣已经进入了宫中，就不再有什么忧虑了，只需要几行诏书就行了。"于是，高纬下诏，任命娄定远为青州刺史，责怪高叡的不臣之罪。事情出现了反转。

第二天早朝，高叡准备入朝再谏，他的妻子和孩子都阻拦他。高叡说："社稷为重，我宁死报答先皇，不忍心看到朝廷颠簸摇荡。"高叡到达殿门的时候，又有人对他说："殿下不要进去，恐怕有不测。"高叡说："我上不负天，死而无恨！"高叡遂入见胡太后。胡太后还是重复以前的话，高叡态度坚决，两个人不欢而散。高叡走出来，走到永巷的时候，遭遇埋伏，被押送到华林园雀离佛院。胡太后命令御用杀手刘桃枝把高叡勒死。高叡年三十六岁。史书上关于刘桃枝的记载很少，估计他是身材魁梧、武艺高超的一个人。高叡久掌朝政，清正廉洁，朝野都为他叫屈。

高纬又下诏任命和士开为侍中、尚书左仆射。娄定远赶紧归还了之前和士开送给自己的两名美女和珠帘，外加送上金银珠宝贿赂和士开。

之前，官女陆令萱丈夫骆超因叛乱罪被处死，她被发配宫中为奴婢，儿子骆提婆随她入宫，也同为奴。高纬在襁褓中的时候，因为陆令萱的奶水比较多，被指作高纬的奶妈。陆令萱非常聪明狡猾，善于讨好人，得到胡太后的宠信，在后宫之中作威作福，还被封为郡君。和士开、高阿那肱攀附陆令萱，拜她为干娘。高纬当政后，任命陆令萱为女侍中。陆令萱让儿子骆提婆侍奉高纬，他们朝夕游乐，骆提婆也逐渐升迁至开府仪同三司、武卫大将军。有名宫女叫穆舍利，非常漂亮，是斛律皇后的婢女，得宠于高纬，陆令萱巴结她，做了她的养母，推荐穆舍利为弘德夫人（弘德、崇德、正德三夫人，位比三公）。陆令萱还让儿子骆提婆改姓为穆。

高纬非常想念祖珽，派人到光州的地牢把他救出，但又顾忌和士开等人，于是任命祖珽为海州（治所朐山，今江苏省连云港市）刺史。祖珽巴结陆令萱，他写信给陆令萱的弟弟、仪同三司陆悉达，让他们姐弟防备赵彦深。和士开认为祖珽有胆有识，想让他为自己效力，于是摒弃前嫌，联合陆令萱建议高纬召祖珽入朝。这也正合高纬的心意，于是高纬召祖珽回京，任命他为秘书监，加开府仪同三司的待遇。

和士开忌惮胡太后的哥哥胡长仁，就密告他骄傲放纵。胡长仁被外放为齐州（治所历城，今山东省济南市）刺史。胡长仁怨恨，派刺客刺杀和士开，但没有成功。和士开就和祖珽商量对策，祖珽向高纬讲了汉文帝诛杀舅舅薄昭的故事，于是高纬派使者赐死了舅舅胡长仁。

第一百三十二节　宜阳汾北之战

564年北齐北周邙山之战，北周大败，经过几年的时间，北周逐渐恢复了实力，而北齐内部又血腥斗争不断，这让北周有了觊觎之心。晋国公宇文护将要派兵，柱国、勋州刺史韦孝宽派长史辛道宪前往京师长安劝阻，宇文护不听。北周天和四年（569）九月，北周派齐公宇文宪和柱国李穆率军前往宜阳（今河南省宜阳县西），构筑了崇德等五座城池，包围了宜阳，切断运粮通道，准备攻占宜阳后，再进逼洛阳。

天和五年（570）正月，北齐派太傅斛律光率领三万大军前去解救宜阳。北周张掖公宇文桀、中州刺史梁士彦和开府将军梁景兴等人率军屯扎在鹿卢交道上，阻截斛律光大军。两军对垒，斛律光身披铠甲，手拿长槊，身先士卒，杀入北周军，两军刚一交手，北周军就大败，被斩首两千多人。斛律光率军抵达宜阳，和宇文宪对峙了一百多天。斛律光命修筑了统关、奉化两座城池，以打通通往宜阳的道路，然后班师。宇文宪号称率领了五万大军，紧随斛律光大军之后，斛律光率领骑兵回击，大败北周军，俘虏了北周开府宇文英、都督越勤世良、韩延等人，并斩首北周军三百多人。宇文宪又命宇文桀、梁景兴等人率领三万大军堵塞鹿卢交道，斛律光和韩贵孙、呼延族、王显等人合击北周军，北周军大败，斛律光斩梁景兴，缴获战马一千多匹。高纬下诏任命斛律光为右丞相、并州刺史。

六月二十二日，高纬的弘德夫人穆舍利生下了一名男婴，取名高恒，因为之前斛律皇后只和高纬育有女婴，这是高纬的第一个儿子，他非常高兴，大赦天下。陆令萱想立高恒为太子，但恐怕引起斛律皇后的愤怒而招致祸端，于是告知高纬，把高恒交给了斛律皇后抚养。

北齐和北周在宜阳的战役呈拉锯状态，久拖不决。北周勋州（治所玉壁）刺史韦孝宽对他的部下说："宜阳不过是一城之地，得之失之并不太重要，两国却劳师动众，经年争夺。齐国多谋士，不乏具有谋略之人，若放弃宜阳，来围汾北（汾水之北，汾水为黄河第二大支流），我们的边境必然被侵扰。为今之计，应该在华谷和长秋迅速筑城，以断绝贼寇的打算。如果他们先于我方动手，我们再夺取就会非常困难了。"于是韦孝宽绘制了地形图，向宇文护报告。

宇文护派长史叱罗协对韦孝宽的使者说："韦公的子孙虽然众多，但仍然不满一百个，汾北筑城，派谁来防守？"于是韦孝宽筑城的想法就没有了下文。

不出韦孝宽所料，斛律光果然率领五万大军，在汾北修筑了华谷和龙门两座城池。斛律光抵达汾东，与韦孝宽相见，斛律光说："宜阳这座小城，两国征战已久，今天我们决定舍弃，准备在汾北取得补偿，请你不要怪罪。"

韦孝宽回答："宜阳是你们的要冲，汾北是我们的抛弃之地，我们抛弃，你们拾起，何谈补偿？且明公辅佐幼主，位置高、名望大，不抚恤百姓而穷兵黩武，贪图平常之地，使百姓疲敝，生灵涂炭，我私下认为明公此举不可取啊！"

斛律光率军包围了定阳（今山西省吉县），又修筑了南汾城（定阳西北）进逼。北周军撤除了对宜阳的包围，来援救汾北。

宇文护很焦急，征询宇文宪的意见，宇文宪说："依我所见，兄长应该暂且出镇同州（治所武乡），制造声势，我请求率精兵打前锋，随机攻取。这样不但能使边境清静，还应当有意外收获。"宇文护赞同。

斛律光又在汾水北一连修筑了平陇、卫壁、统戎等十三座城池，他骑在马上驰骋，需要筑城的地方，他就用马鞭在地上做个标记，开拓国土五百里，但他并不邀功。斛律光和韦孝宽大战于汾北，斛律光大胜，斩首和俘虏千名北周将士。宇文宪率两万大军东进，从龙门渡过黄河，北齐新蔡王王康德畏惧，在夜间悄悄撤走。宇文宪西归，他命令挖掘汾水，使汾水改道，水南的城堡又归于齐国。齐军防守松懈，宇文宪渡河，攻击伏龙等四个城堡，两天时间全部攻下。宇文宪又攻克了张壁，收拢粮食、辎重后，将城堡夷为平地。斛律光当时在华谷（今山西省稷山县西北），无法前去救援，攻克了北周的姚襄城（今山西省吉县南）。这时，宇文护派陈公宇文纯攻克了宜阳周围的九个城堡，北齐派斛律光率领五万大军，前去救援。宇文宪攻克了北齐的柏社城后，又攻克了姚襄城。

宇文护派中外府参军郭荣，在姚襄城南和定阳城西修筑了两个城堡。北齐太宰段韶和兰陵王高长恭率军攻击，大破北周军。

北齐武平二年（571）六月，段韶和高长恭包围了定阳城，北周汾州（治所定阳，今山西省吉县）刺史杨敷率军坚守，北齐军猛攻，攻克了外城，杀死了所有百姓。正在这时，段韶突然生病了，他对高长恭说："该城三面都是深谷，皆无路可走，唯独忧虑东南的这条道，贼人必定从这条道逃走，如果派精兵把守，必能生擒他们。"于是，高长恭命令一千多名勇士埋伏在东南谷口。定阳城中粮食用尽，宇文宪率军前来救援，但畏惧段韶，不敢前进。杨敷乘夜率兵从东南道逃走，被北齐勇士伏击，杨敷等人全部被俘。二十九日，北齐军开进了北周的汾州和姚襄城，唯独郭荣所修筑的城堡得以保全。

斛律光率军与北周军大战于宜阳城下，夺取了北周的建安等四座城堡，北周军退却，斛律光俘虏一千多人后班师。

杨敷不肯投降北齐，被关押大牢，后死在牢里。北周没有表扬他的节操，也没有追赠他官职和谥号。杨敷的儿子杨素（隋朝重臣），本年二十八岁，他上书北周武帝宇文邕，为父亲鸣不平。宇文邕没有理睬，杨素请求三次，宇文邕大怒，命左右处斩杨素。杨素大喊道："臣侍奉无道天子，死了也并不遗憾！"宇文邕赞许他的话，就追赠杨敷为大将军，谥号为忠壮，任命杨素为仪同三司，自此，宇文邕逐渐对杨素予以栽培。

第一百三十三节　高俨、和士开之争

斛律光在宜阳取得了胜利，率军班师邺城，还没有抵达邺城的时候，高纬派人通知解散军队。斛律光认为将士多立有战功，还没有得到犒劳就解散，作为统帅，他无法交代。因此，他秘密上表，请求高纬派遣使者下诏书慰劳。斛律光率大军继续前进，到达邺城西郊紫陌的时候，才命令安营扎寨，等待使者。高纬得知斛律光大军接近邺城的时候，内心非常不痛快，开始对斛律光有了疑心。高纬急令舍人召斛律光入朝，然后宣旨慰劳了将士，宣布解散。

高湛驾崩后，高俨被改封为琅邪王，他对和士开、穆提婆等人恣意弄权、大修府第非常不满，曾经对他们说："你们的修建工程早该完工了吧，为什么拖延这么久？"二人对高俨也比较忌惮，私下里说："琅邪王目光锐利，数步之内还能感觉到射人，之前和他短暂对视，不觉得就流下了汗，在天子面前奏事还不至于这样。"从此，他们开始嫉恨高俨。他们游说高纬，让高俨到邺城的北宫居住，五天一上朝，不能随时见到胡太后。

高俨被任命为太保，保留了御史中丞和京畿大都督的职位，其他职务被免去。和士开等人认为，北宫有武库，高俨又掌握京畿的兵马，于是就准备把高俨外放，然后夺取他的兵权。治书侍御史王子宣，与高俨的亲信、开府仪同三司高舍洛，中常侍刘辟疆，劝高俨道："殿下被疏远，正是因为被和士开诬陷，怎么能再从北宫进入地方呢？"高俨认同他们的意见。高俨对侍中冯子琮（胡太后妹夫）说："和士开罪恶深重，我准备除掉他，您看怎么样？"冯子琮准备废掉高纬而立高俨为帝，他劝高俨行动。

高俨让王子宣收集和士开的罪状，然后上表弹劾，请求把和士开收押审问。冯子琮把王子宣的奏章和其他文书放在一起，报给了高纬。文书那么多，高纬没有细看，实际上也看不过来，他提笔在这些文书上进行了签批。高俨欺骗领军库狄伏连说："今奉诏书，让领军捉拿和士开。"因为和士开是皇帝的红人，库狄伏连不敢轻举妄动，告诉了冯子琮，让他再到皇帝高纬处证实。冯子琮说道："琅邪王奉诏，何须再奏。"库狄伏连这下相信了，安排了五十名京畿军士埋伏在了神虎门外，并告诫守门士兵不准和士开入内。

北齐武平二年（571）七月二十五日凌晨，和士开按照习惯，入宫中参加朝会，库狄伏连上前抓住和士开的手，说："今天有一件大好事。"这时，王子宣把一封书信交给和士开说："奉诏，让淮阳王（和士开）前往尚书台。"他当即派遣军士把和士开押送至尚书台。高俨派都督冯永洛在尚书台把和士开斩杀。和士开年四十八岁。

高俨的本意只是把和士开杀了了事，但他的党羽可不这么想，他们打算乘机冲入宫中，推翻高纬，另立高俨为帝，如此他们就能成为肱股之臣。因此，他们逼迫高俨说："事已至此，不能中止。"于是，高俨亲自率领京畿三千名将士屯扎于永巷北的千秋门。高纬派刘桃枝率领八十名禁卫军前去召高俨，刘桃枝很老到，老远见到高俨后就下拜。高俨命令把刘桃枝反绑起来，准备杀掉他，禁卫军逃走。高纬又派冯子琮召见高俨，高俨不接受，说道："和士开过去的所作所为确实应该死一万次。他准备阴谋废掉至尊，将家家（北齐皇室称母亲为'家家'）削发为尼，所以臣才矫诏杀了他。尊兄如果要杀了臣，我不敢逃跑避罪，如果赦免臣，请派姊姊（北齐皇室称呼乳母为'姊姊'，这里指陆令萱）前来迎接，臣就会入内觐见。"其实，高俨是想把陆令萱引诱出来杀掉。陆令萱当时拿刀站在高纬身后，听到高俨的话后，吓得浑身战栗。

高纬又派亲信韩长鸾传召高俨。事不过三，高俨准备入宫。这时，刘辟疆拉着他的衣服，劝道："如果不杀穆提婆母子，殿下不能入内。"广宁王高孝珩和安德王高延宗从西边赶来，问："为什么还不进入？"刘辟疆回答道："兵少。"高延宗环视四周，说道："孝昭帝（高演）杀杨愔，只有八十人，今天有数千人，怎么能说少？"

高纬看到事态严重，哭着对胡太后说："有缘，还能再见到家家；无缘，这是永别。"高纬急召斛律光支援，高俨也召斛律光帮忙。斛律光听说高俨杀死了和士开，鼓掌大笑道："龙子所为，自然不同于凡人。"斛律光入宫，在永巷拜见高纬。

当时高纬已经召集了宿卫兵，步兵和骑兵在内共四百人，发给他们铠甲武器，准备出战。斛律光说："小儿辈弄兵，与他们交手容易造成混乱。俗语说：'奴见主心死。'至尊应该亲临千秋门，琅邪王必定不敢擅动。"斛律光是名将，高纬听从了他的建议。

斛律光步行在前引路，派人出去宣布说："大家（皇帝）来！"高俨的部属果然惊骇得一哄而散。高纬骑马在桥上，遥呼高俨。这时，高俨已经呆若木鸡，斛律光近前，对他说："天子的弟弟杀死一个人，何苦如此！"斛律光伸手拉起高俨的手，强行前进。高俨想不走都不行，只能跟着前进。斛律光替高俨说情道："琅邪王年少，肠肥脑满，行为草率，等长大了自然不会再这样了，请宽恕他的罪行。"高纬抬手抽出高俨的佩刀，用刀柄乱敲高俨的头，几次准备杀了他，但过了好一会儿，又把他放了。

高纬命抓捕了库狄伏连、高舍洛、王子宜、刘辟疆和都督翟显贵，在后园把他们肢解，然后把尸体丢到了大街上。高纬准备杀光高俨府中的文武官吏，斛律光劝道："他们都是权贵子弟，诛杀了他们，恐怕会人心不安。"赵彦深也说："《春秋》说只责怪统帅。"高纬于是按他们的罪行大小，分别治罪。

胡太后责问高俨为什么这么做。高俨回答说："是冯子琮教儿这么做的。"胡太后大怒，派使者用弓弦勒死了冯子琮，然后派宦官用拉杂物的车子把冯子琮的尸体拉回了家中。胡太后为了保护高俨，从此，常留高俨到她的宫中居住。每次吃东西的时候，胡太后必定先亲自品尝，防止有人下毒。

本年（571 年）九月十四日，平原王段韶去世了，北齐失去了一员名将。段韶谋略超群，将士誓死效力，他征战时为元帅，入宫则为高参，功劳高，威望重，而性情温和，为人谨慎，有宰相的气度。

祖珽游说陆令萱，把赵彦深外放为兖州刺史。高纬任命祖珽为侍中。陆令萱和宠臣何洪珍都劝高纬杀死高俨。高纬犹豫不事实上，就把祖珽请来问计。祖珽说："周公诛管叔，季友鸩庆父。"高纬带高俨到了晋阳。九月二十五日，高纬禀报胡太后，以打猎为名，叫高俨早起，命御用杀手刘桃枝勒死了高俨，他的四个遗腹子也被杀死。高俨年十四岁。京畿府遂被撤销。

第一百三十四节　宇文邕铲除宇文护

西魏大统十六年（550）十二月，当时身为西魏丞相的宇文泰，建立了左右十二军，隶属丞相府。556年，宇文泰去世后，十二军归宇文护领导，到572年已经长达十六年，其间军事调动，必须有宇文护的手令才行。宇文护府第戒备森严，侍卫的数量比皇宫还多。宇文护的儿子们及其下属贪污残暴、横行无忌，朝野对他们非常痛恨，但敢怒不敢言。武帝宇文邕吸取宇文觉等人的失败教训，韬光养晦，对宇文护及其儿子的所作所为一概不问，假装不知。朝野都不了解宇文邕的真实想法。

宇文护曾经问稍伯中大夫庾季才（著名天文学家）道："近日天道如何？"庾季才回答说："明公对我恩重如山，我不敢不实话实说。近来三台六星（比喻三公之位）出现变化，明公应该把政权交给天子，离职回家养老。如此，则享百岁之寿，后人会称赞明公具有周公姬旦和召公姬奭那样的美德，子孙世为重臣。否则，结局就不是我能预料的了。"

大丈夫不可一日无权，宇文护听了庾季才的一番话后，很不痛快，说道："我的本心正如你所说，但辞呈未获批准。你既然是天子的属官，可依照朝廷惯例，无须再参见我了。"从此，宇文护疏远了庾季才。

卫公宇文直，是宇文邕的六弟，他们是一母所生。他平日和宇文护的关系较为亲近，但上次和南陈交战失利后，被宇文护免去了官职，从此对宇文护怀恨在心。宇文直劝宇文邕诛杀宇文护，希望能得到宇文护的位置。宇文邕现年三十岁，从即位至今已经十二年，受够了宇文护的嚣张跋扈。这些年，宇文邕也暗自培养了亲信力量，在宇文直的劝说下，他和宇文直、宫伯中大夫宇文神举、内史下大夫王轨、右侍上士宇文孝伯在一起商量铲除宇文护的计划。

宇文护是宇文邕的堂兄，宇文邕在宫中见到宇文护的时候，常向他行家庭礼。叱奴皇太后在座的时候，赐给宇文护座位，宇文邕要站在一旁。

北周天和七年（572）三月十四日，宇文护从同州返回京师长安，宇文邕在文安殿接见他后，引他入含仁殿拜见叱奴皇太后。在路上，宇文邕对宇文护说："太后年事已高，依然喜欢饮酒，我多次劝告，但效果甚微。今兄长入朝，望您再劝劝她老人家。"说罢，宇文邕从怀中掏出了《酒诰》（周公姬旦所作）交给了宇文护，说，"就用它来规劝太后。"

他们进入了含仁殿拜见太后。礼毕，宇文护就按照宇文邕所说，拿出《酒诰》读了起来。宇文护聚精会神地读《酒诰》的时候，宇文邕突然拿玉圭用力地敲向了宇文护的后脑勺，宇文护没有防备，扑通一声就倒在了地上。宇文邕命宦官何泉用御刀砍宇文护，但何泉已经吓傻了，全身哆嗦，下不去刀。这时，躲藏在室内的宇文直一跃而出，将宇文护斩首，宇文护年六十岁。当时宇文神举等人都在宫外，没有其他人知道此事。

宇文邕召来了宫伯长孙览，告诉他宇文护已被诛杀，命令他逮捕宇文护的儿子宇文会、宇文至、宇文静、宇文乾嘉，以及宇文乾基、宇文乾光、宇文乾蔚、宇文乾祖、宇文乾威等人，一并逮捕了宇文护的亲信，柱国侯龙恩、大将军侯龙万寿（侯龙恩弟弟）、大将军刘勇、中外府司录尹公正、袁杰、膳部下大夫李安等人，就在殿中斩杀。开府仪同三司侯植，是侯龙恩的弟弟，曾经规劝侯龙恩和宇文护要忠于宇文邕，但不被接纳，侯植后忧虑而死。因此，宇文邕认为侯植是忠臣，赦免了他的子孙。

大司马兼小冢宰、雍州牧、齐公宇文宪，是宇文邕的五弟，他是宇文护的亲信，参与宇文护的决策，权势显赫。宇文护有所奏报的时候，就让宇文宪转达宇文邕，宇文邕有什么指示的时候，也让宇文宪传达给宇文护。宇文宪比较能为大局考虑，他顾虑宇文邕和宇文护发生冲突，因此尽力使双方的语气显得平和圆润。宇文邕也深知这一点。宇文护被杀后，宇文邕传召宇文宪入宫。宇文宪见到宇文邕后，摘下官帽跪拜谢罪。宇文邕对他安慰一番，派他到宇文护的府中没收兵符和文书。宇文直嫉妒宇文宪，劝宇文邕杀了宇文宪，宇文邕没有接受。

宇文护的世子宇文训当时为蒲州（治所蒲坂，今山西省永济市）刺史，宇文邕派柱国宇文盛前去传召宇文训进京。他们行走了一百三十多里，到达了同州，宇文盛传达宇文邕的旨意，命宇文训自杀。宇文护的另一个儿子宇文深当时出使突厥，宇文邕派开府仪同三司宇文德携带诏书，前往突厥诛杀了宇文深。宇文护的长史叱罗协、司录冯迁等人，皆被贬为平民。

宇文邕查阅宇文护的档案，凡发现有劝宇文护篡位的，立即诛杀。宇文邕发现了庾季才写给宇文护，劝他归还政权的信，赏赐给庾季才粮食三百石、绸缎一百匹，提拔他为太中大夫。

宇文邕任命尉迟迥为太师，窦炽为太傅，李穆为太保，宇文宪为大冢宰，宇文直为大司徒，陆通为大司马，辛威为大司寇，宇文诏为大司空。

宇文直性格浮躁诡异，贪婪狠毒。之前他希望得到大冢宰的位置，希望落空后，他闷闷不乐，请求担任大司马一职，希望能掌握兵权。宇文邕了解他的心意，对他说道："兄弟长幼有序，怎么能排名再往后靠呢！"因此任命他为大司徒，排名在大司马之前。

第一百三十五节　斛律光被杀

北齐尚书右仆射祖珽,权倾朝野,左丞相、咸阳王斛律光认为祖珽寸功未立,仅凭舞文弄墨却到了如此高位,因此十分讨厌他。他远远望见祖珽,就咒骂道:"多事的乞讨小人,又要冒什么坏水!"斛律光曾经对众将说:"过去调动兵马,赵令(尚书令赵彦深)每次都与我们商量,瞎子(祖珽)掌管机密以来,完全不理会我们,我恐怕他会误了国家大事。"

斛律光曾经在朝堂垂帘休息,祖珽不知,骑马从堂前经过,斛律光大怒道:"这个人竟敢如此无礼!"后来祖珽在门下省说话,嗓门很大又慢条斯理,正好斛律光经过听到,斛律光又大怒。祖珽觉察到了斛律光对他的态度,私下里贿赂斛律光的随从奴仆,询问原因。奴仆说:"自明公当权以来,相王每天夜里都抱着膝盖叹息说'盲人弄权,国家必定破败啊'。"

开府仪同三司、武卫大将军穆(骆)提婆请求迎娶斛律光的庶女,但斛律光不同意,得罪了穆(骆)提婆。高纬把晋阳的一些田地赐给穆(骆)提婆,斛律光在朝堂上公开表示反对,他说:"这块土地,神武皇帝(高欢)以来,经常种植牧草,饲养战马数千匹,用它们来抵御贼寇。今天如果赐给穆(骆)提婆,这不是要影响军务吗?"此事也就作罢。因此,祖珽、穆(骆)提婆与斛律光都结了仇。

斛律皇后(斛律光的二女儿)在高纬面前不得宠,祖珽决定进一步离间高纬和斛律家的关系。当时斛律光的弟弟斛律羡为都督、幽州刺史、行台尚书令,善于治兵,其军兵强马壮,军容严整,城堡戒备森严。突厥很畏惧他,称他"南可汗"。斛律光的长子斛律武都,为开府仪同三司、梁兖二州的刺史。

斛律光贵极人臣,但生性节俭,不喜欢歌舞和女色,很少接见宾客,不接受馈赠,不贪恋权势。每次朝会的时候,他常常最后发言,但每次都能讲到点子上。

有表上奏的时候，他让人执笔，他口授，务求语言简洁明了。行军打仗模仿他父亲斛律金的方法，营寨没有安顿好之前，他不入驻大帐。有时他整日不坐，不脱铠甲，身先士卒。士卒犯罪的时候，他命人捶打士卒的后背给予适当教训，但从不枉杀。斛律光从军以来，未曾败北，敌国对他非常畏惧。

北周勋州刺史韦孝宽忌惮斛律光的英勇，秘密派人到邺城传播歌谣说："百升飞上天，明月照长安。"又说："高山不推自崩，槲树不扶自竖。"歌谣传播的速度很快，邺城的小孩儿都能在道路上传唱。祖珽认为这是个陷害斛律光的大好机会，于是在歌谣后面又接了两句："盲老公背受大斧，饶舌老母不得语。"穆（骆）提婆听到后，告诉了陆令萱。陆令萱认为"饶舌老母"指的是她，"盲老公"指的是祖珽。这时，祖珽让他妻子的哥哥郑道盖把歌谣呈报了高纬。高纬询问祖珽，祖珽和陆令萱都说："我们都听说了。"祖珽更进一步解释这首歌谣的意思说："百升者，斛也（一百升为一斛）；盲老公，说的是臣，与国同忧；饶舌老母，好像指的是女侍中陆令萱。而且斛律家世代为大将，斛律明月（斛律光字明月）声震关西，斛律丰乐（斛律羡字丰乐）威服突厥，斛律光的女儿为皇后，儿子娶公主（斛律武都的妻子为义宁公主），谣言甚是可怕啊！"

高纬准备对斛律光下手，他征询亲信韩长鸾的意见。韩长鸾认为不可以那么做，事情也就暂时搁置了。

祖珽不死心，请求和高纬单独谈话，当时仅有何洪珍在场，高纬说："上次你说的事，朕本来要行动，韩长鸾认为不可以。"祖珽还没有搭话，何洪珍立即说："如果没有这个意思还可以，既然有这个意思而不果断执行，万一泄露出去，怎么办？"高纬说："何洪珍说得对。"但诛杀上将非同小可，高纬犹豫不定。

祖珽收买了丞相府官员封士让，让他上奏说："斛律光上次西征回军，诏令他解散部队，斛律光不但不解散，反而引兵逼近京城，将行不轨之事，事情没有成功便中止了。斛律光家藏铠甲武器，家童奴仆有一千多人，他多次派使者前往斛律丰乐和斛律武都的任所，阴谋往来。如果不早日拿掉他，恐怕会有不测事件发生。"

高纬这下相信了，对何洪珍说："人心是有感应的，我上次就怀疑他准备谋反，果不其然。"高纬生性怯弱，恐怕事情有变，命何洪珍传召祖珽。祖珽来到后，高纬对他说道:"我准备召见斛律光,但担心他不服从命令。"祖珽说:"请陛下派遣使者赠送给斛律光骏马,并对他说'朕明日将游东山,王爷可以乘它同行',斛律光必定入宫道谢,到时候可以把他逮捕。"高纬同意了。

北齐武平三年(572)七月二十八日,斛律光进宫,走到凉风堂的时候,御用杀手刘桃枝从后面扑向斛律光,但斛律光身强体壮,没有被扑倒。斛律光身为功臣宿将,在宫内遇到袭击,他立刻明白了是怎么回事,回头说:"你刘桃枝经常做这种事,我不负国家。"刘桃枝和三个大力士一起扑了上来,用弓弦勒住斛律光的脖子,把斛律光勒死。斛律光年五十八岁。斛律光的鲜血滴到了地上,渗入了地砖里,之后无论如何清洗都洗不掉。高纬下诏,称斛律光谋反,并杀死了开府仪同三司斛律世雄(斛律光三子)、仪同三司斛律恒伽(斛律光四子)。斛律光的二儿子斛律须达之前已经去世。斛律光最小的儿子斛律钟,当时年幼,被赦免。

祖珽命二千石郎邢祖信查抄斛律光家。祖珽在尚书省问邢祖信都查到了什么物品,邢祖信回答说:"查得弓十五张,宴会时游戏用的箭一百支,刀七十把,御赐长槊两支。"祖珽闻听,脸色很难看,厉声问道:"还有什么物品?"邢祖信回答说:"还有枣棍二十把。他的奴仆和人打斗者,不问缘由,一律杖责一百下。"祖珽感到非常惭愧,低声对邢祖信说:"朝廷已施重刑,郎中不宜为他昭雪!"散会后,有人怨邢祖信太刚直,邢祖信愤慨地说道:"贤相尚且身死,我何必顾惜余生!"

高纬派使者到州府斩杀斛律武都,又派中领军贺拔伏恩斩杀了斛律羡和他的五个儿子。

北周武帝宇文邕得到斛律光被杀的消息后,大喜,大赦。这一年(572年),北周铲除了权臣宇文护,北齐则冤杀了大将斛律金,北周国势日强,北齐国势日衰。

北周灭亡北齐后,追封斛律光为上柱国、崇国公。斛律钟承袭了父亲斛律光崇国公的位置,在隋朝开皇年间死在骠骑将军的任上。

第一百三十六节　太姬陆令萱

北齐胡太后放荡不羁，还和和尚昙献通奸，不少和尚得知后，戏称昙献为太上皇。皇帝高纬也听到了些风声，但他并不相信。有一次，他拜见胡太后，看见胡太后身边站立的两个"小尼姑"眉清目秀，很喜欢，于是召来陪侍，结果发现是两个男子。高纬大怒，命令追查，昙献等人的事情被揭露，全部被杀。高纬下令把胡太后幽禁到了邺城的北宫。

胡太后被幽禁，祖珽打算让陆令萱做太后。他游说陆令萱，并找出了北魏文成帝拓跋濬乳母常氏被封为"保太后"的例子。祖珽还厚颜无耻地对人说："陆令萱虽然是女子，实则是英雄豪杰，自女娲以来，还未曾出现过。"陆令萱也肉麻地吹捧祖珽为"国师""国宝"，祖珽得以被任命为仆射。

斛律光被害死后，祖珽和侍中高元海共同执政。高元海的妻子是陆令萱的外甥女，因此他们过从甚密，高元海就多次把陆令萱私下说的话告诉祖珽。祖珽请求担任领军的职位，执掌禁卫军，高纬同意了。但高元海恐怕对己不利，私下告诉高纬说："祖孝徵（祖珽字孝徵）是汉人，双目又盲，怎么能担任领军呢！"高元海又说祖珽和广宁王高孝珩（高澄次子）过从甚密，高纬于是中止了这一任命。祖珽知道肯定是高元海作梗，于是求见高纬，进行自我辩护，并且说："臣与高元海素有嫌隙，必是高元海诬陷臣。"高纬脸上表现出了不自然，他没有隐瞒，把实情告诉了祖珽。祖珽反戈一击，说高元海和司农卿尹子华等人结为朋党，图谋不轨。祖珽又把平日高元海私下说的话告诉了陆令萱。陆令萱大怒，鼓动高纬外放高元海为郑州（治所颍阴，今河南省临颍县西北）刺史。尹子华等人也被免职。

从此，祖珽专掌机密，独掌尚书骑兵曹和外兵曹，其亲戚也都占据显要位置。高纬常命亲信宦官搀扶祖珽进出皇宫，一直到永巷。祖珽多次和高纬同坐御榻，讨论国家大事。高纬委任祖珽之重，群臣谁都不能相比。

胡太后也认识到自己放荡的行为不妥，想方设法讨好儿子。胡太后把兄长胡长仁的女儿精心打扮一番，把她接到宫中，和自己同吃同住，故意让高纬看见。高纬见到胡氏，果然心花怒放，把她纳为昭仪（仅次于皇后）。斛律皇后被废后，陆令萱准备立穆舍利（黄花），但胡太后准备立胡昭仪。仅凭胡太后自身之力，必不能如愿，于是她放低姿态，言辞谦卑，还奉上厚礼，请求陆令萱促成此事，还和陆令萱结为姊妹。陆令萱也知道胡昭仪正受高纬的宠爱，不得已，与祖珽劝高纬立胡昭仪为皇后。北齐武平三年（572）八月十九日，高纬立胡氏为皇后。

陆令萱本意是立穆舍利（黄花）为皇后，结果被胡氏占据皇后之位，心里很不舒服，就暗自盘算如何让穆氏上位。一天，她对高纬说："岂有儿子为皇太子，自己却做婢妾的（穆舍利生太子高恒）？"怎奈这时胡皇后正受高纬宠爱，她的话没有起作用。陆令萱于是又请来了巫师，采用巫蛊之术，不到一个月，胡皇后竟然精神恍惚。高纬本来就胆小，遂对胡皇后产生了恐惧心理，甚至讨厌她。有一天，陆令萱突然拿出了皇后的服饰让穆舍利（黄花）穿上，坐在了之前制作的宝帐之中，帐中放置一些珍奇玩物。陆令萱对高纬说："有一位圣女下凡，请陛下前往观看。"等见到穆舍利（黄花）后，陆令萱说："如此超凡脱俗的女子不做皇后，让谁去做？"高纬也被眼前景象迷惑，于是答应了。

不过，高纬对胡皇后仍有感情，于是封穆舍利（黄花）为右皇后，胡皇后为左皇后，这也是个折中的办法。

但陆令萱并不满意，又想出了一条毒计。有一天，她故意在胡太后面前气愤地说："这个亲侄女是什么东西，竟然这样说话！"胡太后赶忙问是怎么回事，陆令萱说："不方便说。"胡太后非让她说，陆令萱说："她对陛下说'太后行为多处违背礼仪，不能做表率、发训令。'"胡太后闻听大怒，这正是她的痛点。她把胡皇后喊出来，不由分说，命人剃去了胡皇后的头发，送回了娘家。高纬废掉了胡皇后，贬为平民，但仍然想念她，时常派人向她送东西致意。

高纬任命高阿那肱为录尚书事，掌管外兵曹和内省机密。高阿那肱和侍中、城阳王穆（骆）提婆，领军大将军、昌黎王韩长鸾，共同主持朝政，人称"三贵"。他们祸国殃民，危害性一天比一天大。

韩长鸾的弟弟韩万岁以及韩长鸾的两个儿子韩宝行和韩宝信，都被任命为开府仪同三司，韩万岁还兼任侍中，韩宝行和韩宝信都娶公主为妻。每次早朝的时候，高纬常让韩长鸾先行入内奏报，韩长鸾出来后，奏事官员才能入内。如果高纬不上朝，中书省有急奏的时候，都要附在韩长鸾的奏章内，军国大事，无不经韩长鸾之手。韩长鸾是侍卫出身，他是高湛当年派到太子宫的二十名都督侍卫之一，常常带刀纵马，瞋目张拳，官员向他咨询事情的时候，都不敢仰视，受到呵斥是家常便饭。韩长鸾经常说："汉狗真让人不耐烦，唯有杀之。"

　　北齐武平四年（573）二月九日，高纬封右皇后穆舍利（黄花）为皇后。穆舍利（黄花）尊陆令萱为"太姬"，太姬，在北齐是皇后母亲的称号，位比一品官，排位在长公主之上。

　　高纬这个人有个优点，就是比较喜欢文学。祖珽上奏建议设置文林馆，把诸多文学之士充实到文林馆，称他们为"待诏"。命中书侍郎李德林、黄门侍郎颜之推共同掌管文林馆，命他们共同撰写《修文殿御览》。李德林自幼聪明，十五岁就能背诵五经，后隋朝建立，他奉命修齐史，他的儿子李百药在他的基础上，写成了《北齐书》。颜之推，博学多识，是中国古代著名的文学家、教育家，一生著述颇丰，其中《颜氏家训》最为有名。

第一百三十七节　兰陵王之死

北齐内政混乱不堪，南陈宣帝陈顼（陈霸先侄子）命镇前将军吴明彻为都督征讨诸军事，统领十万大军，誓师北伐。南陈北伐大军攻克了大岘（又名赤焰山，今安徽省含山县东北），和北齐军在石梁（今安徽省天长市西）大战，南陈军大胜，北齐开府仪同三司长孙洪略阵亡。南陈军攻克了石梁城，北齐的瓦梁城（今江苏省南京市六合区西）、阳平郡（今江苏省淮安市洪泽区）等城池守军投降。南陈军继续北上，攻克了历阳（今安徽省和县）后，合肥（今安徽省合肥市）守军献城投降。北齐高唐郡（今安徽省宿松县）守军献城投降南陈军。南陈军又攻克了北齐东关（今安徽省含山县西南）的东西二城、谯郡城（今安徽省巢湖市东南），北齐瓜步（今江苏省南京市六合区南长江渡口）和胡墅（南京市石头城对岸）的守军也献城投降。南陈北伐军势如破竹，一路高歌猛进，而北齐内乱仍在继续。

祖珽执政以后，立志改革吏治、重振朝纲，注重选用有才学和名望之人，得到朝野的一致称赞。祖珽更想罢黜宦官和群小，但这触及陆令萱和穆（骆）提婆母子的利益，他们竭力反对。祖珽下决心要排除陆令萱母子，他唆使御史中丞丽伯律上书弹劾主书王子冲（陆令萱亲信）收受贿赂，希望追究到陆令萱的头上。祖珽又准备结交胡太后作为自己的盟友，他请高纬任命胡太后的哥哥胡君瑜为侍中、中领军，征召胡君瑜的哥哥、凉州刺史胡君璧，准备任命为御史中丞。但这引起了陆令萱的反弹，她百般排挤，免去了胡君瑜的中领军之职，任命为金紫光禄大夫，让胡君璧继续出镇梁州。王子冲也予以释放，不予追究。因此祖珽逐渐被高纬疏远，陆令萱又和韩长鸾联合攻击祖珽，揭发祖珽的十多桩罪行。高纬免除祖珽的死罪，免去他的侍中、仆射之职，外放为北徐州（治所琅邪，今山东省临沂市）刺史。

▲ 陈顼

兰陵王高长恭，容貌英俊，玉树临风，是一个大帅哥。他武艺高强，勇冠三军，当年邙山大捷，使他的威名传遍天下，将士歌颂他，特别为他作了《兰陵王入阵曲》。邙山大捷后，有一次，高纬对高长恭说："你进入敌阵太深，万一失利，就后悔莫及了。"高长恭没有深思就回答道："家事为重，不自觉就这样做了。"高纬听后非常不悦，嫌高长恭说军国大事为家事，从此对高长恭既忌妒又猜忌。

上次段韶生病，高长恭接替段韶率军进攻定阳（今山西省吉县），聚敛了一些金银财宝。他的亲信尉相愿刚开始不理解他的想法，问他说："王爷受朝廷重托，为什么要这样？"

高长恭沉默不语。过了一会儿，尉相愿醒悟过来，又问道："难道是因为邙山大捷，王爷想要自损？"高长恭回答说："是的。"高长恭想以此向堂弟高纬表明自己是贪财之辈，没有大志。尉相愿说："朝廷如果猜忌王爷，正好可以利用此事治罪于您，不但不能避祸，反而更能加速祸患来临啊！"

高长恭闻听，流下了眼泪，俯身向尉相愿问计。尉相愿说："王爷上次立下大功，这次又告捷，威名太重，应该称病在家休养，不要参与时政。"高长恭认为他说得有道理，但并没有按照尉相愿说的去做，未能急流勇退。

等到这次南陈攻击江淮地区，高长恭担忧再次让他为统帅，抵御南陈的进攻。他叹息道："去年我面部肿痛，今年为何还不复发？"因此，他不再治疗自己的病痛。

高纬仍然不放过高长恭，派使者用鸩酒毒杀了他。高长恭年三十三岁。高长恭临死的时候，把别人欠他千金的欠条全部烧毁了。至此，北齐后期的三大名将段韶、斛律光和高长恭全部身亡，北齐已经没有大将可用。

两年后，高长恭的五弟高延宗经过他的墓地，感怀家国往事，奋笔写下了一首诗，并刻在了石碑背面，诗文如下：

夜台长自寂，泉门无复明。

独有鱼山树，郁郁向西倾。

睹物令人感，目极使魂惊。

望碑遥堕泪，轼墓转伤情。

轩丘终见毁，千秋空建名。

南陈北伐大军继续攻占北齐的领土，北齐的溓口城、淮阳郡、沭阳郡、泾州、新蔡城、合州、仁州等地相继失守。北齐派尚书左丞陆骞率军两万增援齐昌（今湖北省蕲春县），但被北齐西阳郡太守周炅击败。

南陈太建五年（573）七月五日，南城北伐统帅吴明彻率军抵达硖石口，北齐守军弃城而逃。南陈军又攻克了巴州。北齐巴陵王王琳（因反对陈霸先称帝而投降北齐）和扬州（治所寿阳，今安徽省寿县）刺史王贵显防守寿阳外城。吴明彻发起攻击，王琳退守相国城和中城。这时，北齐的山阳城、盱眙、东海城、阳平郡、齐安城、郭默城守军投降了南陈。南陈又攻克了北齐的海安城、晋州、马头城、楚子城、黄城等地。

吴明彻继续攻击寿阳，他修筑堤坝，用水灌城，城中居民死亡十之六七。高纬派行台右仆射皮景和率领数十万大军增援寿阳，但皮景和抵达淮口（颍水注入淮河处）后不敢前进，高纬不断派人催促，皮景和才不得不渡过淮河，在距离寿阳三十里的地方扎营，不敢再深入。十月十三日，吴明彻身披铠甲，亲自指挥进攻寿阳，寿阳城遂被攻陷。王琳、王贵显及扶风王可足浑道裕等人被生擒，皮景和拔营北退。王琳深得军心和民心，为防止出现意外，吴明彻斩王琳，王琳年四十八岁。

寿阳被攻陷的消息传到晋阳的时候，穆（骆）提婆和韩长鸾正在玩握槊游戏，他们说"这本来就是人家的地盘，让他们拿去好了"，然后继续玩游戏。高纬听到寿阳陷落的消息后，非常担忧，但穆（骆）提婆对他说道："即使我国尽失河南之地，仍然可以做一个龟兹国的国君。可怜人生苦短，唯有及时行乐，发什么愁呢？"左右也都附和穆（骆）提婆的话，高纬这才释然，转忧为喜，不但没有追究皮景和的责任，还因为他能全军而退，任命他为尚书令。

南陈又占领了北齐齐昌城、胸山城、济阴城、南徐州等地。变民军队进攻北徐州，响应南陈军，刺史祖珽命大开城门，做疑兵之计。南陈军以为城内将士已经逃跑，遂防备松懈，祖珽命令进攻，变民军队大败。变民军队又集结起来，进攻琅邪，祖珽亲自督战，僵持十几天之后，变民军队退走。后来祖珽病逝任上。

南陈军又占领了北齐的谯城、霍州等地，南陈把二十五年前南梁失去的江北之地，全部收复。

第十三章

北周灭北齐

第一百三十八节　宇文邕禁佛道

　　北周武帝宇文邕铲除了权臣宇文护，把皇权掌握在了自己的手中。他任用贤能，命文武百官向朝廷推荐自己了解的德行比较好的人；他广开言路，下诏命文武百官及平民百姓尽可上书评议时政。

　　北周建德二年（573）九月十九日，宇文邕为十五岁的皇太子宇文赟迎娶了大将军杨坚的长女杨丽华（年十三岁）为太子妃。宇文邕的皇后是阿史那皇后，没有为他产下子嗣，宇文赟为宇文邕的妃子李娥姿所生，字乾伯，是宇文邕的长子。

　　宇文赟喜欢亲近小人，左宫正宇文孝伯曾对宇文邕说："皇太子受到四海之人的关注，但德行政声还不为人所知，臣身为朝廷命官，实在难辞其责。且皇太子年少，志向和事业未成，请谨慎选择正人君子，作为他的师友，让他们培养太子神圣的秉性，日积月累，方能成功。如若不然，悔之不及。"宇文邕脸色变得严肃，说道："爱卿世代为忠直之士，竭诚用事，听了你的这番话，有家风啊！"宇文孝伯拜谢，说道："话说出来不难，接受才难。"宇文邕说："正人君子，谁还能超过爱卿呢？"

　　宇文邕曾经对万年县（长安东）丞乐运说："爱卿说说太子是个什么样的人。"乐运回答说："中等人才。"宇文邕回头对齐公宇文宪说："百官讨好我，都说太子聪明睿智，只有乐运说的是实话。"宇文邕接着问中等人是什么表现。乐运回答说："如齐桓公一样，管仲辅佐他的时候就能称霸天下，竖刁辅佐他的时候则祸乱天下。他可以做善人，也可以做恶人。"宇文邕说："我知道了。"于是精心挑选辅佐天子的官员。宇文邕提拔乐运为京兆丞，也就是从县丞提拔为郡丞。太子宇文赟听到后，很不高兴。

　　十二月二日，宇文邕召集文武百官以及和尚、道士，辩论三教（儒、释、道）

的先后次序，最后确定儒教第一，道教第二，佛教第三。

建德三年（574）五月十七日，宇文邕命令禁止信仰佛教和道教，佛教和道教的经书全部被烧毁，佛像、天尊被摧毁，勒令和尚和道士还俗，还禁止那些不合礼制的祭祀，如不是典籍上记载的祭祀活动统统取消。这是佛教的"三武之祸"的第二祸，第一次灭佛是北魏太武帝拓跋焘发起的。

宇文邕又命令建造了通道观，统一阐释和弘扬儒教。

第一百三十九节　大美女冯小怜

　　北朔州行台、南安王高思好，本姓浩，后来被高思宗（高欢侄子）收养为兄弟，改姓。高思好骁勇善战，防守边镇，很得人心。高纬派宠臣斫胥光弁巡察朔州，高思好也很重视，以礼相迎，但斫胥光弁傲慢无礼，高思好大怒，于是起兵造反，说准备"清君侧"。他率军南下，抵达阳曲（今山西省太原市北），自称大丞相，设置官僚。当时高纬在邺城，防守晋阳的是武卫大将军赵海，事发仓促，他来不及奏报，就假称奉诏，发兵抵抗高思好。

　　高纬得到高思好兵变的消息后，命令唐邕、莫多娄敬显、刘桃枝、库狄士文等人率军救援。高纬率军在后跟随，还没有抵达，高思好已经被打败，他投水而死。高思好的两千名属下不肯投降，被刘桃枝全部杀死。

　　之前有人告发高思好要谋反，但韩长鸾的女儿是高思好的儿媳，他以诬告罪杀死了告发之人。高思好死后，告发之人的弟弟请求赐给被屈杀的哥哥一个官职，但韩长鸾不予呈报。

　　高纬对穆舍利的新鲜感已经渐渐褪去，穆舍利感受到了危险，为了保住自己的位置，在五月初五这天向高纬进献自己的婢女冯小怜，号称"续命"。

　　冯小怜是历史上赫赫有名的大美女，聪明又狡猾，善弹琵琶，尤其擅长舞蹈。高纬一见冯小怜，就被迷得神魂颠倒，坐则同席，出则并马。高纬还和冯小怜山盟海誓，同生共死，死后要葬在一处。

　　定州（治所中山，今河北省定州市）刺史、南阳王高绰是高纬的兄长，因为是庶出，所以没能继位。他为人非常残忍。

　　一次出行，高绰见一个妇人抱着孩子在走路，便命人把孩子夺过来喂狗。妇人痛哭，高绰大怒，命人把小孩儿流的血抹到她的身上，恶狗见了血，扑上去撕

▲ 冯小怜

咬不停，把妇人也吃了。

高绰经常说："我要学习文宣伯父（高洋）的为人。"高纬得到消息，大怒，命人用铁链把他押送到行宫。到了行宫，高纬把他放了。高纬问高绰："在州里认为何事最快乐？"高绰回答："在器物中放置很多蝎子，然后把猴子放到里面，观赏它们争斗最快乐。"

高纬命人在夜里捉一斗蝎子，但直到天亮才捉了两三升。蝎子被放到了浴盆中，然后高纬命人裸体躺在里面。这人被蝎子蜇得痛不欲生，翻来覆去，号叫不止。高纬和高绰在旁观看，手舞足蹈，乐个不停。高纬还责怪高绰说："有如此乐事，为何不早点儿派人奏报我？"自此，高绰得宠，被拜为大将军，朝夕与高纬玩乐。

这引起了韩长鸾的忌妒，他建议高纬任命高绰为齐州刺史。高绰动身赴任的时候，韩长鸾唆使人告发高绰谋反。高纬命何猥萨与高绰徒手搏斗，高绰被何猥萨勒死。

高纬拙嘴笨舌，不善言辞，不喜欢见大臣，除非见他的宠臣。他生性懦弱，不喜欢别人长时间注视他，即使是三公、尚书令、录尚书事等高官奏事，也是低着头，不敢仰视他。他们每次匆匆汇报一下大致工作，就赶紧离开了。

高纬继承了父亲高湛的作风，锦衣玉食，修建的宫苑十分豪华，但他过一段时间又不喜欢了，就推倒重建。土木工人加班加点干活，夜里用蜡烛照明，冬天用热水和泥。在晋阳西山上凿大佛像，工程浩大，工匠夜以继日，夜里照明用的油料耗费多达万盆，灯火都照到了晋阳宫中。

高纬喜欢弹奏琵琶，还作了一首曲子《无愁曲》，每次弹奏的时候，有数百人合奏，民间称高纬为"无愁天子"。

同时，陆令萱、穆（骆）提婆、高阿那肱、韩长鸾等人把持朝政，宦官邓长颙、陈德信以及何洪珍等人参与机密事务，他们沆瀣一气，广结朋党，贪污放纵，卖官鬻爵，无所不用其极，搞得民不聊生。

第一百四十节 北周攻洛阳

北齐内政混乱不堪，北周武帝宇文邕准备讨伐北齐，他命令边镇多加储备粮食和兵器等物品，招募士兵。北齐得到消息后，也增加了防御力量。柱国于翼对宇文邕说："疆场交兵，互有胜负，徒耗兵力和储备，对大计并无益处。不如解除命令，继续和齐国交好，使他们防备松懈，然后抓住时机，出其不意发动进攻，就可以一举成功。"宇文邕赞同于翼的意见。

勋州刺史韦孝宽向宇文邕进献了三个谋略。

第一，今大军若出轵关（太行八陉之一，今河南省济源市城西二十二公里处）进攻邺城，前无险要阻挡，车辆可以并进，可以和陈国呈掎角之势。命广州（治所鲁阳，今河南省鲁山县）义军从三鸦（今鲁山西南）进军，招募山南勇士，沿黄河而下，再派北山（长安北）稽胡，阻绝并州和晋州之间的道路。然后招募齐人，重重赏赐他们作为向导。各路大军一起攻向邺城，敌人定当望风而逃，我们必一举成功。

第二，如果陛下另有打算，不准备大举兴兵，建议和陈国联合，分解齐国的兵力。齐主昏庸残暴，政出多门，残害忠良，他们覆亡指日可待。到时我军雷霆出击，必摧枯拉朽。

第三，陛下如果韬光养晦，应该和齐国修好，订立盟约，安定人民，互相通商，养精蓄锐，观察时机，再行发动。此乃长远御敌之策，我们安坐就可以兼并齐国。

韦孝宽的奏章呈递给宇文邕后，宇文邕召开府仪同三司伊娄谦进入内殿，不紧不慢地问他说："朕准备用兵，应该先进攻哪一个？"

伊娄谦回答说："齐国高氏沉溺酒色，昏庸无能，奸臣弄权，他的大将斛律明月，已经被谗言害死。高氏已经上下离心，臣民在道路上走路，只敢以目相视，而不敢打招呼。齐国容易攻下。"

宇文邕大笑。北周建德四年（575）三月二日，宇文邕派伊娄谦和小司寇元卫出使北齐，同时观察北齐的虚实。

大将军杨坚（杨忠之子）有天子之相，有五块额骨高耸入头顶。司徒府畿伯下大夫来和曾经对杨坚说："明公眼神如启明星一般明亮，照耀万物，当君临天下，请您多多忍耐，收敛杀气。"

宇文邕一向厚待杨坚，齐王宇文宪对宇文邕说："普六茹（宇文泰赐杨忠姓普六茹）坚，相貌非凡，臣每次见到他，不自觉地感觉低他一等，恐怕他不会久居人下，请尽早除掉他。"宇文邕也开始怀疑杨坚，就召来和过来询问。来和袒护杨坚，说："随公（杨坚承袭父亲杨忠的随公爵位）不但是个守节之人，而且可以镇守一方，如果用他作为将领，攻无不破。"

七月二十五日，宇文邕下诏讨伐齐国，命柱国、成王宇文纯，荥阳公司马消难，郑公达奚震（达奚武之子）为前三军总管；以越王宇文盛、周昌公侯莫陈崇（和之前去世的侯莫陈崇非一人）、赵王宇文招，为后三军总管。宇文宪率领两万人马指向黎阳；杨坚、广宁公薛迥率领水师三万人从渭水入黄河；梁公侯莫陈芮率两万人马把守太行陉（太行八陉之二，今河南省博爱县西北），阻断北齐并冀殷定救兵；申公李穆率三万人马，把守河阳道；常山公于翼率领两万人马，北击陈郡、汝州。

宇文邕准备攻打河阳，内史上士宇文弨（bì）说："高氏建国已经数年，虽然君主无道，但藩镇还有能人镇守，今天出兵，要选择好地点。河阳是要地，有精兵把守，全力围攻，恐怕也难以成功。依臣所见，北上攻汾曲（今山西省侯马市），他们防守薄弱，山势平坦，容易攻取。用武之地，没有比这个更合适的了。"

民部中大夫赵煚（jiǒng）说："河南、洛阳，四面受敌，纵然得到了，也防守不住。请从河北直指太原，把他们的巢穴倾覆，可以一举平定。"

遂伯下大夫鲍宏说："我强齐弱，我治齐乱，有何担忧不能攻克！但先帝（宇文泰）屡次进攻洛阳，他们有所防备，都不能取胜。依臣之计，进兵汾川、潞川，直接突袭晋阳，出其不意，好像才是上策。"

宇文邕全都不听。七月三十日，他亲率六万大军，直指河阴，杨素请求率父亲杨敷的老部下作为前锋，宇文邕批准。

北周军进入了北齐境内，宇文邕约法三章，违令者斩。八月二十五日，宇文邕攻下了河阴大桥。宇文宪攻下了武济（今河南省洛阳市孟津区）。北周军围攻洛口（今河南省巩义市东北），攻下了东、西二城，纵火焚烧了浮桥。北齐永桥（今河南省武陟县）大都督傅伏，夜晚从永桥进入了中潬（tān）城（河阳有南城、北城、中潬城）。北周军攻克了南城，围攻中潬城，连攻了二十天，都无法攻下。北齐洛州刺史独孤永业防守金墉城（洛阳西北角），宇文邕亲自率军攻打，都无法攻克。独孤永业命连夜赶制马槽两千个，迷惑周军，北周军听说后，果然上当，他们以为北齐的大军将要到来，有了恐惧心理。

九月，北齐右丞相高阿那肱率军从晋阳南下增援，抗击北周军，抵达了河阳。巧的是，这个时候，宇文邕突然患病了。

九月九日夜，宇文邕率军撤退，水军焚烧了舰船，由陆路退军。傅伏对行台乞伏贵和说：“周师疲敝，请给我精骑两千追击，可大获全胜。”乞伏贵和不同意。

宇文宪、于翼、李穆等人率军接连取胜，攻克和接受投诚的有三十多个城池。他们听说宇文邕撤退后，只留下了仪同三司韩正镇守王药城，其他城池全部放弃后退走。但不久，韩正也投降了北齐。

第一百四十一节　北周占平阳

北周建德五年（576）十月四日，宇文邕亲自率军攻打北齐的晋州（治所平阳）。宇文邕任命越王宇文盛、杞公宇文亮和随公杨坚，统率右翼三军，命谯王宇文俭、大将军窦泰和广化公丘崇，统率左翼三军，命齐王宇文宪和陈王宇文纯担任前锋。

北齐的宜阳王、司徒高彦深（年七十岁）刚去世不久，弄臣更肆无忌惮，鼓动后主高纬耗费人力物力，修建了邯郸宫。这时，高纬和淑妃冯小怜在祁连池（今山西省宁武县西南五十里管涔山上）围猎。

宇文邕抵达了晋州地界，驻军汾曲（今山西省侯马市），派宇文宪率军两万人守雀鼠谷（今山西省灵石县西南汾水河谷，地势险要，是长达数十里的狭长小道）；派宇文纯率两万人马守千里径（今山西省霍州市东二十里，晋州通向并州的要道）；郑公达奚震率一万人马守统军川（今山西省洪洞县南汾水东岸支流）；大将军韩明率五千人马守齐子岭（今河南省济源市西五十里秦岭山）；焉氏公尹升率五千人马守鼓钟镇（今山西省垣曲县东三十五里）；凉城公辛韶率五千人马守蒲津关（今陕西省大荔县朝邑镇东黄河上）；赵王宇文招率领一万人马从华谷北上，进攻北齐的南汾州（治所定阳，今山西省吉县）；宇文盛率领一万人马守汾水关（今山西省灵石县西南）。宇文邕又命春官内史王谊监督各路兵马进攻平阳。

北齐行台仆射、海昌王尉相贵登上平阳城，顽强防守。尉相贵向高纬请求派军救援，军情紧急，从早晨到中午，先后派了三拨人到达祁连池。当时高纬和冯小怜围猎兴趣正浓，丞相高阿那肱说："陛下正在兴头上，边境小小交兵，本是常事，何须急奏？"晚上，晋州使者又至，说："平阳已经被攻陷。"高阿那肱这才奏报。高纬准备返回晋阳，冯小怜不肯，要求再杀一围。高纬为了让冯小怜开心，就又杀了一围，然后才回晋阳（祁连池距离晋阳一百七十多里地）。高纬命令各路兵马在晋祠（今山西省太原市南）集结。各路兵马集结完成后，十月二十五日，高纬亲自率领大军南下驰援晋州（晋阳到晋州五百多里地）。

宇文邕每天都亲自从汾曲到平阳城下督战，北周军攻势越发凌厉，北齐守军渐渐不敌。这时，北齐行台左丞侯子钦偷偷溜出了城，投降了北周军。北齐晋州刺史崔景嵩镇守平阳北城，他派人潜出城，表示要向北周军投降，愿意充当内应。北周将军段文振膂力惊人，十分勇猛。十月二十七日拂晓，他手持大槊，率领数十名勇士率先爬上了城楼，和等候的崔景嵩会合，杀入尉相贵的住所，持刀劫持了尉相贵。城上一阵大乱，北齐军崩溃，北周军占领了平阳，俘虏了包括尉相贵在内的共八千名将士。

宇文宪攻克了北齐的洪洞（今山西省洪洞县）、永安（今山西省霍州市），准备再北上。北齐军焚烧了大桥，占据险要，宇文宪军不能前进，于是在永安驻扎。宇文宪命永昌公宇文椿率军进驻鸡栖原（今山西省霍州市东北），砍伐柏树搭建营帐。

十月二十八日，高纬分兵一万人驰援千里径，又派军攻打汾水关。高纬亲率大军进攻鸡栖原。北周汾水关守将宇文盛向大军求救，宇文宪亲自率军增援。刚一交战，北齐军就败退，北周军追击，大破北齐军。宇文宪又增援鸡栖原，和北齐军对峙，两军直到晚上，谁也不肯先发动进攻。宇文邕命令宇文宪撤军，宇文宪率军连夜撤退。北齐军望见北周军的柏树营寨屹立不动，没有发觉，到天明才知道北周军已经撤退。高纬命高阿那肱率前锋前进，他自己率诸军在后。

宇文邕命开府仪同大将军梁士彦为晋州刺史，拨付他一万名精兵，命他防守新到手的平阳。

第一百四十二节　平阳争夺战

晋州是军事重镇，高欢曾经任晋州刺史，也可以说晋州是高氏的福地，高纬誓要夺回。北齐武平七年（576）十一月四日，高纬率军抵达了平阳城下。

宇文邕认为北齐军新近集结，声势浩大，准备西归躲避北齐的锋芒。开府仪同大将军宇文忻劝说道："以陛下之圣武，乘敌人荒淫放纵，何患不能攻克？如果放过机会，使齐国得到一位明主，君臣齐心协力，虽然有如同成汤、武王的声势，也不易平定啊！今齐国君主昏庸，臣子愚昧，将士没有斗志，虽然他们有百万之众，也不过是要拱手送给陛下。"军正王纮也劝宇文邕继续进攻。宇文邕虽然赞许他们的话，但还是率军撤退了。

宇文邕让宇文宪断后，北齐军追击，宇文宪和宇文忻各自率领一百名骑兵和北齐军展开战斗。北齐军猛将贺兰豹子被斩，北齐军惊恐，退走。宇文宪率军渡过汾水追赶宇文邕，到玉壁的时候终于追上。

北齐军包围了平阳，昼夜攻城，平阳城城楼尽毁，没有被摧毁的城墙也只剩下六七尺（1.8米至2.1米）高。两军或短兵相接，或骑兵接触，北周军援军不到，守城军都非常恐惧。梁士彦不慌不忙，一如平常，对众将士喊话道："身死就在今日，我死在你们前面。"将士听主帅这么说，都慷慨激昂，喊杀声震动天地，和北齐军展开搏斗，无不以一当百。北齐军稍稍后退，梁士彦发动城中包括妇女在内的所有劳动力昼夜整修城池，三天就将城池修复了。宇文邕命宇文宪率领六万大军进屯涑川（今山西省西南部涑水河），声援平阳。

北齐军挖掘地道攻打平阳，城墙塌陷了十多步，北齐军乘势准备攻入。正在这个紧要关头，又出了意外，高纬准备讨冯小怜欢心，命令攻城军暂且停止，派人召冯小怜前来观看这壮观的一幕。冯小怜当时正在描眉化妆，不能立刻赶到，北周军利用这个间隙，用木头堵塞了缺口，等冯小怜赶到，北齐军再攻的时候，已经无法攻破城池。

有一个传说，晋州城西山的石头上有圣人出现过的痕迹，冯小怜缠着高纬要前去观看。高纬听从，因为旧桥离平阳城近，他怕敌军的弓弩射到桥上，于是命人抽取了攻城用的木头，又造了一座远一点的大桥。高纬和冯小怜挽着手渡过了新桥，准备折返的时候，新桥突然毁坏，北齐军赶紧修复。到了夜里，高纬和冯小怜才回到大营。

十一月十八日，已经抵达长安的宇文邕，再率军出发增援晋州。渡过黄河后，十二月三日，宇文邕抵达了高显（今山西省曲沃县西北高显镇），他命宇文宪先行率军救援平阳。十二月四日，宇文邕抵达了平阳，两日后，北周各路兵马在平阳城外集结，共有八万大军，他们构筑阵地，东西长达二十多里。

北齐军在平阳城南挖掘了一条壕沟，从东起乔山（今山西省襄汾县南），西到汾水，高纬命在壕沟南布阵，北周军无法攻破壕沟。

要不要和北周军决战，高纬拿不定主意。高阿那肱建议后退，武卫将军安吐根建议进攻，高纬举棋不定。这时，几个宦官说："宇文邕是天子，陛下也是天子，他尚且远来进攻，我们为什么防守壕沟示弱？"高纬受到鼓动，也豪情大发地说："此言极是！"于是，他命填埋壕沟南下。宇文邕大喜，命各军出击。

两军交战，高纬和冯小怜并肩骑马观战。北齐军稍微后退一点儿的时候，冯小怜被吓得花枝乱颤，恐怖地喊道："我军败了！"录尚书事、丞相王穆（骆）提婆赶紧说："陛下快走，陛下快走！"高纬随即和冯小怜奔向了高粱桥（今山西省临汾市东北）。

开府仪同三司奚长劝谏道："时进时退，战争中很常见，今我军军容整齐，没有减员，陛下舍弃部队，能走到哪里？且马蹄一动，军心就会惊骇慌乱，不能重新振作。请陛下速回慰劳他们！"

这时候，武卫将军张常山也从后面赶来，他也说："大军重新集结，非常完整，围城部队也没有动，至尊应该返回，如果不信臣，请派宦官前去观察。"

高纬准备听从他们的话，但穆（骆）提婆拉住高纬的胳膊说："他们说的话难以相信。"

高纬于是和冯小怜北逃。北齐军大败，死亡了一万多人，被抛弃的军用物资，数百里之间，堆积如山，都被稽胡捡去。只有安德王高延宗所属军队全数而还。

高纬抵达了洪洞，冯小怜还不忘对着镜子补妆。这时，队伍后面突然大乱，有人喊贼兵追来了，于是他们又逃。之前，高纬准备乘攻克平阳之机，宣称冯小怜有功劳，把她立为左皇后，都已经派宦官前去晋阳取皇后穿的服装等物了。宦官从晋阳取来衣服等物，往回赶，正好碰上了北逃的高纬一行。高纬命停军，然后命冯小怜穿上皇后的衣服，才继续北逃。

十二月七日，宇文邕进入了平阳。梁士彦悲喜交加，用手拉着宇文邕的胡须，哭着说："臣差点就见不到陛下了！"宇文邕也流下了眼泪，对梁士彦安慰了一番。

第一百四十三节　北周占晋阳

　　宇文邕认为将士已经疲劳不堪，需要休整，准备班师西返。梁士彦拉着马缰绳，劝谏道："今天齐军逃散，军心摇动，如果我们乘他们恐惧之时攻打他们，必能大获全胜。"宇文邕认为他说得很有道理，同意了。宇文邕拉着梁士彦的手说："朕得到晋州，为平灭齐国奠定了基础，如果不能固守此地，则大事不能成功。对于进军，朕没有什么忧虑的，但唯恐后方有变，你要为我尽心镇守。"

　　宇文邕遂率诸军追击北齐军，众将坚持请求西还。宇文邕说："放纵敌人会留下祸患，你等若有疑虑，朕将独自前往。"众将一听宇文邕态度坚决，谁也不敢多说了。北周建德五年（576）十二月九日，北周军抵达了汾水关（今山西省灵石县西南）。

　　高纬和冯小怜逃入了晋阳，既担忧又害怕，不知所措。高纬向众大臣问计。大臣们说："应该裁减税负，免除劳役，收拾残兵，背城死战，方能安定社稷。"高纬准备让安德王高延宗和广宁王高孝珩防守晋阳，他自己前往北朔州。如果晋阳失守，他则投向突厥。文武大臣都表示反对，但高纬不听。

　　开府仪同三司贺拔伏恩看大势已去，率领三十多名高纬的宿卫近臣，投降了北周。宇文邕对他们分别封赏。

　　高阿那肱率领一万人马防守高壁（雀鼠谷南，今山西省灵石县南），余众防守洛女寨（灵石县北）。宇文邕率军逼近高壁，高阿那肱被吓破了胆，不战而逃。宇文宪率军攻克了洛女寨。北齐军中有人痛恨高阿那肱，状告他暗地里投降了北周军，引领北周军攻击北齐军。高纬派侍中斛律孝卿审问，斛律孝卿认为这是对高阿那肱的诬陷，此事不了了之。不久，又有高阿那肱的心腹告发他谋反，高纬认为这是诬告，杀死了告发者。

高纬命令安德王高延宗和广宁王高孝珩张贴告示，招募兵马。高延宗流泪劝高纬不要放弃晋阳，高纬不接受，还派近身侍卫把皇太后和太子先行送往北朔州。

宇文邕和宇文宪在介休（今山西省介休市）城下会师。北齐介休守将、开府仪同三司韩建业献城投降，宇文邕任命他为上柱国，封郇（xún）公。高纬听说介休投降后，当天夜里就准备逃走，但众将不甘心，不肯走。

十二月十三日，北周军抵达了晋阳。高纬命高延宗为相国、并州刺史，总领山西兵马。

高纬对高延宗说："并州就交给兄长打理了，弟今天要走了。"

高延宗继续劝阻说："陛下要为社稷考虑，请勿动，臣为陛下死战，必能破敌。"

穆（骆）提婆在旁说："至尊大计已定，王爷不得阻止。"

高纬在夜里命砍开晋阳宫东的五龙门，出城而去，准备逃向突厥。这时，许多随行官员已经逃散，领军将军梅胜郎拉住马的缰绳劝谏，高纬才奔向了邺城。当时高纬身边只剩下高阿那肱等十几个人跟从。过了一会儿，高孝珩和襄城王高彦道也赶到了，这样逃亡队伍扩大到几十个人。

高纬一行正逃向邺城，穆（骆）提婆乘人不注意向西逃窜，投向了北周。他的母亲陆令萱知道难以逃脱惩罚，自杀而亡，家属或被处死，或被罚做苦工。宇文邕任命穆（骆）提婆为柱国、宜州刺史。宇文邕又下诏招降北齐官员，有投降北周者，加官晋爵，并宽赦之前投降北齐的北周官员。诏书一公布，不断有北齐官员向北周投降。

高纬不听众将劝阻，执意逃走，众将对他离心离德，对高延宗说道："王爷如果不做天子，我们实在不能出死力。"大敌当前，高延宗不得已即皇帝位，大赦，改年号。他任命唐邕为宰相，莫多娄敬显、段畅和韩骨胡等人为将帅。众人听到这个消息后，没有接到命令而前来效命者，络绎不绝。高延宗命令打开国库，把金银财宝和晋阳宫中的美女赏赐给将士，又没收了十多个宦官的家产。

高纬听说高延宗称帝，对左右说："我宁肯让周军得到并州，也不想让高延宗得到。"左右说："是这个道理。"

高延宗挺有领导策略，他接见士卒，亲自握手称呼名字，士卒感动得热泪盈眶，争着死战。连儿童妇女也都攀上了屋顶，挽起袖子，投掷砖头石块，抵御周军。

十二月十五日，宇文邕抵达了晋阳，北周大军把晋阳围得水泄不通，因为北周军的衣服和军旗都是黑色的，晋阳四周如黑云压城一般。高延宗命莫多娄敬显和韩骨胡镇守南城，和阿于子、段畅镇守东城，自己亲率大军防守北城。

高延宗是个大胖子，前面挺一个很大的肚子，后面好像有东西在撑着他，人们常常讥笑他。但高延宗上马后很灵活，他挥舞手中的铁槊，驰马飞奔，指挥军队抵抗进攻北城的宇文宪，所向无敌。

和阿于子和段畅率领一千多名骑兵出城后，却投降了北周军。

宇文邕亲自率军进攻东城，黄昏时分，攻入东城，焚烧了佛寺。高延宗和莫多娄敬显从东门入城，夹击北周军。北周军大乱，争着涌向门口，互相挤压踩踏，道路都被堵塞。北齐军从后面追杀，杀死北周军两千多人。宇文邕左右侍卫几近全无，宇文邕准备逃走，却找不到逃走的道路。承御上士张寿牵着马头，贺拔伏恩用马鞭抽打马屁股，艰难前行。他们终于逃了出来。北齐军奋力追杀，差点击中宇文邕。城东道路蜿蜒崎岖，贺拔伏恩和北齐投降者皮子信做向导，他们才得以幸免，此时已经是四更天（凌晨一点到三点）。高延宗认为宇文邕已经死在乱军之中，派人在尸体堆里寻找大胡子的尸体，但没有找到。

北齐军大捷，众将士纷纷到酒坊喝酒压惊，醉卧不起，高延宗没有办法再集合军队。

宇文邕出城后，饥饿难耐，准备西返，宇文忻、宇文宪、王谊等人都表示反对，降将段畅也说城中防守空虚。宇文邕于是停驻，命令吹响号角，集合军队，不一会儿，北周军声势又振。

十二月十七日凌晨，宇文邕率军攻打晋阳东门，攻克。高延宗抵挡不住北周军的进攻，逃向了城北，但被北周军抓获。宇文邕亲自下马，拉起了高延宗的手。高延宗说："死人之手，哪里敢接近至尊？"宇文邕说："两国天子，并没有怨恨，实在是为老百姓考虑，我终不会害你，请不要害怕。"宇文邕命人给高延宗穿戴好了衣帽。唐邕等人投降了北周，唯独莫多娄敬显逃向了邺城。

宇文邕下诏大赦，命令废除北齐的所有典章制度，录用贤能人才。宇文邕对北周将领一一论功行赏，不再细表。

晋阳是北齐的军事中心、高氏的大本营，晋阳丢失，北齐离覆亡为时不远。

第一百四十四节　北周占邺城

逃到邺城的高纬，命令重赏招募士兵，扩充兵员，但他这时还很吝啬，不肯拿出钱物。广宁王高孝珩建议道："命任城王高湝率领幽州的兵马入土门关（井陉关），声称进攻并州；独孤永业率领洛州兵马入潼关，声称进攻长安；臣请率领京畿兵马出滏口，迎击周军。敌人听说我军南北出兵，自然溃逃。"高孝珩又请求把宫中美女和金银财物三次给将士。高纬听了，相当不高兴。

侍中斛律孝卿请高纬亲自慰劳将士，并为他撰好了讲话稿，对高纬说："讲话的时候要慷慨流涕，以感动、激励人心。"高纬出宫，面对诸位将军，突然紧张了起来，忘记了自己将要讲些什么。为了化解尴尬，他笑了起来，左右侍从也跟着笑。众将士发怒，说："陛下尚且如此，我们何必着急！"于是众将士皆无斗志。高纬又封官许愿，以笼络人心，大丞相以下，包括太宰、三师、大司马、大将军、三公这样的高官，每个官职都任命三四个人担任，官员多到数不胜数。

朔州行台仆射高劢率军护卫皇太后、太子从井陉关返回邺城。当时宦官、仪同三司苟子溢自恃受宠，为非作歹，放鹰犬啄食百姓的鸡、猪。高劢拿下苟子溢准备斩首，胡太后求情，才把他放了。北齐隆化元年（576）十二月二十日，胡太后一行返回了邺城。

十二月二十九日，北周大军向邺城进发，宇文宪为前锋。高纬召集官员商议对策，但文武百官人心惶惶，大家议论纷纷，却计无所出，还不断有官员出城投降北周。

高劢认为："如今叛变的都是高官，至于低阶层的将士，仍然没有离心，应该把五品以上官员的家属集中到三台，胁迫他们迎战，如果无法取胜，就焚烧三台。他们顾惜妻子，必定死战。且王师频频败北，周军肯定轻视我军，今天背城决一死战，理当击败他们。"高纬不接受。

这时，望气师说当有革陈布新的事情发生。高纬和尚书令高元海商议，决定仿效高湛的做法，把皇位禅让给太子高恒。隆化二年（577）正月初一，高纬把皇位禅让给了高恒（八岁），他自己做起了太上皇。

司徒莫多娄敬显和领军大将军尉相愿在千秋门设下伏兵，准备伏击右丞相高阿那肱，然后拥戴高孝珩为帝。但那天鬼使神差，高阿那肱竟然从另一条路入宫了，他们的计谋没有成功。高孝珩请求出军迎击北周军，但高阿那肱和韩长鸾担心高孝珩造反，于是任命高孝珩为沧州刺史。

太上皇高纬命长乐王尉世辩率领一千多名骑兵侦察敌情。他们出滏口，登上高坡西望，突然一群乌鸦受到惊吓后飞起，尉世辩看见一团黑色，以为是北周军的旗帜，吓得不敢多看，赶紧回邺城禀报。黄门侍郎颜之推、中书侍郎薛道衡和侍中陈德信等人都建议高纬到河南募兵，东山再起，如果不行，就投靠陈国。高纬同意了。

正月初三，胡太皇太后、太上皇后穆舍利（黄花）先行从邺城出发前往济州。正月初九，皇帝高恒也从邺城出发东去。

正月十八日，北周大军抵达邺城城下。正月十九日，北周军包围了邺城，焚烧了西门。北齐军出城迎击，被击退。太上皇高纬命武卫大将军慕容三藏（慕容绍宗之子）保卫皇宫，他自己率领一百多名骑兵出城向东逃去。

北周军进入邺城，北齐包括王爷、三公在内的官员全部投降了北周。

慕容三藏还在抗击，宇文邕亲自劝他，对他很是礼遇，任命他为仪同大将军。领军大将军鲜于世荣勇猛，是高欢的旧属，之前宇文邕曾用玛瑙酒盅贿赂他，但被鲜于世荣摔碎。北周军占领了邺城，鲜于世荣还在三台前不停鸣鼓，北周军把他逮捕，鲜于世荣不肯投降，被杀死。宇文邕命令逮捕了莫多娄敬显，斥责他道："你有三项死罪：之前你从晋阳逃奔邺城，携带小妾却抛弃了母亲，不孝；外表上看为齐国卖命，实则暗中和朕通信，不忠；投降之后，还持观望心理，不信。用心如此，不死不行。"宇文邕命令将他处斩。宇文邕又命大将军尉迟勤追击高纬。

北齐国子博士熊安生精通五经，听说宇文邕进入邺城后，命打扫家门。家人很奇怪，问他为什么这么做。熊安生回答说："周帝尊崇儒教，必定会见我。"不一会儿，宇文邕真的到了熊安生的家里，不让他参拜，亲自拉着他的手，让他和自己并排坐下。宇文邕重重赏赐了熊安生，并赐给他一辆四匹马拉的安车。

宇文邕还派小司马唐道和来到北齐中书侍郎李德林的家中宣读圣旨，说："平灭齐国最大的收获，就是得到了你。"他又把李德林引入了宫中，让内史宇文昂请教齐国的风俗习惯、政治教化、人物善恶。为了方便请教，他把李德林留在了宫内，三天后才送他回家。

第一百四十五节　北周灭北齐

　　北齐隆化二年（577）正月二十一日，北齐太上皇高纬渡过黄河，进入了济州。高恒把皇位禅让给了大丞相、任城王、瀛州刺史高湝，又用高湝的名义下达了诏书，尊称太上皇高纬为无上皇，高恒为守国天王。高恒命侍中斛律孝卿把禅让文和玉玺等送往瀛州（治所赵都军城，今河北省河间市），斛律孝卿出了济州城后，就投奔了邺城。

　　北齐洛州（治所洛阳）刺史独孤永业有将士三万人，当他听说晋州陷落的时候，就请求出兵攻打北周，但没有得到回应。独孤永业愤慨不已。不久又听说并州陷落，独孤永业彻底绝望，派儿子独孤须达前往北周递交降书。宇文邕任命独孤永业为上柱国，封应公。

　　高纬命高阿那肱把守济州关（济州城北），他和穆舍利（黄花）、冯小怜、高恒、韩长鸾等数十人，继续东奔，逃向青州。高纬派宦官田鹏鸾刺探敌情，田鹏鸾被北周军抓获。北周军动用酷刑询问高纬下落，田鹏鸾不肯说，被殴打致死。

　　高纬逃到青州后，准备再投陈国。高阿那肱秘密勾结北周军，约定与他们生擒高纬，所以他不断向高纬报告："周师尚远，已命烧断桥路。"高纬放心地滞留不走。北周军抵达济州关，高阿那肱随即投降。北周军突然杀到青州，高纬仓促间将黄金装进袋子，系到马鞍上，和穆舍利（黄花）、冯小怜、高恒等人南逃。

　　正月二十五日，高纬一行逃到南邓村（今山东省临朐县西南），尉迟勤赶到，把高纬等人擒获，连同之前在济州抓获的胡太后一同送往了邺城。至此，立国二十八年（550—577年）的北齐灭亡。

　　宇文邕下诏说："已经故去的斛律光、崔季舒等人，应该追赠官位和谥号，并把他们改葬，他们的子孙根据门户高低录用，家属和田宅被罚做苦工或没收的，一律归还。"宇文邕还指着斛律光的名字，感叹道："此人若活着，朕怎么能够到得了邺城！"

北周建德六年（577）二月四日，高纬等人被押送到了邺城，宇文邕亲自迎接，以礼相待。

高孝珩率领五千人到达了信都，和高湝会师，他们招募了四万人，准备收复邺城。宇文邕派宇文宪和杨坚率军讨伐，他们到达信都的时候，高湝的领军尉相愿投降了北周军。高孝珩和高湝大败，被杀和被俘的多达三万人，高孝珩和高湝也被生擒。

经过一系列征伐，原北齐的行台、州、镇，除东雍州（治所正平，今山西省新绛县）傅伏和营州（治所和龙，今辽宁省朝阳市）刺史高宝宁拒绝投降外，其余的全部划入了北周的版图。北周共得到州五十个、郡一百六十二个、县三百八十个、户三百零三万二千五百。

北周攻克晋阳的时候，北齐派仪同三司纥奚永安作为使者向突厥求救。路途遥远，纥奚永安到达突厥的时候，北齐已经灭亡了。纥奚永安准备自杀殉国，这时的突厥可汗是佗钵可汗，他对纥奚永安的志向非常赞赏，给了他七十匹马，送他南返。

二月十二日，宇文邕从邺城开始班师，抵达晋州的时候，他派高阿那肱等一百多个降将在汾水畔招降傅伏。隔着汾水，高阿那肱和傅伏展开了对话。傅伏问道："至尊何在？"高阿那肱回答说："已经被擒了。"傅伏仰天大哭，然后率众入城，又号哭了许久，才出城投降。

宇文邕见到傅伏后，问他道："为何不早来投降？"傅伏回答说："臣家三代为齐国臣子，食齐俸禄，不能自尽，羞见天地。"宇文邕闻听，拉起他的手说："为臣子的应当如此。"于是把自己吃的羊肋骨赐给了傅伏，说："骨亲肉疏，所以把骨头交给你。"他任命傅伏为宿卫，授上仪同大将军。上仪同大将军是勋官七级，官位并不高，对此，宇文邕对傅伏说："我没急着授予你高官，是担心归降者都有心动的想法，你只管努力事朕，不要担忧得不到富贵。"

四月三日，宇文邕回到了长安，当时大街上已经布满了迎接的百姓。大家兴高采烈，敲锣打鼓，迎接凯旋的英雄。宇文邕命高纬站在队伍前面，北齐的原王公们紧随其后，再接着是高纬专用的车舆、旗帜、器物等，依次排列。宇文邕乘坐大驾，排列六军，高奏凯旋乐，把高纬等献于太庙。参观者都高呼万岁。

四月六日，宇文邕封高纬为温公，又封给高氏三十多个亲王以爵位。宇文邕和原齐国群臣一起饮酒，其间让高纬跳舞助兴。高延宗悲不自胜，几次想服药自尽，被他的婢女拦住。

宇文邕决心斩草除根，指使人诬陷高纬和宜州刺史穆（骆）提婆密谋造反，赐死了他们。高纬死时二十二岁，其族人绝大多数被赐死。高氏族人大都自陈没有参与密谋，只有高延宗挽起袖子，流下了泪水，一言不发，被毒椒毒死，年三十四岁。高纬的六弟高仁英天生痴呆，十一弟高仁雅天生哑巴，得以幸免，被发配到蜀地。其余免死的亲属被发配到西部边陲，后来都死在了那里。

至于大美女冯小怜，被宇文邕赐给了代王宇文达，很受宇文达宠爱。宇文达的王妃李氏与冯小怜争宠，冯小怜中伤李氏，几乎将李氏害死。后来，杨坚杀死宇文达，又把冯小怜赐给了李氏的哥哥李询，李询的母亲知道冯小怜害过自己的女儿，逼冯小怜自杀而亡。

唐朝诗人李商隐有诗二首云：

> 一笑相倾国便亡，何劳荆棘始堪伤。
> 小怜玉体横陈夜，已报周师入晋阳。
>
> 巧笑知堪敌万几，倾城最在着戎衣。
> 晋阳已陷休回顾，更请君王猎一围。

第十四章

杨坚建隋朝

第一百四十六节　宇文邕去世

陈国宣帝陈顼得到北周灭亡北齐的消息后，准备拿下徐州和兖州（治所瑕丘），命令司空吴明彻率师北伐。吴明彻包围了彭城，北周徐州总管梁士彦坚守城池。宇文邕派上大将军王轨率军增援徐州。

这时，稽胡部落拥戴前义军首领刘蠡升的儿子刘没铎为帝。上次北周击败北齐，北齐军遗落的辎重被稽胡捡到，北周还没来得及教训稽胡。这次，宇文邕决心要攻打稽胡，他命宇文宪为行军元帅，督各军讨伐。宇文宪不辱使命，大败稽胡，一万多人被斩首，刘没铎被活捉，余众全部投降。

包围了彭城的吴明彻，命令把舰船绕着彭城排列，对彭城发起了猛烈的攻击。北周上大将军王轨率领部队轻装前进，到达淮口（泗口，泗水入淮河处）后，结成长墙，然后用铁锁横穿数百个车轮，沉到清水（泗水）里，阻截陈军舰船的退路。陈谯州刺史萧摩柯向吴明彻请求乘北周军结阵尚未完成之机，发起攻击。吴明彻不准，说："夺旗陷阵，是将军的事；长远谋略，是老夫的事。"十天里，陈军的退路被切断。

北周援军不断抵达，吴明彻决定撤军。北周建德七年（578）二月二十七日，他命令把大坝掘开口子，趁着水势回军，但到达淮口的时候，水势渐缓，舰船被北周先前沉下的车轮牵绊，不能前进。王轨率军攻击，北周军大胜，生擒吴明彻，俘获陈军步兵三万人及无数辎重。萧摩柯率领精骑八十人为先锋，杀开一条血路，其余骑兵紧随，天亮的时候，到达了淮河南岸。宇文邕任命吴明彻为大将军，封怀德公，但不久吴明彻就去世了，年六十七岁。

突厥军队攻打北周幽州，杀死了很多北周官员和百姓。宇文邕大怒，亲率大军于五月二十三日攻打突厥国，他派柱国、原公宇文姬愿，东平公宇文神举等人率军，分兵五路，同时并进。

五月二十七日，宇文邕突然感觉身体不适，停留云阳宫（今山西省泾阳县西北）中。宇文邕身体每况愈下，五月三十日，他下诏命令各军停止前行，又派人把天官宗师宇文孝伯召来见他。宇文孝伯和宇文邕同日出生，比宇文邕小一岁，是宇文邕的堂弟，前文交代过，他们一起长大，而且宇文孝伯为人沉静正直，宇文邕非常欣赏他。宇文孝伯见到宇文邕后，宇文邕拉着他的手，交代他说："我自己的身体自己清楚，这次好不了了，后事就托付给你了。"当天夜里，宇文邕加任宇文孝伯为司卫上大夫，统领宿卫兵。宇文邕命宇文孝伯火速赶回长安坐镇，以防不测。

六月一日，宇文邕病情加重，命返回长安。当天夜里，宇文邕病逝，年三十六岁。皇太子宇文赟即皇帝位，改元大成。

宇文邕懂得韬光养晦之术，之前受宇文护的压制，他不动声色，暗自积蓄力量，以雷霆手段铲除了宇文护。亲政后，他进行了一系列改革，使北周在和北齐的斗争中从劣势转变为优势，并取得了最后的胜利。他生活节俭，杜绝奢华，命令拆除了一些宇文护修建得富丽堂皇的宫殿。

第一百四十七节　宇文赟去世

宇文赟命郧公韦孝宽为行军元帅，率宇文亮和梁士彦进攻陈国的淮南地区。为了麻痹陈国，宇文赟还命使者到陈国进行访问。

北周大象元年（579）十一月二十一日，韦孝宽攻克了寿阳，宇文亮攻克了黄城（今湖北省武汉市黄陂区前川街道定远村），梁士彦攻克了广陵（今江苏省扬州市）。北周军又攻克了霍州（治所岳安，今安徽省霍山县）。迫于北周军的威慑，陈国的南兖州、北兖州、晋州等三个州以及盱眙、山阳、阳平、马头、秦郡、历阳、沛郡、北谯郡、南梁郡等九个郡的百姓，纷纷逃往长江以南谋生。北周军遂占领了谯州（治所涡阳）、北徐州（治所钟离）。至此，陈国长江以北的领土全部纳入北周管辖之内。

杞公宇文亮的爷爷宇文颢和宇文赟的爷爷宇文泰是亲兄弟，宇文亮是宇文赟的堂兄。宇文亮的儿子宇文温，被封为西阳公。宇文温的妻子尉迟繁炽（蜀公尉迟迥的孙女），非常漂亮，有一次皇族聚会，尉迟繁炽也入宫，宇文赟一见她就迷恋不已，席间逼她饮酒，然后奸污了她。宇文亮得到消息后，非常震惊，伺机报复。

这次南征陈国的大军凯旋，宇文亮准备控制韦孝宽，然后吞并他的军队，再废掉宇文赟，立新帝。但宇文亮的封国官员茹宽得到消息，报告了韦孝宽，韦孝宽暗中做了安排。宇文亮在夜间率数百名骑兵袭击韦孝宽的大营，但被击退。韦孝宽率军追击，斩宇文亮。宇文赟顺便以谋反的罪名处死了宇文温，把美艳的尉迟繁炽迎入了后宫，封长天左大皇后，宫里还有杨丽华、朱满月、陈月仪和元乐尚四位皇后。宇文赟一共封了五位皇后。天元皇后杨丽华性格温柔，从不忌妒其他女人得宠，受到后宫女人的尊重。

大前疑（宇文赟设置了四辅——大前疑、大右弼、大左辅、大后承）杨坚，是皇后的父亲，地位显赫，屡立战功，声望很高，宇文赟猜忌他。有一次，因为愤怒，宇文赟对杨丽华说："我必会把你家灭族！"他命人传召杨坚，然后对左右说："如果杨坚的表情异样，立刻动手杀了他。"杨坚到了，神态自若，宇文赟才作罢。

郑译和杨坚从小就是同学，郑译惊异于杨坚的外貌，所以用心结交杨坚。杨坚被宇文赟猜忌，心里不安。有一次在永巷，看四下无人，杨坚对郑译说道："我愿意出朝任职，明公是了解的，请多加留意。"郑译说："以明公的德行和威望，天下归心，我想要追求更高的富贵，怎么敢忘记嘱托？"

宇文赟准备让郑译攻打陈国，郑译请求指派一位元帅。宇文赟问道："爱卿意下如何？"郑译回答道："如果平定了江东，非贵戚重臣，无法镇抚，可令随公（杨坚）随行，任命为寿阳总管以督军事。"宇文赟同意了。

大象二年（580）五月五日，宇文赟任命杨坚为扬州总管，让郑译发兵和杨坚在寿阳会师。将要出发的时候，杨坚脚部突发疾病，就暂缓出发，留在京师养病。

五月十一日，二十二岁的宇文赟突然感觉身体不适，急召小御正下大夫刘昉和御正中大夫颜之仪，准备交代后事，但等二人到达御榻前时，宇文赟已经口不能言了。刘昉认为小皇帝宇文阐才八岁，难以承担大任，而杨坚威望高。他与郑译、御饰大夫柳裘、内史中大夫韦謩、御正下大夫皇甫绩合计后，准备让杨坚辅政。杨坚刚开始坚决推辞，后来刘昉说你不干我就自己干，杨坚这才同意。

五月十一日夜里，宇文赟去世，郑译等人秘不发丧。刘昉和郑译等人假制诏书，任命杨坚总知中外兵马事。颜之仪不肯在诏书上签名，刘昉替他签了名。诏书发下去以后，诸宿卫军全部听命于杨坚。

杨坚担心几位亲王起兵，于是以欢送千金公主和亲突厥的名义，征召赵王宇文招、陈王宇文纯、越王宇文盛、代王宇文达和滕王宇文逌赴京。杨坚向颜之仪索要兵符玉玺，颜之仪不给，杨坚大怒，任命颜之仪为西疆郡太守。

五月二十三日，一切安排妥当之后，杨坚发布了宇文赟的死讯。小皇帝宇文阐以汉王宇文赞（宇文阐二叔）为上柱国、右大丞相（这只是个虚名，没有实权），以杨坚假黄钺、左大丞相，以秦王宇文贽（宇文阐三叔）为上柱国。杨坚把宇文阐原来居住的正阳宫改为丞相府，供自己使用。当时朝廷仍有不同声音，包括禁卫军还没有完全听命于杨坚，杨坚诚心结交司武上士卢贲，许以富贵，在卢贲的帮助下，稳定了局面。杨坚任命郑译为丞相府长史，刘昉为司马，李德林为府属。

　　内史下大夫高颎，为人聪明有气量，善于用兵，足智多谋，杨坚准备让他到丞相府做事，就派堂侄杨惠前去表达心意。高颎欣然同意，说："甘愿受驱使，纵然令公（杨坚）事情不成，颎被灭族也在所不惜。"于是杨坚任命高颎为丞相府司录（总管丞相府事务）。

第一百四十八节　尉迟迥兵败

杨坚已有篡位之心，他的妻子独孤氏（独孤信之女）也劝他说："大事已然至此，既然已成骑虎之势，就难以下来，你要努力！"

相州（治所邺城）总管尉迟迥威望一向很高，他的先祖是拓跋族的分支。杨坚担心尉迟迥起兵反抗自己，于是命魏安公尉迟惇携带诏书，召尉迟迥回京参加宇文赟的葬礼。他还任命韦孝宽为相州总管，接替尉迟迥。

尉迟迥也知道杨坚将对皇室不利，谋划着起兵讨伐杨坚。韦孝宽到达朝歌（今河南省鹤壁市淇县）的时候，见到了尉迟迥派来的使者贺兰贵。谈话间，韦孝宽觉察出了异样，找准机会急忙往回逃。

杨坚派侯正破六韩裒传召尉迟迥。杨坚又秘密写信给相州总管府长史晋昶，让他找机会除掉尉迟迥。尉迟迥得到消息后，处死了破六韩裒和晋昶，然后做全军总动员，宣布自己为大总管，任命官员，又拥戴赵王宇文招的儿子为皇帝（赵国在相州辖区内），用他的名义号召天下。

杨坚征调关中的军队，命韦孝宽为行军元帅，梁士彦、元谐、宇文忻、宇文述、崔弘度、杨素、李询为行军总管，率军讨伐尉迟迥。

雍州牧、毕王宇文贤与进京的五位王爷密谋除掉杨坚，但消息泄露，杨坚处死了宇文贤和他的三个儿子，出于稳定形势的需要，没有追究五位王爷的责任。

青州（治所东阳，今山东省青州市）总管尉迟勤，是尉迟迥的侄子，他起兵响应叔叔。相州和青州共统管十四个州的军队，有数十万人。荥州刺史宇文胄、申州刺史李惠、东楚州刺史费也利进、潼州刺史曹孝远也起兵响应尉迟迥。怀县镇将纥豆陵惠、建州刺史宇文弁献城投降尉迟迥。尉迟迥派兵攻克了潞州，生擒刺史赵威，任命当地人郭子胜为刺史。尉迟迥的大将军檀让，攻克了曹州、亳州，驻屯于梁郡。席毗罗攻克了昌虑、下邑。李惠攻克了永州。

尉迟迥派使者邀请大左辅、并州刺史李穆发兵支持自己，但被李穆拒绝，李穆还把尉迟迥的儿子、朔州刺史尉迟谊扣押，送到了长安。李穆又派兵攻打潞州，生擒郭子胜。尉迟迥派宇文胄和宇文威攻击东郡，太守于仲文弃城而逃。郧州总管司马消难起兵响应尉迟迥，杨坚命柱国王谊率军讨伐。

长安城内，赵王宇文招准备除掉杨坚，他邀请杨坚到家里喝酒。宇文招是宇文泰的第七个儿子，辈分很高，杨坚不能不去，他担心酒菜里有毒，于是自己带了酒菜前往。宇文招把杨坚引入内室，命杨坚的左右不得入内，但杨坚让杨弘和元胄跟随自己前往。杨弘和元胄是杨坚的心腹，都是猛将，每人的两臂都有千钧之力。

酒至半酣，宇文招用佩刀挑起水果，连连请杨坚吃，想乘机刺死杨坚。元胄看情况不对，说道："相府有事，不能久留。"宇文招呵斥他说："我和丞相在喝酒，有你什么事？"宇文招想把他吓走。但元胄怒目圆睁，手按佩刀。宇文招看他不好招惹，说道："我哪里有恶意，你为什么如此猜疑？"当时屋内屋外都埋伏有壮士，宇文招假装醉酒要吐，要往后屋走。元胄恐出意外，强行把宇文招按到座位上，宇文招想起来，元胄就又把他按下去，如此再三。宇文招假称口干，让元胄到后厨取水，元胄一动不动。

过了一会儿，滕王宇文逌到了，杨坚准备到台阶下迎接，元胄附在他的耳边说："事情看起来有很多异常的地方，应该速速离开。"杨坚说："他们没有兵马，能有什么作为？"元胄说："兵马本就是他们的，他们若先发制人，大事就坏了。胄不惜死，恐怕死了也没有什么益处啊！"杨坚又入座。

元胄听到屋外有兵器响动的声音，急忙到杨坚的面前说："相府事情太多，明公怎么能在此长时间饮酒？"说完，他就把杨坚搀扶起来往外走。宇文招准备追赶，元胄用身体挡住屋门，宇文招出不去。等杨坚到了大门口后，元胄从后面赶到。宇文招恨自己不能当机立断，用手指掐自己，都掐出了血。

杨坚实施报复，以谋反的罪名，处死了宇文招和越王宇文盛及他们的儿子。杨坚重赏了元胄。

韦孝宽率军推进到永桥城（今河南省武陟县西），尉迟迥的另一个儿子尉迟惇也率军抵达武德（今武陟县东），两军隔着沁水对峙。杨坚对个别军事将领不放心，派高颎到前方监军。高颎到达前线后，命令在沁水上搭建浮桥，尉迟惇派火船攻击大桥，高颎命在水中造"土狗"阻挡。尉迟惇后撤，准备在韦孝宽大军渡河到一半的时候再攻击，但韦孝宽是名将，抓住这个机会命令全军进攻，尉迟惇大败。韦孝宽率军逼近邺城。

大象二年（580）八月十七日，尉迟迥父子率领将士十三万人，在邺城南门列阵迎敌。尉迟迥亲自率领一万名精锐士兵，都头戴绿巾，身穿锦袄，号称"黄龙兵"。尉迟勤也前来支援。尉迟迥不愧是久经沙场的老将，年纪虽然很大了，还披挂上阵。两军对垒，韦孝宽大军渐渐不敌。这时，邺城百姓出城观战者有数万人，行军总管宇文忻命用乱箭射向围观的百姓，百姓中一阵大乱。宇文忻大喊道："贼兵败了。"朝廷军队士气又振，尉迟迥军受到干扰，战斗力下降，不敌。尉迟迥逃入邺城。朝廷军攻破城池，尉迟迥自尽。尉迟勤、尉迟惇等人被生擒。

朝廷军又对尉迟迥的残余势力进行清剿，檀让被生擒，席毗罗被杀，杨素杀死了宇文胄。申州刺史李惠之前已经投降朝廷，司马消难投降了陈国。尉迟迥的变乱至此被平定。

杨坚命令摧毁邺城。邺城从东汉末年以来，经过多次建造，先后为后赵、冉魏、前燕、东魏、北齐的都城，历时三百九十年，如今毁于一旦。

杨坚命世子杨勇为洛州总管，统领原北齐的领土。杨坚又废除了左右丞相的职位，让宇文阐任命自己为大丞相。杨坚杀死了陈王宇文纯和他的儿子们。

益州总管王谦也不顺从杨坚，发动巴蜀军队进攻始州。杨坚命梁睿为行军元帅，率领二十万大军讨伐王谦。梁睿大军势不可当，取得一连串胜利，杀死了王谦及加入王谦队伍的原北齐奸臣高阿那肱，平定了变乱。

第一百四十九节　隋朝灭北周

北周静帝宇文阐进一步任命大丞相杨坚为相国，总领百官（百揆），去掉都督中外、大冢宰的称号，封随王。把安陆郡等二十个郡作为杨坚的封国（随国）。命杨坚参拜的时候可以不直呼名字（"赞拜不名"），准备了九锡之礼（天子之礼仪）。杨坚接受了王爵和十个郡的分封，其他的辞掉。

杨坚又杀害了代王宇文达和滕王宇文逌及他们的儿子，进一步扫清了篡位道路上的障碍。

两个月后，杨坚认为时机已经成熟，接受了相国、总领百官、九锡，开始在随国设立文武百官。宇文阐又封杨坚的王妃独孤伽罗为王后，世子杨勇为太子。

开府仪同大将军庾季才，他幼时聪慧，八岁能诵《尚书》，十二岁通《周易》，精通占卜之术，他劝杨坚说，本月十四日是甲子日，应该顺天应命，登上帝位。太傅李穆、开府仪同大将军卢贲也都劝杨坚称帝。杨坚同意了。

宇文阐下诏移居别宫。隋开皇元年（581）二月十四日，时年九岁的北周静帝宇文阐命太傅、杞公宇文椿手捧诏书，大宗伯赵煚（jiǒng）手捧皇帝玉玺印绶，把皇位"禅让"给了杨坚。立国二十五年的北周至此灭亡。

杨坚头戴"远游冠"，接受诏书、玺绶，改戴纱帽、穿黄袍。杨坚登上临光殿之后，穿上了衮袍，戴上了冕帽，礼仪和元旦皇帝接见群臣的礼仪一样。大赦，改年号为开皇，命人携带诏书到南郊祭天。一个崭新的王朝——隋朝建立了。

有朋友问，杨坚不是被封为随王吗，怎么这个"隋"跟"随"字不同？那是因为，"随"字里有个走之，容易走掉，杨坚想让他的王朝长久，所以就改为"隋"朝。

杨坚命令取消北周的"六官"制度，仿照两汉和曹魏的制度设置了百官，设立了三师（太师、太傅、太保）、三公（太尉、司徒、司空）及尚书省、门下省、

▲ 杨坚

内史省、秘书省、内侍省等五省。其他官员的任命不一一细表。

隋开皇九年（589），杨坚派大军灭亡了陈国，中国重归统一。自西晋时期，成汉、前赵（汉赵）于304年建国，中国开始分裂算起，到589年中国再归统一，已经过去了二百八十五年。

隋朝是大一统王朝，不属于北朝之列。

参考书目

魏收.魏书［M］.北京：中华书局，1974.

郦道元.水经注［M］.陈桥驿，译注.王东，补注.北京：中华书局，2016.

刘义庆.世说新语［M］.刘孝标，注.朱碧莲，详解.上海：上海古籍出版社，2016.

释慧皎.高僧传［M］.汤用彤，校注.北京：中华书局，1992.

李百药.北齐书［M］.北京：中华书局，1972.

令狐德棻等.周书［M］.北京：中华书局，1971.

沈约.宋书［M］.北京：中华书局，1974.

萧子显.南齐书［M］.北京：中华书局，1972.

姚思廉.梁书［M］.北京：中华书局，1973.

姚思廉.陈书［M］.北京：中华书局，1972.

李延寿.南史［M］.北京：中华书局，1975.

李延寿.北史［M］.北京：中华书局，1974.

魏征，令狐德棻.隋书［M］.北京：中华书局，1973.

道宣.集古今佛道論衡校注［M］.刘林魁，校注.北京：中华书局，2018.

司马光.资治通鉴［M］.北京：中华书局，2013.

二十五史刊行委员会.二十五史补编［M］.北京：中华书局，1955.

王夫之.读通鉴论［M］.舒士彦，点校.北京：中华书局，2013.

吕思勉.两晋南北朝史［M］.南京：江苏人民出版社，2014.

万绳楠整理.陈寅恪魏晋南北朝史讲演录［M］.贵阳：贵州人民出版社，2012.

唐长孺.魏晋南北朝史论丛［M］.北京：生活·读书·新知三联书店，1955.

唐长孺.魏晋南北朝史论丛续编［M］.北京：生活·读书·新知三联书店，1959.

唐长孺.魏晋南北朝史论拾遗［M］.北京：中华书局，1983.

万绳楠.魏晋南北朝文化史［M］.上海：东方出版中心，2007.

何兹全.魏晋南北朝史略［M］.上海：上海人民出版社，1958.

白寿彝.中古时代·三国两晋南北朝时期［M］.北京：中国友谊出版公司，2011.

周一良.魏晋南北朝史十二讲［M］.北京：中华书局，2010.

蒋建中.古今官职诠释［M］.北京：中国书籍出版社，2015.

张传玺，杨济安.中国古代史教学参考地图集［M］.北京：北京大学出版社，1984.

薛国屏.中国地名沿革对照表［M］.上海：上海辞书出版社，2017.

何兹全.读史集［M］.上海：上海人民出版社，1982.

郑欣.魏晋南北朝史探索［M］.济南：山东大学出版社，1989.

陈茂同.中国历代职官沿革史［M］.天津：百花文艺出版社，2005.

林幹.东胡史［M］.呼和浩特：内蒙古人民出版社，2007.

马建春.中国西北少数民族通史·西晋十六国卷［M］.北京：民族出版社，2009.

周伟洲.中国中世西北民族关系研究［M］.桂林：广西师范大学出版社，2007.

方立天.魏晋南北朝佛教［M］.北京：中国人民大学出版社，2012.

许地山，傅勤家.道教史外一种·中国道教史［M］.长沙：岳麓书社，2010.

杜瑜.中国历代疆域［M］.北京：中国国际广播出版社，2011.

张承宗，魏向东.中国风俗通史·魏晋南北朝卷［M］.上海：上海文艺出版社，2001.

王仲荦.魏晋南北朝史［M］.上海：上海人民出版社，2016.

李磊.六朝士风研究［M］.武汉：武汉出版社，2008.

王文生.魏晋南北朝文学史［M］.武汉：武汉大学出版社，2009.

高敏.中国经济通史·魏晋南北朝经济卷［M］.北京：经济日报出版社，1998.

柏杨.中国帝王皇后亲王公主世系录［M］.北京：中国友谊出版公司，1986.

李梅田.中国古代物资文化史·魏晋南北朝［M］.北京：开明出版社，2014.

胡阿祥，孔祥军，徐成.中国行政区划通史·三国两晋南朝卷［M］.上海：复旦大学出版社，2017.

牟发松，毋有江，魏俊杰.中国行政区划通史·十六国北朝卷［M］.上海：复旦大学出版社，2017.

罗宗真.魏晋南北朝考古［M］.北京：文物出版社，2001.

水木森.匈奴简史［M］.北京：民主与建设出版社，2016.

阎步克.中国古代官阶制度引论［M］.北京：北京大学出版社，2010.

谷霁光.府兵制考释［M］.上海：上海人民出版社，1962.

王仲荦.北周六典［M］.北京：中华书局，1979.

王仲荦.北周地理志［M］.北京：中华书局，1980.

施和金.北齐地理志［M］.北京：中华书局，2008.

雷依群.北周史稿［M］.西安：陕西人民教育出版社，1999.

薛海波.5—6世纪北边六镇豪强酋帅社会地位演变研究［M］.北京：中华书局，2020.

李凭.北魏平城时代［第三版］［M］.上海：上海古籍出版社，2014.

洛阳伽蓝记［M］.尚荣，译注.北京：中华书局，2012.

姚薇元.北朝胡姓考［修订本］［M］.北京：中华书局，1962.

殷宪.北朝史研究［M］.北京：商务印书馆，2004.

祝总斌.两汉魏晋南北朝宰相制度研究［M］.北京：北京大学出版社，2017.

张小稳.魏晋南北朝地方官等级管理制度研究［M］.北京：九州出版社，2010.

林道心.中国古代万年历［M］.石家庄：河北人民出版社，2003.